PASTORALE ZORG

HANDBOEK PRAKTISCHE THEOLOGIE
in zeven delen

Redactie:
Dr. G.D.J. Dingemans
Dr. J. Firet †
Dr. F.O. van Gennep †
Dr. F. Haarsma
Dr. G. Heitink
Dr. R. van Kessel †
Dr. J.A. van der Ven

Gerben Heitink

PASTORALE ZORG

theologie – differentatie – praktijk

UITGEVERIJ KOK – KAMPEN

aan Jelle van Nijen
voor 40 jaar theologische vriendschap
1957 - 1997

Postbus 5018, 8260 GA Kampen
E-mail: jhkok@pi.net
http://www.kokkampen.com
Omslagontwerp Pieter van der Sman
ISBN 90 242 9300 1
NUGI 632

Woord vooraf

Twintig jaar geleden verscheen de handelseditie van mijn dissertatie *Pastoraat als hulpverlening* (1977,1992[4]). Het onderzoek dat hieraan ten grondslag ligt heeft mijn denken over pastoraat fundamenteel beinvloed. Dit nieuwe boek, *Pastorale zorg: theologie, differentiatie, praktijk* is op hetzelfde fundament gebouwd. Toch is het een heel ander boek geworden. Destijds was de pastorale theologie en -psychologie een in theoretisch opzicht nog tamelijk onontgonnen vakgebied, althans in ons land. Sindsdien is er een stroom van nieuwe literatuur op gang gekomen, niet alleen in het buitenland maar ook in Nederland. Ik heb mij hier in opeenvolgende publikaties rekenschap van gegeven. Een aantal heb ik als bouwstenen voor dit nieuwe boek gebruikt. Ze staan vermeld in de literatuurlijst.

Wat mijn visie op het pastoraat nog meer heeft beïnvloed is de culturele en maatschappelijke ontwikkeling, waardoor onze samenleving in een steeds sterkere stroomversnelling is geraakt. Ik noem met name het voortgaande differentiatie- en secularisatieproces en de gevolgen hiervan voor geloof, kerk, theologie en pastoraat. In samenhang hiermee ontstond een groeiende pluraliteit op het gebied van religie en levensbeschouwing. Naast pastoraat in de lijn van de christelijke traditie, is onder de noemer geestelijke verzorging het levensbeschouwelijk aanbod aanmerkelijk verbreed. Deze en andere ontwikkelingen heb ik in dit nieuwe boek zo veel mogelijk verdisconteerd, zonder overigens de eigen identiteit van het pastoraat hiervoor in te ruilen. Ik meen zelfs dat er goede redenen zijn om deze identiteit, bij alle openheid voor andere tradities, in onze tijd met kracht te benadrukken.

Bij het schrijven van dit boek ben ik zoveel mogelijk uitgegaan van de pastorale praktijk en het werk van *allen* die hier binnen en buiten de kerken bij betrokken zijn. Ik hoop dat dit boek hen niet alleen helpt bij de reflectie op hun werk, maar hen hierin ook bemoedigt vanuit de geloofstraditie waarin zij staan. Op allerlei plaatsen worden zij persoonlijk aangesproken, soms neutraal als 'men', soms als 'hij en zij', maar uit taalkundige overwegingen vaker als 'de pastor' en 'hij'.

Bladerend in mijn materiaal zag ik de gezichten voor me van doctoraalstudenten en pastores, vrouwen en mannen, die ik tijdens hun studie in Kampen en later in Amsterdam heb mogen begeleiden bij hun eerste stappen in de pastorale praktijk. Van deze intensieve ontmoetingen tijdens tentamens, in supervisiegesprekken en groepssessies en rond bepaalde praktijksituaties of tijdens een studieverlof, heb ik ook zelf veel geleerd. 'Mensen als verhaal van God' (Schillebeeckx), mensen als 'living human documents' (Boisen), vormen geen minder boeiende lectuur dan de boeken om mij heen, hoe lief ook die mij zijn en van welk een onschatbare waarde. Dat mag uit het vervolg blijken.

Woord vooraf

Mijn dank gaat uit naar leden van de redactie van dit Handboek voor hun commentaar op het manuscript. Kort na het verschijnen van mijn vorige boek in deze serie, *Praktische Theologie* (1993), overleed opnieuw één van de leden van de redactie, prof. dr. Jaap Firet. Hij was mijn promotor en voorganger aan de Vrije Universiteit. Aan zijn persoon en zijn brede kennis van het vakgebied heb ik veel te danken.

Bij het verschijnen van dit boek gaat mijn bijzondere dank uit naar mevr. dr. Hans Alma, mevr. drs. Petra van Oosten, dr. Jan Hendriks en drs. Jelle van Nijen, behorend tot de Vakgroep Praktische Theologie/Sociale Wetenschappen van de VU, voor hun kritische en stimulerende commentaren.

In dit verband geeft de naam van *Jelle van Nijen* aan mijn werk een bijzonder accent. In 1957 lieten hij en ik ons inschrijven als eerstejaars student aan de Theologische Hogeschool te Kampen. Sindsdien zijn we als vrienden en collegae studerend samen opgetrokken, veertig jaar lang. Dat waren geen dorre woestijnjaren. Meer dan eens deden we een vruchtbare oase aan en soms kwam er beloofd land in zicht. Zo'n theologische vriendschap is een groot goed. Ik heb er veel impulsen aan te danken. Daarom heb ik dit boek aan Jelle van Nijen opgedragen.

Gerben Heitink
Amsterdam/Bennebroek, februari 1998

Inhoud

1. Inleiding

De tekst van dit handboek *Pastorale Zorg* is geschreven binnen de context van een (post-)moderne cultuur. Deze cultuur heeft ingrijpende veranderingen ondergaan. Modernisering van de samenleving ging gepaard met processen van differentiatie, secularisatie, individualisering en rationalisering. Ik heb deze ontwikkelingen uitvoerig beschreven in: *Praktische theologie: geschiedenis, theorie, handelingsvelden* (1993). Ze hebben diepe invloed geoefend op mensen en menselijke verhoudingen. De homo modernus heeft de schutkleur van zijn culturele omgeving aangenomen. Hij onderscheidt zich hierdoor in veel opzichten van vorige generaties.

Deze ontwikkelingen zijn niet aan de kerken voorbijgegaan. Als gevolg van de secularisatie heeft het christelijk geloof veel van zijn vanzelfsprekendheid verloren. De kerken zijn in ledental sterk teruggelopen. Meer dan de helft van de Nederlanders (53%) is buitenkerkelijk. Toch beschouwt niet minder dan tweederde van de bevolking zichzelf als gelovig en bij een ongeveer even groot deel heeft het geloof ook betekenis in hun leven, aldus de nieuwste versie van het rapport *God in Nederland* (Dekker, De Hart, Peters, 1997). Vergeleken bij een vorig onderzoek is de betekenis van het geloof eerder sterker geworden. Deze discrepantie tussen geloof en kerk is een belangrijk gegeven voor praktisch-theologische theorievorming. Naast de christelijke traditie zijn andere religies opgekomen, met name de Islam, en ook zijn er verschillende alternatieve vormen van zingeving ontstaan (Becker, De Hart, Mens, 1997).

Het pastoraat is in deze context zijn monopoliepositie op de levensbeschouwelijke markt kwijtgeraakt en presenteert zich vandaag in breder verband onder de noemer van geestelijke verzorging. Beide begrippen zijn echter niet inwisselbaar. *Pastoraat is geestelijke verzorging, maar niet alle geestelijke verzorging is pastoraat.* De eigen identiteit van het pastoraat is geworteld in de verbondenheid met de christelijke traditie en met de kerk, de gemeenschap van gelovigen.

In dit inleidende hoofdstuk geef ik een verantwoording van de titel en ondertitel van het boek (1.1). Daarop volgt een plaatsbepaling van het pastoraat binnen de praktische en pastorale theologie (1.2), en schets ik mijn eigen visie op de pastorale zorg en de theorievorming op dit vakgebied (1.3). In de laatste paragraaf introduceer ik de verschillende delen van dit boek (1.4).

1.1. *Pastoraat: cura animarum*

Toen mijn boek *Pastoraat als Hulpverlening* in 1977 verscheen, werd de titel door sommige recensenten als modieus ervaren. Onder deze kritiek kan ook de titel van dit nieuwe boek, *Pastorale Zorg*, vallen. Toen was het begrip hulpverlening toonaangevend, thans het begrip zorg. Zorg past bij een samenleving die grote nadruk legt op de eigen verantwoordelijkheid en zelfredzaamheid van de mens. Anders dan het begrip hulpverlening, dat nu door velen geassocieerd wordt met afhankelijkheid, staat in het woord zorg de zelfstandigheid van de mens voorop. Zorg wordt verstaan als het scheppen van voorzieningen waardoor mensen zolang mogelijk zelfstandig kunnen blijven. We spreken van zelfzorg en mantelzorg, thuiszorg en zorg aan het bed, over zorguren en zorgtaken, over een zorgsector en zorgmanagers. Zorg wordt zo primair verbonden met gezondheidszorg en materiële voorzieningen.

Het begrip zorg kent vanouds echter ook een immateriële kant. Wat dit betreft heeft het pastoraat oude rechten. Het begrip pastorale zorg of zielzorg ('Seelsorge', 'pastoral care') is een vertaling van het latijnse *cura animarum*, dat teruggaat op Plato en sinds Gregorius de Grote (zesde eeuw) de terminus technicus is voor de liefdevolle aandacht van ambtsdragers voor de individuele leden van hun kerk. Deze zorg betreft hun geestelijk functioneren, hun wel en wee, hun geloof en hoop, hun moeite en verdriet, hun angst en pijn. Hoe een mens zich staande kan houden onder moeilijke omstandigheden en vanuit een geloofs- en levensovertuiging zin en betekenis kan geven aan zijn leven, is een zorg van de geloofsgemeenschap als geheel. In dit boek wordt het begrip pastorale zorg herijkt, niet zozeer omdat het de oudste naam voor pastoraat is, maar vooral omdat het een aantal aspecten omvat dat samen goed is voor wat vandaag onder pastoraat verstaan kan worden. Overigens worden ook in dit boek de begrippen pastorale zorg en pastoraat veelal synoniem gebruikt.

De ondertitel valt samen met de drie delen waaruit dit boek is opgebouwd: *theologie, differentiatie, praktijk*. Het eerste deel zou ook theorie kunnen heten, maar omdat het mij nadrukkelijk om een praktisch-theologische theorie van het pastoraat gaat, heb ik het kortweg *theologie* genoemd. Wel onderscheidt een praktisch-theologische benadering zich van een systematisch-theologische, doordat inzichten uit de sociale wetenschappen hierin een belangrijke hermeneutische en methodologische rol spelen. *Differentiatie*, het opschrift boven het tweede deel, verwijst naar een betrekkelijk onderscheid in handelingsvelden, zoals binnen de praktische theologie als handelingswetenschap gebruikelijk is. Pastorale zorg richt zich op het individu, maar heeft ook kerkelijke en maatschappelijke kanten. Zij speelt zich voor een deel af buiten de kerk. *Praktijk*, het derde deel, gaat nader in op het pastorale gesprek en de ambachtelijke aspecten van pastorale zorg.

1.2. *Plaatsbepaling*

Alvorens een beeld te geven van de inhoud van het boek ga ik in op de plaats van de pastorale zorg binnen de praktische theologie als geheel.

1.21. *De opkomst van de praktische theologie*
De praktische theologie als handelingswetenschap komt op in de negentiende eeuw in reactie op het moderniseringsproces. Ik verwijs hiervoor opnieuw naar mijn boek *Praktische Theologie* (1993). Het vak verzelfstandigt zich in die tijd ten opzichte van de eeuwenoude pastoraaltheologie (Rau, 1970), die de regels bepaalde voor het ambtelijk werk binnen de gemeente als geheel. *Friedrich Schleiermacher* heeft in zijn *Kurze Darstellung des Theologische Studiums* (1811) de basis voor deze verzelfstandiging gelegd. Zijn ontwerp van praktische theologie gaat uit "von einem Kirchenverständnis, das die Individualität des einzelnen konstitutiv berücksichtigte" (H.Luther 1992, 9). Hij gebruikt hiervoor het begrip 'Seelenleitung' en is de eerste moderne theoloog die het proces van individualisering volstrekt serieus neemt. De religieuze ervaring van de mens, het bekende 'schlechthinnige Abhängigkeitsgefühl', heeft zijn bijzondere aandacht.

De eerste praktisch-theoloog in empirische zin is *Carl Immanuel Nitzsch*, een leerling van Schleiermacher van wiens hand vanaf 1847 een driedelig handboek verschijnt. Nitzsch omschrijft praktische theologie als 'Theorie der kirchlichen Ausübung des Christentums' (1847, 123 e.v.). Wat aan deze omschrijving opvalt is het relatieve onderscheid dat hier gemaakt wordt tussen kerk en christendom. In dit verband schrijft Nitzsch: "Die kirchliche Ausübung ist diejenige, durch welche sich der christliche Glaube als Gemeinschaft in und an der Menschenwelt bethätigt" (13). In deze woorden wordt een eerste differentiatie zichtbaar tussen geloof, kerkelijke gemeenschap en samenleving (Menschenwelt). Het christendom is meer dan zijn kerkelijke gestalten alleen.

De praktische theologie probeerde op deze wijze antwoord te geven op het differentiatieproces dat zich vanaf de Verlichting in de moderne samenleving begon te voltrekken. Dit proces wordt gekenmerkt door individualisering enerzijds en verzelfstandiging van de publieke sector anderzijds. De kerk, die als volkskerk of publieke kerk verweven was met heel de samenleving, wordt langzaam teruggebracht tot een sociaal verband van christenen, een eigen organisatie waarvan het lidmaatschap berust op de vrije keuze van het individu. De kerkelijke participatie neemt af. Een 'functionele differentiatie van de samenleving' gaat gepaard met een 'structurele individualisering der levensverbanden', aldus de socioloog F.X.Kaufmann (1989, 217v.), wat ook leidt tot 'verkerkelijking' van het christendom. Zo verloor de kerk langzaam haar greep op het privé-domein, de leefwereld van het individu, en als gevolg van de scheiding van kerk en staat ook meer en meer op het publieke domein. Dit proces wordt secularisatie genoemd (Dekker, 1993).

Ook het ambt van predikant of priester verloor meer en meer zijn publieke karakter en concentreerde zich voortaan op de binnenkerkelijke rol van voorganger van de gemeente. Wil de kerk echter niet in een isolement raken, dan moet zij ook nieuwe verbindingen leggen met de leefwereld van individu en met de maatschappelijke sector. Op de maatschappelijke noden, met name het armoedevraagstuk, richtten zich de diaconie en de inwendige zending (Innere Mission).

De aandacht voor de eigen belevingswereld van het individu ging gepaard met een zekere verzelfstandiging en specialisatie op het gebied van het pastoraat. Zo ontstond het vak poimeniek, een naam die in de 19e eeuw opkomt (Von Zezschwitz, 1877; Achelis, 1880; Van Oosterzee, 1877; Kuyper, 1894). Nitzsch legt hiervoor de grondslag.

Deze ontwikkeling is ook terug te vinden in het werk van de Nederlandse praktisch-theoloog Willem Muurling, een tijdgenoot van Nitzsch, van wiens hand vanaf 1851 eveneens een driedelig handboek *Practische Godgeleerdheid* verschijnt. Dit werk wordt uitgegeven kort na de grondwetswijziging van 1848, waarbij de scheiding van kerk en staat definitief wordt doorgevoerd. Daardoor worden de kerken teruggebracht tot hun sociale functie en verliest ook het ambt van predikant aan betekenis (vgl. Heitink, 1998). Er voltrekt zich een ontwikkeling 'van geestelijke stand naar beroepsgroep' (Van Rooden, 1996). Muurling onderzoekt hoe de predikant in een nieuwe tijd leiding kan geven aan het sterk veranderend kerkelijk leven. Binnen de praktische theologie brengt hij een duidelijker onderscheid naar vakgebieden aan. Allereerst met het oog op een gewenste differentiatie binnen het ambtelijk werk: catechetiek, homiletiek, liturgiek, pastoraal. Met het oog op de organisatie van de kerk ontwikkelt hij het vak ecclesiastiek en met het oog op de missie van de kerk in de samenleving het vak apostoliek. Op deze wijze gaf de praktische theologie leiding aan de noodzakelijke opbouw van de kerkelijke organisatie binnen een sterk veranderende samenleving en aan de opkomende professionalisering van het pastorale beroep.

1.22. *Poimeniek als zelfstandig vakgebied*

Met name op het gebied van het pastoraat wordt de spanning zichtbaar tussen de oude pastoraaltheologie en de nieuwe praktische theologie. De poimeniek spreekt de voorganger van de gemeente aan op diens rol als pastor, verantwoordelijk voor de pastorale zorg van de individuele leden der gemeente. Dit was tot op grote hoogte nieuw.

R.Schmidt-Rost (1988) schetst deze spanning voor wat betreft de protestantse kerken en theologie in Duitsland. Deze zijn sterk beïnvloed door de visie van Luther op het priesterschap van alle gelovigen. Dit houdt in een 'Seelsorge Aller an Allen' (67). Het onderling pastoraat heeft plaats 'per mutuum colloquium et consolationem fratrum', zoals Luther het geformuleerd heeft in de Schmalkaldische Artikelen (Henkys, 1970). Dit ideaalbeeld van pastorale zorg klinkt nog door in de omschrijving van W.Trillhaas: "Seelsorge ist die Besorgung des Leibes Christi in seinen Gliedern" (1958, 77). Deze visie verdraagt zich moeilijk met een speciale rol van de voorganger als pastor. Hoewel de uitdrukking 'Seelsorge Aller an Allen' van Nitzsch stamt, heeft deze ook oog voor het feit dat het leven van het individu en diens geestelijke behoeften zich niet meer onder een louter kerkelijke noemer laten brengen. Deze vragen een meer gespecialiseerde aandacht. Dit wordt verbonden met het oude onderscheid tussen *cura animarum generalis* en *cura animarum specialis*. Het eerste ziet op het onderling pastoraat in de gemeente, het tweede op het individuele pastoraat, de ambtelijke en op den duur professionele pastorale relatie. Schmidt-Rost kritiseert deze zelfstandige ontwikkeling van het individuele pastoraat. Hij sluit zich aan bij de visie van Chr.Möller. Wanneer de ambtsdrager herder genoemd wordt (Ef.4,11), heeft dat betrekking op het verzamelen en bijeenhouden van de kudde (Möller 1983, 120). Het ambtelijk werk in de gemeente is van een andere orde dan de hulp aan mensen in hun persoonlijke noden en vragen. Deze 'Seelenpflege' heeft het karakter van 'Bildung' en ontwikkelt zich naar het voorbeeld van de psychoanalyse in therapeutische richting, met name in het Amerikaanse model van pastorale zorg. Heil wordt dan verbonden met heling, in relatie tot het medisch handelen, in plaats van met het zielenheil van de mens. Zij zien deze hulp als diaconaat, niet als pastoraat. Schmidt-Rost wil daarom de cura specialis ondergeschikt maken aan de cura generalis (62).

Ook in de Nederlandse situatie is de verzelfstandiging en verwetenschappelijking van de pastorale zorg, toegespitst op de rol van pastor, nieuw: "Eerst in de XIX eeuw treedt de Pastoraal als eigenlijke *wetenschap* te voorschijn", aldus Muurling (430). Hij huldigt eveneens het 'Bildungs-ideaal' en ziet als doel van de cura specialis "dat de Gemeente *in hare leden* verzorgd en opgevoed worde tot christelijke volkomenheid" (434). Hoe weinig er in zijn tijd sprake was van speciale zorg blijkt onder meer hieruit dat Muurling de predikanten bij herhaling oproept de ernstig zieken en stervenden te bezoeken en ook aanwezig te zijn bij begrafenissen, iets wat in die tijd niet gebruikelijk was. In lijn met de traditie van Calvijn rekent A.Kuyper de poimeniek in zijn Encyclopedie (1909, III) tot de presbyteriale vakken, die betrekking hebben op het ambt van ouderling, in het bijzonder op het huisbezoek. Dit bezoekwerk bevordert de 'geestelijke weerstand' van de leden van de kerk (527). Voor deze zorg gebruikt Kuyper de medische termen diagnose en medicatie (530). De Dienaar des Woords is leraar èn herder en dient daarom, liefst met een ouderling, op huisbezoek te gaan. Van speciale poimeniek is bij Kuyper geen sprake.

In katholieke kring spreekt men als regel van 'de pastoraal' als zelfstandig naamwoord, waarmee bedoeld wordt "het geheel van de zorg van de kerk voor mens en wereld, als dienst van het heil" (Vossen 1985, 6). De pastorale zorg was hier de eeuwen door verbonden met de bediening der sacramenten, in het bijzonder de biecht en het sacrament van de zieken. Ook namen geestelijken wel de protestantse gewoonte van het huisbezoek over. Het speciale pastoraat, met name in een therapeutische gedaante, moet ook binnen de katholieke pastoraal als een 'Fremdkörper' worden getypeerd (Haarsma 1985, 130).

1.3. *Keuze en visie*

Vooruitlopend op mijn werkdefinitie van pastorale zorg (2.6), geef ik eerst mijn persoonlijke visie op het vak en op het onderscheid van generale en speciale poimeniek.

1.31. *Cura generalis en cura specialis*

In dit boek kies ik voor een inclusieve benadering van het begrip pastorale zorg, waarmee ik bedoel dat ik uitga van een nauwe relatie tussen de cura generalis en de cura specialis. Pastorale zorg versta ik primair als onderling pastoraat, vanuit de zorg die mensen elkaar verschuldigd zijn. De bijbel gebruikt hiervoor het beeld van de gemeente als lichaam van Christus (met name in Rom.12 en 1 Cor.12). Het Apostolicum omschrijft de kerk als 'gemeenschap der heiligen', wat volgens de Heidelberger Catechismus betekent dat alle leden delen in het in Christus geschonken heil en "dat elk zich moet schuldig weten, zijn gaven ten nutte en ter zaligheid der andere lidmaten gewilliglijk en met vreugde aan te wenden" (zo. 21). De gemeente is een charismatische gemeenschap.

Deze pastorale zorg krijgt gestalte in de opbouw van de gemeente, via bezoekwerk en kringenwerk. Daarvoor kennen de verschillende kerken ambtsdragers, contactpersonen, lekenpastores, pastorale medewerkers en vrijwilligers in pastoraat. Zij onderhouden het contact met gemeenteleden, signaleren vragen en noden en proberen hier waar mogelijk in te voorzien. In dit verband kan ook gewezen worden op vormen van groepspastoraat, zelfhulpgroepen voor bijvoorbeeld rouwverwerking en dergelijke. Ook in een tijd van individualisering zijn kerkelijke gemeenschappen bijzonder vindingrijk in het ontwikkelen van netwerken, opdat niemand vergeten wordt.

Het werk van pastores vormt hierop een noodzakelijke aanvulling. Zij hebben een ambt of aanstelling ontvangen in de gemeente. Ze zijn opgeleid als theoloog en hebben zich in hun opleiding ook bekwaamd op het gebied van het pastoraat. Hun eerste taak is het de vele vrijwilligers in pastoraat te stimuleren en te instrueren. Daarnaast is hun het individuele pastoraat (cura specialis) toevertrouwd, het begeleiden van leden der gemeente in hun persoonlijke noden en vragen. Veel van deze contacten spelen zich af op enige afstand van de gemeente, omdat veel mensen slechts een formele band met de kerk onderhouden of niet-kerkelijk zijn. Toch doet men meer dan eens een beroep op een pastor. Dit brengt onontkoombaar een zekere verzelfstandiging van de rol van pastor met zich mee, naast die van voorganger, catecheet en in toenemende mate manager.

De differentiatie in de samenleving heeft ook geleid tot allerlei vormen van bijzonder pastoraat, in ziekenhuizen en andere instellingen, in de psychiatrie, in gevangenissen, in het leger, via de media en in bedrijven. Ook hier zijn pastores werkzaam, vaak in teamverband met andere geestelijk verzorgers. In veel gevallen hebben ze geen gemeente om zich heen. Hun werk is in hoge mate gespecialiseerd en geprofessionaliseerd. Toch is ook hier een relatie met de kerk voor mijn besef onopgeefbaar.

De inhoud van dit boek heeft voor een groot deel zowel betrekking op de generale als op de speciale pastorale zorg. In het kader van de opleiding van pastores krijgt de speciale zorg hier een sterker accent. Deze nadruk op de pastor is echter niet exclusief. In principe mag ieder zich in deze rol herkennen. Dit brengt me bij een nadere typering van de cura specialis. Meestal spreekt men hier van het individuele pastoraat.

1.32. *Het individuele pastoraat* (cura specialis)
Het eigene van pastoraat ligt in het begrip zorg. Het begrip pastorale zorg wordt hierna (hoofdstuk 2) vanuit verschillende invalshoeken verkend. In het begrip zorg zit een gerichtheid op de mens als individu, toegespitst op diens geestelijk functioneren. Het begrip geestelijk verwijst naar een bepaald domein, dat later wordt ingevuld met behulp van de begrippen zingeving, levensbeschouwing, religie en geloof. De volgorde vertoont een zekere opklimming. Ieder mens is voortdurend op zoek naar zin. Wat iemand zinvol vindt hangt samen met een bepaalde levensoriëntatie, die tot uitdrukking kan komen in een levensvisie of een meer afgeronde levensbeschouwing. Deze kan seculier zijn, maar ook religieus. Pastoraat heeft niet zozeer betrekking op levensbeschouwing of religie in het algemeen, maar op de wijze waarop deze begrippen vanuit de christelijke geloofstraditie worden verstaan en van hieruit hun specifieke inhoud ontvangen. Hiermee wordt tevens verwezen naar een geloofsgemeenschap waarin en van waaruit de pastorale zorg gestalte krijgt en waaraan pastores hun legitimatie ontlenen, de kerk.

De pastorale zorg spitst zich toe op ervaringen van contingentie, op datgene wat mensen vaak onverwacht en toevallig overkomt. Daarbij kan het om heel ingrijpende ervaringen gaan van crisis en verlies. In zo'n situatie wordt een mens op zichzelf teruggeworpen en geconfronteerd met laatste vragen: Waar leef ik voor? Wat geeft me hoop? Waaruit put ik moed? Door zulke existentiële vragen wordt het gelovig referentiekader op de proef gesteld. Hoe kan ik zin geven aan wat me overkomt? Wat betekent het geloof voor iemand onder deze omstandigheden? Een mens wordt gedwongen nieuwe ervaringen in zijn levensgeschiedenis in te passen, wat leidt tot een zekere reconstructie van de eigen biografie, de wijze waarop men zichzelf verstaat en beleeft.

Dit klinkt betrekkelijk cognitief, maar dergelijke gebeurtenissen gaan dikwijls gepaard met diepe emoties. Men wordt aangegrepen door gevoelens van angst, schuld en twijfel. Mensen worden heen en weer geslingerd tussen hoop en vrees, wat gepaard kan gaan met gevoelens van onmacht en neerslachtigheid. Het is hun lijfelijk aan te zien. Dan blijkt dat de ene mens psychisch anders functioneert dan de andere. Cognities en emoties grijpen voortdurend in elkaar. Op dit emotionele of affectieve niveau liggen raakvlakken tussen pastorale zorg en psychotherapie. Geestelijke zorg is het primaire referentiekader van de pastor, maar deze zorg kent vervolgens in veel gevallen ook een therapeutisch moment. Voor therapeuten ligt dit omgekeerd. Zij gaan uit van een psychologisch referentiekader, maar breiden meer dan eens hun aandacht uit tot het zinperspectief, omdat ook zij niet aan existentiële vragen van hun cliënten voorbij willen gaan.

In vergelijking tot psychotherapie heeft pastorale zorg ook een dieptedimensie, die te maken heeft met religieuze ervaring en spiritualiteit. Het vertrouwen op God als de uiteindelijke grond van ons bestaan, aan wie we ons mogen toevertrouwen en op wie we hopen, schept een eigen taalveld waarin psychologische woorden verbonden worden met oeroude woorden van een religieuze stroming of geloofstraditie. Het gesprek kan hier overgaan in een gebed of voltooid worden in een ritueel.

1.33. *Het vakgebied*

Vanwege de verstaanbaarheid spreek ik als regel niet van poimeniek, maar geef ik de voorkeur aan de namen pastorale theologie en pastorale psychologie. Onder *pastorale theologie* moet dan worden verstaan de praktisch-theologische theorie van het pastoraat. Deze naam mag niet verward worden met de oudere pastoraaltheologie die de nadruk legt op de verschillende functies van het ambt (Heitink 1993, 293).

In onderscheid hiervan is *pastorale psychologie* een vorm van toegepaste psychologie, te vergelijken met bijvoorbeeld medische psychologie. Van der Schoot omschrijft dit vakgebied pragmatisch als "de psychologie die de pastor nodig heeft om zijn werk in de huidige samenleving adequaat te vervullen" (1959, 13).

De grenzen tussen pastorale theologie en pastorale psychologie zijn vloeiend. In een hermeneutische opvatting van pastoraat, die in dit boek wordt uitgewerkt, grijpen theologische en psychologische elementen voortdurend in elkaar.

Volgens A.Uleyn (1976) kan de pastorale psychologie op drie manieren beoefend worden: als toegepaste psychologie ten behoeve van pastorale werkers; als grenswetenschap, die een aantal raakvlakken van theologie en psychologie bestudeert; als hulpwetenschap van de praktische theologie. Zelf komt hij tot de volgende omschrijving: "Pastorale psychologie is een zelfstandige discipline als ze de psychologische aspecten van het pastorale gebeuren systematisch en wetenschappelijk onderzoekt. Aangezien elk stuk realiteit dat ze onderzoekt te maken heeft met het verschijnsel religie en geloof, vormt ze tevens een onderdeel van de godsdienstpsychologie" (371). In de praktijk wordt het vak meestal beoefend door theologen, soms door psychologen, binnen een theologische faculteit. Het begrip grenswetenschap is wellicht het meest adequaat. Hoewel het om toegepaste psychologie gaat zijn er ook altijd theologische posities in geding. De pastorale psychologie vertoont volgens R.Riess (1973, 63 e.v.) een polaire structuur, waarbinnen psychologische en theologische elementen tot hun recht moeten komen.

1.4. *De indeling van dit boek*

Ik ga hier in het kort in op de drie delen waaruit dit boek bestaat.

1.41. *Theologie*

In *Deel I* volgt op de introductie van het begrip pastorale zorg (hoofdstuk 2) een beschrijving van actuele stromingen binnen de pastorale theologie. Soms wordt hierbij uitgegaan van een tweedeling (bijv. Riess, 1973), soms van een driedeling (bijv. Jentsch, 1982). Evenals in 'Pastoraat als hulpverlening' (1977) ga ik uit van een driedeling, hier kortweg aangeduid als kerygmatisch, therapeutisch en hermeneutisch pastoraat. Men kan deze stromingen zien als fasen in een ontwikkeling van de pastorale theologie in de tweede helft van deze eeuw. Daarbij moet dan wel bedacht worden dat de hermeneutische stroming oude papieren heeft en teruggaat op de negentiende eeuw, op niemand minder dan Fr. Schleiermacher.

De naam kerygmatisch pastoraat (hoofdstuk 3) is van origine protestants. Hij is verbonden met de dialectische theologie. Er zijn echter markante parallellen aan te wijzen met de ontwikkeling van het katholieke pastoraat dat, hoewel ambtelijk en sacramenteel van opzet, een even deductief karakter vertoonde. Des te opvallender is de snelle receptie van het therapeutisch pastoraat (hoofdstuk 4), zowel in protestantse als in katholieke kring vanaf de zestiger jaren. Ook binnen het hermeneutisch pastoraat (hoofdstuk 5) komen we van beide tradities vertakkingen tegen. De keuze die in dit boek gemaakt wordt voor een hermeneutische benadering bouwt voort op de beide andere, maar benadrukt sterker de relatie van traditie (of geloofsinhoud, fides quae) en menselijke ervaring (of geloofsbeleving, fides qua). Daaraan zitten theologische en psychologische kanten. Vandaar dat de relatie van theologie en psychologie in dit boek grote nadruk krijgt.

De onderlinge relatie wordt hier uitgedrukt met behulp van het begrip *bipolariteit*. In pastorale situaties hebben we te maken met een theologisch en een psychologisch moment, twee polen die elkaar oproepen. Om deze polariteit tot uitdrukking te brengen voltrekken we op theoretisch niveau in twee hoofdstukken een beweging 'van psychologie naar theologie' en omgekeerd 'van theologie naar psychologie'. In hoofdstuk 6 wordt aandacht geschonken aan verschillende stromingen binnen de psychologie en psychotherapie en hun invloed op religie, theologie en pastoraat. In hoofdstuk 7 voltrekken we de omgekeerde beweging. We gaan uit van grondlijnen van de pastorale theologie en leggen van hieruit een relatie met begrippen uit de psychologie.

Vanuit deze bipolaire visie op de relatie van theologie en psychologie kunnen de verschillende functies van pastorale zorg worden ingevuld. Hier wordt onderscheid gemaakt tussen vier verschillende functies, uitgedrukt in de werkwoorden helen, bijstaan, begeleiden en verzoenen (hoofdstuk 8). *Helen* speelt zich af op het vlak van de integratie van cognitieve, emotionele en existentiële momenten. Dit raakt 'heel de mens'. Hier ligt een relatie met psychotherapie en andere vormen van hulpverlening. *Bijstaan* is een kwalitatief begrip, dat met name ziet op uitzichtloze situaties waarin de een probeert de ander nabij te zijn. *Begeleiden* verwijst naar de levensbeschouwelijke en ethische momenten in de keuzen waar een mens voor komt te staan. *Verzoenen* tenslotte benadrukt het relationele element, de relatie tot God, tot mensen om ons heen, met name de heel persoonlijke relaties. Met de uitwerking van deze functies kan de theologische theorie van het pastoraat worden afgerond en een overgang gemaakt worden naar het volgende deel van het boek.

1.42. *Differentiatie*

Deel II heet differentiatie en bepaalt ons bij de context van de pastorale zorg, de ontwikkelingen binnen de moderne samenleving, zoals hiervoor geschetst. Onze samenleving wordt gekenmerkt door een proces van differentiatie, met name naar het individuele, het sociale en het publieke domein. Pastorale zorg heeft primair te maken met de mens als individu, maar deze zorg kan niet voorbijgaan aan sociale verbanden, waarin een mens leeft. Dit geldt in het bijzonder voor de kerk als gemeenschap, nog altijd een van de belangrijkste sociale verbanden in de samenleving. Van niet minder belang is de aandacht voor ontwikkelingen in het publieke domein, voor politieke en maatschappelijke invloeden die hun weerslag hebben op mensen. Onder differentiatie verstaan we in dit verband ook dat verschillende sectoren van de samenleving, bijvoorbeeld die van de arbeid of de gezondheidszorg, een grotere zelfstandigheid krijgen. Pastorale zorg vraagt binnen deze maatschappelijke verbanden een bredere dan alleen kerkelijke inkadering.

Bij de indeling van de handelingsvelden van de praktische theologie ben ik uitgegaan van een gematigde differentiatie naar 'mens en religie', 'kerk en geloof', 'godsdienst en samenleving' (Heitink 1993, hoofdstuk 13). Binnen de praktische theologie zijn sommige vakgebieden primair antropologisch, andere primair ecclesiologisch en weer andere primair diaconologisch van aard. Het christelijk geloof kent individuele, sociale en publieke gestalten.

Het vakgebied van de pastorale theologie of poimeniek is primair antropologisch van karakter: het gaat om mensen, onder het aspect van hun geestelijk functioneren. In hoofdstuk 9 gaan we dieper in op de ontmoeting met mensen in het individuele pastoraat. Deze ontmoetingen kunnen zich afspelen in kerkelijk verband maar ook daarbuiten. Pastorale zorg richt zich op alle mensen die hier op een of andere wijze een beroep op doen. We ontmoeten mensen in het pastoraat echter ook dikwijls als al of niet betrokken leden van een kerkgenootschap. Deze kerkelijke setting geeft aan het pastoraat een eigen gezicht: de zorg voor mensen als leden van een geloofsgemeenschap. Daarover handelt hoofdstuk 10. Ook de maatschappelijke context zet een stempel op mensen en menselijke relaties en daarmee op de vragen en noden waar we in de pastorale zorg mee in aanraking komen. We willen in hoofdstuk 11 deze maatschappelijke invloeden afzonderlijk thematiseren. In een gedifferentieerde samenleving is pastorale zorg niet beperkt tot zorg in of vanuit een kerkelijke gemeente of parochie. Deze zorg speelt zich ook af binnen andere samenlevingsverbanden, via vormen van categoriale zielzorg of bijzonder pastoraat. Daarom geven we in hoofdstuk 12 afzonderlijk aandacht aan het eigen karakter van pastorale zorg in instellingen. Zo geeft dit tweede deel een gedifferentieerd beeld van pastorale zorg in samenleving en kerk.

1.43. *Praktijk*

In *Deel III*, praktijk, komen we tenslotte uit bij de pastorale relatie en communicatie, via het individuele gesprek en het groepsgesprek, waarbinnen ook ruimte is voor symboliseren en ritualiseren. Communicatie op een individueel niveau luistert nauw. Hoewel het individuele pastoraat (cura specialis) een duidelijke professionaliteit heeft, gaat het hierin primair om een intermenselijke ontmoeting. Daarom hebben ook deze hoofdstukken niet alleen betrekking op het werk van pastores, maar ook op dat van vrijwilligers in pastoraat.

De praktijk van het pastoraat is zo veelzijdig, dat de beide hoofdstukken die het slotdeel van dit boek vormen, hier maar in beperkte mate recht aan kunnen doen. Ook in dit deel overheerst de theoretische interesse, die typerend is voor de voorafgaande delen. Vanuit deze interesse wordt de praktijk op hoofdlijnen in kaart gebracht en wordt verwezen naar andere literatuur die de lezer verder de weg wijst.

Welke lijnen heb ik voor gekozen? De eerste (hoofdstuk 13) is die van *de pastorale gespreksrelatie*, die door mij verstaan wordt als een hermeneutische relatie. Van hieruit komen elementaire begrippen van pastorale gespreksvoering in beeld. Ook wordt hier een poging gedaan om dat wat eerder gezegd is over de pastorale relatie nader te concretiseren. Pastoraat, tenslotte, is niet alleen individueel pastoraat, maar ook groepspastoraat.

De tweede lijn is die van *pastoraat als ambacht* (hoofdstuk 14). Hier komt de pastor van professie in beeld. Pastor zijn is niet alleen een ambt, maar ook een ambacht. In ambacht zit het latijnse 'agere' (leiden). Van pastores wordt verwacht dat zij op professionele wijze structuur en leiding kunnen geven aan uiteenlopende pastorale situaties. De professionalisering van het pastorale beroep heeft consequenties voor de opleiding en post-academiale vorming van pastores. Naast de universiteiten is hier een belangrijke rol weggelegd voor de Klinische Pastorale Vorming.

De indeling van een handboek als dit is een kwestie van voortdurend kiezen en delen. In dit inleidende hoofdstuk zijn de hoofdlijnen uitgezet. Daarmee ligt de route voor een belangrijk deel vast. Ik hoop dat er voor anderen voldoende ruimte in zit om hierbinnen hun eigen weg te zoeken.

DEEL I

THEOLOGIE

2. Pastorale zorg: grondlijnen

3. Kerygmatisch pastoraat

4. Therapeutisch pastoraat

5. Hermeneutisch pastoraat

6. Pastorale zorg en psychologie

7. Pastorale zorg en theologie

8. Functies van pastorale zorg

2. Pastorale zorg: grondlijnen

In dit eerste hoofdstuk van het deel 'Theologie' introduceer ik het onderwerp van dit boek: pastorale zorg. De keuze voor dit kernbegrip vraagt een nadere toelichting. In de literatuur komen we namelijk uiteenlopende begrippen tegen. Ik zet er, zonder volledig te zijn, een aantal op rij: pastoraat, herderlijke zorg, ziel(s)zorg, onderling pastoraat, pastorale counseling, contingentie-counseling, pastorale therapie, geestelijke verzorging, geestelijke begeleiding, pastorale hulpverlening. Wanneer we zien hoe vaak in deze opsomming samenstellingen met 'pastor', 'zorg' en 'geest' voorkomen en we bedenken dat het begrip zorg gericht is op het geestelijk functioneren van mensen (1.32), lijkt de keuze voor het begrip 'pastorale zorg', als omvattende aanduiding, het meest voor de hand te liggen.

Deze keuze wordt ondersteund door samenstellingen die we in andere talen tegenkomen. In de Duitse literatuur treffen we de volgende begrippen aan: Seelsorge, soms nader gepreciseerd als therapeutische Seelsorge of mystagogische Seelsorge, Seelenpflege, Seelenführung, Glaubenshilfe, Lebenshilfe, Beratung. In de Amerikaanse literatuur is sprake van: shepherding, pastoral care, care of souls, cure of souls, pastoral counseling.

Wie deze opsomming op zich laat inwerken beseft dat achter al deze begrippen uiteenlopende concepties of opvattingen van pastoraat schuilgaan. Naar mijn mening kunnen vanuit een historisch perspectief tenminste vijf verschillende opvattingen worden onderscheiden, waarbinnen de genoemde begrippen functioneren. Historisch gezien stammen ze uit verschillende wijsgerige en theologische tradities en in de loop van de tijd zijn er onderlinge dwarsverbindingen ontstaan. Niettemin kan hier een relatief onderscheid gemaakt worden tussen:

- de klassiek-individuele opvatting (2.1),
- de ecclesiaal-parochiële opvatting (2.2),
- de wijsgerig-antropologische opvatting (2.3),
- de spiritueel-mystagogische opvatting (2.4),
- de psychologisch-therapeutische opvatting (2.5).

Ik wijd aan elk van deze historisch te onderscheiden concepties een paragraaf en kom op basis hiervan tot een nadere omschrijving van het begrip pastorale zorg (2.6).

Dit boek bevat geen afzonderlijk historisch deel of hoofdstuk. Ik kies ervoor op plaatsen waar dit gewenst is een historisch excurs te geven. Dat is met name in dit hoofdstuk het geval. Voor de geschiedenis van het pastoraat kan verwezen worden naar enkele gespecialiseerde studies: A.Hardeland, *Geschichte der speciellen Seelsorge*; W.Jentsch, *Handbuch der Jugendseelsorge*, Band I: Geschichte; J.T.McNeill, *A History of the Cure of Souls*; W.Clebsch en Ch.R.Jaekle, *Pastoral Care in Historical Perspective*. In dit boek staan de verschillende functies van pastoraat centraal. Ook noem ik de studie van Th.Bonhoeffer, *Ursprung und Wesen der christlichen Seelsorge* (1985). Een recent werk is: Chr.Möller (Hg.), *Geschichte der Seelsorge*, in Einzelporträts (3 Bände). Deel 1 behandelt de bijbelse periode, de vroege kerk en de Middeleeuwen; deel 2 de periode van de Reformatie, de orthodoxie, het piëtisme en de verlichting; deel 3 de negentiende en twintigste eeuw. Dit gebeurt aan de hand van portretten van theologen en zielzorgers. Van ieder zijn naast biografische, historische en theologische gegevens, enkele exemplarische teksten opgenomen. Een aantal teksten uit de periode vanaf Schleiermacher is verzameld door F.Wintzer (1978).

2.1. *De klassiek-individuele opvatting*

Een eerste perspectief biedt de klassiek-individuele opvatting. Deze heeft voorchristelijke wortels, zowel in de Joodse als in de Griekse traditie. Trefwoorden zijn *pastoraat* en *zielzorg*. Pastorale zorg is een samentrekking van beide begrippen. Het woord pastoraat geeft uitdrukking aan het bekende bijbelse herdersmotief. Het begrip zielzorg is een vertaling van het al even klassieke latijnse begrip 'cura animarum', dat teruggaat op het griekse 'epimeleia tes psyches'. In het vroege christendom worden beide begrippen op elkaar afgestemd. In beide tradities staat de zorg voor de enkeling, de mens als individu, centraal. Men noemt dit wel 'het principium individuationis' (Van de Spijker 1978, 56). Dit is ook de kern van het bijbelse herdersmotief.

2.11. *Pastoraat: het herdersmotief*

Pastoraat is herderlijk werk, wat ook doorklinkt in de klassieke naam van het vak, poimeniek, die letterlijk herderkunde betekent. De herdermetafoor roept in onze tijd weerstanden op vanwege de beelden van volgzaamheid, hiërarchie, paternalisme en kuddementaliteit, die moderne mensen er terecht of ten onrechte mee verbinden. Dit komt echter niet overeen met de bijbelse wortels van deze metafoor.

De herdermetafoor gaat terug op de Joodse traditie. Zij geeft uitdrukking aan de liefdevolle zorg van Gods kant, waarmee Hij binnen een Verbond met mensen omgaat. De God van Israël trekt met zijn volk door de geschiedenis naar het beloofde land. Hij is tevens de wachter, die sluimert noch slaapt (Ps.121,4). Zo ook mag de mens, geschapen naar Gods beeld, zijn of haar broeders (zusters) hoeder zijn (Gen.4,9). Hoeder van mensen zijn blijkt echter hoog gegrepen. Al in de eerste hoofdstukken van Genesis lezen we hoe dit afloopt. Mensen vervreemden van God en van elkaar. Ze worden elkaars rivalen. Alles hangt daarom af van het herderschap van God, zoals dat in de bekende Psalm 23 liefdevol verwoord is. God ziet om naar ieder mens persoonlijk. Hij leidt en beschermt hem, ook in dalen van diepe duisternis. Zo is het herdersmotief in de eerste plaats een *troost*motief.

Dit gaat echter gepaard met een herkenbaar *engagement*: opkomen voor wie onderligt. In zijn keuze voor een volk in slavernij komt wellicht het duidelijkst tot uitdrukking, dat de God van Israël partij kiest. Hij heeft de ellende gezien van wie leven in slavernij en heeft hun gejammer gehoord. Hij kent hun smarten (Ex. 3,7). Hij neemt het op voor de arme, de ellendige en wie geen helper heeft (Ps. 72,12). Men kan dit het profetisch aspect van het pastoraat noemen. Dit verklaart de boosheid van God over de herders van Israël die zichzelf weiden en niet omzien naar wie zwak is, ziek, gewond, afgedwaald of verloren heet: "Ik zal die herders!" (Ez.34,10).

In het beeld van de herder en de kudde zit tenslotte iets van het *bijeenbrengen* en verzamelen van wat verstrooid is en verloren dreigt te gaan. De enkeling is niet aan zichzelf prijsgegeven, maar wordt opgenomen in een gemeenschap. De herder die de zorg heeft over honderd schapen en er één verliest, laat de negenennegentig achter om het verlorene te zoeken en terug te brengen (Lc.15,4).

De verschillende aspecten van het herdersmotief vinden we terug in het werk van die ene, die werkelijk aanspraak mag maken op de naam herder, Jezus, de 'Pastor Bonus' (Joh.10). Hij kent zijn schapen bij name, brengt ze naar buiten, gaat voor hen uit en verdedigt ze tegen de wolven, met inzet van eigen leven. Hij is met ontferming bewogen over mensen, die voortgejaagd en afgemat zijn, als schapen zonder herder (Mat.9,36). Tegelijk is hij de herder die het verlorene zoekt (Lc.15,4). Met 'het verlorene' worden in het evangelie die mensen bedoeld, die in de toenmalige samenleving gemarginaliseerd werden, de hoeren en tollenaars, de schare die de wet niet kent, de zieken en gehandicapten, de onreinen en verstotenen. Hij neemt het voor hen op. Hij bestraft en vermaant de onderdrukkers. Daarom heeft pastoraat van meetaf ook een kritisch diaconaal karakter.

In de Joodse traditie is de zorg voor de mens verbonden met het motief van 'de weg', dat is "het leven van een mens, gezien onder het aspect van de bestemming van dat leven. Een leven 'verloopt' niet zomaar, het gaat ergens heen. Elk leven heeft zijn eigen doel; zich daarop te richten is een opdracht; om zich daarop te kunnen richten is zoiets als een *chanoekah* nodig, een 'Uebertragung der Weihe'" (Firet 1968, 71). Chanoekah betekent zoveel als inwijding. Het is het inwijden van het kind in het verhaal van Jahweh en zijn volk. Om die weg te kunnen vinden en gaan is *torah*, 'Weisung', nodig. De hieraan ontleende ervaring heet *chokmah*, wijsheid. Deze wijsheid kreeg een neerslag in de oud-oosterse wijsheidsliteratuur, waarvan het bijbelboek Spreuken een treffend voorbeeld is (vgl. Schuman 1993, 383-419). In de Joodse wereld is de pastor voor alles de wijze.

De Joodse traditie, waaraan het herdersmotief ontleend is, legt grote nadruk op de heiligheid en integriteit van de menselijke persoon en op de onvervangbare waarde van elk individu. Het centrale motief in de Joodse mensvisie is het Imago Dei, het gegeven dat de mens geschapen is 'naar Gods beeld en in zijn gelijkenis' (Gen.1,26). Wie zich aan de mens vergrijpt komt ook God te na. De wijsheidstraditie, die door de eeuwen heen is opgebouwd, waakt over het heil en het welzijn van de mens. Rabbijnen vervullen de rol van 'mocheach' (morele rechter), 'menahem' (trooster) of 'talmid chacham' (leraar, gids), aldus R.L.Katz (1988, 16) in één van de weinige boeken over pastoraat binnen het Jodendom. Zie voor de betekenis van het Imago Dei in de pastorale theologie: L.T.Howe (1995). Joodse filosofen als M.M.Buber (vgl. Donga, 1989), A.J.Heschel (vgl. Hartensveld, 1988), E.Levinas (vgl. Van Rhijn en Meulink-Korf, 1997) en J.B.Soloveitchik (vgl. Munk, 1994) hebben in onze eeuw invloed uitgeoefend op de theologische antropologie en de doorwerking daarvan in het pastoraat.

De 'Wirkungsgeschichte' van het herdersmotief in de loop der eeuwen vergt een studie op zich. We treffen dit motief al aan in een anoniem vroeg-christelijk geschrift, *De pastor van Hermas*. Dit geschrift uit het midden van de tweede eeuw behandelt een brandend pastoraal probleem: hoe om te gaan met mensen die na hun doop opnieuw in zonde vallen? Een engel in de persoon van een herder brengt het bevrijdende nieuws dat er vergeving is voor die mens die oprecht berouw toont. Het geschrift kreeg grote invloed (Clebsch en Jaekle 1964, 15v.). Ook de Reformatie grijpt terug op het herdersmotief. In 1525 schrijft Zwingli zijn bekende geschrift *Der Hirt*. In 1538 verschijnt van de Straatsburger reformator Martin Bucer diens boek *Von der waren Seelsorge und dem rechten Hirtendienst*, waarvan nog in 1991 een nederlandse vertaling verscheen. Het boek is opgebouwd aan de hand van de categorieën van Ezechiël 34: hoe de verloren schapen gezocht worden, de verjaagde teruggebracht, de gewonde verbonden en de zieke genezen, de zwakke schapen gesterkt worden en de gezonde en sterke beschermd en geweid worden. Zie voor een exegetische uitwerking van het herdersmotief: M.H.Bolkestein, *Zielszorg in het Nieuwe Testament* (1964); J.Kahmann, *Pastoraat in bijbels licht* (1981).

2.12. *Zielzorg: cura animarum*

Het begrip zielzorg stamt uit de Griekse traditie. De oudste vermelding van zielzorg in de betekenis van 'zorgen voor de ziel' ('epimeleisthai tes psyches') gaat terug op Plato, de Apologie van Socrates. Socrates roept hier zijn Atheense medeburgers op vóór alles te zorgen voor hun ziel, hoe die het beste kan gedijen (Th.Bonhoeffer 1989, 285). Hiermee wordt uitdrukking gegeven aan het 'gnothi seauton' (ken uzelf). Een mens moet niet alleen vertrouwen op geld, roem en eer, maar zich zelfkennis, inzicht en waarheid verwerven en zich op deze wijze bekommeren om het wezenlijkste van zichzelf, zijn ziel. In een andere dialoog van Plato is sprake van een pedagogisch expert, een 'technikos peri psyches therapeias' (Möller 1994, I, 9). Plato zelf systematiseert het begrip zielzorg via een trichotomistische mensvisie, waarin hij onderscheid maakt tussen de verstandelijke kant ('logistikon') van de menselijke ziel, de gemoedsgesteldheid ('timoeides') en de kant van het willen en begeren ('epitometikon'). De verstandelijke kant moet door oefening in kennis de andere de baas zijn. Daarmee krijgt de ziel deel aan het transcendente zijn, het goddelijke. Op deze wijze ontsnapt de mens aan de zinnelijke wereld. Hier liggen de wortels van het dualisme van ziel en lichaam.

Hiermee wordt echter een spanning opgeroepen met de bijbelse, oorspronkelijk joodse, visie op de mens als 'levende ziel'. In Genesis 2,7 lezen we dat God de mens formeert uit de aarde en hem de levensadem inblaast: alzo werd de mens tot een levende ziel (hebr. 'nefesj'). Deze doortrekt 'heel de mens'. De ziel is de adem Gods die in de mens ademt. Ziel is leven, voor Gods aangezicht. Dit uit zich in loven en klagen. Op geen enkele wijze leidt dit spreken over de ziel tot een onderwaardering van het lichaam (Möller, I, 12). "De ziel tekent zich binnen de gemeenschap af als een eigen identiteit, die met een naam kan worden aangeduid" (Waaijman 1996, 68). Ook het Nieuwe Testament kent niet de griekse verbinding van ziel en zorg. Eerder lezen we hier het tegendeel: "Weest niet bezorgd over uw leven (psyche)" (Mat.6,25). Ook dit wijst op heelheid. "Wie zijn leven (psyche) behouden wil, die zal het verliezen" (Mat.16,25). Möller wijst erop dat het NT terughoudend is met het begrip ziel, waarschijnlijk omdat het al te zeer gevormd is door het platoonse denken. Zo wordt ervoor gewaakt "dass der ganzheitliche Charakter von psyche im Sinne von Leben zum Ausdruck kommt" (14). Het duidelijkst komt deze heelheid tot uitdrukking in 1 Tess.5,23: "En Hij, de God des vredes heilige u geheel en al, en geheel uw geest, ziel en lichaam ('to pneuma kai he psyche kai to soma')...". Deze drie dimensies van het mens-zijn vormen een eenheid. Nergens wordt in de Schrift de ziel tegen het lichaam uitgespeeld. Ook het woord pneuma ziet op 'den Menschen als ganzen' (TWNT VI, 330 e.v.). Het hart (kardia) van de mens is het centrale orgaan waar kracht, gevoelens, verstand en wil samenkomen (TWNT III, 609 e.v.).

Onder invloed van het Hellenisme wordt de griekse mensvisie later met de joods-christelijke versmolten. Bij de grote Cappadociërs, als eerste bij Gregorius van Nyssa, in een brief uit 385, komen we het begrip zielzorg in de platoons gestempelde betekenis van het woord ('epimeleia kai therapeia tes psyches') in kerkelijke kring tegen. "Das Verständnis der Seelsorge als Therapie ist pastoraltheologisches Allgemeingut der Zeit. Die Kirche setzt damit bruchlos eine Tradition der griechischen Philosophie fort. (...) Psychotherapie war in dieser Tradition Unterricht in den ewigen Wahrheiten und Disziplinierung unter denselben" (Th.Bonhoeffer 1985, 137). Het begrip therapie (te verstaan als hulp, verwant aan medische zorg) wijst ook op de helende uitwerking die dit heeft. Vanaf deze tijd wordt de bisschop als pastor aangeduid. Met name hij heeft de zorg voor de ziel van de enkeling. Maar omdat hij zorg draagt voor vele zielen, wordt de terminus technicus voor zielzorg een meervoud: cura animarum. Deze term komen we voor het eerst tegen bij Gregorius de Grote (zie: 2.22). Ook het Duits kent vanouds een meervoud: 'Seelensorge'. Zielzorg wordt zo een dimensie van de prediking, de sacramentsbediening en de biecht.

Het dualisme van lichaam en ziel werkt sterk door in de christelijke traditie. Willen we het begrip zielzorg bijbels invullen dan gaat het echter om de zorg voor heel het leven van de mens voor het aangezicht van God, een zorg die dus zowel het somatische, het psychische als het pneumatische aspect van het mens-zijn omvat. Geest in de zin van 'ruach' staat dan voor levensadem. Hoewel het begrip 'pneuma' bij Paulus, conform het woordgebruik van zijn tijd, lang niet altijd van 'psyche' onderscheiden kan worden, heeft het op andere plaatsen (b.v. Rom.8, 15v, 1 Cor.2,11) een meer pregnante betekenis: de geest van het geloof, de door God geschonken levensovertuiging (TWNT VI, 433 e.v.). Onder de adem van de Geest leert een mens zichzelf te beamen als mens Gods.

De christelijke zorg voor de ziel is niet goed te begrijpen zonder de Grieks-Romeinse zorg waarop zij voortbouwt. In de Grieks-Romeinse wereld, globaal de periode van de vijfde eeuw v.C. tot de derde eeuw n.C., bestond een uitgebreide zorgpraktijk voor de ziel. In deze zorgpraktijk wordt de verantwoordelijkheid voor het welzijn bij de mens zelf gelegd. Men leze hiervoor het onderzoek van J.Graste, *Zorg voor de psyche* (1997). Ten tijde van Socrates en Plato stond de zorg voor de psyche in een pedagogische context, in later tijd, met name bij Seneca, kan men spreken van een filosofisch-therapeutische context. Daarbij treedt een intensivering op van de houding tot zichzelf: "het in gesprek treden met zichzelf en het zichzelf onderzoeken" (181 v.). Men kan dit een zorg voor de geestelijke gezondheid noemen: "De zorg voor de psyche is ingebed in een zelfcultuur waarin het vanzelfsprekend is om aan zichzelf te werken" (183). Deze therapie van de ziel maakt deel uit van het dagelijks leven. De filosofische praktijk kende geen afgebakend institutioneel kader: "wanneer men hulp voor zichzelf zoekt, heeft men de mogelijkheid naar een goede vriend te gaan, of naar een persoon voor wie de nodige achting bestaat" (184). De laatste hoeft geen 'beroepsfilosoof' te zijn. Met geestelijke gezondheid wordt een kwaliteit bedoeld, *eudaimonia*, gelukkig zijn. De methoden waarvan men gebruik maakt veronderstellen een samenhang tussen cognities en emoties. "Met name bij Aristoteles, maar later nadrukkelijker bij de stoïcijnen, zien we een methode om de aangeleerde en eigengemaakte opvattingen over wat belangrijk is in het leven, bewust te maken, te analyseren en eventueel te veranderen. De centrale gedachte is dat emoties in veel gevallen gekoppeld zijn geraakt aan verkeerde opvattingen en daarom tot veel ellende en pijn leiden" (39). Deze inzichten vinden we vandaag terug in vormen van cognitieve therapie. Zelfkennis (*gnôthi seauton*) en zelfbeheersing (*enkrateia*) en gezond verstand (*sôphrosune*) zijn in de zorg voor de psyche sleutelbegrippen. Deze deugden kan men door oefening verwerven. Het emotionele aspect komt o.a. tot uitdrukking in het begrip *katharsis*, een psychisch emotioneel reinigingsproces. De zorg staat in een ethische setting: "Bij *èthos* gaat het om een persoonlijke houding; het gaat om een vrije keuze en het is primair een kwestie van de enkeling. Het gaat om een bepaalde zijnswijze, een bepaalde levensstijl" (194). Deze is gericht op *autarkeia*, onafhankelijkheid.

De zorg voor de psyche wordt vanaf de derde eeuw verdrongen door de pastorale zorg, met name via de latere institutionalisering van de biechtpraktijk (26). Daarmee komt ook een grotere nadruk te liggen op de figuur van de geestelijk leidsman. Deze zorg voor de ziel leeft in onze tijd weer op in filosofische praktijken, die een alternatief willen bieden voor psychotherapie. "Het antieke model van de zorg voor zichzelf als bestaanskunst is een inspirerend concept", aldus Graste (203).

Samenvattend kent de klassiek-individuele benadering zowel Joodse als Griekse wortels. Wel ontstaat er op den duur een zekere spanning tussen een joodse en een platoonse mensvisie, die beide in de christelijke traditie doorwerken. Op bijbelse gronden wil ik pastorale zorg in deze lijn omschrijven als *zorg voor heel het leven van de mens, onder een geestelijk perspectief, de relatie tot God die het leven geeft*. Deze zorg is zowel zelfzorg als zorg voor anderen. Het laatste brengt ons bij de ecclesiale opvatting van pastoraat.

2.2. *De ecclesiaal-parochiële opvatting*

We komen tot een tweede perspectief. Pastoraat in de christelijke traditie staat al betrekkelijk vroeg in een gemeentelijk kader en krijgt in de loop der tijd kerkelijke en ambtelijke trekken. Het trefwoord in deze benadering is *paraklese*.

2.21. *Paraklese*

Hoewel de begrippen pastoraat en zielzorg als zodanig in de bijbel niet voorkomen, vinden we hier volgens J.Schniewind (1981, 117) wel een equivalent: "Seelsorge heisst (im Neuen Testament) Paraklese." Dat was ook al de mening van J.Firet (1968, 91 e.v.). In het Nieuwe Testament, met name bij Paulus treffen we een aantal werkwoorden aan: verzoeken, aandringen, opwekken, aansporen, aanraden, vragen, betuigen, aanmoedigen, bemoedigen, opbeuren, versterken, bestraffen, vermanen, vertroosten, die allemaal verwijzen naar een pastoraal optreden binnen de christelijke geloofsgemeenschap. Het zijn evenzovele vertalingen van het griekse 'parakalein'. Wat de werkwoorden gemeen hebben is dat er een roepen ('kalein') plaats heeft. Mensen worden ergens op aangesproken en toe opgeroepen. In de woorden van Firet: "in parakalein zit de gedachte van een gerichtheid op de contingente situatie van een persoon of een groep personen" (94). Het heil realiseert zich niet los van de menselijke situatie, maar juist met het oog daarop. God treedt binnen in het 'nu-zo-zijn' van de mens (95). Op de achtergrond staan het in Christus verschenen heil en het werk van de Parakleet, de Geest, de gezonden Trooster (Joh.14).

Het werkwoord 'parakalein' veronderstelt de gemeentelijke wederigheid van iemand die oproept, aanspreekt, troost en een ander die geroepen, aangesproken en vertroost wordt. Deze rollen liggen niet vast. Juist het woordje 'elkaar' speelt een belangrijke rol in de nieuw-testamentische paraenese (Versteeg, 1980). De onderlinge verhoudingen worden bepaald door het beeld van de gemeente als 'soma tou Christou', lichaam van Christus. Zo kan W.Trillhaas (1.2) zielzorg eenvoudig omschrijven als 'Besorgung des Leibes Christi in seinen Gliedern' (1950, 87).

Firet maakt een relatief onderscheid tussen de modus van de paraklese en die van het kerygma en de didache. Bij hem zijn het kernwoorden voor resp. pastoraat, prediking en catechese. Tegelijk wijst hij erop dat deze werkvormen in de vroeg-christelijke kerk als zodanig nog niet voorkwamen. Deze berusten op een latere differentiatie. In het NT is de grondvorm 'de verzamelde gemeente' (109). Daar wordt het heil verkondigd, onderricht en toegepast op uiteenlopende situaties. Pastoraat, voorzover daar sprake van is, is dan ook allereerst een vorm van onderlinge vermaning en vertroosting (2 Cor.1,3v., 1 Tess.5,11, Hebr.3,13) binnen een charismatische gemeenschap, waar ieder haar of zijn eigen gave inbrengt. Maar we zagen al dat hier spoedig een ambtelijk stempel op wordt gezet.

2.22. *De ontwikkeling van het kerkelijk pastoraat*

In de eerste eeuwen van onze jaartelling, wanneer het christendom binnen het Romeinse Rijk een minderheidspositie inneemt, ligt de nadruk op de heiligheid van de gemeente in een vijandige wereld. De boetepraktijk staat centraal. Ook ontstaat in die tijd een uitgebreide troostliteratuur. Kerkvaders als Augustinus (354-430) en Gregorius de Grote (540-604) hebben grote invloed gehad op de doordenking van de praktijk van het pastoraat. F. van der Meer (1957) wijdde een tweedelige studie aan Augustinus als zielzorger. Deze boeken geven een helder beeld van het kerkelijk leven in de vroeg-christelijke kerk. Augustinus' *Confessiones*, vertaald door G.Wijdeveld (1985), vormen een indrukwekkend egodocument. Gregorius de Grote schrijft, vanuit zijn bisschoppelijke verantwoordelijkheid voor de cura animarum, zijn *Regula Pastoralis* als een handleiding voor de ambtsdrager (Möller I, 1994). Gregorius denkt in polariteiten. Hij plaatst de timide mens tegenover de assertieve, de geduldige tegenover de ongeduldige, de vechter tegenover diens liefdevolle tegenpool. De zorg voor ieder mens verschilt. De hoogmoedige bijvoorbeeld heeft een andere pastorale benadering nodig dan de kleinmoedige (vgl. Oden, 1984).

Wanneer de kerk staatskerk wordt ondergaat het pastoraat een verbreding. De kerk kan nu een veel nadrukkelijker stempel zetten op heel de samenleving en zo eeuwenlang grote invloed uitoefenen op de individuele levens van mensen. Dit gaat helaas nogal eens gepaard met machtsuitoefening en daarmee ook regelmatig met vormen van onderdrukking, waarvan met name mensen en groepen die wat betreft hun geloofsovertuiging en levenswandel van heresie worden beticht, het slachtoffer worden.

In de Middeleeuwen groeit een nieuwe vorm van boete, *de biecht*, privé, regelmatig en sinds 1215 voor iedereen verplicht. De kloosters vervullen een belangrijke pastorale en diaconale functie. Voor een geordende zielzorg is de opkomst van het parochiesysteem van betekenis, opgebouwd volgens het territoriale principe. Tegen het einde van de 12de eeuw is dit *pastorale grondmodel*, dat zich met name door toedoen van Karel de Grote (8ste eeuw) heeft verbreid, voltooid. Sindsdien is het pastoraat verbonden met het territoriale principe en de uitoefening van het ambt in de lokale gemeente (Luttikhuis, 1992), aangevuld met de zielzorg vanuit de kloosters.

De Reformatie heeft moeite met de biecht en meer in het algemeen met de sacramentele structuur van het pastoraat. Wel staat bij Martin Luther (1483-1546) de schuldvergeving centraal, maar deze wordt door hem in een gemeentelijk kader geplaatst. Zo vervangt hij het ambtelijk priesterschap door het algemeen priesterschap van alle gelovigen en maakt hij ruimte voor onderling pastoraat (Möller II, 1995). Johannes Calvijn (1509-1564) legt grote nadruk op vermaan en tucht en op de organisatie van het pastoraat in de gemeente (Scholl, 1995). Waar in de Rooms-Katholieke traditie het pastoraat tot voor kort gegroepeerd was rond de biecht, stonden in de calvinistische traditie de *tucht* en het *huisbezoek*, in 1550 in Genève ingevoerd, centraal. Piëtisme en methodisme legden grote nadruk op de onderlinge opbouw van het geloof in groepsverband (o.a. in conventikels). Men zou dit een begin van groepspastoraat kunnen noemen (Lindijer 1977, 18).

Samenvattend kan men het onderling pastoraat binnen de gemeente de grondvorm van alle pastoraat noemen. Dit raakt op de achtergrond naarmate het sacramentele priesterschap meer op de voorgrond treedt. De Reformatie, met name Luther, versterkt hiertegenover het algemeen priesterschap. Daarnaast heeft pastoraat plaats in de vorm van opbouw van de gemeente als geloofsgemeenschap. Maar ook binnen de Reformatie wint het ambt in later tijd opnieuw aan gezag. Eerst de laatste decennia krijgt het lekenpastoraat weer een veel grotere betekenis.

2.3. *De wijsgerig-antropologische opvatting*

In de jongste tijd wordt pastoraat, met name wanneer dit buiten de kerk plaats heeft, onder een bredere noemer gebracht. Dit hangt samen met het moderne levensbeschouwelijk pluralisme (Mooren 1989, 23). Trefwoorden vanuit deze invalshoek zijn *geestelijke verzorging* en *zingeving*.

2.31. *Het verschijnsel zorg*

De term geestelijke verzorging heeft een wijsgerig-antropologische achtergrond (vgl. ook 2.12), uitgaande van 'de mens als geest' en het begrip 'zorg' zoals dit gestempeld is door de existentiefilosofie. Wanneer ik spreek van pastorale zorg klinkt naast de beide vorige ook dit derde perspectief uitdrukkelijk mee.

De zorg waar het in het pastoraat om gaat heeft een algemeen menselijke wortel. Dit komt tot uitdrukking in het bredere begrip geestelijke verzorging. *Verzorging* doet denken aan een vorm van zorg die van één kant komt en de ander tot object maakt. In het woord verzorging moet 'ver' echter in versterkende zin verstaan worden, zoals in *ver*vullen of *ver*helpen. Het betekent dus intens zorgen. Zorg en aandacht van mensen voor elkaar is eigen aan het mens-zijn. Het Nederlandse 'zorg' heeft, evenals het Engelse 'sorrow' en het Duitse 'Sorge', een dubbele betekenis. Het drukt uit de toewijding van de zorgende en de moeite van de zorg behoevende. Dikwijls zijn beide in één en dezelfde persoon verenigd. In de lijn van de existentiefilosofie, met name bij M.Heidegger, kan zorg verstaan worden als een 'existentiaal' ('Sorge als Sein des Daseins'), een wijze van zijn, die met het mens-zijn gegeven is (de mens als 'Hirte des Seins'), waarbij hij onderscheid maakt tussen 'Selbstsorge und Fürsorge' (vgl. Jentsch 1963, 15). Men kan hier spreken van geestelijke zorg.

Onderlinge zorg heeft spontaan plaats. Daarnaast is binnen uiteenlopende samenlevingsverbanden de zorg voor mensen georganiseerd in vormen van onderlinge toewijding. Verder worden in onze moderne gedifferentieerde en gerationaliseerde samenleving zorgtaken in toenemende mate geprofessionaliseerd. Hattinga Verschure (1977) maakt onderscheid tussen zelfzorg, mantelzorg (de beschuttende 'mantel' van de gemeenschap) en professionele zorg. Deze driedeling komt globaal overeen met die binnen pastoraat, waar onderscheid gemaakt kan worden tussen onderling pastoraat, pastoraat als gemeenschapsopbouw en pastoraat als hulpverlening (Heitink 1977, 76). Professionalisering van de zorg is overigens niet zonder risico's. Een functionele relatie kan ten koste gaan van de hiervoor benadrukte wederkerigheid.

Buiten de kerk spreken we als regel niet van pastoraat, maar van geestelijke verzorging. In een pluralistische samenleving heeft de christelijke traditie haar monopoliepositie verloren. Dit merken we met name in het instellingspastoraat, waar naast geestelijke verzorging vanuit de christelijke traditie ook sprake is van humanistische geestelijke verzorging en geestelijke verzorging vanuit andere religies, Jodendom, Islam, Boeddhisme en Hindoeïsme. Ook krijgen we te maken met een vorm van syncretisme in religieuze bewegingen en stromingen als New Age, die op de zingevingsmarkt een eigen aanbod doen.

2.32. *De mens als geest*
Geestelijke verzorging is zorg voor de mens als geest. In onze tijd is vanuit een wijsgerig perspectief nieuwe aandacht ontstaan voor de geestelijke dimensie van het mens-zijn, die eveneens inwerkt op de psychische en somatische dimensie. Verder dan in dimensies kan men hier niet onderscheiden, want met geest wordt bedoeld de mens in zijn totaliteit en vooral in zijn eenheid (Firet 1968, 237). C.A. van Peursen spreekt over de geest als gerichtheid, oriëntatie, beweging. In de oriëntatie op de wereld rondom is sprake van "het zich op weg begeven, aarzelend en zoekend soms, het bewuste besef van een richting te moeten vinden, de vraag, de verwondering, het uitzien naar markerende punten en normen, kortom het mensenbestaan, zoals het zich manifesteert in bewustzijn, normbesef, overleg, werktuig, cultuur, wijsbegeerte, dagelijkse ervaring, sociale praxis, taal, en dergelijke" (1958, 250). Zonder deze oriëntatie zou een mens geen mens zijn. Elders formuleert hij dit zo: "De eenheid van ziel en lichaam ligt besloten in de geest als oriëntatie" (1966, 148). Onze lichaamsbeleving, ons psychisch functioneren en ons geestelijk leven doordringen elkaar en beïnvloeden elkaar.

Hoewel hier gebruik gemaakt wordt van oude antropologische onderscheidingen, is het platoonse dualisme in principe overwonnen. Eerder sluit dit nieuwe wijsgerige denken aan bij het bijbelse mensbeeld (2.12). Het grote gebod, zoals dit door Jezus aan de Thora ontleend wordt, spreekt over God liefhebben uit 'heel uw hart, heel uw ziel, heel uw verstand en al uw kracht' (Mat.22:37). Hier staat de eenheid van de mens voorop, met als spirituele kern het hart, de gerichtheid op God.

Het begrip geestelijk keert terug in uitdrukkingen als geestelijk leven en geestelijke nood. Voor een goed verstaan van het woord *geestelijk* dient zoals gezegd te worden uitgegaan van de antropologische notie 'de mens als geest' (Firet 1968, 236), waarbij het gaat om 'heel de mens' onder het aspect van diens geestelijk functioneren. De mens als eenheid van lichaam en ziel heeft een geestelijke gerichtheid. Daarbij kunnen we denken aan levensoriëntatie, de wijze waarop een mens - al dan niet religieus - zin, inhoud en betekenis geeft aan zijn leven. Vragen die hierbij spelen zijn: Waar leef ik voor? Wat geeft mij moed? Hoe kom ik met mezelf in het reine? Hoe verwerk ik datgene wat mij overkomt? Naast een levensovertuiging, gevoed door spirituele bronnen, spelen waarden en normen hierin een rol. Samen drukken ze iets uit van de hoop, het verlangen en de kracht waaruit iemand leeft en zich in vrijheid en verantwoordelijkheid verhoudt tot de mensen en de wereld om zich heen.

Dit spreken over de mens als geest vertoont overeenkomst met het huidige spreken over *de mens als subject* (H.Luther, 1992). Knobloch (1996, 180) verbindt dit niet zozeer met de Cartesiaanse bewustzijnsfilosofie ('cogito, ergo sum'), maar met de transcendentale communicatietheorie van met name

J.Habermas. Het subject-zijn van de mens als enkeling komt tot uitdrukking in de discours. Het zelfbewustzijn van de mens is een communicatief fenomeen. Dit leidt tot de theologische these "dass der einzelne Mensch von seinem Wesen als Mensch her 'offen' ist, sich transzendiert, nicht so sehr, weil *ihm* danach, sondern weil *er* danach ist" (181). In relatie tot anderen kan het subject op zichzelf reflecteren; zo transcendeert het zichzelf. Deze antropologische inzichten treffen we ook aan in de theologische antropologie van K.Rahner, W.Pannenberg en H.M.Kuitert. Zelftranscendentie is ook openheid voor God. Kuitert spreekt in dit verband van een 'antropologisch vloertje' (1977, 74).

Deze benadering van het begrip geestelijk legt de nadruk op wat in onze tijd wordt uitgedrukt met *zingeving*. Het begrip zin is op zich vaag. Stoker maakt onderscheid tussen continue dagelijkse zinbeleving, momenten van intense zinbeleving en contrastervaring (1993, 17). In het laatste klinken dreiging en ontsteltenis mee, vanuit de ervaring van een tekort. Stoker sluit zich aan bij de formulering van Burms en De Dijn (1986) dat verlangen naar zin "op één of andere wijze verbonden is met een externe realiteit, met iets dat ons als individu overstijgt" (20). De term zin vraagt vervolgens een wijsgerige of levensbeschouwelijke invulling. Voor de één houdt de zinvraag een verwijzing in naar de godsvraag, voor de ander niet (Haarsma 1991, 34 e.v.).

In het pastoraat speelt de zinvraag vooral wanneer een mens teruggeworpen wordt op de existentiële wortels van zijn bestaan. In contingente situaties van het leven, hier verstaan in de pregnante betekenis van grenservaringen of crisissituaties, worden mensen bepaald bij hun hoop en wanhoop, hun moed en angst, hun vertrouwen en twijfel, hun schuld en eenzaamheid. Het begrip contingentie verwijst hier, in de oorspronkelijke lijn van Aristoteles, naar het toeval, dat wat een mens toevalt, overkomt, ook wel opgevat in termen van lot en tragiek. Het bepaalt de mens bij de grenzen in en van het leven en kan de zin van het leven zelfs fundamenteel op de proef stellen (Van der Ven 1991, 115). Deze zinvragen behoeven levensbeschouwelijke zorg. Men kan ze stellen en beantwoorden vanuit een humanistisch, een christelijk, een joods of een ander cognitief referentiekader. Hiermee raken we de existentiële dimensie van het bestaan.

Samenvattend kan men zeggen dat in geestelijke verzorging het perspectief van zorg ('care') vooral verstaan wordt vanuit het referentiekader van een levensbeschouwelijke traditie, die steun biedt bij wat de mens overkomt, met name in grenssituaties van het leven. Wanneer we spreken van referentiekader lijkt de cognitieve dimensie van het mens-zijn te domineren. Deze is echter doortrokken van beleving en emoties, waardoor zorg niet alleen bestaat uit 'care' maar ook uit 'cure' (2.5).

2.4. *De spiritueel-mystagogische opvatting*

Geestelijke verzorging moet, ondanks het gemeenschappelijke woord 'geestelijk', worden onderscheiden van *geestelijke begeleiding*, het belangrijkste trefwoord in een vierde benadering. Het is een begrip dat uit de spirituele traditie stamt, maar in onze tijd ook verbonden wordt met pastoraat. In de Duitse literatuur is vanouds sprake van 'Glaubenshilfe', de zorg voor de geloofsrelatie (Tacke 1975, 170), als een aspect van 'Lebenshilfe' (Uhsadel 1966, 54).

2.41. *De spirituele dimensie*

Binnen de christelijke traditie raakt het begrip geestelijk ook de spirituele dimensie van de geloofsbeleving, de verhouding van de menselijke geest tot de werking van Gods Geest. Hier liggen raakvlakken tussen geestelijke verzorging en geestelijke begeleiding (Andriessen, 1996). Beide begrippen hebben echter een verschillende achtergrond. Geestelijke begeleiding gaat terug op het vroeg-christelijke begrip mystagogie, letterlijk het 'inleiden in een mysterie'. Het woord komt uit de christelijk-mystieke traditie waarin het 'niet-weten' een centrale notie is. Firet (1987, 70) verwijst in dit verband naar een woord van Gregorius van Nyssa (4de eeuw), die het heeft over het zoeken om zicht te krijgen op God: "daarin ligt het echte weten wat je zoekt en daarin het zien: dat je het niet ziet, omdat wat je zoekt voorbij alle weten ligt, als door een duisternis van onbegrijpelijkheid aan alle kanten afgesneden." Men kan hier ook verwijzen naar de negatieve theologie van Dyonisius de Areopagiet. Het begrip mystagogie kennen we eveneens uit de mystagogische catechesen van Cyrillus van Jeruzalem (4de eeuw), ter voorbereiding op de doop in de paasnacht. In dit geloofsonderricht worden catechumenen ingewijd in de mysteriën van het heil. In later tijd ontstaan verschillende spirituele tradities. Bekend zijn de exercitia spiritualia van Ignatius de Loyola, stichter van de Jezuïetenorde.

2.42. *Naar een nieuwe mystagogie*

In de katholieke theologie na Vaticanum II heeft het begrip mystagogie een belangrijke plaats herkregen. Urs von Balthasar (1974, 50) onderscheidt tussen mystiek (de oorspronkelijke ervaring), mystologie (de reflectie daarop) en mystagogie (de begeleiding met het oog op het deelhebben aan de mystieke ervaring). Bij K.Rahner (1968, 256) krijgt het begrip een verbreding. Hij spreekt van de noodzaak van een nieuwe mystagogie om de mens naar de eigenlijke religieuze ervaring te voeren. In onze situatie waarin sprake is van 'de wereldloosheid van God en de godloosheid van de wereld' is meer dan ooit een ingeoefende mystagogie nodig. Geloof kan alleen overtuigen als het gepaard gaat met een echte religieuze ervaring. Alleen dan kan een mens een gelovige blijven. Leerstellingen zonder ervaring hangen als het ware in de lucht.

In het Duitse taalgebied kent men de term 'Mystagogische Seelsorge'. Deze sluit aan bij het mystagogie-begrip van Rahner, met als doel de individuele mens vertrouwd te maken met het geloof (Knobloch 1996, 188). Deze vorm van pastoraat is erop gericht mensen in te wijden in de geheimenissen van het geloof. Knobloch verwijst in dit verband naar een ander woord van Rahner: "Der Fromme von morgen wird ein 'Mystiker' sein, einer, der etwas 'erfahren' hat, oder er wird nicht mehr sein..." (190). In dit verband gebruikt Rahner ook het begrip 'Individualseelsorge'. Het is een vorm van zielzorg die de enkeling in haar of zijn eigen religieuze ervaring serieus neemt. Knobloch spreekt van een proces van subjectwording (196).

We bewegen ons hier op het gebied dat tegenwoordig algemeen wordt aangeduid als spiritualiteit. Spiritualiteit gaat niet op in pastoraat. Wel kan men zeggen dat ook pastoraat een spirituele dimensie heeft. De kern van het bijbelse mensbeeld, zagen we, is het hart (hebr.'leb', gr.'kardia'), het centrum van de ontmoeting met God. "Behoed uw hart boven al wat te bewaren is, want daaruit zijn de oorsprongen van het leven" (Spr.4,23). Deze relatie tot God vraagt zorg en aandacht. Tot het verzorgen van levenszin hoort daarom ook de zorg voor geloofservaring, als dieptedimensie van zingeving vanuit de christelijke traditie. Hoe mensen zich verhouden tot contingente situaties hangt sterk af van de wijze waarop geloofsvertrouwen, hoop en verlangen een plaats hebben gekregen in hun leven. Een begrip als 'Glaubenshilfe' kent deze zelfde ervaringsdimensie, zoals blijkt uit studies van M.Seitz (1978) en R.Riess (1987) over de verhouding van spiritualiteit en pastoraat. Een vooronderstelling bij dit alles is wat Haarsma (1991, 47) noemt het gratuite karakter van zin. Geloofservaring is een gave van God, zin geven veronderstelt zin ontvangen. Ook dit is een dimensie van pastorale zorg.

2.5. *De psychologisch-therapeutische opvatting*

Ook dit laatste perspectief gaat terug op de Bijbel en de Griekse filosofie. In het NT staat 'therapeuein' voor dienen, met name voor de dienst der genezing die een belangrijke plaats innam in het werk van Jezus en de apostelen. In de Griekse filsofie komen we de term 'therapeia tes psyches' tegen, vertaald met zielzorg (2.12). Door de opkomst van de psychologie heeft het begrip therapie een nieuwe ontwikkeling doorgemaakt. Trefwoorden in deze benadering zijn *geestelijke gezondheid* en *pastorale counseling*.

2.51. *Geestelijke gezondheid*

Het begrip geestelijk, dat we hiervoor tegenkwamen in geestelijke verzorging en geestelijke begeleiding, vinden we tenslotte terug in de term geestelijke gezondheid, waarin tot uitdrukking komt dat gezondheid ook te maken heeft met het verzorgen en ervaren van levenszin. Geestelijke gezondheid valt niet samen met psychische gezondheid (Fortmann, 1974). Het zijn verschillende dimensies van het leven, die elkaar doortrekken. In die zin dient ook een betrekkelijk onderscheid gemaakt te worden tussen geestelijke verzorging en psychotherapie (Mooren, 1989). Psychotherapie is een vorm van psychologische hulpverlening. Wanneer gesproken wordt van therapeutisch pastoraat, pastorale counseling en 'Beratung', betekent dit echter dat ook het pastoraat hier elementen van heeft opgenomen.

Op het gebied van de psychologie hebben verschillende therapeutische scholen eigen methoden ontwikkeld. De oudste richting, ontstaan aan het einde van de vorige eeuw, is de psychoanalyse die door het werk van S.Freud gestempeld is. C.G.Jung plaatste hiernaast een eigen meer religieus georiënteerde benadering. Beide benaderingen zijn betrekkelijk specialistisch van karakter. Dit laatste veranderde door de opkomst van de humanistische psychologie en het counselingmodel van C.R.Rogers. Hierdoor werd psychologische hulpverlening veel toegankelijker gemaakt voor niet psychologisch en psychiatrisch geschoolde hulpverleners. Zo ontstond in de Verenigde Staten binnen de kerkelijke context ook het verschijnsel 'pastoral counseling', waarover in 1949 een eerste boek verscheen van de hand van de Amerikaanse pastoraal-theoloog S.Hiltner. Sindsdien heeft het therapeutisch pastoraat een grote vlucht genomen, in Nederland met name via de beweging van de Klinische Pastorale Vorming.

De professionele pastorale zorg noem ik pastoraat als hulpverlening. Hieronder versta ik *dat een pastor een helpende relatie aangaat met mensen om - in het licht van het evangelie en in verbondenheid met de gemeente van Christus - met hen een weg te zoeken in geloofs- en levensvragen* (Heitink 1977, 75). De formulering maakt duidelijk dat pastorale hulpverlening elementen van psychologische hulpverlening in zich heeft opgenomen, maar hier niet in opgaat.

De ontwikkeling van de psychologie droeg er toe bij dat de menselijke psyche, het geheel van gevoelens en emoties dat mensen beweegt, een eigen aandachtsgebied ging vormen. Het geestelijk functioneren van een mens wordt niet alleen bepaald door cognities, maar ook door emoties. De psychologie ging zich in de vorige eeuw steeds nadrukkelijker onderscheiden van de filosofie door een op empirie gebaseerde en door empirie gecontroleerde theorievorming. Dit was mogelijk op basis van de natuurwetenschappen en hun invloed op de biologie en de medische wetenschap. Het is opvallend dat grondleggers van de psychologie, onder wie Freud, een opleiding in de fysiologie en de geneeskunde hebben gehad.

2.52. *Pastorale counseling*

In onderscheid van het 'care'-perspectief gaat het in deze opvatting om het 'cure'-perspectief. Clebsch en Jaekle noemen dit 'the ministry of the cure of souls', waaronder zij verstaan "helping acts, done by representative Christian persons, directed toward the healing, sustaining, guiding and reconciling of troubled persons whose troubles arise in the context of ultimate meanings and concerns" (1964, 4). Wat in deze omschrijving opvalt is de nadruk op psychische moeilijkheden ('troubled persons'). Deze 'troubles' worden echter gezien in de context van 'ultimate meanings and concerns', waaronder men kan verstaan situaties van contingentie. Anders gezegd, psychische moeilijkheden kunnen het geestelijk functioneren van mensen beïnvloeden. Daarom heeft pastoraat een therapeutische dimensie, die gezien vanuit het 'cure'-perspectief zelfs de belangrijkste dimensie van pastoraat is. Door het uiten van en het leren omgaan met zijn gevoelens komt een mens met zichzelf in het reine en daarmee in een open relatie met God, de naaste en zichzelf. Pastorale counseling is de hulp die binnen de context van geloof en kerk aan mensen geboden wordt om in deze behoefte te voorzien.

Clebsch en Jaekle onderscheiden vier functies van pastoraat: helen, bijstaan, begeleiden, verzoenen. In het vervolg neem ik deze vier functies over, maar benader ze niet alleen vanuit het perspectief van 'cure', maar ook uit dat van 'care'. Wel neemt bij de helende functie het therapeutisch perspectief een belangrijke plaats in. Pastoraat kan veel leren van psychologie en psychotherapie, zoals uit het vervolg van dit boek mag blijken. Het is vooral onder invloed van de Amerikaanse beweging voor 'Clinical Pastoral Education' dat het therapeutisch pastoraat de afgelopen decennia een snelle ontwikkeling heeft doorgemaakt.

2.6. *Pastorale zorg: een werkhypothese*

In dit boek wordt een theorie van de pastorale zorg ontwikkeld, waarin aandacht is voor elementen uit alle vijf in dit hoofdstuk beschreven invalshoeken. Pastorale zorg wordt hier verstaan als een omvattend begrip waarvan elementen van zielzorg, paraklese, zingeving, spiritualiteit en counseling deel uitmaken. Ik breng dit tot uitdrukking in de volgende werkhypothese:

Onder pastorale zorg wordt verstaan de zorg en aandacht, die
- *zich richt op 'heel de mens', onder het aspect van diens geestelijk functioneren,*
- *oog heeft voor contingente situaties en omstandigheden,*
- *plaats heeft via ontmoeting, gesprek en ritueel, individueel of in groepen,*
- *de vorm aanneemt van onderling pastoraat of professionele begeleiding,*
- *opkomt uit de christelijke traditie met haar joodse wortels,*
- *zich verbonden weet met de christelijke geloofsgemeenschap,*
- *tot gevolg heeft dat mensen iets ervaren van heling, ondersteuning, leiding en verzoening in hun leven,*
- *een relatie onderhoudt met andere vormen van zorg en begeleiding binnen de context van de moderne samenleving.*

Na de voorafgaande paragrafen kan op deze plaats met een korte toelichting op deze werkhypothese worden volstaan. De verschillende elementen komen in de volgende hoofdstukken uitvoeriger aan de orde. De omschrijving gaat uit van een meerdimensionaal (holistisch) mensbeeld, waarin zowel de joods-christelijke traditie als wijsgerig-antropologische inzichten doorwerken. Ik kan mij wat dit betreft goed vinden in de antropologische werkhypothese van R.Bakker, die aldus luidt: "Wijsgerige antropologie is een onderdeel van het filosofisch denken dat zich bezig houdt met de vraag naar de mens, de mens als eenheid van lichaam, ziel en geest, de mens in verhouding tot zichzelf, de ander, de samenleving, de wereld en God" (1981, 2). Zij kan alleen interdisciplinair beoefend worden, stelt hij, wat betekent dat ook de sociale wetenschappen en in ons geval de theologie hierbij een rol spelen.

Het geestelijk functioneren van de mens is hierin richtinggevend. Omdat het gaat om 'heel de mens' komen van hieruit ook de emotionaliteit, de lichamelijkheid en de sociale relaties waarin een mens leeft ten volle tot hun recht. In het bijbelse begrip paraklese zit de gedachte van "een gerichtheid op de contingente situatie van een persoon of een groep personen" (Firet 1968, 94). Dit begrip contingentie krijgt in relatie tot zinvragen een meer pregnante betekenis. Vanuit het oogpunt van communicatie wordt bij pastorale zorg met name gedacht aan gesprekken, waarin rituele elementen (bijv. gebed, handoplegging) een plaats kunnen krijgen. Naast het individuele pastoraat vraagt het groepspastoraat afzonderlijk aandacht. Het eigene van pastorale zorg ligt in de verbondenheid met de christelijke traditie en de context van de kerk, zonder dat het werk hierdoor een binnenkerkelijk karakter krijgt. Pastoraat speelt zich af in de context en tegen de horizon van de moderne samenleving. Tenslotte worden vier functies van pastorale zorg onderscheiden, met behulp van de werkwoorden helen, bijstaan, begeleiden en verzoenen. Pastorale zorg wordt met name buiten de kerk uitgeoefend in samenwerking met anderen, onder wie vertegenwoordigers van andere levensbeschouwelijke stromingen en vertegenwoordigers van helpende beroepen, zoals maatschappelijk werkenden en psychotherapeuten.

In het eerste deel van dit boek wordt de geformuleerde werkhypothese verder uitgewerkt. Allereerst vergelijken we de vijf in dit hoofdstuk beschreven opvattingen van pastorale zorg met drie te onderscheiden stromingen binnen de contemporaine pastorale theologie: het kerygmatisch, therapeutisch en hermeneutisch pastoraat (de hoofdstukken 3, 4 en 5). Vervolgens komen vanuit een hermeneutisch perspectief de psychologische en theologische implicaties van pastorale zorg aan de orde (de hoofdstukken 6 en 7). Dit leidt tenslotte tot een concrete invulling van de verschillende functies van pastorale zorg (hoofdstuk 8).

3. Kerygmatisch pastoraat

In dit en de beide volgende hoofdstukken wordt langs drie lijnen een schets gegeven van de ontwikkeling van de pastorale theologie in deze eeuw. De eerste lijn is die van het kerygmatisch pastoraat. Kerygma of kèrugma is het Griekse woord voor verkondiging. Het kerygmatisch pastoraat komt op in Duitsland na de Eerste Wereldoorlog en is nauw verbonden met het levensgevoel van die tijd. Het was een tijd van crisis. Oswald Spengler beschreef het verval van de cultuur in zijn bekende boek *Der Untergang des Abendlandes* (1922). Dit crisisgevoel treffen we ook aan in de vroege dialectische theologie, waarvan *Eduard Thurneysen* een representant is. In deze destijds nieuwe theologie klinkt een kritiek door op alle religie die gemene zaak maakt met afgoden van menselijk machtsstreven. De belichaming hiervan is de Duitse politiek die tot de Eerste Wereldoorlog heeft geleid en later op verwoestende wijze de kop opsteekt in het nationaalsocialisme. Hiertegen bindt de dialectische theologie de strijd aan. Haar theologisch uitgangspunt is 'de herontdekking dat God God is' (Zahrnt 1967, 46).

In dit hoofdstuk kennen we een centrale plaats toe aan de pastorale theologie van Thurneysen (3.1), in relatie tot de dialectische theologie, met name Karl Barth (3.2). We schetsen de 'Wirkungsgeschichte' van deze invloedrijke stroming (3.3) en de discussie die zij tot in onze tijd heeft opgeroepen (3.4). Daarna gaan we in op met verkondiging verwante stromingen, zowel aan reformatorische als aan rooms-katholieke zijde (3.5). Tot slot wordt de balans van dit hoofdstuk opgemaakt (3.6). Zo ontstaat een beeld van de ontwikkeling van de pastorale theologie tot globaal de zestiger jaren van deze eeuw.

3.1. *Eduard Thurneysen*

De pastorale theologie van Eduard Thurneysen is letterlijk uit de nood van de tijd geboren. De basis ervan werd gelegd in een belangwekkend artikel uit de twintiger jaren, *Rechtfertigung und Seelsorge* (1928), waarin al de grondlijnen van zijn latere grote werk *Die Lehre von der Seelsorge* (1946, 1957[2]) zich aftekenen. De enige grond waarop de mens kan staan is – voor Thurneysen – de rechtvaardiging van de goddeloze, zoals in de tijd van de Reformatie verwoord door Martin Luther. Pastorale ontmoetingen doen hieraan afbreuk, wanneer de beleving van de eigen levenssituatie van de mens in het gesprek centraal komt te staan. De verkondiging van de reddende genade van God verdraagt zich namelijk op geen enkele wijze met een koesteren van menselijke vroomheid of een religieuze belichting van het leven. Hoe duidelijker dit voor Thurneysen en zijn medestanders werd, des te moeilijker viel hun het pastorale gesprek. Thurneysen vertelt dat hij en zijn collegae zwijgzaam werden zo gauw religieuze behoeften en vragen ter sprake kwamen. Eén ding moest allesbeheersend zijn: "Nicht das Menschliche, auch nicht das fromme Menschliche, sondern Gott und sein Tun allein und nichts dazu und daneben" (1928, 75). Waar God centraal komt te staan moet de mens wijken. Zo worden menselijke vragen niet beantwoord, maar ze worden wel tot zwijgen gebracht.

Pastoraat voltrekt zich hier, althans theologisch gezien, als een eenrichtingsverkeer. Voor Thurneysen is pastorale zorg 'ein Spezialfall der Predigt': "Ausrichtung des Wortes Gottes an den Einzelnen" (1957, 9). De inhoud van deze verkondiging is "die Ausrichting der Vergebung der Sünden in Jesus Christus" (129). Dit woord van vergeving kan alleen gesproken worden wanneer de mens als zondaar zijn schuld beleden heeft, zoals in de gelijkenis van de verloren zoon (Lc.15). Daarom mag een pastoraal gesprek niet afgebroken worden voor het op de één of andere manier een biechtgesprek geworden is. De weerstanden bij de mens hiertegen mogen echter niet onderschat worden. Deze geven aan het pastorale gesprek het karakter van een "Kampfgespräch, in welchem um die Durchsetzung des Urteils Gottes zum Heil des Menschen gerungen wird" (114). Deze worsteling is een ingrijpende spirituele ervaring, ook voor de zielzorger zelf. Thurneysen drukt dit uit in drie woorden: "Seelsorge ist beten" (166). Want mensen kunnen niet beschikken over de goede afloop van het gesprek. Alleen de Heilige Geest schept de voorwaarden voor het rechte horen (162). Daardoor wordt het gesprek gekenmerkt door een 'Bruchlinie': "Das Gespräch wird dazu geführt, dass es im Gespräch selber zu der grossen, seelsorgerlichen Wendung, der Störung und Brechung des Gespräches durch das Hören auf das Wort Gottes komme" (121). Zo wordt de breuk tot een deur, die toegang geeft tot een nieuw leven. De bijbels-theologische visie op de mens, die hieruit spreekt, duidt Thurneysen aan als *Menschenverständnis*, door hem principieel onderscheiden van *Menschenkenntnis*, de kennis die de psychologie oplevert (179 e.v.), hoe belangrijk deze laatste ook is voor het pastoraat. Voor Thurneysen heeft pastorale zorg een kerkelijk karakter. Het pastorale gesprek is "ein im grundsätzlichen Sinne *kirchliches* Gespräch" (102).

Tot zover enkele hoofdlijnen van Thurneysens 'Seelsorgelehre', waarbij we hem zoveel mogelijk zelf aan het woord lieten. Hoewel Thurneysen aan deze uitgangspunten trouw gebleven is, tekent zich in zijn latere werk toch een zekere ontwikkeling af: *van dialectiek naar dialoog*. In *Seelsorge im Vollzug* (1968) benadrukt hij sterker het ontmoetingskarakter van het pastorale gesprek. Het gaat om "eine Begegnung unter Menschen *vor Gott*", waarbij "einer dem andern sich eröffnet, einer dem andern zum Nächsten wird" (1968, 83). Hieruit spreekt een grote mate van wederkerigheid, waarin twee mensen zich samen openstellen voor God. Thurneysen drukt hier het komen van God in zijn Woord uit in sacramentele termen: "in, mit und unter dieser Begegnung geht es um eine Begegnung mit Gott." Het Woord is drager van het heil. De formule 'in, mit, und unter' is ontleend aan de lutherse avondmaalsleer. Deze woorden staan voor het geheim van Christus' tegenwoordigheid onder de tekenen van brood en wijn, de consubstantiatie. Ook verliest het pastoraat hier zijn binnenkerkelijke gerichtheid. De ontmoeting speelt zich af in het eschatologisch perspectief van het Rijk Gods.

Eduard Thurneysen (1888-1974) leert tijdens zijn studententijd in Basel Karl Barth kennen. Uit hun ontmoeting groeit een vriendschap voor het leven, die vooral verdiept wordt in de periode 1911-1921, toen ze als predikant in Zwitserland in elkaars omgeving werkzaam waren, Barth in Safenwil en Thurneysen in Leutwil. Hij werkt in die tijd met Barth aan diens bekende eerste Römerbrief. Thurneysen is zijn leven lang predikant gebleven. Van 1920-27 is hij werkzaam in Bruggen-Winkeln, van 1927-1959 is hij Münsterpfarrer in Basel. In 1930 ontvangt hij in Basel tevens een leeropdracht voor praktische theologie. Vanaf 1935 werkt ook Barth als hoogleraar in Basel. Thurneysens leerling, de praktisch-theoloog R.Bohren, schreef een biografie over hem, *Prophetie und Seelsorge* (1982). Een belangrijke bron voor de kennis van de relatie Barth-Thurneysen vormt de in drie delen uitgegeven correspondentie tussen hen beiden (Karl Barth, Gesamtausgabe, Briefe 1974). J.M.Hasselaar schreef hierop een commentaar (Utrecht, z.j.).

3.2. *Dialectische theologie: Karl Barth*

Eduard Thurneysen staat aan de zijde van *Karl Barth* in de traditie van de dialectische theologie. Deze nieuwe generatie theologen is onder de indruk van de *diastase*, de afstand, het oneindig kwalitatief onderscheid tussen God en mens. Thurneysen is voor Barth 'Anregender und Gebender'. Wat hen aanzet tot het schrijven van de programmatische eerste Römerbrief is dit: "Was wir für Predigt, Unterricht und Seelsorge brauchten, sei eine ganz andere theologische Grundlegung" (Busch 1975, 109).

In de inleiding van de Kirchliche Dogmatik wijst Barth elke 'analogia entis' (een analogie tussen het zijn van de schepping enerzijds en God anderzijds) ondubbelzinnig af: "Ich halte die analogia entis für *die* Erfindung des Antichrist..." (I/l, VIII). Vandaar zijn uitgesproken 'Nein' tegen elke vorm van natuurlijke theologie, samengevat in de woorden: "Religion ist Unglaube; Religion ist eine Angelegenheit, man muss geradezu sagen: die Angelegenheit des gottlosen Menschen. Dieser Satz (...) formuliert das Urteil der göttlichen Offenbarung über alle Religion" (KD I/1, 304, 327). Menselijke ervaring biedt dus geen enkel 'aanknopingspunt' om God te ontmoeten. De afstand tussen God en mens kan alleen overbrugd worden langs de weg van het kerygma, de verkondiging. Het gaat om het verkondigen van God als de 'Ganz Andere'. Hierin beluisteren we de grondthema's van Thurneysens 'Seelsorgelehre'.

De ontwikkeling in het denken over pastoraat, die we bij Thurneysen signaleerden, loopt parallel aan de theologische ontwikkeling van Barth. In diens antropologie, opgedragen aan Thurneysen bij diens zestigste verjaardag (1948), neemt het ontmoetingsdenken een belangrijke plaats in: "die Humanität jedes Menschen besteht in der Bestimmtheit seines Seins als Zusammensein mit dem anderen Menschen" (KD III/2, 290). Dit denken is sterk verwant met het relationele denken van Martin Bubers *Ich und Du* (1923). De kramp van het 'Nein' is eruit, de ontmoeting voltrekt zich in alle openheid voor het werk van de Heilige Geest. In zijn verzoeningsleer lezen we hoe Barth, behoedzaam manoeuvrerend, recht probeert te doen aan het gegeven van de profane humaniteit, wanneer hij vanuit een diepe verwondering, maar zonder voorbeelden te durven geven of namen te noemen, nauwelijks uitgesproken raakt over andere 'ware woorden' die ook 'extra muros ecclesiae' als 'gelijkenissen van het Rijk Gods' worden aangetroffen, omdat "auch im Weltgeschehen als solchem durchaus nicht alle Katzen grau sind" (KD IV/3, 1959, 143). Thurneysen volgt hem aarzelend op deze weg. In ieder geval is Barth ruimhartiger en aanmerkelijk minder monomaan dan hij vaak, ook in de praktische theologie, wordt afgeschilderd.

In hun visie op de praxis staan Barth en Thurneysen onder invloed van de Blumhardts, Johann Christoph Blumhardt (1805-1880), de vader van de Möttlinger beweging en diens zoon Christoph F.Blumhardt (1842-1919). Met zijn stiefmoeder bezoekt de zestienjarige Thurneysen het pastoraal centrum Bad Boll, waar de jonge Blumhardt werkzaam is (Bohren 1982, 33). In dit Centrum staat de dienst der genezing centraal. Thurneysens ontmoeting met Blumhardt geeft de doorslag bij zijn keuze voor het predikantschap. In hun studententijd brengt Thurneysen ook Barth naar Bad Boll. In Thurneysens 'Lehre' vinden we talloze verwijzingen naar de Blumhardts, en Barths verzoeningsleer heeft als motto het woord van de oude Blumhardt: 'Jesus ist Sieger' (KD IV/3, 188 e.v.).

Het helende pastoraat van *J.C.Blumhardt* heeft ook invloed uitgeoefend op de psychoanalytische stroming binnen het therapeutisch pastoraat (4.51) en op het charismatisch pastoraat (4.52). Zie verder over de theologie van Blumhardt de dissertatie van J.C.Schreuder (1957). Vanuit de Möttlinger beweging is het pastoraal centrum De Hezenberg te Hattem gesticht (Heitink, 1986).

Zie over de ontwikkeling in de theologie van *K.Barth* en diens visie op de profane humaniteit de dissertatie van A.Dekker, *Homines bonae voluntatis* (1969). De vraag naar de ervaring bij Barth is weer opgenomen door de katholieke theoloog J.Wissink (1984, 119e.v.). Hij benadrukt dat ook volgens Barth de mens de mogelijkheid heeft God te kennen. Waar het echter om gaat is dat deze mogelijkheid een geschenk van God is. Deze kennis is een diepe ervaring. Er is geen weg tot dit kennen vanuit de mens zelf. Dat is de achtergrond van Barths strijd tegen de analogia entis en de natuurlijke theologie. Het gaat hier dus vooral om de inzet van de theologie, niet om de tegenstelling van openbaring en ervaring. Wel meent Wissink dat Barth de theologie teveel betrokken heeft op de verkondiging.

3.3. *Andere vertolkers*

Het eerste uitvoerige handboek na de nieuwe inzet van Thurneysen, is dat van de lutheraan *H.Asmussen.* Ook hij verstaat onder zielzorg "die Verkündigung des Wortes Gottes an den einzelnen", nader "das Gespräch von Mann zu Mann, in welcher dem einzelnen auf seinen Kopf zu (!) die Botschaft gesagt wird" (1935, 15). Zijn vrees is echter dat de nieuwe inzet tekort doet aan de pedagogische taak van de pastor. Daarom maakt hij onderscheid tussen 'Seelsorge' en 'Seelenführung', als respectievelijk het eigenlijke en het oneigenlijke werk van de pastor. Hij wil aan beide recht doen. Want ook het oneigenlijke werk blijft belangrijk. Op de achtergrond staat het lutheraanse onderscheid van wet en evangelie. Asmussen schrijft zijn moedige boek als een 'Nein' aan het adres van de door het nationaal-socialisme beïnvloede 'Deutsche Christen' (1935, X).

Een latere en tevens een van de meest creatieve vertegenwoordigers van deze traditie is *Helmuth Tacke* (1928-1988). Als docent aan het Predigerseminar in Wuppertal schreef hij zijn *Glaubenshilfe als Lebenshilfe* (1975). Het boek is een theologische kritiek op de voortschrijdende therapeutisering van het pastoraat naar Amerikaans voorbeeld (zie: 4.1), door hem getypeerd als een *Divinisierung des Humanen*, omdat psychische processen met theologische namen worden gedoopt. Zo keert hij zich tegen de identificatie van het theologische begrip rechtvaardiging met het psychologische begrip aanvaarding, door hem 'den Missbrauch der Annahme-Kategorie' genoemd (144). In dit analogie-denken valt het genadekarakter van de christologie uit, want "die Rechtfertigung durch Gott kann nur verbal bezeugt werden" (145). De aanvaarding van de mens is niet meer dan een teken daarvan. In zijn nagelaten werk (1989) gaat hij in discussie met Barth en Thurneysen. Zijn dank aan beiden gaat gepaard met enkele kritische vragen. De nadruk op het 'extra nos' mag naar zijn mening niet tekort doen aan 'de kleine moeiten' waar mensen mee zitten. 'Seelenpflege' is, anders dan voor Thurneysen, voor hem geen negatief begrip. Daarom pleit hij alsnog voor een 'kontrapunktisch miteinander musizieren' van kerugmatisch en therapeutisch pastoraat (197).

In de protestantse kerken in Nederland heeft Thurneysen grote invloed gekregen. Het naoorlogde handboek voor het pastoraat, van de hand van de psychiaters *C.W. du Boeuff en P.C.Kuiper* (1950), legt sterk de nadruk op het onderscheid van psychotherapie en zielzorg. Zij beroepen zich hiervoor op Barth en Thurneysen (126 e.v.). Ook onder hervormde praktisch-theologen blijft een grote verwantschap bestaan met de traditie van Barth. Ik verwijs naar *F.O. van Gennep* (1985, 1989) en *M. den Dulk*. De laatste publiceerde uitvoerig over Barth en de praktische theologie (1996). Den Dulk ziet Barth als 'hulpe die tegenover u zij', zonder in dit geval te willen pleiten voor 'monogamie' (23). De rechtvaardigingsleer is ook bij hem van ingrijpende betekenis voor het pastoraat: "Deze leer, die het pastorale gesprek stelt in het licht van de existentiële ontmoeting van God met de mens, beschrijft deze ontmoeting zonder voorbehoud als crisis. Het 'ik' van God problematiseert het 'jij' van de mens tot op diens fundamenten" (125). Dit geeft een eigen dynamiek aan de pastorale ontmoeting. Deze verwantschap met Barth treffen we ook aan bij *J.J.Beumer* (1993) in diens poging Barth en de mystiek, solidariteit en intimiteit, met elkaar te verbinden.

Op de Amerikaanse pastorale theologie heeft deze traditie weinig invloed uitgeoefend, hoewel van het handboek van Thurneysen in 1962 een engelse vertaling verscheen. Nog het meest verwant met de lijn van Barth is *Thomas C.Oden*, één van de kritici van het therapeutisch pastoraat. Hij sluit aan bij de 'analogia fidei'-traditie en wijst op grond hiervan elke natuurlijke analogie tussen psychische ervaring en heilservaring af. "Our question is: In what sense is the psychotherapeutic process analogous to the self-disclosure of God? The basic issue may be variously framed: How is a psychotherapy of human disclosure related to a theology of *divine selfdisclosure*? How does the kerygma illuminate the counseling process?" (1966, 15). Bij de beantwoording van deze vraag staat ook voor hem het 'Deus pro nobis' voorop.

3.4. *Discussie*

Tot de voornaamste critici van het kerygmatisch pastoraat in Duitsland moet de pastoraal-psycholoog en psychoanalyticus *J.Scharfenberg* (1972) gerekend worden (zie ook: 4.51). Hij geeft zijn kritiek onder het hoofd: 'Der Missbrauch des Gesprächs in der evangelischen Seelsorge' (14). Wat Thurneysen naar zijn mening voorstaat is liturgie en geen gesprek. Bij Thurneysen moet de pastor voortdurend de leiding van het gesprek behouden, omdat er een overgang gemaakt moet worden naar een liturgisch gesprek. Het gesprek moet naar een breuk gebracht worden. Scharfenberg vat zijn kritiek als volgt samen: "Autoritär muss jede Gesprächsführung genannt werden, die das Gespräch nur dazu benutzen will, um etwas Vorgegebenes, an der Vergangenheit Orientiertes, Bekanntes und Verfügbares 'auszurichten'" (19). Milder in zijn kritiek is *M.Nicol* (1990, 141 e.v.) in zijn studie over het pastorale gesprek. Het theologisch overwicht van Thurneysens conceptie legt volgens hem zo'n grote druk op de pastorale relatie, dat het gesprekskarakter hier ernstig onder te lijden heeft. Hij pleit ervoor de methodiek van het gesprek niet te zeer met een dergelijke theologische hypotheek te belasten.

Eén van Thurneysens leerlingen, de praktisch-theoloog *R.Bohren,* heeft hem één en andermaal op emotionele wijze tegen deze zijns inziens onbillijke verwijten verdedigd. Critici als Scharfenberg hebben geen oog voor het voorbehoud van de Geest: "Das, was nach Thurneysen die Seelsorge zur Seelsorge macht, ist nicht machbar!" (1975, 218). Deze moeite kent Scharfenberg z.i. niet. Voor hem is het gesprek op zich al heilzaam. Thurneysens pastoraat was allesbehalve autoritair. In zijn 'Lehre' staat echter het hoogtepunt van de absolutie centraal, meer dan de pastorale praktijk, waardoor Thurneysen de kritiek gedeeltelijk over zichzelf heeft afgeroepen: "ihre *Schwäche* (ist), dass sie merkwürdig ungeschützt ist vor doketischem Missverständnis, das die menschliche Seite des Gespräches nicht genügend reflektiert" (215). De kritiek heeft Bohren gestimuleerd tot het schrijven van een boeiende biografie over Thurneysen (1982), waarin de menselijke kant van diens pastoraat alle aandacht krijgt. Daarin leren we Thurneysen kennen als kind van zijn tijd, toen het woord van een predikant nog weinig tegenspraak ondervond. Binnen een traditionele cultuur had woordverkondiging nog een grote mate van vanzelfsprekendheid en had de dominee veelal het laatste woord, ook in het pastorale gesprek. Tegelijk zit in de 'Bruchlinie' een onopgeefbaar element. Het maakt het zielzorgerlijk gesprek los uit de ruimte 'der blossen Psychologie' en uit die van maatschappelijke ideologie en morele oordelen. Dat is het kritisch element bij Thurneysen, waar velen onkritisch aan voorbijgaan. De 'Bruch' is een deur naar nieuw leven (226).

R.Riess (1973) biedt een vergelijking van kerygmatisch en therapeutisch pastoraat. Deze heeft betrekking op de relatie van pastoraat en therapie, de identiteit van het pastoraat en de pastorale communicatie. Bij wijze van evaluatie concentreer ik me nu op deze punten. Op het punt van de theologische identiteit scoort Thurneysen hoog. Zijn model van pastoraat wordt gedragen door een consistente theologische visie. De prijs die hiervoor betaald wordt is die van een strenge scheiding tussen theologie en psychologie, tussen pastoraat en psychotherapie. Ook ontstaan grote spanningen in de wederkerigheid van de gespreksrelatie, wanneer de pastor zich gedrongen voelt van buitenaf een element van verkondiging in te brengen. De 'Bruchlinie' moet echter, zoals we van Bohren hoorden, vooral als een kritisch element worden verstaan. Waar het om gaat is dat de beleving van een 'tegenover', als element van transcendentie, wezenlijk is voor een pastorale relatie. Hierin ligt ook naar mijn mening het onopgeefbare moment van Thurneysens pastorale theologie: een pastoraal gesprek speelt zich af voor Gods aangezicht.

Ik stem in met M.Nicol dat veel verwarring hierdoor is ontstaan, dat theologie en methodiek bij Thurneysen voortdurend door elkaar lopen. Deze kunnen beter uit elkaar gehaald worden. De communicatie van het evangelie verliest niet aan verkondigingsgehalte wanneer deze plaats heeft in een wederkerig gesprek. Niet de pastor vormt immers het 'tegenover', maar het Woord, waar beide gesprekspartners zich in eerbied voor openstellen.

3.5. *Verwante stromingen*

We beperken ons tot drie verwante stromingen, die we in onze context aantreffen.

3.51. *De calvinistische stroming*

In het voorafgaande viel vooral de verwantschap van Thurneysen met de theologie van Luther op, omdat de rechtvaardigingsleer bij hem een centrale plaats inneemt. Dat geldt ook voor het priesterschap van alle gelovigen, op grond waarvan Thurneysen weinig waarde toekent aan het ambtelijk karakter van de pastorale relatie. Voor hem staat 'die Gliedschaft am Leibe Christi' (1957, 43) voorop. Ook de pastor is gemeentelid en in de gemeente geldt niet het gezag van het ambt, maar het gezag van het Woord. Er bestaat 'algemene dienstplicht'. Ieder kan geroepen worden: "Man tritt aus der Reihe..." (298).

Wel benadrukt Thurneysen sterk het kerkelijk karakter van het pastoraat, met name in zijn 'Lehre'. Een pastoraal gesprek is een kerkelijk gesprek, hoorden we: "Alle Seelsorge wird zur Gemeinde führen." Want: "Die Weisung aller Weisungen, die wir in der Seelsorge zu geben haben, lautet daher: Zur Gemeinde gehen! Unter das Wort gehen! Anteil nehmen am Sakrament! Wenn es nicht zur

Eingliederung in der Gemeinde kommt, ist die ganze Seelsorge ins Leere getan" (279). Uit dit gemeentelijk karakter blijkt de verwantschap met Calvijn.

Dat laatste wordt al meteen duidelijk aan het begin van zijn 'Lehre', waar Thurneysen pastoraat omschrijft als 'ein Akt der Heiligung und der Zucht' (26). Dat zijn de grondelementen van het pastoraat volgens Calvijn: *heiliging en tucht*. Ze bewaren de enkeling bij de gemeenschap, waarbij als regel verwezen wordt naar Mat.16,18 e.v. en 18,15 e.v. De kerkelijke tucht in het Genève van Calvijn groeide echter uit tot een vorm van jurisdictie, op grond waarvan de kerkenraad het opzicht had over geloof en zeden van de inwoners van de stad. Overigens wijst Thurneysen elk juridisch karakter van de tucht uitdrukkelijk af. Tucht staat hier in het kader van de opbouw van de gemeente en is voor hem geen sleutel tot het hemelrijk, zoals in de Heidelberger Catechismus (zo. 31). Tuchtmaatregelen, waarbij mensen de avondmaalsgemeenschap wordt ontzegd, acht hij een grensoverschrijding en strijdig met de inhoud van het evangelie.

Het calvinistisch pastoraat heeft eeuwenlang de pastorale praktijk in de Nederlandse kerken van de reformatie bepaald. Men vergelijke hiervoor de artikelen over vermaan en tucht in de Dordtse kerkorde (1618/19). Ook hierin ging het om het aanzeggen van het Woord Gods en wel als regelgeving voor menselijk leven en samenleven. In de publieke kerk van de Verenigde Nederlanden werd de tucht uitgeoefend door de kerkenraad (Van Deursen 1974, 193 e.v.). In de week van voorbereiding op de avondmaalsviering, die als regel viermaal per jaar plaats vond, bezocht de predikant met een ouderling alle gezinnen om in een kort gesprek na te gaan of er iets was dat deelname in de weg stond. Deelname vroeg een heilige levenswandel. Hier ligt ook één van de wortels van avondmaalsmijding. Het regelmatig huisbezoek is nog steeds kenmerkend voor protestants kerkelijk leven, met name in de orthodoxe kerken. Wel heeft het meer en meer een pastoraal karakter gekregen: van 'opzien over' anderen naar 'omzien naar' elkaar.

In de traditie van Calvijn heeft pastoraat dus vooral een opvoedend karakter. In zijn *Institutie* (1559) schrijft hij met een beroep op God, "dat voor hen, voor wie Hij een Vader is, de kerk ook een moeder zij..." (Inst. IV/I, par.1). "Wij zien, hoe God, die de zijnen in een ogenblik zou kunnen volmaken, toch niet wil, dat zij tot de mannelijke leeftijd opgroeien, tenzij door de opvoeding van de kerk" (par.5). Zo wordt de kerk een leerschool, waarin de gelovige een leerproces doormaakt: Daarom kunnen wij niet "uit de school ontslagen worden, voordat wij gedurende de ganse loop des levens leerlingen geweest zullen zijn." Theologie en pedagogiek grijpen hier in elkaar, maar in de kerkelijke praktijk wordt de liefhebbende moeder zo al gauw 'een strenge juf' (De Lange 1993, 166).

In deze traditie staat het leerboek van *G.Brillenburg Wurth* (1955). Hij benadrukt het ambtelijk karakter van het pastoraat en verstaat zielzorg als woordbediening: "de heel persoonlijke toepassing van het Woord op de afzonderlijke schapen van Christus' kudde" (98). Thurneysen wordt meerdere malen met instemming geciteerd. Wel maakt Wurth onderscheid tussen prediking en pastoraat, evenals tussen de functies van profeet en priester (100). Ook vallen tucht en pastoraat zeker niet samen: “De tucht heeft een ander doel dan de zielszorg” (103). We kunnen hier veel leren van de moderne psychologie en psychotherapie. Scholing in deze richting komt hem gewenst voor (170). Uitgangspunt voor hem is dat Christus zelf subject is van pastoraal handelen (120). Hij maakt hierbij echter gebruik van de dienst van mensen, die op hun beurt van menselijke middelen gebruik mogen maken. De krampachtige vrees voor natuurlijke theologie ontbreekt hier. Het gebruik maken van methodische inzichten, zoals de psychologie die aanreikt, past geheel in de calvinistische leer, die naast de bijzondere openbaring van God in Christus ook een algemene openbaring kent, waardoor er ook buiten de directe sfeer van het geloof veel goeds te vinden is.

Zie verder over pastoraat bij Calvijn: Kolfhaus (1941), Jentsch (1965), Scholl (1995). Calvijn leren we als pastor vooral kennen uit zijn brieven. Deze getuigen van een grote menselijkheid, zoals blijkt uit de door Scholl opgenomen teksten. In onze tijd wordt deze traditie vertegenwoordigd door o.a. W.H.Velema (1994).

Luther daarentegen staat ambivalent tegenover de kerkelijke tucht, wat gezien zijn levensgeschiedenis niet vreemd is. Hij gaat uit van het priesterschap van alle gedoopten (Möller 1987, 35). In de Schmalkaldische Artikelen legt hij grote nadruk op de onderlinge vermaning en vertroosting van gemeenteleden, “per mutuum colloquium et consolationem fratrum”, vgl. Henkys (1970). Steinlein (1918) wijst op 3000 pastorale brieven van Luther. Zie verder over pastoraat bij Luther: Brandt (1962, 1973), Möller (II, 1995).

3.52. *Nouthetisch pastoraat*

Als een pastorale variant op het bovenstaande, moet hier nog vermeld worden het nouthetisch pastoraat, zoals ontwikkeld door de Amerikaanse pastoraaltheoloog *J.E.Adams* (1970). Nouthetisch komt van het Griekse *nouthetein*, wat vermanen of terechtwijzen betekent. Adams is een fervent tegenstander van C.R.Rogers (4.1) en diens non-directieve wijze van counseling en eveneens van Freud, wiens deterministische mensvisie mensen naar zijn mening hun verantwoordelijkheid ontneemt. Hij sluit zich aan bij de psychiater *O.H.Mowrer* (1961) die, hoewel zelf atheïst, de menselijke schuld en verwerking daarvan uiterst serieus neemt. In feite komt het erop neer dat Adams elke vorm van ziekte of psychische problematiek vertaalt in termen van zonde. De enige weg is daarom mensen te vermanen hun zondige wegen te verlaten.

Adams noemt dit ‘nouthetic counseling’. Zijn vermaningen gaan terug op bijbelteksten. Met name het boek Spreuken staat vol teksten, die volgens hem ook vandaag van toepassing zijn. Als afschrikwekkend voorbeeld van een pastor, die onvoldoende vermanend optrad, geldt de richter Eli in het boek Samuël, die zijn zonen de vrije hand liet. Deze vorm van pastoraat krijgt zo een sterk biblicistisch, om niet te zeggen fundamentalistisch, karakter.

Adams maakte vooral opgang in evangelicale kringen. De Evangelische Beweging legt de nadruk op bekering en wedergeboorte, aanvaardt de Schrift als onfeilbaar Woord van God, huldigt traditionele opvattingen ten aanzien van huwelijk en gezin, is overigens sterk sociaal bewogen, maar daarbij gericht op het individu (Stoffels, 1990).

Ondanks grote hermeneutische bezwaren die tegen de methode van Adams zijn in te brengen, zit in zijn kritiek op non-directieve vormen van counseling ook een legitiem element. Directieve methoden, met nadruk op beïnvloeding van gedrag, hebben ook psychologisch gezien hun goed recht (zie: 6.5). Terecht wijst hij op de pastorale potentie van de christelijke traditie. De genoemde psychiater Mowrer verwijt het pastoraat - met een toespeling op Genesis 27 - dat het zijn eerstgeboorterecht heeft prijsgegeven voor een schotel psychologische linzen (1961, 60).

Adams belangrijkste boek, *Competent to counsel* (1970), verscheen ook in Nederlandse vertaling als *Bijbels pastoraat* (1982). Daarnaast verscheen een samenvattend literatuuroverzicht over hem, samengesteld door de psychiater R.Schoonboven e.a. (1982). Zie verder over Adams: Hielema (1975) en voor een kritische evaluatie: Louw (1997, 47 e.v).

3.53. *Sacramenteel pastoraat*

Het kan verwondering wekken dat hier ook een relatie gelegd wordt tussen kerygmatisch pastoraat en sacramenteel pastoraat. Onder het laatste verstaan we het traditionele rooms-katholieke pastoraat dat een centrale positie toekende aan de priester en een autoritair-kerkelijk karakter had, waarin de verkondiging van de vergeving via de biecht een belangrijke plaats innam. Toch zijn er allerlei culturele verbanden en daarom verbaast het niet wanneer *G.J.N. de Korte* (1994) een waarderende dissertatie schrijft over de betekenis van Thurneysens theologie van het Woord voor het katholieke pastoraat, waarin hij in onze tijd een teveel aan correlatie aantreft en een te weinig luisteren naar het gezaghebbend Woord van de Schrift (224). Het huidige katholieke pastoraat is naar zijn mening doortrokken van een religieus humanisme, waardoor het verrassende Woord van God als kritisch tegenover tezeer ontbreekt. In dit opzicht voelt hij zich verwant met Thurneysens theologie van de crisis, al wil hij deze in sacramentele zin aanvullen, verdiepen en verrijken (255). Katholiek pastoraat kent namelijk een eucharistische inzet: “Vanuit de Eucharistie, als Tafel van de verzoening, waaiert het pastoraal handelen breed uit. Kerk en pastor vervullen in een trinitair gefundeerd *sacramenteel pastoraat* een eigen rol. Zij be-teken-en en bewerken Gods heil en brengen mensen zo tot verwondering, dankbaarheid en navolging” (255). Hoewel in deze traditioneel-katholieke visie het heil langs een andere weg bemiddeld wordt dan via het Woord, ligt er een belangrijke parallel in het gratuite karakter van het heil. De verkondiging van de vergeving in de biecht vormt het tegenover van het Woord.

De overeenstemming ligt voor De Korte in een mensvisie die gevoed wordt door de incarnatie. Al onze mensenkennis ontvangen we volgens Thurneysen door Christus, het vleesgeworden Woord. In de katholieke visie op de sacramentaliteit van heel de werkelijkheid staat eveneens het incarnatorisch motief centraal (254). Hier blijken echter ook grote theologische verschillen. Voor Thurneysen is de incarnatie een noëtisch element, maar in de brede sacramentele visie van de Korte gaat het om een ontologische relatie vanuit de eenheid tussen natuur en genade (149). Hier is sprake van een analogia entis, die Barth nadrukkelijk afwijst. Ik vraag me dan ook af of Thurneysen er gelukkig mee zou zijn geweest om op deze wijze voor het karretje van de traditionele katholieke theologie te worden gespannen!

Op zichzelf heeft het sacramentele pastoraat oude papieren. Aan de heilsbemiddeling via de sacramenten werd in de katholieke traditie altijd een betrekkelijk objectieve werking toegekend ('ex opere operato'). De zeven sacramenten van de kerk begeleiden van stap tot stap de levensweg van de mens en hebben ten dele het karakter van 'rites de passage'. Zo was het pastoraat verbonden met het doopsel, het vormsel, de wijding, het huwelijk, de ziekenzalving en de regelmatig terugkerende eucharistie en boete. Via deze momenten speelde het contact tussen priester en gelovigen zich af. Het persoonlijk pastoraat was vooral verbonden met de uitreiking van de communie en het sacrament van de biecht.

De biecht gaat terug op de volmacht van Jezus aan de apostelen om op aarde zonden kwijt te schelden (Joh.20,23). Het vierde Lateraans concilie (1215) stelt de jaarlijkse oorbiecht verplicht. De biecht omvat drie momenten: het inwendige *berouw*, de boetvaardigheid, als voorwaarde voor de werkzame totstandkoming van het sacrament; de *belijdenis* van zonden, waaraan gewetensonderzoek vooraf is gegaan; de *voldoening*, als moment van de sleutelmacht, waarbij naast de verleende absolutie een bepaalde penitentie wordt opgelegd (Rahner 1968, 76-98).

Doordat mensen zich kunnen uitspreken, waardoor zij een gevoel van opluchting en bevrijding ondergaan, heeft de biecht in veel gevallen een psychohygiënische en therapeutische functie vervuld. Ook bij Thurneysen zagen we een grote voorkeur voor het biechtgesprek. Vooral door het als autoritair ervaren karakter van de biechtrelatie is de biechtpraktijk sterk teruggelopen. Hier springen parallellen tussen biecht en tucht in het oog, die beide teruggaan op de vroeg kerkelijke boetepraktijk.

Zie verder over de biecht: 8.52 en van reformatorische zijde de studie van Ph.J.Huijser (1980). Behalve een traditioneel-ambtelijke is ook een modern-rituele invulling van het sacramenteel pastoraat mogelijk. Vergelijk hiervoor de wijze waarop G.Lukken (1980, 1986) de antropologische wortels van rituelen blootlegt en zo aan sacramentele overgangsrituelen, bijvoorbeeld het sacrament van de zieken, een nieuwe betekenis geeft. Op de verhouding van liturgie, ritueel en pastoraat komen we later terug (10.2).

3.6. *Balans*

Aan het slot van dit hoofdstuk maken we de balans op. Welke bouwstenen levert de kerygmatische traditie op voor mijn ontwerp van een pastorale theologie?

Bij lezing van Thurneysen kom ik steeds weer onder de indruk van de sacramentaliteit van het Woord ('in, mit und unter'), dat heilzaam op ons leven inwerkt. Waar het in het pastoraat uiteindelijk om gaat is volstrekt gratuit en niet maakbaar. Het pastorale gesprek speelt zich in ontvankelijkheid af 'coram Deo'. Mensen ontmoeten elkaar in Gods genadige nabijheid. Daarin ligt een spiritueel en een kritisch moment. Het Woord roept ons bij onszelf vandaan. Het schept die distantie die nodig is om werkelijk tot onszelf te komen. Dit 'tegenover' is voor mij onopgeefbaar.

Waar de pastor met zijn eigen gezaghebbend woord tussen God en de mens in gaat staan ligt misbruik op de loer en krijgt het pastoraal optreden een autoritair karakter. De biecht- en tuchtpraktijk geven hiervan vele voorbeelden.

Wat mij verder in de reformatorische traditie aanspreekt is de nadruk op het gemeentelijk karakter van het pastoraat en op het priesterschap van alle gelovigen. De kracht van het rooms-katholieke pastoraat daarentegen ligt voor mij in de voltrekking van het ritueel, dat de mens ook in zijn lichamelijkheid en emotionaliteit serieus neemt en een correctie vormt op een overvloedig verbalisme.

Hiermee biedt de in dit hoofdstuk beschreven traditie een aantal belangrijke bouwstenen die de pastorale zorg bewaren bij haar eigen theologische identiteit.

4. Therapeutisch pastoraat

In dit hoofdstuk schetsen we een tweede ontwikkelingslijn in de pastorale theologie van deze eeuw. We typeren deze, met o.a. D.Stollberg (1969), als therapeutisch pastoraat. De bakermat van deze stroming ligt in de Verenigde Staten. *Anton T.Boisen* geldt als één van de grondleggers van de 'pastoral counseling movement'. Men kan de therapeutisering van de zielzorg in verband brengen met het proces van secularisatie (Riess 1973, 31). In de Amerikaanse cultuur gaat dit proces echter niet ten koste van de publieke religie, evenmin als het gepaard gaat met massale ontkerkelijking, zoals in Nederland. Secularisatie voltrekt zich daar vooral als aanpassing van de godsdienst aan maatschappelijke ontwikkelingen (Dekker 1995, 53). Een voorbeeld hiervan is de praktijk van pastorale counseling, die in en vanuit de kerken wordt beoefend. Deze ontwikkeling heeft geleid tot professionalisering van het pastoraat, met name in ziekenhuizen en in de psychiatrie.

De weg die we volgen loopt parallel aan die in het vorige hoofdstuk. We maken kennis met de belangrijkste vertegenwoordiger van deze stroming, Seward Hiltner (4.1). Op de achtergrond staat bij hem de correlatietheologie, ontwikkeld door Paul Tillich (4.2.). We volgen de ontwikkeling van het therapeutisch pastoraat in de Verenigde Staten en van de Klinische Pastorale Vorming in Nederland (4.3). Daarna gaan we in op de discussie die deze stroming heeft opgeroepen (4.4) en op enkele verwante stromingen (4.5).

Anton T.Boisen (1876-1965), grondlegger van het therapeutisch pastoraat, besluit op dertigjarige leeftijd, na eerst leraar en houtvester te zijn geweest, predikant te worden. Zijn betekenis voor het pastoraat is nauw verweven met zijn eigen levensgeschiedenis. Omstreeks 1920 raakt hij in een ernstige crisis, als gevolg waarvan hij in een psychiatrisch ziekenhuis belandt. Van pastorale begeleiding is hier nauwelijks sprake. Juist daaraan had hij behoefte, omdat hij zijn psychische ziekte interpreteerde als een hoofdzakelijk existentiële en religieuze problematiek. Zo komt hij tot zijn grondstelling "that certain forms of mental disorder and certain forms of religious experience are closely interrelated" (1960, 9). Psychische stoornissen hangen z.i. samen met sociale problemen en onopgeloste bestaansconflicten. Zo ligt er een innerlijk verband tussen 'problem solving' en bekering. Wil het Woord greep krijgen op mensen, dan zal het door de menselijke vervreemding moeten heenbreken. Het Woord serieus nemen houdt daarom in de mens serieus nemen en hem verstaan als 'living human document', wat later een gevleugelde uitdrukking wordt. Deze aandacht voor de menselijke religiositeit sluit nauw aan bij het concept van C.G.Jung (Stollberg 1969, 29). In 1925 geeft Boisen in Worcester aan vier studenten de eerste 'Clinical Pastoral Training'. Dit wordt het begin van een beweging, die thans wereldwijd honderden trainingscentra kent. Zie over de persoon van Boisen met name de studies van *Harry Stroeken* (1983) en *D.Stollberg* (1969, 163-190).

De geschiedenis van de CPE-beweging (Clinical Pastoral Education) is beschreven door *E.Thornton* (1970), *B.E.Holifield* (1983), *Ch.E.Hall* (1992) en *J.E.Hemenway*

(1996). Tot de 'founding fathers' behoren - behalve Boisen - R.C.Cabot en R.L.Dicks (4.31) en de arts W.S.Keller. Ook zij ontwikkelen een pastoraal trainingsmodel op basis van 'learning by doing'. Onder invloed van de filosoof en pedagoog *John Dewey* (1916), die de nadruk legde op wederkerigheid in de onderwijsrelatie en democratisering van kennis, werd het leerproces verstaan als een reconstructie van persoonlijke ervaring. Ook de 'Social Gospel-movement' met haar nadruk op praktisch christendom bevorderde de ontwikkeling van de beweging. Lange tijd bestonden er spanningen tussen de drie verschillende trainingsorganisaties. In 1944 gaat men samen in de CPE en vanaf 1949 is er een gemeenschappelijke uitgave, The Journal of Pastoral Care. Zie voor deze ontwikkeling: Hemenway (1996).

4.1. *Seward Hiltner*

De belangrijkste pastoraal-theoloog in de Amerikaanse traditie is *Seward Hiltner*. Hij komt in aanraking met A.T.Boisen, maar slaat spoedig andere wegen in. Zo verlaat hij het pad van de case-studie en richt zich meer op de gespreksvoering. Psychologisch gezien betekent dit een overgang van het concept van C.G.Jung naar dat van de neo-freudianen, met name E.H.Erikson en C.R.Rogers (Stollberg 1969, 29). Met het werk van Rogers maakt hij in 1943 kennis. Ook voor Hiltner is aansluiting bij de menselijke ervaring het uitgangspunt. Een louter methodisch oefenen van gespreksvoering is evenwel ontoereikend. Hij is er van overtuigd dat voor de beoefening van het pastoraat een solide psychologische basis moet worden gelegd.

Voor een theoretische doordenking van het pastoraat schrijft Hiltner zijn eigen leerboek *Pastoral Counseling* (1949). Hij pleit hierin voor een dynamische psychologie, die men niet alleen toepast in de counseling-praktijk, maar die men ook zelf via counseling leert (79). Het pragmatische principe van 'learning by doing', zoals ontwikkeld door John Dewey, staat ook bij hem voorop (34). 'Pastoral counseling' is voor hem primair counseling: "Pastoral counseling is the attempt by a pastor to help a parishioner help himself, granted that certain conditions are present" (80). Pas in het laatste deel van het boek komt de pastorale dimensie inhoudelijk aan de orde via wat hij noemt 'religious recources', waartoe hij rekent het gebed, de bijbel, religieuze literatuur, de christelijke leer, sacramenten en riten (187 e.v.). Van deze bronnen kan een functioneel gebruik gemaakt worden, zoals hij aan concrete voorbeelden duidelijk maakt. Overigens is Hiltner van mening, dat op dit gebied nog veel door ervaring en verdere studie geleerd moet worden (226).

Een latere theologische verantwoording volgt met name in zijn pastorale theologie, *Preface to Pastoral Theology* (1958). Hierin werkt hij het bijbelse 'shepherding'-perspectief uit aan de hand van de pastorale functies 'healing, sustaining, guiding'. 'Shepherding' is één van de drie perspectieven voor kerkelijk en pastoraal handelen, naast 'communicating' en 'organizing'. Aan alle handelen van de kerk zit een aspect van 'shepherding', maar dit komt in het bijzonder tot uitdrukking in de pastorale zorg voor de enkeling. Theologische reflectie op dit perspectief draagt de naam 'pastoral theology' (20).

Een belangrijk gegeven in de relatie van theorie en praxis is de *correlatie* van theologische en psychologische inzichten. Zo speelt het begrip aanvaarding in zijn pastorale psychologie een belangrijke rol, dit in aansluiting bij *C.R.Rogers* voor wie 'acceptance' de basis is voor zijn non-directieve vorm van counseling. Dit inzicht verbindt hij met een theologische benadering, waaruit de invloed van *P.Tillich* blijkt. "Paul Tillich and other theologians of our day, in attempting to communicate to modern Christians what is the real meaning of the Protestant doctrine of justification through grace by faith, have presented this in terms of acceptance. Through Jesus Christ, God accepts man, not in terms of his acceptibility, but through faith brought about by the prevenient grace that makes faith possible. If man had to become acceptable in order to have God accept him, he would never make it" (Hiltner 1959, 30). Dit kan men een theologische invulling noemen van Rogers' 'unconditional positive regard', als uitgangspunt voor counseling. Zo bestaat er een grote overeenkomst tussen psychologische en theologische inzichten.

In de correlatie van theologie en psychologie staat het begrip 'dynamic' centraal. Hiltner wijdt hieraan een afzonderlijke studie, *Theological Dynamics* (1972). 'Dynamic' wordt door hem verstaan "in its precise Greek sense of the relationship between tensions and equilibriums" (182). Het voorwoord in het boek is van de psychiater K.Menninger, die de dynamische benadering ontwikkeld heeft. Elk organisme, ook de mens, streeft naar een 'homeostatisch evenwicht'. Psychische moeilijkheden zijn een verstoring van dat evenwicht. In de therapeutische relatie gaat het erom dat evenwicht te herstellen. Hiltner werkt een aantal van deze dynamieken uit, bijvoorbeeld die van 'vrijheid en lot'. Hierin gaat het om een spanningsvolle verhouding, waarop men zowel psychologisch als theologisch kan reflecteren. 'Pastoral counseling' is voor Hiltner primair 'counseling'. Het pastorale element wordt met name opgeroepen door de context van de kerk, die aan het werk een eigen setting geeft (1961, 29v), het verwachtingspatroon van mensen beïnvloedt en het gebruik maken van religieuze bronnen stimuleert. Zo kan ook een dynamische theologische benadering een bijdrage leveren aan een gezond en evenwichtig mens-zijn in relatie tot anderen.

Seward Hiltner (1909-1984), is vanaf zijn installatie als predikant van de United Presbyterian Church in 1935 betrokken bij de klinische training van theologie-studenten. Van 1950-1961 werkt hij als assistent-professor aan de Divinity School van Chicago, waarna hij benoemd wordt aan het gerenommeerde Princeton Theological Seminary, waar hij tot zijn emeritaat in 1980 werkzaam is. Daarnaast bekleedt hij belangrijke functies, waaronder die van 'consultant' van de beroemde Menninger-Foundation in Topeka. In 1943 komt Hiltner in aanraking met het werk van Rogers en de wijze waarop deze gebruik maakt van de verbatim-methode. Ook maakt hij in de opleiding gebruik van het rollenspel. H.Faber, die met hem bevriend was, noemt hem 'de grote voorman van de vernieuwing van de zielzorg in Amerika' en typeert hem als mens aldus: "Hij was een man, die behoefte had aan persoonlijk contact, maar die tegelijk moeite had zichzelf in dit contact spontaan te geven" (1993, 167). Zie over Hiltner: *D.Stollberg* (1969, 203-275; 1996, 295-307), *R.Riess* (1973, 201-242). Na zijn dood is een nummer van Pastoral Psychology aan hem gewijd (Jg. 34, 1985/86, nr 1).

De psycholoog *Carl R.Rogers*, op wie Hiltner zich van meetaf oriënteert, is een vertegenwoordiger van de humanistische psychologie (6.4), een stroming die het accent legt op menselijke groei en zelfverwerkelijking. Counseling (lett: raad geven) stelt de cliënt centraal (client-centered) en gaat non-directief (non-directive approach) te werk. Dit vraagt een grondhouding van de therapeut gebaseerd op 'empathy' (invoelen) en 'congruence' (echtheid), op basis van 'unconditional positive regard' (aanvaarding): "the realness, genuineness, or congruence of the therapist; a warm, acceptant prizing of the client, an unconditional positive regard, and a sensitive, empathic understanding of the client's feelings that is communicated to the client" (1967, 251). Zie verder: Rogers (1951, 1961) en 13.22. De rogeriaanse methode is binnen het pastoraat in Nederland geïntroduceerd door H.Faber en E. van der Schoot (1962).

4.2. *Correlatie-theologie: Paul Tillich*

De theologie van *Paul Tillich* heeft als methode de correlatie. De verhouding God-mens wordt gekenmerkt door wederkerigheid. Tillich veronderstelt een correlatie tussen existentiële vragen en theologische antwoorden. Hiertussen is sprake van een analogie, want in de diepste grond van ons bestaan stuit de mens op God, door Tillich 'het Zijn' genoemd. Men kan dit een besef van immanente transcendentie noemen. Deze analogie wordt gekenmerkt door overeenstemming en tegenspraak. G.Hummel (1972, 162) spreekt hier van een 'analogia proportionis', in onderscheid van een analogia entis of een analogia fideï.

In zijn *Systematic Theology* omschrijft Tillich het principe van de correlatie aldus: "God answers man's questions, and under the impact of God's answers man asks them. Theology formulates the questions implied in human existence, and theology formulates the answers implied in divine self-manifestation under the guidance of the questions implied in human existence. This is a circle which drives man to a point where question and answer are not separated" (1951/I, 69). Hij beroept zich in dit verband op het opschrift boven het eerste hoofdstuk van de *Institutie* van Calvijn: "Dat de kennis van God en de kennis van onszelf ten nauwste aan elkaar verbonden zijn en hoe zij onderling samenhangen" (Inst. I, 1, par.1).

Het uitgangspunt voor Tillich is de vragende mens: "The object of theology is what concerns us ultimately" (1951, 15). Het gaat hier om de uiteindelijke, existentiële menselijke vragen van zijn of niet-zijn, de laatste en diepste vragen van het leven waarin het menselijk bestaan doorlicht wordt tot op 'het Zijn'. We ontmoeten God in de grenssituaties van het leven. Niet toevallig draagt de autobiografische schets van Tillich de titel *Op de grens* (1962). Het verbaast niet dat het katholieke pastoraat zich in een nieuwe fase met name oriënteert op Tillich, omdat hij op nieuwe existentiële wijze inhoud geeft aan de zijnsverbondenheid van God en mens. *De nieuwe katechismus* (1966) opent met 'de vragende mens': "Als de dingen hun vanzelfsprekendheid verliezen", komt de mens tot vragen (4). M. van Knippenberg, schrijvend over grenservaringen, noemt Tillich 'een eregast op het pastoraaltheologische erf' (1989, 5).

Ook kent Tillich's theologie een antropologische dynamiek, zoals deze door Hiltner op een psychologisch niveau wordt uitgewerkt (Hiltner 1972, 183). Tillich gebruikt hier het meer ontologische begrip polariteit. Voor hem wordt de grondstructuur van het zijn bepaald door de polariteit van 'Self and World' (1951/I, 186 e.v.). De mens heeft een wereld èn hij is een wereld op zich. Er is sprake van een wisselwerking. Naarmate een mens dieper tot zichzelf komt, verdiept zich de relatie met de wereld om hem heen en door deze verdiepte relatie wordt hij meer zichzelf. Het gaat hier om een gezonde integratie (1951/II, 36). Deze moet steeds weer op de desintegratie veroverd worden, een gegeven dat Tillich verbindt met de tragiek van de Val (Gen.3). In de overgang van essentie naar existentie krijgt de mens deel aan de vervreemding.

Van de grondpolariteit 'Self and World' zijn andere polariteiten afgeleid, die van 'Individualisation and Participation', 'Dynamics and Form', 'Freedom and Destiny'. De polariteit van individualisatie en participatie wordt door Tillich uitgewerkt in zijn voor het pastoraat zo belangrijke boek, dat ook in het Nederlands vertaald werd, *De moed om te zijn* (1955). Het menselijk bestaan wordt gekenmerkt door grondangsten die een mens confronteren met het niet-zijn, de angst om individu te worden en de angst om deel van een geheel te worden. In beide gevallen komt het aan op moed om te zijn, moed om zichzelf te zijn en moed om deel van een geheel te zijn. Ten diepste gaat het hier om de schuld en de moed om te aanvaarden dat men aanvaard wordt: "men moet theologen en predikanten eraan herinneren dat in de strijd tegen de angst van de schuld door de psychotherapie de idee der aanvaarding de aandacht heeft ontvangen en de betekenis heeft verkregen welke in de tijd der Hervorming uitdrukkingen als 'vergeving van zonden' of 'rechtvaardiging door het geloof' bezaten. Aanvaarden dat men aanvaard wordt, ofschoon men onaanvaardbaar is, daarop berust de moed om te vertrouwen" (142v.). Hier sluit Hiltner, zoals we zagen, concreet bij aan.

4.3. *Andere vertolkers*

We moeten ons ook hier beperkingen opleggen. We noemen enkele vertegenwoordigers in de Verenigde Staten en gaan van hieruit over op de invloed van deze stroming op het pastoraat in Europa, met name in Nederland.

4.31. *In de Verenigde Staten*

Al in de eerste fase van de beweging slaan *R.C.Cabot* (arts) en *R.L.Dicks* andere wegen in dan Boisen. Ook zij behoren tot de pioniers. Van hun hand verschijnt een inmiddels klassiek werk over het ziekenhuispastoraat (1965[25]). Centraal in hun benadering staat het element van 'growth', op basis van de helende kracht die in ieder mens als schepsel Gods aanwezig is, de z.g. 'vis mediatrix Dei' (118 e.v.). Om zicht te krijgen op de persoonlijkheidsontwikkeling van een mens zijn het homeostatisch evenwicht en het verwerken van crises, vooral in een situatie van ziek-zijn, belangrijke gegevens. De levensgeschiedenis van een mens biedt hiervoor aanknopingspunten. Daarom luidt hun inmiddels bijna spreekwoordelijk advies: "Start with the patient where you find him" (179). In de tussenmenselijke ontmoeting ontstaat een openheid in de richting van transcendentie: "The two must face a Third" (172v.). Ook de pastoraal-theoloog *W.E.Oates* spreekt over een relatie waarin God zelf gesprekspartner wordt: "Instead of being simply a dialogue, a trialogue comes into being" (1974, 27v.).

Men heeft in deze kring bezwaren tegen de wijze waarop A.T.Boisen een verband legt tussen religieuze ervaring en psychische gezondheid en kiest bewust voor trainingen in een algemeen ziekenhuis, waar Dicks het leermiddel van de verbatimanalyse introduceert.

De baptist *W.E.Oates* geldt als één van de orthodoxe vertegenwoordigers van de beweging. In zijn boeken over 'pastoral counseling' (1951, 1962, 1974) staat het theologisch perspectief centraal. Dat de mens een nieuwe identiteit ontvangt noemt hij het werk van de Geest ('The Counselor'), waaraan de pastor krachtens zijn of haar ambt dienstbaar mag zijn. In de counseling-relatie staat daarom het werk van de Geest centraal.

Tegenover het client-centered model van Rogers-Hiltner plaatst *H.J.Clinebell* zijn 'relationship-centered model' van 'pastoral counseling. Iedere pastor moet zich deze woorden inprenten: 'Relationship – the Instrument of Help' (1966, 306). Door de client-centered benadering worden veel mensen overvraagd. Vanuit het begrip relatie ontwikkelt Clinebell een aantal verschillende vormen van counseling, al of niet non-directief, waaronder het counselen met echtparen, gezinnen en groepen. Het boek van Clinebell staat bekend als een belangrijk methoden-boek voor 'pastoral counseling'. In 1984 verscheen hiervan een geheel nieuwe versie, waarin de auteur tot een nog verdere verbreding komt en meer recht wil doen aan maatschappelijke en culturele ontwikkelingen, die mensen beïnvloeden. Hij spreekt nu van 'a holistic liberation-growth model of pastoral care and counseling'. Met name de feministische theologie en de bevrijdingstheologie hebben hierop een stempel gezet. Zo wordt duidelijk dat bevrijding niet slechts een intrapersoonlijke of interpersoonlijke aangelegenheid is, maar ook bewustwording vraagt van onvrijheid als gevolg van rolpatronen, achterstandsituaties en ongelijke kansen in het leven.

Voor een uitvoeriger overzicht van de ontwikkeling van de pastorale theologie in de Verenigde Staten verwijs ik naar: *Stollberg* (1969), *Heitink* (1977).

4.32. *Klinische Pastorale Vorming in Nederland: W.Zijlstra*

Aan de vestiging van de Klinische Pastorale Vorming in Nederland is de naam van *W.Zijlstra* onlosmakelijk verbonden. Na zijn emeritaat in 1985 verscheen zijn in de trainingen gegroeide handboek, *Op zoek naar nieuwe horizon* (1989), waarin hij een theologische en psychologische verantwoording geeft van zijn werk.

Al meteen na zijn opleiding tot supervisor in de Verenigde Staten in 1962 geeft hij zich rekenschap van een vernieuwd theologisch inzicht, verwoord in een dynamisch waarheidsbegrip: "De waarheid is immers een weg, waarop men wandelt" (1990, 13). Deze woorden moet men verstaan tegen de achtergrond van een defensieve, leerstellige theologie met een objectief waarheidsbegrip. Zijlstra schrijft: "De kerk heeft de achttiende en negentiende eeuw niet verwerkt, met name de *Verlichting* en de *Romantiek*. Noch Kant, noch Hegel, noch Schleiermacher. De autonomie van de mens - deze schoonste vrucht van de Verlichting - wordt in onze tijd geoogst en de oogst is groot" (317). De trainingen vormen zo een bijdrage tot subjectivering, in de vorm van een bewustwordingsproces. In zijn werk brengt Zijlstra geloof en ervaring, theologie en psychologie bij elkaar via een herinterpretatie van de theologie van de reformatie. In zijn conceptie komen we drie kroongetuigen tegen: P.Tillich, C.G.Jung en de apostel Paulus.

Aan *P.Tillich* ontleent Zijlstra het denken in polariteiten, dat hij verbindt met de neuroseleer van F.Riemann (9.25). Tot in het taalgebruik is de verwantschap met Tillich hoorbaar. Woorden als 'dynamiek', 'polariteit', 'krachtenveld', 'dimensie', 'niveau' ('level'), 'existentieel', 'transparant', 'laatste ('final') vragen' en 'diepste ('ultimate') noden' zijn hiervan voorbeelden. Individuatie door participatie, dat is ook het geheim van de trainingsgroep.

Een seculiere en tevens religieuze vertolker van dit leerproces is *C.G.Jung* (6.3). Bij Jung heet het een individuatieproces, een levenslang bewustwordingsproces als een archetypisch gebeuren, uitlopend op het 'Zelf' als het Imago Dei. Het is het leerproces van de pijn, waarin de mens ongekende kanten van zichzelf weet te integreren en zo toegroeit naar zijn bestemming.

De correlatieve benadering van Tillich en het leerproces van Jung vormen de infrastructuur van Zijlstra's theologie. De theologische attributie komt echter van 'de andere kant', via een invulling van deze structuur met behulp van de theologie van *Paulus*. Zo plaatst Zijlstra zijn procesmatige benadering in een eschatologisch-pneumatologisch perspectief. Binnen de geschetste kaders vernieuwt zich het leven door de kracht van de Geest, die menselijke gaven aanwakkert. Centraal bij Paulus staat de eschatologische wending 'van oud naar nieuw' (358). Het nieuwe mens-zijn in Christus is het verborgen geheim van ieder mens. Met reikhalzend verlangen ziet de schepping zuchtend uit naar het openbaar worden van deze nieuwe mens (328). Het bewustwordingsproces verdiept zich vanuit de crisis van kruis en opstanding (338). Dat is 'de weg van het stervende tarwegraan', een geliefde metafoor in Zijlstra's theologie. Hier betreden we het verborgen krachtenveld van 'zelfverwerkelijking door overgave' en wordt de mondige mens via het ervaren van zijn grenzen geconfronteerd met het nieuwe Heilige. Zo krijgt deze psychologische theologie een bijna mystieke dimensie. Geen wonder dat pastores een klinische training niet slechts zien als bewerktuiging, maar deze dikwijls ook beleven als vernieuwing van spiritualiteit.

In Nederland komt de Klinische Pastorale Vorming (KPV) uit particulier initiatief tot stand. Op initiatief van de psychiater J.H.Plokker gaat de predikant van het psychiatrisch ziekenhuis 'Hulp en Heil' in Leidschendam, *Wybe Zijlstra* (1921-1997) in 1962 een cursus 'Clinical Pastoral Training' volgen in Topeka, Kansas. Daarna krijgt hij de opdracht in Nederland trainingen te gaan verzorgen. Zijlstra, geboren op Celebes (Sulawesi) als zoon van een zendingspredikant, stamt uit een Gereformeerde-Bondsmilieu. Hij studeerde in Utrecht, werd in 1946 hulpprediker en in 1947 voorganger voor het rechtzinnige deel van de Hervormde Gemeente van Kollum. In 1954 wordt hij bevestigd als predikant te Wijckel. In 1961 wordt hij predikant van 'Hulp en Heil' thans 'Schakenbosch' te Leidschendam. Tijdens zijn training in het Topeka State Hospital zijn Ch.Hall, Karl Menninger en Paul Pruyser zijn leermeesters. Zijn eerste training van drie maanden geeft hij in 1963. In 1968 verhuist het centrum naar 'Zon en Schild' in Amersfoort. In zijn dissertatie *Klinisch Pastorale Vorming* (1969) beschrijft Zijlstra de ontwikkeling van zijn trainingsmodel. Zie voor deze gegevens: A.Verheule (1985). Bij zijn afscheid ontving hij een liber amicorum *Ontginningswerk*. Het boek bevat veel materiaal over de ontwikkeling van de KPV in Nederland. Aan zijn handboek, *Op zoek naar nieuwe horizon* (1989) is een serie Leidse Lezingen gewijd, in boekvorm verschenen, onder redactie van J.P.Heering e.a. (1993). Zie over de theologie van Zijlstra ook: den Dulk (1996, 63 e.v.).

Zijlstra is één van de vier voormannen van de pastorale psychologie in Nederland (Kruijne, 1985). De theoloog en psycholoog *H.Faber* heeft de KPV in Nederland geïntroduceerd. Men leze hierover zijn autobiografie *Rekenschap van een zoektocht* (1993). Eerder redigeerde hij twee bundels *Klinische Pastorale Vorming*: balans en perspectief (1983/4). *W.J.Berger*, medewerker van H.Fortmann in Nijmegen, maakte in het begin van de jaren zestig een studiereis naar de USA en deed hiervan in boekvorm verslag (1965). Hoewel de KPV op gespannen voet staat met de traditionele pastorale praktijk in de katholieke kerk (3.53), krijgt de beweging ook hier spoedig veel invloed. De KPV in Nederland heeft, anders dan in de Verenigde Staten, vanaf het begin een oecumenisch karakter, immers ook katholieke supervisoren als *P.O. van der Klei*, *F.J. van Tienen* en *W.A.M.Alting van Geusau* werden in de Verenigde Staten opgeleid. Zie voor deze receptie: Haarsma (1985). *C.Aalders*, als vierde van de voormannen, ging in 1963 de Pastoraal-Psychologische Leergangen (PPL) in Utrecht leiden. Zie verder over de KPV: hoofdstuk 14.

4.4. *Discussie*

De kritiek op het therapeutisch pastoraat in de Verenigde Staten betreft niet het model als zodanig, maar bepaalde eenzijdigheden waartoe het leidt. *Don S.Browning* noemt pastorale counseling een verenging van pastoraat tot iets louter subjectiefs en individueels. Tezeer domineert het privé-perspectief, waardoor het kerkelijk en maatschappelijk perspectief onderbelicht blijven (1978,22). De kerken zien blijkbaar af van een gemeenschappelijke sociale moraal van hun leden, merkt hij op. In zijn boek pleit hij ervoor recht te doen aan de morele context van het pastoraat. Het gaat in een menselijke samenleving niet alleen om psychologie, maar ook om ethiek. "Pastorale zorg moet er allereerst op gericht zijn de ander een structuur aan te reiken, een karakter, een identiteit, een religieus-cultureel waardensysteem om uit te leven" (1978, 109).

De psycholoog *P.W.Pruyser* wijst op de noodzaak van een theologische diagnostiek. In de pastorale vorming kreeg de psychologie een te zwaar accent:

"de theologen zaten aan de voeten van de psychiatrie-Gamaliëls en schenen dat prettig te vinden; slechts af en toe kwamen er spitse theologische reacties" (1978, 20). Theologen weten volgens hem nauwelijks wat ze vanuit hun eigen discipline hebben bij te dragen. Er scheen, zo meent hij, een impliciet wantrouwen te zijn jegens de relevantie van de theologie (25). Hij noemt het een storende zaak als een professioneel persoon niet weet wat zijn basiswetenschap is. Vervolgens geeft hij richtlijnen voor een pastorale diagnose, waarbij hij wijst op de ervaringsdimensie van het besef van het Heilige, op de voorzienigheid als variabele, op de variabele van het geloof, op die van genade en dankbaarheid, bekering, gemeenschap en roepingsbesef. Met behulp van een dergelijk theologisch instrumentarium laat zich het referentiekader van de gesprekspartner diagnosticeren.

Na hem hebben verschillende Amerikaanse pastoraal-theologen deze uitdaging aangenomen. Ik noem hier: *D.Capps* (1981, 1984, 1990), *V.E.Gerkin* (1984, 1986) en *H.W.Stone* (1996). Zij kiezen voor een meer hermeneutische benadering. Hun werk komt in volgende hoofdstukken ter sprake. Tot de critici van het eerste uur reken ik *Th.C.Oden* (1966), die zich oriënteert op Barth (vgl. 3.2).

A.V.Campbell (1985), een ethicus en pastoraal-theoloog afkomstig uit Schotland, wijst met name op de ongewenste bijwerkingen van een voortgaande professionalisering van het pastoraat. In een counselingsrelatie kan geen sprake zijn van echte wederkerigheid. Het gaat hier om een functionele relatie, terwijl men zich kan afvragen of een vriendschapsrelatie niet meer overeen komt met de wijze waarop mensen binnen de gemeente met elkaar hebben om te gaan. Hij wijst op een ongelijke verdeling van invloed en macht, waarbij deskundigheid ook een vorm van macht is. Bovendien wordt op deze wijze een relationele deskundigheid ontwikkeld, die alleen al vanwege het taalgebruik afstand schept. Ook ontstaat er een breuk tussen professionals en vrijwilligers. Daarom is professionalisering z.i. een 'ambigious phenomenon'.

De Engelse pastoraal-theoloog S.Pattison schreef *A Critique of Pastoral Care* (1988). Hij geeft hierin een theologische definitie van pastoraat: "pastoral care is that activity, undertaken especially by representative Christian persons, directed towards the elimination and relief of sin and sorrow and the presentation of all people perfect in Christ to God" (13). Hieruit spreekt al meteen een meer directieve evangelische instelling. In navolging van Don Browning wijst hij op het belang van het morele perspectief. Verder benadrukt hij de waarde van discipline en tucht voor de levenswandel van de christelijke gemeente. Daarbij zal er naast psychologische hulp ook sprake van spirituele begeleiding moeten zijn. Ook mist hij de aandacht voor de politieke dimensie van het pastoraat en pleit hij voor sociaal-maatschappelijke bewustwording. Hij wijst op bisschop Desmond Tutu in Zuid-Afrika, als voorbeeld van iemand die pastoraat en politiek op indrukwekkende wijze met elkaar verbindt (105). Verder komt de bijbel in gesprekken te weinig expliciet aan de orde, terwijl een herinterpretatie van de Schrift van grote waarde is bij de analyse van de menselijke situatie. Op al deze punten is naar zijn mening sprake van een falen van het therapeutisch pastoraat.

Voor wat betreft de Duitse pastorale theologie wezen we al op *H.Tacke* (3.3), die van mening is dat psychologische begrippen met theologische woorden worden gedoopt, maar dat van een werkelijk tegenover van het Woord geen sprake is. Als 'Lebenshilfe' dient pastoraat primair 'Glaubenshilfe' te zijn. Hij spreekt van een misbruik van het 'pro me' wanneer rechtvaardiging opgaat in aanvaarding. Ook de katholieke praktisch-theoloog *N.Mette* (1978) is van mening dat de beweging 'die Frage nach ihrer Theologie' moet stellen. Terecht gaat men er van uit dat het communicatieve handelen zelf de basis voor zowel de theologische theorie als de kerkelijke praxis vormt, maar dit leidt teveel tot een impliciete theologie die een gebrek aan kritische reflectie vertoont. De socio-culturele context van geloof en kerk wordt te weinig verdisconteerd en de verstrengeling van kerk en samenleving wordt onvoldoende onderkend. "Es wäre nicht zum Schaden der Klinischen Seelsorgeausbildung, wenn sie ihre Theorie um die politisch-theologische Dimension erweitern würde. Bislang hat sie die Probleme, die diesen Aspekt thematisieren, allzu stiefmütterlich behandelt" (234).

In Nederland kwam er in de eerste plaats kritiek van barthiaans georiënteerde theologen als *Van Gennep* (1985) en *Den Dulk* (1996). De belangrijkste criticus op het punt van de politieke betrokkenheid was *K.Strijd*, in een artikel geschreven voor Zijlstra, *Pastoraat - in dienst waarvan?* (1978) Veel pastoraat is naar zijn mening stilzwijgend gebonden aan het heersende politieke, maatschappelijke en economische stelsel. Desondanks had hij, zoals blijkt uit een evaluatie van C.H.Lindijer (1985), waardering voor de KPV.

Volg ik opnieuw de criteria van R.Riess (3.4), dan ontstaat evaluerend een beeld tegenovergesteld aan dat van het kerygmatisch pastoraat. Op het punt van de theologische identiteit scoort het therapeutisch pastoraat lager. Daarentegen is er sprake van een positieve relatie van pastoraat en psychotherapie en zijn er voor de pastorale communicatie goede empirisch onderbouwde methoden ontwikkeld. Hier moet aan worden toegevoegd, dat de KPV in Nederland, in de wijze waarop deze door W.Zijlstra is ontwikkeld, op zichzelf al een kritiek inhoudt op het Amerikaanse model. Ik denk hier met name aan de betekenis van het groepswerk in de training en aan de wijze waarop meditaties, bibliodrama en preekanalyses hierin een natuurlijke plaats gekregen hebben. Ook krijgt de theologische reflectie, zoals we zagen, bij Zijlstra veel aandacht, waarbij niet alleen sprake is van impliciete theologie. Daarvoor heeft hij te goed naar Paulus geluisterd! Zo ontwikkelt de beweging zich meer en meer in hermeneutische richting.

4.5. *Verwante stromingen*

Naast het kerygmatisch pastoraat waren er in Europa, met name in Duitsland, ook pastoraal-theologen die zich grondig verdiept hadden in de psychoanalyse (6.2) en hierop hun pastorale praktijk baseerden. Ik spreek hier van pastorale therapie.

Daarnaast noem ik de Nederlandse stroming van het charismatisch pastoraat, die zich in de dienst der genezing richt op een vorm van pneumatherapie.

4.51. *Pastorale therapie*

Wat de hier te noemen auteurs gemeen hebben is het geloof in de helende kracht van het pastorale gesprek, wanneer men hierin psychoanalytische inzichten (6.2) serieus neemt. De Zwitserse theoloog *O.Pfister* (1927, 1944), bekend door zijn jarenlange briefwisseling met Freud, was de eerste die de psychoanalyse verbond met het genezingswerk van Jezus. Dit verband wordt later ook gelegd door *A.Allwohn*, die in *Das heilende Wort* (1958) spreekt van 'Seelsorge als geistlicher Heilung im persönlichen Gespräch' (116). Het boek werd via vertaling ook bekend in Nederland. Het biedt een pastorale benadering van verschillende levensfasen en van uiteenlopende ziektebeelden.

Hier moet ook het werk van *H-J.Thilo* (1957, 1971) genoemd worden. Met name in het laatste boek past hij psychoanalytische inzichten in gespreksvoering toe op het pastoraat. Zo behandelt hij de verschillende afweermechanismen en de fasen in het gespreksverloop. Hij richt zich tegen een verbale verenging van het begrip verkondiging. Wat verkondigd wordt is immers een gebeuren dat zich onder mensen voltrekt. Daartoe behoort ook het helende gesprek.

Als belangrijkste vertegenwoordiger noemen we *J.Scharfenberg*, die we eerder (3.4) ontmoet hebben als criticus van het kerygmatisch pastoraat. Ook hij is geboeid door het werk van J.Chr.Blumhardt (3.2). Hij geeft een psychoanalytische herinterpretatie van de ziektegeschiedenis van Gottliebin Dittus. Zijn conclusie luidt dat vijftig jaar voor Freud zijn werk begon, hier in het werk van Blumhardt al het oertype van een psychotherapeutische gespreksrelatie zichtbaar wordt (1959). In zijn boek *Seelsorge als Gespräch* (1972) biedt hij een helder overzicht van de door hem voorgestane heilzame psychoanalytische gespreksvoering. De moderne mens zoekt geen biechtvader, meent hij, maar een gesprekspartner, die hem helpt de vrijheid te hervinden (25). Het gaat om 'Heilung als Sprachgeschehen' (35). Dat blijkt ook uit het werk van Jezus, bij wie het woord van vergeving en de daad van genezing innig verbonden waren. Later schrijft hij zijn op een analytische basis gefundeerde inleiding in de pastorale psychologie (1985).

Joachim Scharfenberg (geb.1927) werkte van 1953-1963 als gemeentepredikant en ziekenhuispredikant in Berlijn. In deze periode volgt hij een opleiding tot psychoanalyticus. Vanaf 1971 was hij als hoogleraar praktische theologie en tevens als praktiserend analyticus werkzaam in Kiel.

In Nederland leverde de gereformeerde predikant *J.G.Fernhout* al vroeg een pleidooi voor de integratie van psychotherapie en zielszorg. Hij spreekt van *Psychotherapeutische zielszorg* (1950), die hij aldus omschrijft: "Psychotherapeutische zielszorg is die vorm van christelijke zielszorg, die, waar nodig en mogelijk, ook met psychotherapeutische middelen herstel of bevordering zoekt van de geestelijke gezondheid in religieuze zin, als een leven in verzoende betrekking tot God door het geloof in Jezus Christus, dat zich richt naar Gods geopenbaarde wil en zich toewijdt aan Zijn dienst" (77). In 1959 verscheen van de katholieke pastor *H.Bless* een *Inleiding tot de pastorale psychopathologie*, waarin hij pastores vertrouwd maakt met de wereld van de psychiatrie.

Vermeld moet worden dat omgekeerd verschillende psychiaters in Zwitserland pastorale elementen in hun praktijk hebben opgenomen. De bekendste zijn *A.W.Maeder*, bij wie de Nederlandse psychiater H.C.Rümke een leertherapie volgde (Van Belzen, 1991); *Th.Bovet* (1954) en de ook in Nederland via vertaling van zijn boeken invloedrijke *P.Tournier* (1946, 1953, 1956). De laatste schept in zijn *Radicale therapie* (1946) ruimte voor de biecht en het gebed.

Een interesse in religie en pastoraat treffen we ook bij Nederlandse psychologen en psychiaters aan. Ik noem *F.J.Tolsma* (1945), *J.H. van den Berg* (1958) en *A.A.A.Terruwe* (1972, 1973), die in de bevestiging van de ander de kracht van de therapeutische relatie ziet. Ook Jezus kende dit geheim toen hij tegen de algemeen verachte tollenaar Zacheüs zei: "Kom uit de boom, ik wil bij jou eten" (Lc.19,5).

4.52. *Charismatisch pastoraat*

De charismatische beweging, de verbindingsschakel tussen de kerken en de pinksterbeweging, heeft in onze tijd een oecumenisch karakter gekregen. Ze beweegt zich zowel binnen de protestantse (Suurmond 1994, 1995) als de katholieke traditie (Smet, 1973). Deze theologische stroming heeft een sterk pastoraal karakter, gezien de nadruk die ze legt op de dienst der genezing.

Ik heb geaarzeld of ik het charismatisch pastoraat bij het kerygmatisch of bij het therapeutisch pastoraat moest indelen. Deze stroming kent ongetwijfeld verwantschap met het nouthetisch pastoraat (3.52), maar heeft afgezien hiervan in haar ontwikkeling zoveel therapeutische inzichten geïntegreerd, dat ik voor deze plaats gekozen heb.

Ook in deze kring oriënteert men zich op het werk van Blumhardt en diens beoefening van de dienst der genezing, die in het verlengde ligt van de genezingswonderen van Jezus. Het charisma van de genezing draagt de kerk als een kostbare schat met zich mee. *K.J.Kraan* (1974, 1983 e.v., 1986), de belangrijkste theologische vertegenwoordiger van deze stroming in Nederland, bestrijdt de opvatting van onder anderen Calvijn, dat de dienst der genezing behoort tot de bijzondere gaven van de Geest die alleen pasten bij de begintijd van de christelijke kerk. Voor hem hoort deze dienst tot de blijvende gaven en opdrachten, die Christus aan de gemeente heeft nagelaten. Ten onrechte is de kerk naar zijn mening gaan berusten in het lijden van mensen en heeft zij zelfs, vanuit de navolging van Jezus, een spiritualiteit van het lijden ontwikkeld. Daaruit spreekt een gebrek aan vertrouwen in de kracht van de opgestane Heer, die ook vandaag als overwinnaar werkzaam is in het leven van mensen. Gebed, biecht, ziekenzalving en handoplegging zijn de liturgische middelen waarvan in de dienst der genezing gebruik gemaakt wordt.

De charismatische beweging keerde zich tegen uitwassen, zoals tegen de genezingscampagnes van H.Zaiss en T.L.Osborn die na de Tweede Wereldoorlog in Nederland gehouden werden. Daarin werd geloof teveel als voorwaarde voor genezing gezien, wat tot gevolg had dat mensen die niet genezen werden met schuldgevoelens werden opgezadeld, omdat ze niet genoeg zouden geloven (Koole, 1955). Maar misbruik heft een goed gebruik niet op.

In toenemende mate maakt men gebruik van therapeutische inzichten bij wat men noemt de innerlijke genezing. Wie in het boekje van Kraan, *Genezing der herinneringen* (z.j.), leest hoe deze met onverwerkte traumata omgaat, ziet hoe hier de dienst der genezing een grote verwantschap vertoont met de psychoanalyse. Zo ontstaat een groeiende openheid voor therapeutische inzichten, omdat deze niet buiten het werk van de Geest om gaan. *W.C. van Dam* (1977) spreekt in zijn dissertatie over pneumatherapie. Eén van zijn stellingen luidt: "Pneumatherapie is die vorm van charismatische zielszorg, die speciaal heling beoogt. De Heer is de eigenlijke Pneumatherapeut; wij mogen Hem ter beschikking staan. Pneumatherapie stelt de Heilige Geest present in de geest van de mens, waardoor het Godsrijk kan doorbreken in de confident, in alle aspecten van zijn leven en zijn relaties, en zo de nieuwe schepping openbaar kan worden."(180)

De protestantse *Charismatische Werkgemeenschap Nederland* heeft samen met haar katholieke pendant *Bouwen aan de Nieuwe Aarde* een bijzondere leerstoel voor charismatische theologie gevestigd aan de Vrije Universiteit, thans bekleed door de oudkatholieke theoloog *M.F.G.Parmentier*. Onlangs verscheen van zijn hand: *Heil maakt heel, de bediening tot genezing* (1997). God grijpt niet direct in het ziekteproces in, meent hij, maar Hij heeft voor zijn schepselen een vorm van genezing beschikbaar die weldadig kan uitwerken op zowel lichaam als ziel. Genezing behoort tot de regeneratieve krachten die in de schepping te vinden zijn. De hervormde predikant *W.W. Verhoef* is al vele jaren één van de dragende krachten in de werkgemeenschap. In zijn onderzoek naar de relatie tussen de Charismatische Beweging en de Gereformeerde Kerken komt *R. van Kooij* (1995) tot de conclusie dat de gereformeerde deelnemers aan de beweging tot de kernleden van hun kerk gerekend mogen worden. Hij pleit ervoor meer elementen van charismatische vernieuwing in liturgie en pastoraat op te nemen. *W.C. van Dam* heeft zich later door zijn extreme opvattingen met betrekking tot exorcisme en occultisme van de beweging vervreemd.

4.6. *Balans*

Aan het einde van dit hoofdstuk maak ik opnieuw de balans op. Zelf komend uit een kerygmatische traditie, ben ik in mijn eigen ontwikkeling en visie op pastoraat sterk door de KPV beïnvloed (vgl. Heitink, 1977), zij het onder een theologisch voorbehoud, zoals uit het volgende hoofdstuk mag blijken. Ook hier vind ik dus belangrijke bouwstenen voor een pastoraal-theologisch ontwerp.

Hoewel een correlatie-theologie vrij gemakkelijk '= tekens' plaatst tussen psychologische en theologische inzichten, vinden we hier de juiste intuïtie dat woorden van heil op het vlak van de menselijke ervaring beaamd en doorleefd moeten worden, wil er van een werkelijk heilzame uitwerking sprake zijn. Woorden als roeping, wedergeboorte, bekering, geloof, rechtvaardiging en heiliging gaan niet buiten processen van menselijke bewustwording en verandering om. De gemeente die belijdt dat het Woord vlees geworden is (Joh.1,14), is erop gespitst om tekenen van vernieuwing in onze menselijke werkelijkheid waar te nemen. Waar God werkt kan het in een mensenleven niet langer bij het oude blijven. Daar ligt ook het terechte appèl van het charismatisch pastoraat.

Verder ben ik van mening dat we voor het pastoraat heel veel van de psychologie en de psychotherapie kunnen leren. Zowel met het oog op wat er in mensen omgaat als wat betreft de tussenmenselijke communicatie. De hier verworven inzichten spelen daarom ook in het vervolg een belangrijke rol. Pastorale theologie en pastorale psychologie roepen elkaar voortdurend op. We zullen dit hierna uitwerken. De eigenlijke ontmoeting tussen theologische en sociaal-wetenschappelijke inzichten heeft echter plaats op het vlak van de hermeneutiek. Hier zijn theologie en psychologie gelijkwaardige gesprekspartners. Anders dan in het therapeutisch pastoraat, waar de pastor zich nogal eens te afhankelijk opstelt ten opzichte van de therapeut, ligt in het hermeneutisch pastoraat de eigenlijke deskundigheid van de pastor.

5. Hermeneutisch pastoraat

Er is nog een derde ontwikkelingslijn die de aandacht vraagt, die van het hermeneutisch pastoraat. Deze gaat ver achter de dialectische theologie terug, tot het begin van de negentiende eeuw en geeft in onze tijd, vanaf de jaren zeventig, belangrijke nieuwe impulsen aan de pastorale theologie. Na de kerygmatische fase en de therapeutische fase, bevindt het pastoraat zich thans in een nieuwe, hermeneutische fase, waarin inzichten uit de voorafgaande fasen worden geïntegreerd.

Centraal in de hermeneutische discussie staat de verbinding van traditie en ervaring. De theologie richt zich niet alleen op *de kennis* van God, maar ook op *het kennen* van God, de ervaring van het gelovig subject. De moderne hermeneutiek legt de nadruk op interpreteren en verstaan. Mensen vangen het Woord op binnen hun eigen verstaanshorizon (H-G.Gadamer), van waaruit ze dat Woord interpreteren. Dit wordt de hermeneutische cirkel genoemd. Zo alleen kan Gods openbaring voor mensen van deze tijd een ervaarbare werkelijkheid worden. Waarheid is relationeel; zij vormt zich in een wisselwerking van subject en object. In de hermeneutiek hebben we dus altijd te maken met twee polen, die van de traditie en die van de ervaring, van geloof als fides quae en als fides qua.

Deze benadering maakt duidelijk dat we in de polarisatie tussen kerygmatisch en therapeutisch pastoraat (Riess, 1973) uiteindelijk te maken hebben met een vals dilemma. Trouwens, in de voorafgaande hoofdstukken werd al duidelijk dat tussen beide stromingen geen waterdichte schotten geplaatst kunnen worden. In de ene benadering troffen we af en toe al elementen van de andere aan. Wanneer we in dit hoofdstuk een derde benadering schetsen, gaat het echter niet om een mix van de beide vorige stromingen. De hermeneutische traditie biedt daarvoor te zeer een eigen perspectief. Zij heeft zich ontwikkeld als een theologische verwerking van de Verlichting en gaat terug op *F.Schleiermacher*. De indeling van dit hoofdstuk komt overeen met die van de beide vorige.

5.1. *Bipolariteit*

Een handboek voor het pastoraat moet een zo objectief mogelijk beeld geven van het vakgebied. Toch zet de schrijver er ook een eigen stempel op en zal hij op bepaalde punten nadrukkelijk zijn eigen positie willen markeren. Dat is op dit punt het geval. De theologische kern van mijn boek *Pastoraat als hulpverlening* (1977) vormde de poging om vanuit de protestantse traditie tegenover de beide beschreven stromingen een derde, hermeneutische, positie in te nemen. Tegenover de onderscheiden begrippen diastase en correlatie plaatste ik toen het begrip *bipolariteit*.

Ik introduceerde dit begrip in de pastorale theologie in aansluiting bij de theologie van *H.Berkhof*, voor wie goddelijk heil en aardse werkelijkheid complementaire begrippen zijn: "het ene wordt pas zichzelf door het andere" (1973, 4). Tussen beide bestaat een relatie. We kunnen hier, als variant op de voorafgaande analogieën, van een 'analogia relationis' spreken. Berkhof wil enerzijds het eigen karakter van het geloof handhaven, waarvoor hij het begrip 'sprong' gebruikt en anderzijds aan de eenheid van geloofs- en werkelijkheidservaring vasthouden. Discontinuïteit en continuïteit houden elkaar binnen de heilsrelatie op een spanningsvolle wijze in evenwicht. Men kan dit een smalle loopplank noemen, met de kans naar één van beide kanten uit te glijden; enerzijds dreigt de naturalisering van de genade, anderzijds de spiritualisering van het heil. Dat maakt deze positie lastig, omdat men in de ogen van de één al snel te afstandelijk kerygmatisch bezig is, maar in de ogen van de ander te invoelend therapeutisch.

In deze traditie worden God en mens echter nooit tegen elkaar uitgespeeld. Zo is er naast de bijzondere genade, waar de mens in de weg der rechtvaardiging deel aan krijgt, ook sprake van één of andere vorm van algemene genade (een term overigens die voor misverstand vatbaar is!, vgl. Berkouwer, 1951), waardoor ieder mens op de religieuze dimensie van het leven aanspreekbaar is. Een voorbeeld van het laatste is de rede van de apostel Paulus op de Areopagus. Het leven van de mensen wordt volgens hem hierdoor gekenmerkt, "dat zij God zouden zoeken, of zij Hem al tastende vinden mochten, hoewel Hij niet ver is van een ieder van ons. Want in Hem leven wij, bewegen wij ons en zijn wij..." (Hnd. 17,27v.). In elk leerstuk van het geloof mag er daarom aandacht zijn voor de factor van de menselijke ervaring. In de visie op de Schrift wordt grote aandacht geschonken aan de eigen ervaring van de bijbelschrijvers: Gods Woord in mensenwoorden. De waarheid is relationeel. De goddelijke verkiezing gaat niet om buiten de menselijke geloofskeuze, de goddelijke voorzienigheid is niet in tegenspraak met de menselijke verantwoordelijkheid.

Kenmerkend voor deze traditie is namelijk het verbondsmatige denken, waarin sprake is van een wederkerige relatie tussen God en mens, hoewel God hierin het eerste en het laatste woord heeft. *Verbond* is een sleutelwoord in Berkhofs dogmatiek. Het initiatief ligt in Gods condescendentie, het omzien van God waarvan sprake is in Lc.1,78v: "de innerlijke barmhartigheid van God, waarmede de Opgang uit de hoogte naar ons zal omzien...". Maar God buigt zich niet alleen naar de mens over, Hij beurt hem ook op. In deze relatie zit iets onomkeerbaars. Men kan bij wijze van spreken de woorden 'God is liefde' niet omdraaien. Toch is er op deze basis sprake van verbonds*partners*, bondgenootschap. Ik kan hier ook verwijzen naar het pedagogisch motief in de theologie van Calvijn (3.51).

Het werk van de Heilige Geest neemt hier een centrale plaats in. Het houdt in dat de mens in de weg van het heil niet wordt uitgeschakeld, maar door God als mens wordt ingeschakeld. "De Geest maakt het met bewustheid en overleg optreden *niet overbodig*, Hij maakt dat *mogelijk*, doordat Hij daartoe de mens de vrijheid en de verantwoordelijkheid geeft" (Firet 1968, 175). J.Veenhof spreekt hier van een 'pneumatologisch synergisme' (1987, 41) en R.Bohren voert hier, in aansluiting bij A.A. van Ruler (1965, 99), het begrip 'theonome reciprociteit' in (Bohren 1971, 76). Mensen zijn door de Geest begaafde mensen, begiftigd met charismata. De katholieke theoloog P.Schoonenberg omschrijft charismata heel mooi als 'talenten waar de Geest mee speelt' (1985, 47e.v.). Ieder mens heeft bepaalde gaven, die door de Geest geheiligd en vernieuwd worden.

In deze lijn kunnen ook pastoraat en andere vormen van hulpverlening, evenals theologie en psychologie, op een spanningsvolle wijze op elkaar betrokken worden. Met het oog op het pastoraat heb ik het begrip bipolariteit aldus geformuleerd: "God blijft God en de mens wordt mens. Leer en leven, fides quae en fides qua creditur, object en subject, heilsgeschiedenis en levensgeschiedenis, openbaring en menselijke ervaring, communicatie 'van' en 'tussen', zijn zo op elkaar betrokken dat steeds alleen via het ene moment het andere tot zijn recht kan komen" (1977, 170v.). Dit betekent drieërlei:

- God openbaart zich aan de mens *in zijn menselijke ervaringswereld*, als regel indirect, d.w.z. langs de weg van waarnemings- en bewustwordingsprocessen, de weg waarlangs alle ervaren tot stand komt.
- Hij gaat met de mens om *in de weg van een leerproces*, waarin de levensgeschiedenis van de mens geïnterpreteerd wordt vanuit de heilsgeschiedenis van God met de mensen.
- Hij gaat *bij voorkeur middellijk* met de mens om, d.w.z. via mensen, die op hun beurt menselijk met hun naaste trachten om te gaan.

Deze hermeneutische positie heeft consequenties voor de pastorale praktijk. Zij impliceert namelijk dat 'in, met en onder' de tussenmenselijke ontmoeting iets ervaren kan worden van de ontmoeting met God, als een geschenk. Het zijn woorden, die we eerder aantroffen bij Thurneysen en die aan het gesprek een haast sacramenteel karakter geven. De tussenmenselijke ontmoeting krijgt symboolwaarde. Zij wordt voertuig van iets dat meer is dan wijzelf. In het teken, zoals brood en wijn, komt de betekende zaak mee, zoals een boeket bloemen de vriendschap van de gever vertolkt. Dit is het werk van de Geest. Zo spreekt ook Berkhof over het sacramentele karakter van het gesprek (1973, 376). Meer dan de preek lijkt het gesprek in onze tijd bij uitstek één van de geleidende elementen van het heil te zijn. Zoiets is methodisch niet maakbaar. Het levensverhaal van de mens en Gods Verhaal met de mens zijn twee verschillende verhalen, het eerste kan psychologisch worden verdiept, het tweede kan theologisch worden verhelderd, maar af en toe springt er een vonk over. De ene taal vloeit in de andere over.

Hermeneutisch pastoraat bemiddelt tussen psychologische taal en theologische taal. In dit proces is de pastor tolk. Hermeneutisch handelen bestaat uit vertalen en vertolken en vraagt dat pastores krachtens hun opleiding tweetalig zijn. Zo beluisteren we in het eigen levensverhaal van mensen iets van het Verhaal van God met deze mens en beschrijven we cirkels rond iemands eigen levensgeheim. Bipolariteit vraagt dat steeds ook de andere pool in het gesprek benadrukt wordt.

De klacht van een mens kan psychologisch of therapeutisch verhelderd worden, maar op een bepaald moment wordt de zinvraag gesteld: 'Hoe verwerkt u dit?' Daarmee switchen we van de pool van de ervaring naar die van de traditie. Maar ook het omgekeerde kan gebeuren. In een objectiverend geloofsgesprek dient ruimte gemaakt te worden voor de menselijke ervaring: 'Hoe beleeft u dit zelf?' Zo wordt de ervaringskant opgeroepen en komt de psychologie in beeld. Deze wisselwerking bepaalt de eigenheid van hermeneutisch pastoraat.

5.2. *Hermeneutische theologie: Friedrich Schleiermacher en verder*

Staat zowel bij Calvijn als bij Berkhof de notie van het Verbond centraal, de wijze waarop Berkhof deze notie invult is modern. Tussen beiden staan de Verlichting en de poortwachter van de moderne theologie, F.Schleiermacher. Elders schreef ik uitvoerig over diens betekenis voor de praktische theologie (Heitink, 1993). Hier gaat het om zijn hermeneutische betekenis voor het pastoraat. Schleiermacher is de eerste voor wie hermeneutiek niet alleen 'leer van de uitleg' is, maar ook 'leer van het verstaan' (Palmer 1969, 84). Het inlevingsvermogen van het subject staat hierin centraal.

Friedrich Schleiermacher groeide op in de kring van de Herrnhuter Brüdergemeine. In 1785 gaat hij naar het theologisch seminarie van deze geloofsgemeenschap te Barby. Maar in 1787 wordt het hem in dit piëtistische klimaat geestelijk te benauwd. In een brief aan zijn vader schrijft hij, dat hij hier geen ruimte vindt voor zijn twijfel (Weymann 1996, 21). Hij wil zijn eigen twijfel leren onderzoeken om die te kunnen weerleggen. Daarom stapt hij over naar de universiteit van Halle. In de kring van zijn leraren bestaat enig begrip voor deze stap. Eén van hen zegt tegen hem dat het "nie genug bedacht (worden ist), dass ein Theologus nicht anders wird, als durch den Zweifel" (22). In dergelijke woorden kondigt het bewustzijn van het moderne subject zich aan: de Dauerreflexion (Schelsky, 1957) als bewustwordingsproces. Later schrijft hij aan een vriend dat de ervaring van vroomheid, die hij in de broedergemeente heeft opgedaan, hem door alle stormen van het scepticisme heen geestelijk op de been heeft gehouden. Maar voor hem is de twijfel wezenlijk om te kunnen groeien in het geloof. P.Berger spreekt hier van 'the heretical imperative' (1979). Het Griekse 'hairesis' staat hier zowel voor ketters als voor keuze. Elke eigen geloofskeuze heeft ten opzichte van de traditie een element van eigenzinnige herinterpretatie. Mensen leren omgaan met twijfel, beschouwt Schleiermacher later als één van de belangrijkste opgaven van het pastoraat. Tot de door hem voorgestane 'Seelenleitung' behoort het mensen 'bei eigentlichen Glaubensskrupeln' te begeleiden, met als doel 'die geistige Freiheit des Gemeinegliedes zu erhöhen' (Weymann, 22).

Zijn *Ueber die Religion* (1799), uit zijn Berlijnse jaren, noemt A.Willems – in de inleiding op zijn vertaling van dit werk –"de eerste meeslepende poging om geloof en godsdienst een eigen plaats te geven binnen het moderne levensgevoel" (1990, 7). Een kernbegrip hierin is het 'schlechthinnige Abhängigkeitsgefühl'. Daarin gaat het niet zozeer om gevoel als emotie, maar om levensgevoel, een innerlijke overtuiging die wij in onze tijd eerder benoemen als 'ervaring' of 'transcendentiebesef' (Heitink 1993, 35; vgl. ook McGrath 1997, 102). Tussen de objectiviteit van het denken en de subjectiviteit van het gevoel, kiest hij voor een vorm van 'intersubjectiviteit', waarin God en mens op elkaar betrokken zijn. Schrijvend over religie merkt hij op: "Ihr Wesen ist weder Denken noch Handeln, sondern Anschauung und Gefühl" (Weymann, 23). In 'Anschauung' zit het besef van een 'Gegenüber', dat zich met overmacht aan de ervaring (Gefühl) opdringt. Zo biedt religie 'Gegengewicht' tegen eigen menselijke overwegingen. In zijn colleges praktische theologie waarschuwt hij tegen een scheiding tussen het religieuze gebied en andere gebieden van het leven. De religie heeft haar uitstraling op alle levensbetrekkingen. Uitgangspunt voor pastoraat is daarom: "alles (hat) eine religiöse Seite im Leben und kann religiös behandelt werden" (24). Nuchter merkt hij op: "Jeder einzelne der ein Glied der Gemeine ist hat seine Mängel und Gebrechen" (25). In het pastoraat gaat het erom "die Situation dieses Menschen mit ihm als Situation vor Gott wahrzunehmen."

Het goddelijke en het menselijke zijn voor Schleiermacher historisch op elkaar betrokken in de verschijning van de Verlosser. De grondtekst van zijn dogmatiek en pastoraat is Joh.1,14: "Het Woord is vlees geworden en het heeft onder ons gewoond en wij hebben zijn heerlijkheid aanschouwd...". Met de hier beschreven ervaring van 'genade en waarheid' is de voortgang van het christelijk geloof gegeven. Weymann formuleert dit zo: "Von daher wäre Seelsorge die Hilfe, die mit dem andern Menschen in seiner Not dem Widerfahrnis von Gnade und Wahrheit horchend, wartend Raum gibt – und damit neuer Erfahrung mit der Erfahrung auf der Spur bleibt" (27). Deze grondhouding van 'luisterend leven' vormt de basis van de pastorale relatie.

In heel Schleiermachers kerkleer neemt de zelfstandigheid van het religieuze subject een centrale plaats in (Dinkel, 1996). Op deze wijze oriënteert hij zich op de voortgang van het individualiseringsproces. In zijn 'Praktische Theologie' omschrijft hij de kerk als een 'Gemeinschaft des christlichen Lebens zur selbständigen Ausübung des Christenthums' (1850, 62). Het gaat hierin zowel om de zelfstandigheid van de kerk als om die van de individuele christen binnen een democratische kerkgemeenschap. Zijn definitie van kerk vertoont enige overeenkomst met bijvoorbeeld de latere procesmatige omschrijving van *K.Rahner*, die onder praktische theologie verstaat de 'wetenschappelijk theologische leer over de contemporaine zelfontplooiing van de kerk (Arnold e.a. 1966 I, 111).

Friedrich Schleiermacher (1768-1834) wordt geboren in Breslau. Zijn eerste voornaam dankt hij aan de verlichte koning Frederik de Grote, bij wie zijn vader als hofprediker in dienst is. De familie behoort tot de kring van de Herrnhuters. Na een studie theologie en filosofie in Halle wordt hij in 1796, na enkele jaren hulppredikerschap, ziekenhuispredikant in Berlijn. De intellectuele elite van de stad, onder wie zijn vrienden, is sterk beïnvloed door de Romantiek. Zij zijn de 'Gebildeten unter ihren Verächtern' tot wie hij zijn 'Reden' richt. In dit 'schwärmerische' gezelschap heeft men de rationaliteit van Kant ingeruild voor een algemeen religieus gevoel. Schleiermacher zelf hecht zowel grote waarde aan rationaliteit als aan religieuze ervaring, die hij uitdrukkelijk verbindt met de christelijke traditie. In 1799 vervangt hij op het koninklijk buiten 'Sans Souci' in Potsdam tijdelijk de hofprediker. Hier voltooit hij zijn 'Ueber die Religion'. In 1804 wordt hij benoemd aan de universiteit van Halle, waar hij zijn professoraat combineert met het ambt van universiteitspredikant. Na opheffing van de universiteit van Halle wordt hij in 1809 gemeentepredikant in Berlijn. In 1810 wordt hij hier hoogleraar, tevens decaan van de theologische faculteit, aan de nieuw gestichte universiteit. Als encyclopedische basis schrijft hij zijn 'Kurze Darstellung' (1811). Hij blijft in het vervolg katheder en kansel combineren. Zijn colleges 'Praktische Theologie' zijn na zijn dood in 1850 uitgegeven door J.Frerichs.

Voor de ontwikkeling van de *hermeneutiek* sinds Schleiermacher verwijs ik naar een overzicht elders (Heitink 1993, hoofdstuk 10). In onze tijd zijn voor de pastorale theologie met name het werk van Gadamer en Ricoeur van belang. *H-G.Gadamer* (1960) ontwikkelde de hermeneutische cirkel en gaf met het begrip verstaanshorizon een positieve betekenis aan het vooroordeel, waarmee mensen in hun historische situatie teksten uit het verleden lezen. Ons verstaan van de traditie wordt begrensd door onze eigen verstaanshorizon. Ook de tekst, in ons geval de bijbeltekst, heeft een verstaanshorizon. Waar de historische horizon door de eigen verstaanshorizon wordt ingehaald, kan het komen tot 'horizonversmelting'. Heden en verleden staan dan tot elkaar in een gespreksrelatie. Juist de distantie schept nabijheid. *P.Ricoeur* geeft in zijn driedelig werk *Time and Narrative* (1983-1985) aandacht aan de betekenis van de geschiedenis in het hermeneutisch proces. Het narratieve pad dat hij wijst rekent af met twee eenzijdigheden. Enerzijds wijst hij een te sterke nadruk op de canonisering van historische feiten af. Men gaat er dan vanuit dat het verleden voor ons onmiddellijk toegankelijk is. Anderzijds vervalt hij niet in een structuralistische hermeneutiek die het verleden beperkt tot 'een verhaal', zijnde het beeld dat wij ons er nu van vormen. Dit werpt licht op het begrip heilsgeschiedenis in de christelijke traditie. Geschiedenis en verhaal veronderstellen beide een hermeneutische gemeenschap, waarbinnen gebeurtenissen geïnterpreteerd werden èn worden. Door getuigen in het verleden (profeten, apostelen) zijn gebeurtenissen vanuit hun verstaan van het godsgeheim geïnterpreteerd als heilsgeschiedenis en deze worden in later tijd binnen een geloofsgemeenschap, vanuit actuele en existentiële ervaringen, ge*re*ïnterpreteerd. In dit proces van configuratie en refiguratie krijgen verhalen van toen betekenis voor nu. Zo werkt het Verhaal van God door in verhalen van een geloofsgemeenschap en in het individuele levensverhaal van gelovigen, die zich met hart en ziel aan het Verhaal gewonnen geven. Ricoeur wijdt een afzonderlijke studie aan metaforische taal (1978), als dragende taal van een traditie. Zie voor een uitwerking van Ricoeur: Houtepen (1997, 201 e.v.).

5.3. *Andere vertolkers*

De hermeneutische vraag naar het rechtdoen aan de beide polen van traditie en ervaring, zoals deze door Schleiermacher als eerste werd verwoord, heeft in de moderne pastorale theologie (vgl.5.1) nog niets van haar actualiteit verloren. Wel zien we grote verschillen in de wijze waarop de onderlinge relatie van beide momenten wordt ingevuld. Er zijn, anders gezegd, meer orthodoxe en meer moderne interpretaties van deze verhouding mogelijk, al naar gelang de pool van de traditie dan wel die van de ervaring het meeste gewicht in de schaal legt.

De Duitse praktisch-theoloog *M.Josuttis* (1974) neemt in zijn visie op pastoraat eveneens een 'zwischen'-positie in. Zijn omschrijving van pastoraat bevat belangrijke integrerende elementen: "Seelsorge ist Praxis des Evangeliums in der Form beratender und heilender Lebenshilfe mit dem Ziel der Befreiung des Menschen aus der konkreten Not seiner jeweiligen Lebensverhältnisse" (109). Anders gezegd: "In der Seelsorge wird das biblische Evangelium, das an die Gestalt von Jesus von Nazareth gebunden ist und im Namen Gottes ergeht, von Mensch zu Mensch erfahrbahr vermittelt." Voor alle duidelijkheid wordt hieraan toegevoegd: "Die Vermittlung von Evangelium ist nicht an verbale Kommunikation und erst recht nicht an die Verwendung bestimmter religiöser oder theologischer Vokabeln gebunden" (110). Het begrip 'Vermittlung' herinnert aan Schleiermacher, maar het is duidelijk dat bij Josuttis de christelijke traditie een centrale plaats inneemt, zij het dat dit gepaard gaat met een grote openheid voor menselijke ervaring.

W.Jentsch (1982) verbindt in zijn pastorale theologie de elementen van 'Beraten', 'Bezeugen' en 'Brefreien'. Hij noemt de tegenstelling 'Beraten oder Bezeugen' een vals en onbijbels dilemma (95). In 'Befreien' klinkt bij hem een modern-emancipatorisch bewustzijn mee (106). Hij wijst er in dit verband op dat het begrip bevrijding inhoudelijk heel verschillend kan worden ingevuld. Bevrijding is voor hem bevrijding van alle banden, die een volgen van Jezus in de weg kunnen staan. Een therapeutisch of emancipatorisch moment schept ruimte voor de weg die leidt naar het Rijk van God.

Wat Nederland betreft moet hier het ontwerp van *J.J.Rebel* (1981) genoemd worden. Hij verantwoordt zijn pneumatologische visie op het pastoraat vanuit de theologie van A.A. van Ruler. Zowel de lijn Thurneysen als de lijn Hiltner vindt hij onbevredigend. Hij pleit voor een wijze van pastoraat "waarbij de pastor zich onder de leiding van de Heilige Geest laat ontwikkelen, vormen en toerusten met al zijn mogelijkheden en met allerlei middelen ten dienste van de pastorant. Het is tevens die vorm van pastoraat, waardoor gepoogd wordt de pastorant te leren ontdekken, hoe de Heilige Geest niet alleen vernieuwt, maar ook in zijn leiding de mens als mens inschakelt, zichzelf doet ontdekken, toerust en brengt tot zijn bestemming: mens Gods" (209). Uit deze omschrijving is duidelijk dat bij hem het werk van de Geest het integrerend moment vormt dat geloof en psychologie verbindt. Hij wil het pastoraat echter niet 'verchristelijken'. In het eschatologisch perspectief van de theologie van Van Ruler wordt naar zijn mening recht gedaan aan heel de geschapen werkelijkheid.

Ik noem hier ook *H.C.Donga*'s pastoraal-theologisch onderzoek *Ontmoeting* (1989). Hij verkent het begrip ontmoeting niet alleen aan de hand van theologen en psychologen, maar ook in gesprek met de joodse filosofen der ontmoeting, M.Buber en E.Levinas. Voor een echte dialoog is wederzijdsheid onontbeerlijk. Donga spreekt van een 'zich realiserende wederkerigheid' (110) binnen de gemeente, waarbij hij verwijst naar Luthers wederzijdse gesprek en vertroosting (3.51).

Het begrip ontmoeting staat eveneens centraal in de pastorale theologie van de Zuid-Afrikaan *D.J.Louw* (1993), hoogleraar te Stellenbosch, *Pastoraat als ontmoeting*. Het boek biedt een complete inleiding, waarin hij zowel met de Amerikaanse, de Duitse als de Nederlandse pastorale theologie in gesprek gaat. Hij stelt voorop dat het in de pastorale bediening gaat om bemiddeling in de dynamiek van het heil (5). Ook hij kiest zijn vertrekpunt in het begrip bipolariteit, maar verbindt hieraan de kritische vraag of dit niet tekort doet aan het overwicht van de openbaring. Hij ziet hier gevaren dreigen, die van complementariteit, evenwicht en synthese. Daarom moet het bipolaire model z.i. worden aangevuld met een eschatologisch perspectief dat een duidelijke theonome dominant bevat (19). Louw plaatst de pastorale ontmoeting binnen de ruimte van de gemeente als communio sanctorum. Als de gelovigen zich op elkaar instellen ontstaat een groeiproces dat leidt tot verrijking van de geestesgaven binnen een charismatische gemeenschap. In de wederkerige ontmoeting komen elementen van belofte, troost, zorg, confrontatie en volwassenheid werkelijk tot hun recht (58). Hierin functioneert het begrip *metanoia* als een appèl tot verandering. Op deze basis ontwikkelt Louw een antropologie van het pastoraat, een gespreksmodel en een pastorale therapie. Hij doet recht aan psychologische gegevens, maar plaatst deze binnen wat hij noemt een 'psychologie van genade' (226), gericht op een reorganisatie en herstructurering van het waardensysteem en de bestemming van de pneumatische mens. Hij is er namelijk van overtuigd dat spiritualiteit psychische implicaties heeft. Zijn ontwerp kent dus enerzijds meer dialectiek, maar anderzijds een meer psychologische invulling van geloofsbegrippen. Hij kiest enerzijds voor meer theologische distantie, maar anderzijds voor meer psychologische nabijheid. Hij kan dit doen omdat het in het pastoraat bij hem altijd om een ontmoeting tussen gelovigen gaat. In dit opzicht is de context van het pastoraat in West-Europa, met name Nederland, veel verder geseculariseerd. In een nieuwe versie van het boek (1997) wordt het hermeneutisch perspectief op onderdelen verder uitgewerkt, mede met het oog op de pastorale praktijk.

5.4. *Discussie*

Een bipolaire positie is kwetsbaar, zagen we, omdat deze òf teveel doorslaat naar de kant van de traditie òf teveel naar die van de ervaring. *Rebel* is van mening dat een bipolaire benadering in de lijn van Berkhof (5.1) onvoldoende recht doet aan de gereformeerde traditie (1981, 130 e.v.). *Louw*, zo zagen we, deelt in grote lijnen deze kritiek.

In de Katholieke traditie treft men als regel een grotere continuïteit aan tussen traditie en ervaring, doordat de menselijke natuur gezien wordt als aangelegd op de genade. Toch treffen we ook hier, zij het in andere bewoordingen, tot op zekere hoogte dezelfde spanningsverhouding aan. *M. van Knippenberg* (1987) spreekt van communicatief pastoraat. Hij onderkent een spanningsvolle relatie tussen een objectief symboolcomplex en een persoonlijke symbolisering. "De spanning tussen beide polen is wezensnoodzakelijk voor elk pastoraat dat de ontwikkeling van geloofsidentiteit op het oog heeft" (78). Communicatief pastoraat kent elementen van kerygma en participatie, wat leidt tot een hermeneutische positie: "De geloofstraditie en het verhaal van het eigen leven worden met behulp van elkaar gelezen en daaruit worden consequenties getrokken voor het christelijk handelen" (79).

Een interessante studie biedt *E.S. Klein Kranenburg*. De titel, *Trialoog, de Derde in het pastorale gesprek* (1988) markeert duidelijk zijn positie. Met O.Noordmans onderkent hij de bezwaren van een theologie van onderop: "Wij kunnen wel van het geloof naar de probleemkant der dingen gaan, maar de omgekeerde weg staat voor ons niet open" (36). Het uitgangspunt is: "Dat God gesproken heeft en sprekend in ons midden is." Dit is geen hooghartig kerkelijk standpunt, maar getuigt van "de verwondering over de verschijning Gods in Jezus Christus, die grondeloos in het midden van kerk en wereld present is." Zo kan hij de pastorale communicatie omschrijven als een trialoog (een term van W.E.Oates 4.31) De identiteit van de pastorale communicatie wordt niet ontleend aan de kwaliteit van de relatie zelf, maar hieraan "dat God zelf gesprekspartner wil worden." Er spreken er geen twee maar drie. Hij heeft hiermee het Woord Gods op het oog zoals dat in de Heilige Schrift tot ons gekomen is (40). Dit betekent dat er in het pastoraat ruimte moet zijn voor expliciete Woordverkondiging. Hiermee stelt hij zich dus uiteindelijk op een kerygmatisch standpunt, ook al doet hij zoveel mogelijk recht aan de psychologische en communicatieve voorwaarden van een pastoraal gesprek. In de onder 5.1. beschreven benadering vreest Klein Kranenburg "een ongewenste verexistentialisering en subjectivering van de openbaring" (99). Ook wordt hier "de historische existentie tot vindplaats van God verheven". Openbaring wordt in de lijn van Berkhof teveel gezien als "een cumulatief proces van ervaringen èn hun interpretaties". Het Woord van God vervaagt wanneer dit afhankelijk gemaakt wordt van de 'vonk' die al dan niet overspringt tussen menselijk ervaren en Gods openbaren.

Ik vraag me af of bij de genoemde critici toch eigenlijk geen sprake is van een voor-hermeneutisch standpunt. Men voert onder de naam theologie in wezen een intern-kerkelijk geloofsgesprek. Dat gesprek is waardevol en moet zeker met hartstocht binnen de gemeente gevoerd worden. Voor een wetenschappelijke beoefening van theologie in een academische setting, voor het forum van de wetenschap, is m.i. een ander uitgangspunt noodzakelijk. Object van christelijke theologie, verstaan als theologie vanuit een gelovig vooroordeel (zoals elke wetenschap uitgaat van vooronderstellingen!), is niet God, maar het christelijk geloof, zoals wij dat kennen uit zijn bronnen (bijbelse theologie), uit zijn traditie (dogmatische theologie) en in zijn vroegere (historische theologie) en hedendaagse gestalten (praktische theologie). Wij kennen Gods openbaring immers alleen indirect, in de vorm van menselijke ervaring. Het gaat in de theologie dus altijd om interpretatie en vertolking van menselijke ervaring, ook waar het over een als gezaghebbend Woord verstane openbaring gaat. Hiermee wordt uiteraard niet ontkend dat de geloofstraditie een neerslag vormt van gebeurtenissen in een geschiedenis, die als heilsgeschiedenis vertolkt wordt. Er moet echter onderscheid gemaakt worden tussen het directe en indirecte object van de theologie (Van der Ven 1990,120). Het directe object van onderzoek is, sinds Schleiermacher, het christelijk geloof. Het indirecte object, God zelf, kan geen voorwerp van onderzoek zijn. God is alleen het directe object van geloven. Hem ontmoeten we in de sfeer van de liturgie en de verkondiging. Daar kunnen de grote woorden vrijuit klinken, in de vorm van een gebed, een credo en een lied. Theologie daarentegen is noodzakelijkerwijs bescheidener, zij is *maar* wetenschap. Zij kan slechts gelovig onderzoeken wat onderzoekbaar is: het menselijk spreken over God en de neerslag ervan in de traditie en de actuele ervaring van mensen. Zie voor een uitwerking van deze hermeneutische positie: Heitink 1993, 114v.

Dit is de hermeneutische basis van een bipolaire benadering, waarin het verstaansproces van menselijke kant *mede*constitutief is in een proces van waarheidsvinding. Op deze wijze worden beide door Ricoeur gesignaleerde eenzijdigheden (5.2) vermeden. Opnieuw evaluerend volgens de criteria van R.Riess (3.4), kan een bipolaire benadering, waarin de polen van traditie en ervaring elkaar wederzijds onder kritiek stellen, zowel recht doen aan de theologische identiteit van het pastoraat als aan de communicatieve eisen die dit in psychologisch opzicht stelt

5.5. *Verwante stromingen*

De hermeneutische stroming kent in de huidige situatie een drietal vertakkingen. Ik benoem deze als 'geestelijke verzorging', 'een narratieve benadering' en 'geestelijke begeleiding'. Deze drie hebben veel gemeen, maar verschillen ook ten dele naar context en doelstelling.

5.51. *Geestelijke verzorging*
Het begrip geestelijke verzorging (2.31) vloeit voort uit het differentiatieproces. Pastoraat speelt zich niet alleen af binnen de kerk, maar ook daarbuiten. Bij het laatste kan gedacht worden aan ziekenhuizen, zorginstellingen, inrichtingen van justitie en de krijgsmacht. Pastores die in deze setting werkzaam zijn, hebben als regel een band met de kerk, maar zijn aangesteld door de organisatie waar ze in dienst zijn. Hier werken ze in interdisciplinair verband samen met vertegenwoordigers van andere beroepsgroepen, zoals maatschappelijk werkenden, artsen, verpleegkundigen en psychotherapeuten. Binnen een dienst 'geestelijke verzorging' verrichten ze hun werk samen met humanistische raadslieden en geestelijken van andere religies. In deze context spelen met name twee vragen: Wat is de eigen identiteit van mijn werk? Welke bijdrage lever ik aan de zorg als geheel? Beantwoording van deze vragen gaat gepaard met professionalisering van het pastorale beroep. (Zie verder hoofdstuk 12.)

Geestelijke verzorging onderscheidt zich van psychotherapie. *J.H.M.Mooren* (1989, 29) spreekt van een primair referentiekader naast een secundair referentiekader. Het primaire referentiekader van de geestelijk verzorger omvat "diens levensvisie en de wetenschappelijke doordenking daarvan". Het primaire referentiekader van de therapeut bestaat uit "het geheel van wetenschappelijke (in casu psychologische) en praktische (methodische) inzichten, welke kenmerkend zijn voor de therapeutische 'school' waartoe hij zich rekent". Het primaire referentiekader van de psychotherapeut vormt het secundaire referentiekader van de geestelijk verzorger, aldus Mooren. Hij spreekt hier van 'naïeve psychologie' die de geestelijk verzorger in diens opleiding en tijdens de beroepsuitoefening gaandeweg integreert. Voor de therapeut is levensbeschouwing het secundaire referentiekader.

De verschillende gerichtheid van geestelijke verzorging en pastoraat drukt Mooren uit met behulp van het begrip perspectief: "Een probleem is niet psychisch of geestelijk van aard. Problemen *worden* psychische problemen of vragen van zingeving en levensbeschouwing door de wijze waarop we deze percipiëren. De referentiekaders werken als woordenboek, als hulpmiddel bij interpretatiearbeid. Anders gezegd, primaire referentiekaders halen hun eigen 'object' naar de voorgrond. Voor de geestelijke verzorging is dat object het *geestelijke (functioneren)*, voor de psychotherapie is dat het *psychische (functioneren)*" (1989, 50). Het gaat niet om gescheiden objecten, maar er is sprake van een wisselende belichting. Dit spreken over interpretatiearbeid kan men een verwoording van de hermeneutische positie noemen.

Pastorale hulpverlening speelt zich zo af in de sfeer van *zingeving* (Van Knippenberg, 1995). In crisissituaties wordt het levensverhaal van een mens geproblematiseerd. Met name in grenssituaties wordt een beroep gedaan op de diepere existentiële laag in iemands leven. Vragen naar zin hoort bij een mens. In de beleving van de werkelijkheid speelt bij gelovige mensen het religieuze perspectief een belangrijke rol. Hierin wordt gezocht naar een verbindingspunt voor de ongerijmdheden van het leven. Godsdienst heeft een vraagprofiel en een antwoordprofiel. Met nadruk stelt van Knippenberg: "De christelijke religie is er niet om restproblemen van onze samenleving te voorzien van een zin-etiket" (374). Zij heeft betrekking op de kern van ons bestaan. Het werken met zinvragen vraagt daarom een grote hermeneutische en communicatieve handelingscompetentie.

Het begrip zin*geving* klinkt cognitief. Het gaat echter gepaard met zin*beleving* op een emotioneel niveau en met zin*vinding* (Van Uden, 1996) op een existentieel niveau. Haarsma (1991, 155) wijst erop dat het begrip 'zin' zijn oorsprong heeft in de Aufklärung, in de context van emancipatie, autonomie en vrijheid. In een theologische setting moet zin daarom vertaald worden in de geloofstaal van belofte, genade en hoop. Anders gezegd, zin geven heeft alles te maken met zin ontvangen.

5.52. *Een narratieve benadering*

Een tweede invalshoek vormt de narratieve benadering, die we zowel in de Verenigde Staten als in Europa tegenkomen. Pastoraat wordt hier geschetst in termen van een verhaal, het levensverhaal van de mens en de verbindingen die hierin liggen met het Verhaal van God met de mensen. Het geloofsperspectief hoeft niet van buitenaf te worden ingebracht, want het is terug te vinden in het levensverhaal van de mens zelf, in de wijze waarop deze in de loop van haar of zijn leven door religie of een bepaalde geloofstraditie of levensbeschouwing in positieve of negatieve zin beïnvloed is. In het pastorale gesprek worden deze elementen geactiveerd. Een mens is immers voortdurend bezig het eigen levensverhaal te herinterpreteren in het licht van nieuwe ervaringen. Het pastorale gesprek haakt hierop in. Mensen helpen 'op verhaal te komen' (Müller, 1996) is dus de kern van het pastoraat. Dit vraagt een grote gevoeligheid voor symbolisering, metaforische taal en levensbeelden (Zuidgeest, 1986).

Er ligt hier een link met het postmoderne denken. De grote Verhalen of ideologieën hebben, naar een bekend woord van de Franse filosoof *J-F.Lyotard* (1987), hun invloed verloren. Dat geldt ook voor de christelijke traditie, die in een mensenleven meestal nog slechts rudimentair in fragmenten terug te vinden is. Dit leven bij fragmenten vormt een belangrijk aspect van het narratieve weten. Hierin lijn brengen en verbanden ontdekken is een vorm van reconstructie en herinterpretatie, waarmee het geestelijk perspectief van het pastoraat wordt ingevuld.

Ook recente theologische inzichten hebben de voorstelling dat er maar één verhaal over God zou zijn aangetast (Van Heijst e.a., 1997). In het Jodendom maakt het zoeken naar waarheid deel uit van het vertelproces. De theologie krijgt vanaf de jaren zeventig meer en meer het karakter van narratologie (McGrath 1997, 185 e.v.; Häring, 1997). Zie verder: 7.3.

5.521. *In de Verenigde Staten*

Aan deze benadering is de naam van de Amerikaanse pastoraal-theoloog *Ch.V.Gerkin* verbonden. In zijn boek *The Living Human Document* (1984) biedt hij een hermeneutische revisie van het counselingsmodel. Hoe kan 'pastoral counseling' zowel een authentiek theologische als een wetenschappelijk verantwoorde psychologische discipline zijn, is zijn kernvraag (11). De titel van zijn boek is ontleend aan het werk van *A.T. Boisen* en diens 'case-study method', die door Hiltner c.s. (4.1.) verlaten werd. Gerkin pakt deze oorspronkelijke intuïtie weer op. Op deze wijze wil hij de theologische identiteit van het pastoraat herwinnen, ook al blijven psychologische inzichten voor hem belangrijk. Zo wordt de pastor tolk tussen verschillende taalvelden en verhaalwerelden. "The art of pastoral counseling is in large part the art of drawing upon that imagerial storehouse in the formation of a response to the heard story of the one seeking help. That process, when joined with the process of hearing accurately the story of the other as one having a language and integrity of its own, opens the way to a dialogical encounter from which a new and more helpful interpretive story for the other's experience may emerge" (28). Het innerlijk gesprek van een mens speelt zich in de context van het pastoraat af tussen drie polen (waarvoor hij het model van de driehoek gebruikt): die van de christelijke traditie, die van het zelf en die van de counselingsrelatie (60). Hij onderscheidt verder tussen drieërlei tijdsbeleving (105 e.v.): die van de eigen levenscyclus (tussen herinnering en anticipatie), die van de culturele tijd waarin men leeft (tussen traditie en vernieuwing) en die van de eschatologische tijd (tussen het 'reeds' en 'nog niet' van de heilsgeschiedenis). Deze grijpen in een hermeneutisch model in elkaar. Hij oriënteert zich hierbij op Gadamers hermeneutisch concept van horizonversmelting en op Ricoeurs visie op de geschiedenis (5.2). Theologisch gezien komt de bemiddeling tot stand door het werk van de Geest (124). Zijn hermeneutisch model houdt het midden tussen psychotherapie en geestelijke begeleiding (193). In een tweede boek, *Widening the Horizons* (1986), verbreedt hij deze inzichten naar de praktische theologie als geheel. Een narratieve theologie betekent niets meer of minder dan de transformatie van het leven (54).

Als tweede noemen we *D.Capps* (1981, 1984, 1990), die zich eveneens oriënteert op de hermeneutiek van P.Ricoeur en bijbelwoorden relateert aan psychologische begrippen. Met name de metaforische taal van de gelijkenissen verbindt de menselijke biografie met de geloofstraditie. Het laatst genoemde boek, *Reframing* (1990), biedt wat dit betreft een originele benadering. In een crisis, zo stelt hij, kan een paradoxale benadering leiden tot 'a conceptual and emotional reframing' van de situatie (20). Hij formuleert vier stappen tot verandering. Een probleem wordt gedefinieerd. De tot nu toe gevolgde oplossingen worden onderzocht. De verandering die men wil bereiken wordt concreet geformuleerd. Vervolgens wordt een plan geformuleerd om die verandering te bereiken. Bij het laatste moet bedacht worden dat elke situatie uniek is. Hier komen we bij het eigenlijke punt van zijn methode, het met de nodige verbeeldingskracht zoeken naar een paradoxale wending in het verhaal. Ter verheldering een voorbeeld. Ouders die er zich zorgen over maken dat hun dochter elke zich aandienende huwelijkspartner afwijst en om die reden alleen blijft, krijgen van een pastor, die beantwoordt aan Capps' beeld van 'the wise fool', te horen: "Bent u er niet trots op dat uw dochter 'nee' kan zeggen en zichzelf zo goed kan handhaven?" Zo'n interventie biedt een heel ander perspectief op de situatie. Hierdoor wordt hun verhaal over de dochter een heel ander verhaal. Deze paradoxale benadering sluit aan bij de pragmatische communicatieleer van P.Watzlawick (1968), die hier spreekt van constructivisme. Theologisch vindt Capps dit paradoxale element terug in de verrassende wending van bijbelse gelijkenissen, zoals deze door Jezus verteld worden, maar ook in de gesprekken van Job met zijn vrienden. Het verhaal van de Schrift werpt een ander licht op ons leven: 'God reframes the situation' (164). Zo vraagt deze methode ook een hoge mate van theologische creativiteit.

5.522. *In West-Europa*
Vanaf het midden van de jaren tachtig doet de narratieve benadering ook haar intrede in Nederland. *Andriessen en Heitink* (1985) zien, vanuit de polariteit van angst en verlangen, in momenten in de levensloop, in crisissituaties en in ontmoetingen met de wereld om hen heen, raakpunten tussen het eigen levensverhaal en het Verhaal van de Schrift en geven hiervan een pastoraal-theologische en pastoraal-psychologische doordenking. Een narratieve benadering wordt hier gezien als een nieuwe fase in de pastoraal-theologische theorievorming (132).

H.J.Veltkamp schrijft een dissertatie over *Pastoraat als gelijkenis* (1988). De gelijkenis als taalvorm van de evangeliën verstaat hij als een model met behulp waarvan het pastoraal handelen kan worden verstaan. Het pastoraat is een krachtenveld, waarin drie soorten verhalen op elkaar inwerken, namelijk het verhaal van de gesprekspartner, dat van de geloofstraditie en dat van de pastor zelf. "We hebben daarmee niet alleen op het oog het verhaal van de mens met wie de pastor in gesprek is, maar we bedoelen daarmee ook dat de situatie waarin een mens namens God luistert naar het verhaal van een ander zelf tot een nieuw verhaal wordt met een eigen dynamiek waarin het 'oude' verhaal wordt opgenomen en waardoor het in een nieuw licht gezien kan worden" (186).

Een systematische uitwerking van hermeneutisch pastoraat als komen tot verstaan, vinden we bij *R.Bons-Storm* (1989). Zij omschrijft pastoraat als "toewending naar en communicatie met mensen in het perspectief van Gods toewending naar en communicatie met mensen in deze wereld" (1989, 9). Met behulp van Ch.Bühler (6.41) ontwikkelt zij het model van de levenslijn, het geleefde en beleefde leven. "Ik reik hiertoe het idee van de levenslijn aan: de mens als haar biografie, het verhaal van haar beleefde leven, van haar ervaringen op de plaats, waar zij leeft in de samenleving, met de waardenpatronen, die aan haar zijn voorgehouden" (21). Zij sluit met name aan bij ervaringen van vrouwen, die zich in het pastoraat niet begrepen of aangesproken voelen. Die stemmen moeten gehoord worden in een luisteren naar elkaar, waarin de gemeente zelf draagster is van het pastoraat (20). In haar hermeneutische methode sluit ze zich aan bij H-G.Gadamer (5.2) en D.Tracy (1981). Eerder wees zij op het principieel wederkerige karakter van de pastorale dialoog, zoals deze gestalte krijgt in de gemeente. Philadelphia (broeder- en zusterliefde) is een roeping van elk gemeentelid (1984, 128 e.v.).

Een Utrechtse onderzoeksgroep onder leiding van *J.Visser* heeft een uitwerking van een narratief paradigma gegeven (Steegman en Visser, 1993). Hier wordt het volgende uitgangspunt geformuleerd: "De narratieve benaderingswijze wil de werkelijkheid in haar complexiteit beschrijven en zoekt naar het verstaan van de met de tijd gegeven dynamiek in het leven. Daarin heeft ze oog voor het particuliere en specifieke zonder dat op voorhand ondergeschikt te maken aan het meer abstracte en algemene. Met andere woorden: argumenten overtuigen ons van de waarheid van de rede, verhalen van de waarheid van het leven. Vandaar dat naast het argumentatieve, het narratieve paradigma vooral gewaardeerd wordt in die takken van wetenschap die zich bezighouden met levensoriëntatie en het overdragen van waarden, normen en zin" (12). Een concretisering hiervan treffen we aan in het onderzoek van *R.R.Ganzevoort* (1994) naar de functie en verandering van geloof in een crisis, gericht op de ontwikkeling van een typologie. Het geloof kan werken als verdieping, als vernieuwing, maar ook als aanvechting en blokkering (49). Ter toelichting van deze vier hoofdtypen bevat het boek een grote rijkdom aan case-studies. In de theologische reflectie neemt ook hier het narratieve perspectief een belangrijke plaats in. Bijbelse kernwoorden zijn voor hem bevrijding, schuld en verzoening, heiliging en navolging, en genade (337). Het zijn woorden waarin verhaal en Verhaal elkaar raken.

De Duitse pastoraal-theoloog *G.Hartmann* verstaat 'Seelsorge als Lebensdeutung' (1993). Aan zijn boek ligt twintig jaar ervaring in opleiding en supervisie ten grondslag. Daarin heeft de schrijver geleerd recht te doen aan de theologische dimensie van een pastorale ontmoeting, zonder dat dit ten koste gaat van de noodzakelijke aandacht voor psychologische aspecten. Dit leidt tot zijn concept 'Lebensdeutung'. Daarin vraagt hij aandacht voor de gewone ervaringen van het leven. Met behulp van bijbelse motieven wil hij de spirituele dimensie hiervan laten oplichten. Als paradigma maakt hij gebruik van de laatste drie beden van het 'Onze Vader' (dagelijks brood, schuldvergeving, verzoeking). Hij meent dat alle menselijke vragen hiermee te maken hebben en maakt dit aan de hand van voorbeelden duidelijk. Het gaat hier om diepe existentiële vragen, waar ieder mens in eigen leven mee geconfronteerd wordt. Deze vragen hebben echter een psychologische basis, zoals hij laat zien aan de hand van de ontwikkeling van de levensloop, met behulp van het model van E.H.Erikson. Hij besteedt ruime aandacht aan het symboolbegrip, dat in zijn visie de noodzakelijke schakel vormt om tot een dieper verstaan van de menselijke werkelijkheid te komen.

Ook in Duitsland is empirisch biografie-onderzoek op gang gekomen, met als uitgangspunt de wijze waarop mensen zelf hun verhaal vertellen. Ik verwijs hier naar studies en onderzoek van *F.Schweitzer* (1987), *St.Klein* (1994) en *L.Kuld* (1997).

5.53. *Geestelijke begeleiding*
In pastoraat als geestelijke begeleiding ('Glaubenshilfe') ligt de nadruk op de ontwikkeling van spiritualiteit. De nieuwe aandacht voor spiritualiteit heeft te maken met de verschraling van het innerlijk leven binnen de moderne cultuur. Het utilitarisme of nuttigheidsdenken stimuleert een autocentrische waarneming van de werkelijkheid, waardoor de ontvankelijkheid die nodig is voor een allocentrische waarneming gaat ontbreken (Weima, 1981). Spiritualiteit is een synoniem geworden voor vroomheid. In de traditie ligt echter ook een sterk accent op de oefening in spiritualiteit, met behulp van een geestelijk begeleider. Men spreekt hier wel van mystagogie (Firet, 1987), het inleiden in geheimenissen. Deze benadering is diep geworteld in de christelijke geloofstraditie.

Een recent voorbeeld hiervan is het concept *Mystagogische Seelsorge* (Knobloch en Haslinger 1991; zie ook: 2.42). Haslinger noemt het opvallend dat het begrip mystagogie, dat heel lang een marginaal bestaan heeft geleid, vanaf het midden van de jaren tachtig weer opduikt en sindsdien een hoogconjunctuur doormaakt. Het begrip gaat terug op het vroege christendom, dat het op zijn beurt ontleend heeft aan de religieuze context van de mysteriën-religies.

In de vroeg-christelijke kerk is het verbonden met de z.g. 'arcaandicipline' (de tucht van het geheim), de initiatie van catechumenen tijdens de paasweek in de geheimen van het christelijk geloof. Kenmerkend voor de vroeg-christelijke mystagogie is de verbinding van ervaren en weten, gericht op doorleefde (wij zouden zeggen: existentiële) kennis. "Konstitutiv für die altchristliche Mystagogie ist, dass der Mystagoge Individualität, Situation, Bedürfnisse, Persönlichkeit, Auffassungsvermögen und Emotionales Erleben der Neugetauften berücksichtigt" (23). In de protestantse theologie duikt het begrip arcaandiscipline enkele malen op in de gevangenschapsbrieven van D.Bonhoeffer (Van Schijndel, 1978). Het staat bij hem in een polaire spanning met de mondigheid van de mens en de niet-religieuze interpretatie van het evangelie (Heitink, 1988). Het bewaren van het geheimenis, waarvan het hart ligt in de liturgie, bepaalt de christen bij diens identiteit.

De theologie van *K.Rahner* neemt in het mystagogie-concept een centrale plaats in. Bij hem staat mystagogie voor "die Hinführung zum Geheimnis der gnadenhaften Selbstmitteilung Gottes", de centrale theologische gedachte in het werk van Rahner (Knobloch en Haslinger 1991, 29). De mens als subject is aangelegd op de ervaring van transcendentie, met name in grenssituaties. Hier ondergaat de theologie een antropologische wending. In dit licht dient ook Rahners bekende these van 'de anonieme christen' te worden verstaan (47). Mystagogische zielzorg is toeleiding naar de Godservaring (55) langs de weg van spirituele oefening.

In zijn boek over pastoraat geeft *S.Knobloch* (1993) aan deze mystagogische zielzorg een belangrijke plaats. Hierdoor kan de mens werkelijk subject worden. Dit levert een nieuwe interpretatie van het begrip 'kerngemeente' op, als diegenen die in de kern van hun bestaan door God geraakt zijn. Mystieke ervaring is volgens Knobloch geen elitaire aangelegenheid. Zij speelt zich af in het leven van alledag, binnen menselijk bereik. "Alles Reden von aussen appelliert, wenn es christliches Reden ist, immer an den innen in seiner Gnade sprechenden und schon irgendwie gehörten Gott, alle Vermittlung des Christentums ist Vermittlung dessen, was im Inneren des Menschen als Leben da ist" (98). Het is een citaat van Rahner. In deze Godservaring vindt een mens zichzelf.

H.Andriessen schreef een handboek voor geestelijke begeleiding, *Oorspronkelijk bestaan* (1996). Geestelijke begeleiding heeft betrekking op de geestelijke en existentiële dimensie van heel het leven. Ieder mens heeft een eigen levensgeheim. Geheim komt van *Heim* (21), dat oorspronkelijk ziet op een stuk grond dat iemand vertrouwd is, het huis waarin men thuis is. Geheim ziet op het innigste van iemands levenshuis, waarvan een mens slechts in alle voorlopigheid kennis heeft. Veel ervan is verborgen. De kern is de eigen levenservaring. Andriessen wijst wegen waarlangs de innerlijke reis op zoek naar het geheim kan worden afgelegd. De psychologie van de levensloop en andere wetenschappelijke benaderingen kunnen hierbij behulpzaam zijn, maar de geestelijke begeleiding zelf is spiritueel van aard. Verhalen, symbolen en meditatie spelen hierin een belangrijke rol. De geestelijke weg voltrekt zich langs krachtlijnen van verlangen en herinnering en onderscheidt zich hierin van therapie. Begeleiding kan plaats hebben individueel en in groepen. Andriessen geeft een duidelijk beeld van de structuur van de begeleidingsrelatie.

Deze nadruk op de relatie van pastorale zorg en spiritualiteit treffen we al veel eerder aan in het werk van *Henri Nouwen* (1932-1996). Hij neemt de drie functies van pastoraat van S.Hiltner over, maar geeft hieraan een eigen spirituele invulling (Nouwen, 1975, 1977). J.Beumer (1996) schreef een spirituele biografie over deze in 1996 overleden Nederlandse priester, die als theoloog met name in de Verenigde Staten grote bekendheid kreeg.

5.6. *Balans*

De hermeneutische benadering van pastorale zorg geeft belangrijke inzichten uit de kerygmatische en de therapeutische traditie niet op, maar maakt deze vruchtbaar binnen een narratief-theologisch paradigma. Eigen hieraan is de wederzijds kritische relatie van theologie en psychologie op het vlak van de antropologie. Het begrip bipolariteit is hierin voor mij het sleutelwoord. Uitgangspunt vormt de menselijke biografie, waarbinnen het gesprek tussen traditie en ervaring gevoerd wordt in relatie tot de contingente situatie die mensen voor nieuwe ingrijpende geloofs- en levensvragen plaatst. Hier worden de hoofdlijnen zichtbaar van het integratieve model van pastorale zorg, zoals dit in de als uitgangspunt geformuleerde werkhypothese (2.6) werd verwoord. In de drie volgende hoofdstukken wil ik dit model nader uitwerken. Allereerst langs de weg van psychologie naar theologie, vervolgens langs die van theologie naar psychologie, wat leidt tot integratie binnen de verschillende functies van pastorale zorg.

6. Pastorale zorg en psychologie

In de drie voorafgaande hoofdstukken werden de ontwikkelingslijnen van de pastorale theologie in deze eeuw geschetst. Tevens werd de voorkeur uitgesproken voor een hermeneutische benadering, waarbinnen ook ruimte is voor elementen uit de kerygmatische en de therapeutische traditie. Aan belangrijke gezichtspunten uit alle vijf perspectieven van pastorale zorg (hoofdstuk 2) kan naar mijn mening binnen een hermeneutische oriëntatie recht worden gedaan.

De gekozen hermeneutische positie werd verhelderd met behulp van het begrip bipolariteit (5.1), dat theologische en psychologische inzichten in een kritische dialoog op elkaar betrekt. Deze spanningsvolle relatie vraagt een theoretische onderbouwing, zowel van de kant van de psychologie als van die van de theologie. Ik doe dat in dit en het volgende hoofdstuk, vanuit een dubbele polaire beweging: van psychologie naar theologie in dit hoofdstuk, van theologie naar psychologie in het volgende hoofdstuk. Daarbij wordt opnieuw duidelijk dat beslissingen op het vlak van de theorie van invloed zijn op de uitvoering van de pastorale zorg in de praktijk.

In dit hoofdstuk passeren verschillende psychologische en therapeutische stromingen de revue, op zoek naar hun betekenis voor het pastoraat. Hierbij zijn mensvisies in geding. Daarom kies ik mijn inzet in de antropologie (6.1), waarna vervolgens zeven verschillende stromingen in beeld komen (6.2 t/m 6.8). Daarna wordt de balans opgemaakt (6.9) met het oog op het vervolg.

6.1. *Antropologisch uitgangspunt*

Met de verschillende psychologische richtingen bewegen we ons op het gebied van de antropologie, dat ook één van de centrale hoofdstukken vormt van de pastorale theologie. Wat is onze mensvisie? Of zoals *E.Thurneysen* (3.1) het uitdrukt: "Sage mir, wie du über den Menschen denkst, und ich will dir sagen, was für ein Seelsorger du bist!" (1957, 56). In ons pastoraal handelen gaan we expliciet maar heel vaak impliciet en dus onbewust van een bepaald mensbeeld uit, dat onze waarneming kleurt en ons handelen stuurt. In een dergelijke mensvisie spelen psychologische opvattingen een belangrijke rol. Het zijn opvattingen die een empirische indruk wekken, maar die op hun beurt weer teruggaan op wijsgerige vooronderstellingen. Omdat we bovendien uit onderzoek weten dat iemands zelfbeeld, godsbeeld en wereldbeeld als regel nauw samenhangen, komen ook onze theologische opvattingen hier in geding.

Thurneysen, die zich dit ten volle bewust was en voor wie hier, zoals we zagen, al snel het gevaar van natuurlijke theologie opdook, koos zelf voor de veilige weg: psychologie als ancilla theologiae, als hulpwetenschap van de theologie. Het bijbelse mensbeeld mocht niet door psychologische inzichten worden vertroebeld. Dat zou ten koste gaan van het geheimenis van de mens. Pastoraat en therapie, heil en heling mochten niet door elkaar gaan lopen.

Dat klinkt mooi, maar dit standpunt is niet onproblematisch. Zo heeft de dogmaticus *G.C.Berkouwer* erop gewezen dat "de Schrift ons geen wetenschappelijke leer over 'de mens' geeft, geen 'antropologie', die zou willen of kunnen concurreren met het wetenschappelijk onderzoek van de mens in de vele aspecten van z'n bestaan of met de wijsgerige antropologie" (1957, 211). En ook volgens *H.Berkhof* pretendeert de geloofsleer niet een alomvattende antropologie te bieden. Het theologisch spreken over de mens is z.i. de eeuwen door sterk bepaald geweest door de antropologische mode van de tijd, door contemporaine wijsgerige en psychologische theorieën. Berkhof geeft hiervan een opsomming en concludeert: "Zo was de christelijke antropologie de eeuwen door een combinatie van bijbelse en eigentijdse gedachtegangen - waarin voor het gevoel van de ontwerpers het eerste element domineerde, maar voor het gevoel van latere generaties juist het tweede" (1973, 212). Ook in de theologische antropologie van bijvoorbeeld Barth, Bultmann en Tillich treffen we wijsgerige vooronderstellingen aan (Hummel, 1972).

Daarom kunnen wij maar het beste de antropologische inzichten, die ons in ons pastoraal handelen leiden, expliciteren. Dat schept helderheid en brengt de relatie theologie-psychologie op spanning. Het gaat hier voor mijn besef om een hermeneutische vertaalslag, waarin we het psychologisch spreken over mensen in uiteenlopende situaties en de vooronderstellingen die hiermee gemoeid zijn, via een kritische dialoog confronteren met het bijbels spreken over de mens, zoals dat zijn neerslag kreeg in dogmatische ontwerpen. Zo voltrekken we de polaire beweging van psychologie naar theologie.

Hoe ga ik in dit hoofdstuk te werk? Ik wil met het oog op de praktijk van het pastoraat het gesprek aangaan met een zevental psychologische en therapeutische richtingen. Dat is een keuze. Het zijn de zeven die voor mijn besef het meest hun stempel gezet hebben op de theorie en praktijk van de pastorale zorg en die daarom ook op andere plaatsen in dit boek aan de orde komen. Van elke benadering schets ik allereerst in het kort de mensvisie en vervolgens de relatie tot religie en geloof. Ik verbind hieraan enkele bijbels-theologische overwegingen en laat tenslotte zien hoe deze mensvisie doorwerkt in het pastorale handelen.

We bewegen ons hier op een gebied dat de psychologie kent als persoonlijkheidstheorieën, vgl. voor een overzicht: L.A.Hjelle en D.J.Ziegler, *Personality Theories*. Basic Assumptions, Research and Applications (1981). Voor een kritische theologische discussie met verschillende theorieën verwijs ik naar: Don S.Browning, *Religious Thought and the Modern Psychologies* (1987). Voor de Duitse literatuur verwijs ik naar een bijdrage van Heinz Brunner, *Menschenbilder in Psychologie und Psychotherapie* (1990). Voor de relatie tot verschillende vormen van therapie verwijs ik naar: C.H.Lindijer, *Pastor en therapeut* (1984).

6.2. *De psychoanalytische richting*

6.21. *Mensvisie*

De eerste richting is de psychoanalyse, de traditie van *Sigmund Freud*, in Europa de oudste onder de psychologische mensvisies; op tal van punten opnieuw geïnterpreteerd, soms verguisd maar nog steeds springlevend.

De dieptepsychologie steunt op het inzicht dat het innerlijk van de mens 'een gelaagd bestaan' is (Van den Berg 1972, 10). Freuds leermeester J.Breuer 'ontdekte' omstreeks 1882 het onbewuste. Freud geeft hierover in 1893 een eerste voordracht (1971 VI, 9 e.v.). De hypothese van een onbewuste houdt in dat een mens geen baas is in eigen huis, maar in hoge mate onvrij is en gedetermineerd wordt door onbewuste krachten, driften en impulsen. Voortdurend wordt het 'Ich' van de mens bedreigd door het 'Es' (het onverwerkte en verdrongen verleden) en het 'Ueberich' (de geïnternaliseerde normen, het innerlijk 'moeten'). In de weg van de analyse, waarin de droomuitleg een belangrijke rol speelt, komen mensen die onbewuste impulsen op het spoor. 'Wo Es war soll Ich werden', schrijft Freud, onder verwijzing naar de inpoldering van onze Zuiderzee (1969 I, 516). Dit 'inpolderen' van verdrongen ervaringen geeft vaste grond onder de voeten. De weg van bewustwording is een weg van bevrijding. Gezien de vele afweermechanismen, waarvan mensen zich bedienen, is de analytische weg een moeizame weg. Een psychoanalytische behandeling vergt meestal jaren en grijpt terug op de vroegste levensfasen tot ongeveer zes jaar. Freud onderscheidt hier tussen de orale, de anale en de oedipale fase.

Een ingrijpende vernieuwing kreeg de psychoanalyse door het werk van H.Kohut en E.H.Erikson. *Kohut* (1971) ontwikkelde op analytische basis een psychologie van het 'zelf', die niet op driften berust. Het 'zelf' bergt creatieve krachten in zich om alternatieve levensvormen te ontwikkelen. Een bekend gezegde van Kohut luidt: "Man is created broken, the grace of God is glue!" Zo komt de menselijke subjectiviteit in een ander licht te staan. *Erikson* (1972) heeft de theorie van de levensfasen verder ontvouwd op basis van het epigenetisch principe. Dat wil zeggen dat de menselijke ontwikkeling een vast patroon vertoont: wat volgt veronderstelt wat voorafgaat en niets kan worden overgeslagen. De ontwikkeling van de identiteit voltrekt zich evenwel vanaf de eerste levensfase door crises heen. In de eerste drie fasen staat vertrouwen tegenover wantrouwen, autonomie tegenover schaamte en twijfel, initiatief tegenover schuld. Hij onderscheidt in totaal acht fasen. Vergeleken bij Freud is dit een psychodynamische benadering. Hij heeft zijn theorie o.a. verhelderd in een case-study over Martin Luther (1958).

Ik citeerde Freud uit de Studienausgabe van zijn werk (1969-1979). Zie verder Freuds *Inleiding tot de psychoanalyse* (1917); G.Bally, *De psychoanalyse van Sigmund Freud* (1963). Over Kohut en Erikson: *J.Scharfenberg* (1985, 34 e.v.), *Don S.Browning* (1987, 204-237). Over Kohut: *S.Bobert-Stützel* (1996). Over Erikson: *H.C.I.Andriessen* (1984, 16-46).

6.22. *Religie, theologie en pastoraat*
Freud heeft in enkele boeken uiterst kritisch over *godsdienst* geschreven. Hij beschouwt religie als vaderprojectie en infantilisme. Religie is neurose. Hij ziet deze collectieve neurose als schadelijk, omdat zij een illusie is, maar zij kan mogelijk tegen een individuele neurose beschermen. Naarmate mensen zelfstandig en volwassen worden kunnen ze hier afscheid van nemen. Deze visie is niet vreemd voor een therapeut die in zijn eigen praktijk met talloze ongezonde vormen van religie geconfronteerd is. Maar hiermee is over Freud en religie niet alles gezegd. Ik denk aan zijn Mozesboeken. Op grond van dagenlange observaties van het beeld 'de Mozes van Michelangelo' ziet hij Mozes, aan wie hij een Egyptische afkomst toeschrijft, vooral als voorbeeld van iemand die zijn driften beheerst. Hij identificeert zichzelf in sterke mate met de figuur van Mozes en trekt als het ware een parallel tussen de bevrijding van het volk Israel uit Egypte en zijn bevrijding van mensen uit de greep van de duistere machten van het onbewuste. In een brief aan zijn belangrijkste theologische gesprekspartner, de Zwitserse predikant O.Pfister, vraagt Freud zich af waarom de psychoanalyse niet door gelovigen ontwikkeld is, maar door 'een ongelovige jood', zoals hij zichzelf noemt, ontdekt moest worden. Pfister vindt Freud echter niet goddeloos, want hij herkent bij hem eenzelfde strijd voor waarheid en liefde als waar het in het evangelie om gaat en hij voegt eraan toe: "Ein besserer Christ war nie" (1963,64).

Een bestrijder van de religie-theorie van Freud werd, ongewild overigens, *H.C.Rümke* in zijn klassieke werk *Karakter en aanleg in verband met het ongeloof* (1939). Hij waagt de hypothese dat niet geloof, maar ongeloof als een ontwikkelingsstoornis gezien moet worden. Immers, een houding van overgave is een gronddirectief van het leven en religie baant hiertoe de weg.

Momenteel geldt de 'object-relations theory', waarvan de kinderarts *D.W. Winnicott* een der grondleggers is, als een invloedrijke richting binnen de psychoanalyse. Van hieruit kan de positieve functie van religie worden belicht. Hier wordt de mens niet bezien vanuit zijn driften, maar als een relationeel wezen. In deze benadering is projectie geen vorm van afweer maar een positieve en onvervangbare mogelijkheid tot verbeelding. Tegenover het cartesiaanse dualisme van subject en object, spreekt Winnicott over een transitionele sfeer als speelveld voor verbeelding. Subjectprojecties zijn van kindsaf onmisbaar om de buitenwereld te leren kennen. Mensen hebben beelden nodig voor hun geestelijke ontwikkeling. Deze positieve verbeelding wordt vervolgens toegepast op zingeving en religie. Godsdienstige symbolen vervullen een brugfunctie. Ze verwijzen niet alleen naar de menselijke realiteit maar ook naar de goddelijke werkelijkheid (Pruyser 1992, 101 e.v).

Hoe kunnen we *theologisch* tegen Freud aankijken? Er dringen zich onmiddellijk parallellen op met de klassieke calvinistische zondeleer: onbekwaam tot enig goed en geneigd tot alle kwaad, tenzij mensen door Gods Geest aan zichzelf ontdekt worden (Heidelberger Catechismus, zondag 3). Door duistere krachten in eigen ziel is de mens innerlijk verdeeld en met zichzelf in tegenspraak. In dit verband wordt wel gewezen op woorden van Paulus in Romeinen 7,19: "het goede dat ik wens doe ik niet, maar wat ik niet wens, het kwade, dat doe ik." Over onbewuste krachten gesproken! De Duitse theoloog en analyticus *J.Scharfenberg* heeft de bekende geschiedenis van Johann Chr.Blumhardt en Gottliebin Dittus opnieuw geïnterpreteerd in psychoanalytische termen (4.51). En waarom zou de Geest de psychoanalyse niet gebruiken om een mens aan zichzelf te ontdekken? *C.Aalders* (1969,110) merkt op dat de moderne dieptepsychologie zich al in de bevindelijke theologie van de Nadere Reformatie (18de eeuw) aankondigt.

De psychoanalytische lezing van de Schrift is vooral bekend geworden door het werk van *E.Drewermann*. Bij hem ontmoeten we bijvoorbeeld het 'dochtertje' van Jairus als het brave kind van een dorpsdominee. Dit is geen leven. Hier sterft een kind aan. Om als twaalfjarige een volwassen 'dochter' te kunnen worden, moet de relatie vader-dochter ingrijpend veranderen. De liefde in relatie tot God geeft hiertoe kracht (1990, 66 e.v.).

In het *pastoraat* zijn psychoanalytische inzichten diep doorgedrongen, om mensen te helpen dat wat in eigen leven verborgen is aan het Licht te brengen. Ik schrijf 'licht' hier met een hoofdletter en denk hierbij opnieuw aan een woord van Paulus: Als de Heer komt zal hij wat in het duister verborgen is aan het licht brengen en de raadslagen der harten zal hij openbaar maken (1 Cor.4,5). In Nederland heeft met name *H.Faber* (1972) de psychoanalytische theorie uitgewerkt voor het pastoraal handelen. Hij gaat na hoe in de eerste levensfasen patronen worden losgemaakt, die van invloed zijn op de godsdienstige ontwikkeling en geestelijke gezondheid van een mens (183). De pastoraal-theoloog *H. van de Spijker* (1993) schreef een uitvoerige studie over de regel van het grote gebod: Heb uw naaste lief als uzelf (Mat.22,37-39). Hij deelt de kritiek van Freud dat louter wegcijferende liefde ziekelijk is en komt na uitvoerige vergelijking van theologische en psychologische inzichten tot de conclusie dat zelfliefde een radicale prioriteit bezit ten opzichte van naastenliefde. Hierin ziet hij een bondgenootschap tussen geloof en psychoanalyse, door hem gevat in de term narcistische competentie. Dit leidt tot belangrijke inzichten voor het pastorale handelen.

Voor de religietheorie van Freud verwijs ik naar: Sigmund Freud, Studienausgabe Band IX (1974), waarin zijn opgenomen: *Totem und Tabu* (1912-13), *Die Zukunft einer Illusion* (1927), *Das Unbehagen der Kultur* (1930) en *Der Mann Mozes und die Monotheistische Religion* (1939). Voor zijn Mozesinterpretatie sloot ik me aan bij: A.Uleyn, *De mozaische spiritualiteit van Sigmund Freud* (1984). *H.Stroeken* geeft in *Freud en zijn patiënten* (1985) een herinterpretatie van een aantal ziektegeschiedenissen. Lees verder over Freud: R.Nauta (1995), A.F.Verheule (1997). Zie over Rümke ook de inleiding van A.Uleyn en J.A. van Belzen in een herdruk van *Karakter en aanleg* (1985) en een bredere studie van Van Belzen (1991). Voor de godsdienstpsychologische betekenis van het werk van H.Kohut: Bobert-Stützel (1996). Voor die van D.W.Winnicott met het oog op de religieuze verbeelding leze men het boek van P.E.Jongsma-Tieleman (1996) en de reactie hierop van H.Zock (1997). Eigentijdse analytische studies, zoals F.Riemann's *Grundformen der Angst* (1975) en *Het drama van het begaafde kind* van Alice Miller (1981), zijn onder pastores populair.

Klinisch-pastorale trainingen maken gevoelig voor onbewuste factoren. Ook in de charismatische zielzorg treffen we psychoanalytische inzichten aan, zoals we zagen in het werk van *K.J.Kraan* (4.52).

6.3. *De jungiaanse richting*

6.31. *Mensvisie*

Als tweede richting noem ik de psychologie van *Carl Gustav Jung*. Jung, aanvankelijk Freuds kroonprins, gaat later eigen wegen. Belangrijk is dat Jung tot een andere interpretatie van het onbewuste komt. In tegenstelling tot Freud wijst hij met name op het potentiële aspect van het onbewuste, waarbij zijn aandacht vooral uitgaat naar het collectief onbewuste, de wereld van de archetypen, de verborgen wereld der menselijke oerervaringen, die in de individuele levensgeschiedenis als positieve mogelijkheden geactualiseerd en gedifferentieerd worden. Uiteraard gaat het ook hier om een hypothese, hoewel Jung er veel historisch en godsdienstwetenschappelijk materiaal voor aandraagt.

De kern van Jungs mensvisie is de potentie tot zelfverwerkelijking via het individuatieproces. In wezen gaat het hier om een leer- en louteringsproces, dat de mens doorloopt op weg naar het Zelf, dat als het voornaamste archetype geldt. Archetypen maken zich kenbaar via dromen, creatieve invallen, fantasieën en visioenen of in de vorm van een innerlijke stem. Ik verwijs hier naar het boekje van H.R.Wijngaarden, *Luisteren naar dromen* (1985).

Naast de wetten van oorzaak en gevolg, de causaliteit, kent Jung grote waarde toe aan het principe van de synchroniciteit, dat uitgaat van een zinvolle coïncidentie in toevallige gebeurtenissen die wij een samenloop van omstandigheden noemen. Men moet hierbij stilstaan en ook luisteren naar eigen voorgevoelens. Jung wordt in dit en andere opzichten wel beschouwd als de vader van New Age, getuige bijvoorbeeld het eerste inzicht uit de religieuze bestseller van James Redfield, *De Celestijnse belofte*: toeval bestaat niet.

Vermeldenswaard is Jungs psychologische typologie (1975), waarin hij onderscheid maakt tussen het introverte en het extraverte type en deze verbindt met vier psychische functies, denken, voelen, intuïtie en gewaarwording. Er is bij ieder mens sprake van een gelaagde structuur. Wanneer iemand bijvoorbeeld primair een denktype is, is de gevoelsfunctie het minst ontwikkeld. Deze typologie is door Myers-Briggs bewerkt tot een instrument voor persoonlijkheidsonderzoek.

Zie verder: C.G.Jung, Studienausgabe, met name IX, *Psychologie und Religion*, Olten 1972. Een goede inleiding tot Jung bieden diens biografie, *Erinnerungen, Traüme, Gedanken* (1962), opgetekend door Aniéla Jaffé en het boek van *F.Fordham* (1966).

6.32. *Religie, theologie en pastoraat*

Voor Jung betekent *religie* eenvoudig: omgaan met de archetypen. Het individuatieproces waardoor de mens langs de weg van innerlijke integratie meer en meer zichzelf wordt, is ten diepste religieus van aard. Zo moet de mens onderweg in het reine komen met zijn schaduw. Dit vraagt het integreren van de donkere kanten van de eigen persoonlijkheid, wat nog maar een gezellenstuk is vergeleken bij de meesterproef, het omgaan met respectievelijk animus en anima, het mannelijk en vrouwelijk beginsel, termen waarin Jung zijn androgyne mensbeeld gestalte geeft. Het individuatieproces is ten diepste een heilsweg, een levenslang bewustwordingsproces met alle pijn vandien. Jung ziet in zijn archetypen een parallel met de christelijke geloofsleer. Dogma's zijn symbolen van de ziel, gestolde ervaring, een vertolking van archetypische processen. Zo verheugde hij zich over de afkondiging van het dogma van Maria's hemelvaart in 1954: eindelijk ruimte voor het vrouwelijk element in de godheid.

Behalve over het dogma als symbool schreef Jung een uitvoerige verhandeling over de katholieke mis (1972 Bd 9, 163-268). Elk onderdeeltje van deze liturgie heeft voor hem een psychohygiënische betekenis. Sprekend over geestelijke gezondheid, biedt de Rooms Katholieke Kerk met haar symboliek en ritueel volgens Jung veel meer beschutting tegen overspoeling vanuit het onbewuste dan de reformatorische traditie, die in het Coram Deo de mens 'naakt' voor God plaatst en zo het ik van de mens overvraagt. In zijn 'Antwort auf Hiob' (1972 Bd 8) stelt hij dat ook God een bewustwordingsproces doormaakt. Het boek Job tekent de tweestrijd in God om het goede en het kwade te verzoenen. Het werk heeft gnostische trekken en doet Jung kennen als een monistisch denker. Barth had voor dit boek geen goed woord over (KD IV/3, 444).

Via de godsdienstpsychologie heeft Jung invloed uitgeoefend op de pastorale psychologie. Ik verwijs hier naar *Reiken naar oneindigheid* (1981), de inleiding tot de psychologie van de religieuze ervaring van *J. Weima*, die met behulp van Jung een interpretatie biedt van de mystieke weg, die leidt naar unificatie met het goddelijke. De mystieke weg kan archetypisch verstaan worden. Weima spreekt hier van immanente transcendentie in de psychologie van Jung. Het archetype van het Zelf kan nooit de plaats van God innemen, al kan het als Imago Dei, beeld Gods in de mens, voertuig zijn van goddelijke genade. In de loop van het integratieproces nadert de mens tot de poort van het godshuis. Of hij die poort binnengaat in het innerlijke heiligdom, vraagt een persoonlijke beslissing.

Jungs denken heeft grote invloed gehad op het *theologisch* denken over spirituele ontwikkeling. Ik wijs hier op de jungiaanse bijbeluitleg, niet alleen bij E.Drewermann, maar nog duidelijker bij Maria Kassel in haar boek *Biblische Urbilder* (1980). Zo interpreteert zij bijv. Jezus' verzoeking in de woestijn. Jezus identificeert zich hier met een profetisch levensontwerp. Hij verstaat dit als zijn roeping. Hij weet de eigen schaduw te transcenderen en neemt afstand van materiële behoeften, de eerste, religieuze dweperij, de tweede en onbegrensde machtsuitoefening, de derde verzoeking. Op deze wijze vindt hij ten overstaan van zijn Vader zijn eigen identiteit en opent zich zijn Weg.

Ook heeft Jung invloed uitgeoefend op het *pastoraat*, onder andere via *Han Fortmanns* (1974) visie op religieuze ervaring en geestelijke gezondheid. Fortmann kiest, in tegenstelling tot de Reformatie, voor een dynamisch verlossingsbegrip dat gericht is op integratie en verwijst in dit verband naar Jung (II,385, 479). In de tegenstelling van goed en kwaad moet het kwaad niet als zonde uitgebannen worden, want dit leidt altijd tot verdringing en schuldgevoelens. Beter, psychisch gezonder is het, de eigen schaduw te integreren. De psychologe Aleid Schilder sluit zich hierbij aan (1987, 87). Ondanks fundamentele kritiek blijft Fortmann in heel zijn werk met Jung in gesprek. Ook voor de reformatorische pastoraal-psycholoog *C.Aalders* (1975) werpen de door Jung beschreven oerervaringen licht op het mysterie van de mens als homo religiosus. Jung werkt door in *W.Zijlstra*'s visie op het pastorale leerproces, zoals beschreven in diens boek *Op zoek naar nieuwe horizon* (1989; zie 4.32). Zijlstra, die zoals gezegd veel aan Jung heeft gehad, wijst diens polariteit van goed en kwaad volstrekt af. Een ethische categorie kan nooit tot een psychologische herleid worden en hij vervolgt: "Deze kapitale vergissing doet het hele gebouw van Jung's visie wankelen (hoeveel men ook van hem kan leren)" (313).

6.4. *De humanistisch-psychologische richting*

6.41. *Mensvisie*

Jung slaat met zijn positieve benadering van de levensloop, evenals neofreudianen als E.Fromm en E.H.Erikson, in zekere zin een brug naar de derde stroming, *de humanistische psychologie*. Vanuit een positieve mensvisie wordt in deze benadering niet de nadruk op de psychisch problematische kanten van het mens-zijn gelegd, maar op de mogelijkheden van ontplooiïng, groei en ontwikkeling.

Abraham Maslow (1964, 1968, 1970) wordt als grondlegger van deze Amerikaanse stroming beschouwd. Hij onderzocht mensen die zich een grote mate van innerlijke vrijheid verworven hebben, z.g. 'selffulfillers'. Maslow ontwierp een motivatietheorie volgens een hiërarchie (pyramide) van menselijke behoeften. Als bepaalde behoeften bevredigd zijn, komen er nieuwe en hogere op. De basis wordt gevormd door de zogeheten fundamentele behoeften. Maslow noemt achtereenvolgens fysiologische behoeften, behoefte aan veiligheid, behoefte aan saamhorigheid en liefde, behoefte aan achting (1970, 35). Deze 'deficiency-needs', met nadruk op de ervaring van een tekort, vormen op hun beurt de basis voor de z.g. 'growth-needs', behoeften aan zelf-actualisering, die zich richten op zijnswaarden. Deze worden als bevredigend en aangenaam omschreven en wekken het verlangen meer en meer te worden wie men is. Op dit laatste spoor van de 'self-actualization' ontdekken mensen volgens Maslow (1968) een aantal nieuwe waarden (intrinsieke waarden of zijnswaarden) die een mens meestal als 'topervaringen' (peak-experiences) beleeft, in een situatie van grote vrijheid waarin de dingen een waarde in zichzelf hebben. Hiertoe behoren de bijna mystieke ervaringen van totaliteit, volmaaktheid, vervulling, schoonheid, goedheid, gerechtigheid, eenvoud en waarheid. Deze ervaringen van (immanente) transcendentie geven een emotionele reactie van verwondering en ontzag.

Centraal staat in deze benadering het begrip zelfverwerkelijking waardoor de mens tot groei en rijping komt. De basis hiervoor wordt in 1933 gelegd door *Charlotte Bühler* (1959[2]) met haar boek over de menselijke levensloop. Zij onderscheidt in de levensloop bepaalde grondtendenties: bevrediging van behoeften, aanpassing door zelfbeperking, bewaren van innerlijke ordening en creatieve expansie. Op grond hiervan komt de mens tot levensvervulling en levenszin. Zij is één van de theoretici (samen met J.Havighurst, E.H.Erikson en C.G.Jung) waarop *H.C.I.Andriessen* zijn 'psychologie van de volwassen levensloop' (1984) bouwt. De andere theoretici brengen andere elementen in, zoals crises en onafgewerkte zaken, waardoor niet voorbijgegaan wordt aan de moeitevolle kant van het leven.

Zie over de humanistische psychologie: *Goble* (1970), die deze richting typeert als een derde weg tussen psychoanalyse en behaviorisme. Behalve de verschillende vormen van counseling, kan ook de Gestalttherapie een vrucht van deze richting genoemd worden (Lindijer 1984, 120-140).

6.42. *Religie, theologie en pastoraat*

Wat *religie* betreft: Bij mensen die zo'n proces van groei en zelfverwerkelijking doormaken wekt de gerichtheid op zijnswaarden intense, extatische, welhaast mystieke, belevingen. Daardoor wordt een mens overweldigd, wat kan leiden tot een beleving van geluk, van eenheid en 'god gelijk'-zijn. Deze transcendentie-ervaringen zijn religieus van aard. Maslow gaat uit van een positief mensbeeld. De innerlijke natuur van de mens is niet wezenlijk slecht. Als mensen richting kunnen geven aan hun eigen leven, groeien zij op een gezonde, vruchtbare en gelukkige wijze.

Deze groei kan worden bevorderd door een 'client-centered' georienteerde wijze van counseling, zoals ontwikkeld door *C.R.Rogers* (4.1). In de dynamics van *S.Hiltner* (4.2) krijgt het counselingsproces religieuze trekken, zoals blijkt uit de doorwerking van het door Rogers, zelf van huis uit theoloog, gestempelde begrip aanvaarding. Iemand als *Paul Vitz* (1977) spreekt hier van *Psychology as Religion: Cult of Self-Worship*. Zo wordt de humanistische psychologie volgens Don Browning (1987) tot "a new twentieth-century religion in which the fundamental object of devotion is the self as self" (62). Evenals bij Jung ademen we hier het klimaat van veel moderne religiositeit.

Eén van de vertegenwoordigers van deze richting, *G.W.Allport* (1955), besteedt expliciet aandacht aan religieuze ontwikkeling. Dat religie de ontwikkeling per definitie zou blokkeren, is z.i. een vergissing van de psychoanalytische richting. Hij ziet een relatie met hoge waarden in de menselijke levensloop. Hij schreef verder een belangwekkend boek over het vooroordeel, gerelateerd aan het onderzoek naar de autoritaire persoonlijkheid. Allport maakt hierin onderscheid tussen extrinsieke en intrinsieke religiositeit, wat een belangrijke impuls gegeven heeft aan godsdienstpsychologisch onderzoek (Weima 1981,47). Zo kan er verschil gemaakt worden tussen conventionele dogmatische starheid, die blokkeert en een persoonlijk doorleefd geloof dat de menselijke ontwikkeling bevordert.

Er zijn *theologische* kanttekeningen te plaatsen bij het optimistische mensbeeld van deze richting, dat te weinig rekening houdt met het kwaad en de demonie. Deze weg van zelfaanvaarding en het volgen van eigen behoeften is ook een erg individualistische weg. Hiertegenover dient gesteld te worden dat zelfverwerkelijking zich voltrekt in relatie tot de ander, dat individuatie zich - om met *Tillich* (4.2) te spreken - voltrekt in de weg van participatie en dat zelfverwerkelijking, zoals *Fortmann* (1974 II, 361) laat zien, niet kan buiten overgave. Slechts wie eigen leven verliezen wil, zal het vinden (Mat. 16,25). Anderzijds ontbreekt in het bijbels spreken over de mens het aspect van groei en ontwikkeling in het geloof zeker niet. Het aandoen van de nieuwe mens en de vernieuwing naar het beeld van Christus zijn parallellen die zich hier opdringen. Dit staat echter in het verband van een gemeenschap: “En zo groeien wij, ons aan de waarheid houdende, in liefde in elk opzicht naar Hem toe, die het hoofd is, Christus” (Ef.4,15). Paulus schrijft dit binnen de metafoor van het lichaam, naar de kracht van elk lid. De Geest sluit aan bij menselijke begaafdheid.

Pastorale counseling, bijvoorbeeld in de uitwerking van *H.J. Clinebell* (4.31), is sterk beïnvloed door de humanistische psychologie. Het klimaat van ‘acceptance’ schept ruimte voor groei en zelfverwerkelijking. Voor *E.Kübler Ross* (1975) heet de dood zelfs ‘het laatste stadium van zelfverwerkelijking’, wat iets anders is dan ‘de laatste vijand’ (1 Cor.15,26). Het Amerikaanse pastoraat is sterk van dit klimaat doortrokken. We vinden dit ook terug in de Klinische Pastorale Vorming (4.32), die in haar Nederlandse ontwikkeling in vormen van training en supervisie echter ontdaan is van veel van deze eenzijdigheid. Ook het charismatisch pastoraat vindt aanknopingspunten in deze visie op ontplooiing, groei en menselijke begaafdheid, verstaan als vruchten van de Geest. Wel moeten we hierbij bedenken dat spreken in termen van groei en ontwikkeling zich sterk richt op de kansrijken in de samenleving, die de vrijheid en de mogelijkheden hebben om te groeien. Anders gezegd, ook een maatschappelijke evaluatie mag hier niet ontbreken.

Het fasendenken in processen van ontwikkeling en verwerking heeft zich, in navolging van Kübler-Ross (1969), die in haar begeleiding van stervenden opeenvolgende fasen onderscheidde, verder ontwikkeld in fasen van verwerking van verlies en rouw. Hier kan men in het pastoraat veel van leren, maar er zijn ook kritische kanttekeningen bij te plaatsen (Schreuder, 1983; Plantier, 1994). Zo kan het volgens Schreuder geestelijk heel gezond zijn dat een zieke in de opstandigheid ‘blijft steken’ en niet tot aanvaarding komt. Hetzelfde normatieve denken in ontwikkelingsfasen treffen we aan op het gebied van geloofsontwikkeling, in de theorie van *J.W.Fowler* (1981).

6.5. *De behavioristische richting*

6.51. *Mensvisie*

Een vierde stroming, de behavioristische psychologie, staat op tamelijk gespannen voet met de vorige, omdat ze niet het geesteswetenschappelijk, maar het natuurwetenschappelijk denken als uitgangspunt neemt. Ze kiest voor leren via experimenteren, waarbij de psycholoog niet als 'begrijper' functioneert, maar als 'sleutelaar' (Orlemans, 1976). De grondlegger van deze benadering is de Amerikaan *J.B.Watson*, die de mens ziet als een mechanisme, dat reageert op zijn omgeving in termen van Stimulus en Respons (S-R). De bekendste vertegenwoordiger is *B.F.Skinner*. Zijn werk richt zich vooral op de vraag hoe het gedrag van dieren en mensen door ervaring, in het bijzonder leerprocessen, beïnvloed kan worden. In een utopische roman, *Walden Two* (met verwijzing naar H.D.Thoreau, de Amerikaanse Frederik van Eeden), schetst hij zijn ideaal van een samenleving die ontstaat door het modificeren van menselijk gedrag. Het onderzoek van Skinner doet denken aan dat van reflexen door de Russische psycholoog *I.P.Pavlov*.

Voor de neo-behaviorist *A.Bandura* (1977) hoeft het aanvaarden van wetmatigheden in het menselijk gedrag een bepaalde marge van vrijheid niet uit te sluiten (Hjelle en Ziegler, 1981). Deze vrijheid hangt samen met het feit dat gedrag gestuurd wordt door motivatie en cognitie. Hierop baseert hij zijn theorie van sociaal leren, dat verstaan wordt vanuit de interactie tussen gedrag, cognities en omgevingsfactoren. Een mens leert veel door het imiteren van voorbeelden ('modeling'). Bandura schuift later op in de richting van de cognitieve psychologie. Responsen en vormen van conditionering kunnen langs cognitieve weg beïnvloed worden. De behavioristische psychologie heeft daarom veel invloed uitgeoefend op de psychotherapie. Er zijn verschillende vormen van gedragstherapie ontwikkeld, die vergeleken met inzichtgevende therapieën, vaak snelle resultaten boeken. Gedrag en attituden zijn aangeleerd, zo stelt men, en kunnen, in het geval ze schadelijk zijn, via een effectief leerproces (b.v. in het geval van fobieën) veranderd worden.

6.52. *Religie, theologie en pastoraat*

Religie en geloof komen in deze mechanische mensvisie niet voor, tenzij in een deïstisch kader. Dat hangt volgens Don Browning (1987, 102) samen met het dualisme van natuur en geest dat aan deze visie ten grondslag ligt. Bij Skinner speelt de geest feitelijk geen rol. Browning plaatst hier een dialectische benadering tegenover, in aansluiting bij de antropologie van R.Niebuhr (1944). Natuur en geest hebben elk hun eigen vitaliteit en beïnvloeden elkaar. Daarbij mogen we de natuur als bron van vitaliteit en zelfregulering niet onderschatten, meent hij. Deze weerstaat de angsten, die mede door geestelijke ver- en inbeelding gevoed worden. De schepping is niet slecht, maar incompleet. De zonde brengt het leven uit balans, waardoor de angsten vrij spel krijgen. Het komt er dan op aan die 'vital balance' zo goed mogelijk te herstellen. Wat de ethische kant betreft merkt

J.W.G.Orlemans (1976, 116 e.v.) op dat "gedragstherapie een zeer 'humane' en 'democratische' therapie is, als ze correct wordt toegepast." De therapeutische relatie is ook hier een samenwerkingsrelatie, wat o.a. tot uitdrukking komt in het formuleren van het probleem, het opstellen van een strategie en het bepalen van huiswerk.

Het zal niet verbazen dat het deterministische mensbeeld, dat hier wordt geschetst (en dat in dit opzicht aan het psychoanalytische mensbeeld doet denken), veel kritiek heeft opgeroepen. G.Besier (1980) spreekt van een gespannen verhouding tussen *theologie* en gedragstherapie. De mens als Beeld Gods laat zich moeilijk rijmen met een gebrek aan vrijheid. Ook morele bezwaren worden ingebracht. Besier wijst er echter terecht op, dat de Schrift wel degelijk oog heeft voor omgevingsfactoren, die menselijk gedrag beïnvloeden. Daarom wordt de mens opgeroepen het kwade te mijden: 'Slechte omgang bederft goede zeden' (1 Cor.15,33). De bijbelse paraklese kent talloze vermaningen die betrekking hebben op gedrag. De mens wordt opgeroepen zijn eigen omgeving te controleren, mede geleid door Gods Geest. Dit laatste past heel goed bij een cognitieve en motivationele benadering van leerprocessen, zoals we die in het neobehaviorisme aantreffen. Daarin komt de door Browning geschetste dialectiek veel beter tot haar recht.

In het *pastoraat* wordt op verschillende wijze van gedragstherapeutische elementen gebruik gemaakt. Ik denk hierbij niet alleen aan het nouthetisch pastoraat in de lijn van *J.E.Adams*, een directieve benadering met behulp van bijbelteksten, waar terecht pastoraal-theologische bezwaren tegen zijn ingebracht (3.52). *Lindijer* (1984, 141-179) noemt als positieve mogelijkheden o.a. het gebruik maken van ontspanningsoefeningen (bijv. de op visualisering en meditatie gebaseerde autogene training van J.H.Schultz) en het bespreken van huiswerk in de vorm van kleine opdrachten om stapsgewijs bepaalde angsten en schuldgevoelens te overwinnen. *Aleid Schilder* (1987) gaat met M.E.P. Seligman uit van de idee van 'aangeleerde hulpeloosheid' en ontwikkelt een therapie om op religie gebaseerde negatieve gedachten en gedrag te overwinnen. Ook is het voorschrijven van een bepaald ritueel in therapie en pastoraat (Van der Hart, 1978) dikwijls gericht op het doorbreken van aangeleerd gedrag. In het algemeen wordt hier gekozen voor een meer directieve benadering, die zoals o.a. *M.B.Blom* (1981) aantoont, een belangrijke aanvulling vormt op non-directieve vormen van counseling.

6.6. *De existentiële richting*

6.61. *Mensvisie*

Ik kom tot een vijfde stroming waaronder opnieuw verschillende invalshoeken te vatten zijn. Samenvattend kunnen we het beste spreken van *existentiële psychologie*. De wortels zijn te vinden in de fenomenologische richting bij de

Duitse filosoof *Edmund Husserl* (1859-1938). Vanuit de mens als denkend wezen keert deze zich tegen het psychologisme (het herleiden van geestelijke inhouden tot psychologische oorzaken). Het denkend bewustzijn is tot op zekere hoogte onafhankelijk van lichamelijke en psychofysische processen. Het heeft zich daar bij wijze van spreken van geëmancipeerd en wordt er daarom niet langer door gedetermineerd. Bij Husserl heeft het menselijk denken zelfs toegang tot een soort van universele en eeuwige waarden (Duijker en Dudink 1976, 49). Het menselijk bewustzijn kan de dingen als fenomeen naar hun wezen waarnemen. Husserl spreekt hier van 'Wesensschau'.

In de existentiefilosofie (2.31) worden deze lijnen in een bepaalde richting doorgetrokken. De existentiële ervaring van waaruit een mens de wereld om hem heen verstaat, wordt beschreven in het werk van M.Heidegger en J.P.Sartre. Het bewustzijn kan volgens Heidegger aan veel beperkingen ontsnappen, behalve aan de meest wezenlijke, het 'Sein zum Tode'. Dit lot kleurt de 'Sorge' om het bestaan ('Dasein'). Bij Sartre is het lot van de enkeling onverbrekelijk verbonden met dat van anderen. Er is de vrijheid van keuze, bij hem verbonden met een politiek engagement, maar deze vrijheid is voortdurend in gevaar. Wie kiest legt zich ook onmiddellijk weer vast. Men kan hier ook denken aan romans van A.Camus.

In het therapeutisch werk van *L.Binswanger* (vgl. May 1958, 214 e.v.) spelen existentiële thema's een belangrijke rol. Deze benadering wordt bepaald door een mensbeeld dat de nadruk legt op het geestelijk functioneren van de mens, als een dimensie van het mens-zijn, waarin men zijn somatisch en psychisch functioneren tot op zekere hoogte transcendeert. In deze ervaring van zijn bestaan wordt een mens op existentiële wijze aangevochten door de ongerijmdheden van het leven. De mens als geest is de mens, die door angsten en twijfels heen en met de moed der wanhoop voortdurend zin en betekenis tracht te geven aan zijn leven om de onderneming van het eigen levensproject te doen slagen (Kuitert, 1974).

Een interessante vertegenwoordiger van deze richting is *Victor Frankl* (1979), begonnen als freudiaan. Als Jood overleefde hij vier concentratiekampen en daar ontdekte hij dat de wil zinvol te leven de enige kracht tot overleven is. Hierop baseerde hij zijn logotherapie. De mens heeft naar zijn mening het vermogen afstand te nemen van zichzelf en zo als het ware een eigen standpunt in te nemen tegenover zijn lichamelijke en psychische determinanten. Hij ontwikkelt zo een geestelijke kracht om uit te leven en zelfs lijden te verdragen. De bronnen hiervoor zijn te vinden in de diepere existentiële lagen van het mens-zijn.

Ik noem Frankl, maar zie hier parallellen met Nederlandse psychologen als *F.J.J.Buytendijk*, *H.C.Rümke*, *A.L.Janse de Jonge* en opnieuw *Han Fortmann*, die geestelijke gezondheid verstaat als een dieptedimensie van psychische gezondheid. Een inleiding tot de existentiële psychologie werd geschreven door de Groningse psycholoog *B.J.Kouwer* (1973). Ik kan verder verwijzen naar de existentiële therapie van I.D.Yalom (1980, vgl. ook Verheule, 1997) en de psychosynthese van R.Assagioli (1975, vgl. ook Lindijer, 1984), die de kritiek op een reductionistisch mensbeeld delen en niet alleen geïnteresseerd zijn in het souterrain van het menselijk gebouw. Zij geloven in de krachten van de wil en het menselijk zelf om de strijd aan te binden met de zinloosheid.

6.62. *Religie, theologie en pastoraat*

De visie op de menselijke existentie kan een *religieuze* verdieping krijgen, zoals bijvoorbeeld in de filosofie van *K.Jaspers*, van huis uit psycholoog. Bij hem staat het zinperspectief in de spanning van existentie en transcendentie. Hoewel transcendentie volgens hem samengaat met volstrekte verborgenheid, volgens de traditie van de 'theologia negativa', wordt de werkelijkheid hierdoor toch transparant. De dingen worden tot 'chiffre' (teken van geheimschrift), symbool van transcendentie. In de diepte van de communicatie ontstaat de verlichting, doordat de existentie verhelderd wordt. Dit leidt tot een open en ontvankelijke, enigszins mystieke levenshouding (Störig 1985,289). De praktisch-theoloog *H.Jonker* (1983) is door Jaspers geïnspireerd. Hij gebruikt het begrip orthognosie (250), waarmee hij bedoelt waarachtige, existentiële kennis van God. Deze heeft in zijn bevindelijk-orthodoxe traditie een mystieke inslag.

Een existentieel-religieuze benadering van de 'ultimate concerns' van het leven troffen we eerder aan bij *P.Tillich* in zijn boek over de angst (4.2). Het begrip 'Sorge' bij *W.Jentsch* (2.21) is beïnvloed door de existentiefilosofie van Heidegger. In de cognitieve verwerking van existentiële vragen raken filosofie en psychologie elkaar en bestaat een grote openheid voor religieuze verdieping.

In het hier geschetste mensbeeld is veel wat *theologen* aanspreekt. In de weg van levensverdieping kunnen mensen zin geven aan hun bestaan. Hierin liggen krachten en mogelijkheden om te veranderen. We zien hier een parallel met de humanistische psychologie. Waar de Geest met een hoofdletter inwerkt op de menselijke geest kan het menselijk leven zich vernieuwen naar het beeld van Christus. "Waar de Geest des Heren is, is vrijheid" (2 Cor.3,17). De mens kan worden aangesproken op diens verantwoordelijkheid als 'antwoordelijk wezen' (Berkhof), als schepsel van God. Zo spreekt ook Frankl. Hoewel hij religie en therapie duidelijk wil onderscheiden, is religie voor hem een menselijk fenomeen dat serieus genomen moet worden. Blijkbaar is religie onverwoestbaar en onuitwisbaar, merkt hij op en hij herinnert aan de bijbelse belofte dat de waarheid ons zal vrijmaken. Zijn uitgangspunt dat lijden altijd zin heeft, lijkt me echter krampachtig. Met *E.Schillebeeckx* (1977, 665 e.v.) mag ook gezegd worden: Er is een overdaad aan zinloos lijden en God wil het lijden van mensen niet. Hier past een praxis van verzet, zoals ook *K.J.Kraan*, vertegenwoordiger van het charismatisch pastoraat, daarover schrijft (4.52). Ook lijkt het me van belang erop te wijzen dat zingeving geen individuele zaak is, maar dat vanuit een relationele mensvisie het gaat om zin ontvangen door 'de ander', zoals filosofen van joodse huize als *M.Buber* en *E.Levinas* ons duidelijk maken.

Het belang van deze benadering voor *het pastoraat* lijkt me vooral dat zij ons bepaalt bij de mens als geestelijk wezen (2.32). Hier ligt ook voor ons het ontmoetingspunt: Waar leef ik voor? Wat geeft mij hoop? Wat geeft mij moed? Hoe ga ik om met mijn leven? Hoe beleef ik als mens mijn verantwoordelijkheid?

Uiteraard is deze zindimensie verweven met de psychische en somatische dimensie van het mens-zijn. Geestelijke krachten kunnen het leven vernieuwen en ook in psychische en somatische zin helend doorwerken in 'heel de mens'.

6.7. *De cognitief-psychologische richting*

6.71. *Mensvisie*

Binnen de nieuwere psychologie trekt vooral de cognitieve psychologie de aandacht. Deze is ontstaan uit praktische problemen. Hierbij wordt wel verwezen naar het onderzoek van psychologen tijdens de Tweede Wereldoorlog (Boon 1984, 124). Welke vaardigheden heeft iemand nodig voor een bepaalde taak? Hoe kan men hierin getraind worden? Hoe lang kan iemand oplettend zijn zonder bepaalde fouten te maken? Met behulp van behavioristisch onderzoek kon men deze problemen niet oplossen. De belangstelling verschoof naar het functioneren van mensen, hun aandachtsvermogen, hun verwerkingscapaciteit, de grenzen van hun mogelijkheden. Psychologen zoeken praktische oplossingen voor concrete problemen.

In eerste instantie maakte men vooral gebruik van de informatietheorie. De mens werd gezien als een communicatiekanaal dat een bepaalde hoeveelheid informatie kon verwerken. Daarbij bleek ook dat informatie slechts selectief tot het geheugen werd toegelaten. Mensen selecteren wat ze waarnemen met behulp van hun bewustzijn. Meer en meer werden proefpersonen ingeschakeld om de uitvoering van allerlei taken te onderzoeken. In later tijd wordt gebruik gemaakt van computersimulatie om psychologische theorieën te formuleren. De cognitieve psychologie is niet zozeer een bepaalde stroming zoals de voorafgaande. Zij omvat een breed terrein van onderzoek op allerlei gebied, waarbij steeds elementen van denken en kennis centraal staan. Er ontstaan vervolgens toepassingen op concrete terreinen, zoals de klinische psychologie, de persoonlijkheidsleer, de sociale psychologie, de kinder- en ontwikkelingspsychologie en de leerpsychologie.

Voor ons doel, het pastoraat, is de verhouding van cognities en emoties van groot belang. Ook emoties kunnen worden bestudeerd vanuit een cognitief perspectief. Een voorbeeld hiervan is de emotietheorie van *N.H.Frijda* (1993). Emoties kunnen worden gezien als een reactie op informatieverwerking. Bij informatie moet dan niet alleen gedacht worden aan berichten, maar ook aan bijvoorbeeld waarnemingen, gewaarwordingen, gedachten en verwachtingen. Deze informatie wordt getaxeerd en geëvalueerd in termen van betekenis. En al naar de betekenis die een mens aan iets geeft wordt een bepaalde emotie opgeroepen. Zo kan het geluid van een overkomend vliegtuig angst of ergernis oproepen, maar ook het zoet verlangen wekken naar een verre vakantiebestemming. Dat hangt af van de betekenis die men eraan toekent. Frijda spreekt van een bepaald 'appèl' dat een concrete situatie op een mens doet en de motivatie die van een emotie uitgaat. Een beleving is 'doortrokken van betekenissen die het waargenomene voor het subject heeft' (203). Deze beleving veroorzaakt weer emotioneel gedrag. Zo wordt het verbreken van een relatie opgevat in de betekenis van verlies, dat zich uit in een intens verdriet en dat leidt tot rusteloos zoekgedrag. Op deze wijze werken cognities en emoties op elkaar in. Betekenissen die men aan iets toekent roepen gevoelens op en gevoelens op hun beurt worden gekanaliseerd door reflexieve overwegingen. Een cognitie is dus geen kennis 'sec', maar interpretatie, die ook kan worden omschreven als 'betekenisgeving' en 'zingeving' (Duijker en Dudink 1976, 46).

6.72. *Religie, theologie en pastoraat*

De nieuwere godsdienstpsychologie heeft deze inzichten vertaald naar *religie* en religieuze ervaring. In de formulering is soms nog hoorbaar hoe de cognitieve benadering voortbouwt op de wijze waarop het neo-behaviorisme recht wilde doen aan de relatie van cognities en gedrag.

J. van der Lans analyseert, in het kader van een onderzoek naar meditatie, religieuze ervaring als "een cognitief proces, waarbij een specifieke voorkennis, die in het geheugen is opgeslagen, bepaalt wat bewust ervaren wordt" (1978, 77). Waarneming wordt gestuurd door voorkennis en ervaring. Interpretaties van zintuiglijke indrukken zijn resultaat van sociaal leren en aangeleerde referentiesystemen (47). Ook J.Weima wijst op de samenhang tussen religieuze ervaring en interpretatie (1981, 81). Hij spreekt van een verwachtingspatroon dat het mogelijk maakt een specifieke ervaring te ondergaan. Hij verwijst in dit verband naar door verschillende onderzoekers, bijvoorbeeld S.Schachter, ontwikkelde attributietheorieën. Hieruit blijkt dat cognitieve factoren beslissende determinanten zijn van emotionele processen. Een bepaalde fysiologische gewaarwording ('a state of physiological arousal') wordt via opeenvolgende cognitieve factoren aan een bepaalde oorzaak toegeschreven. Afhankelijk van het interpretatiekader wordt daardoor een specifieke emotie als vrees, droefheid, verwondering of vreugde ondergaan.

In relatie tot de *theologie* wijzen cognitieve benaderingen op de betekenis die moet worden toegekend aan de inhoudelijkheid van een geloofstraditie. Geloofservaring heeft een duidelijk kenniselement. In het verleden is dit vaak overschat, met name in de protestantse traditie waar het aanleren van geloofskennis het voornaamste doel van de kerkelijke catechese was. Liederen, bijbelgedeelten en afdelingen van de catechismus moesten worden gememoriseerd. Dit heeft een reactie opgeroepen die sterk de nadruk legde op gevoelens en emoties in ervaringsleren. Ook in het pastoraat maakte woordverkondiging plaats voor het ruimte scheppen voor het uiten van gevoelens in een counselingsrelatie. De cognitieve benadering leert ons dat kennis van de traditie, verwerkt tot een gelovig referentiekader, van grote betekenis is voor het proces van zin- en betekenisgeving.

Wat het *pastoraat* betreft kan dit geïllustreerd worden aan de hand van verwerkingsprocessen. *W. ter Horst* (z.j., 56) voert een aantal bezwaren aan tegen het fasen-model bij het verwerken van verlies en rouw. Hij wijst erop dat leed het karakter heeft van een doolhof waarin een mens de weg niet weet. Men zoekt antwoorden, die men in de praktijk beproeft, verwerpt of bijstelt en al zoekende naar zin vindt een mens uiteindelijk een uitweg. *H.J.M.Vossen* (1985) zoekt in zijn onderzoek naar vrijwilligerseducatie in relatie tot rouwverwerking aansluiting bij de theorie van J.Bowlby. Komend uit de psychoanalytische traditie heeft deze zijn theorie van rouwverwerking in een cognitief-psychologisch kader geherformuleerd. Ruimte voor emotionele verwerking gaat hier samen met een cognitief leerproces. Vroegere ervaringen van bijvoorbeeld steun of troost hebben hun neerslag gekregen in het lange-termijn geheugen en worden onder druk van latere ervaringen opnieuw geactiveerd, wat leidt tot regressie naar een vroegere gedragsvorm. Vossen spreekt niet van rouwfasen, maar van rouwtaken, waarin een cognitief aspect in de vorm van informatieverwerking een belangrijke plaats inneemt. De mens wordt opgeroepen zijn leven te reconstrueren door attributie van zin. Een crisis in het zingevingssysteem vraagt om ondersteuning, mede in de vorm van het langs theologische weg vernieuwen van het referentiekader. Dit alles mag uiteraard niet ten koste gaan van emotionele verwerking. In hermeneutisch pastoraat wordt aan de relatie van kennen en beleven recht gedaan.

6.8. *De constructionistische richting*

6.81. *Mensvisie*

Als laatste psychologische stroming geef ik aandacht aan *de constructionistische richting*, zo genoemd ter onderscheiding van het constructivisme van P.Watzlawick (5.521). Ik denk hierbij met name aan sociaal-psychologische benaderingen, die gebruik maken van inzichten van de Amerikaanse psycholoog en filosoof *G.H.Mead*, verwant met het denken van J.Dewey (4.1). Hij ziet de mens altijd als een mens in interactie met zijn omgeving. De op Mead gebaseerde theorie van het symbolisch interactionisme is in Nederland bekend geworden door het werk van A.C.Zijderveld (1973).

In deze benadering worden zingeving en identiteit gezien als produkt van interactie- en identificatieprocessen. Men kan dit verstaan als een kritiek op een wijze van psychologiebeoefening die louter aandacht heeft voor het individu en diens innerlijk. Juist door zich te verplaatsen in de positie van de ander vindt een mens zichzelf. Interactie betekent dat we ons identificeren met anderen en die ervaring internaliseren. Zo wordt een mens zichzelf aan anderen, in de taal van Mead 'significante anderen' en de 'gegeneraliseerde ander' geheten (Van Uden, 1985). Mead onderscheidt verder tussen het 'Me' en het 'I'. Door het eigen handelen te beoordelen vanuit het perspectief van de ander, leert de mens zichzelf verstaan als object. Dit deel van het zelf is het 'Me'. Het handelen dat niet onmiddellijk toegankelijk is voor reflectie is het 'I'. Dit wordt beleefd als initiatief en vrijheid. Het 'Self' is de innerlijke dialoog tussen 'Me' en 'I' (Van Uden 1996, 22).

In een proces van 'role-taking', waarin de ander als model fungeert, vindt een mens op creatieve wijze zijn eigen levensperspectief. Het individu ervaart zichzelf door middel van reacties van anderen op zijn aanwezigheid en gedrag. Door handelingen die dergelijke reacties symboliseren is het individu vervolgens in staat eenzelfde verhouding ten opzichte van de ander in te nemen. Zo ontstaat vanuit allerlei 'zelven' een 'zelfsysteem'. De generaliseerde ander kan gezien worden als een zingevingstotaal. Deze vertegenwoordigt een groep waartoe het individu wil behoren. Men kan dit ook in religieuze zin verstaan, zoals blijkt uit onderzoek van H.A.Alma (1998) naar de betekenis van identificatieprocessen voor de geloofsontwikkeling.

In een constructionistische benadering wordt deze roltheorie veelal verbonden met een narratieve visie op de menselijke levensloop. Met P.Ricoeur (5.2) kan men het menselijk bestaan zien als een verhaal. Via het proces van 'role-taking' (re-)construeert een mens voortdurend zijn eigen levensverhaal en vindt hij zin in zijn bestaan. Ook de religieuze traditie reikt hierbij rollen aan op grond waarvan aan gebeurtenissen in het leven een symbolische betekenis kan worden toegekend. Zo wordt het kleine verhaal van een mens vanuit het perspectief van anderen langs hermeneutische weg verbonden met het Verhaal van een gemeenschap.

6.82. *Religie, theologie en pastoraat*

De Zweedse godsdienstpsycholoog *H.Sundén* (1966) heeft de rollentheorie vertaald naar *religie en geloof*. Een mens wordt godsdienstig door zich te identificeren met anderen, bijvoorbeeld met figuren uit de bijbel of met de heiligen van weleer. Door hun rol over te nemen, ontdekt een mens het geloofsperspectief. Door bijvoorbeeld het Abrahamitisch avontuur aan te gaan (Gen.12), durf ook ik uit te gaan zonder te weten waar ik komen zal. Zo neem ik de rol van Abraham over en anticipeer ik gelovig op Gods belofte hier en nu (de godsrol). Zoals een kind zich identificeert met vader of moeder, zo voltrekt ook het leren geloven zich in de weg van identificatie.

In dit verband kan ook gewezen worden op de waarderingstheorie en zelfconfrontatiemethode van H.J.M.Hermans (1974, 1981), die mensen via zelfonderzoek helpt reflecterend hun eigen waardegebieden te verkennen. Dit sluit aan bij de cognitieve psychologie, maar Hermans beroept zich vooral op Mead. Met deze methode onderzocht M. van Knippenberg (1987) de beleving van de dood. Uitspraken over het levenseinde roepen heel verschillende gevoelens op, die informatie verschaffen over de betekenissen die mensen, ook vanuit hun geloofstraditie, aan de dood toekennen.

Voor de pastorale *theologie* zijn deze inzichten belangrijk. Ze laten ons zien hoe mensen in de weg van de navolging het beeld van Christus aannemen. Het werk van de Geest gaat niet buiten identificatieprocessen om. Ik citeer opnieuw

Paulus: “En wij allen die met een aangezicht waarop geen bedekking meer is de heerlijkheid des Heren weerspiegelen, veranderen naar hetzelfde beeld van heerlijkheid tot heerlijkheid door de Here die Geest is” (2 Cor.3,18). Het is de moeite waard nog eens over deze tekst na te denken in het licht van de rollentheorieën van Mead en Sundén. Het relationele denken over de mens, dat in de nieuwere theologie (zoals bij H.Berkhof) zichtbaar wordt, vindt ook hier steun.

Hermeneutisch gezien legt deze theorie nadruk op het narratieve karakter van de traditie en de noodzaak van een cognitief referentiekader of zingevingssysteem, dat aan identificatieprocessen inhoud geeft. Het Verhaal vertaalt zich in onze verhalen. Zo kan het lied van de Knecht, Jesaja 53, volgens *H.Leene* (1993) gelezen worden als een drama, waarbij het volk Israel zich steeds meer leert identificeren met de rol van de lijdende knecht. Sundén onderscheidt tussen de ‘Lehrmensch’ en de ‘Rollenmensch’. De ‘Lehrmensch’ slaat met bijbelteksten om zich heen en verschanst zich in dogmatische bolwerken. De ‘Rollenmensch’ daarentegen gaat zelf in gesprek met de bijbel, “hij riskeert een ontmoeting die hem uit zijn normale doen kan brengen, waardoor hij geschokt kan worden en misschien nimmermeer dezelfde zal zijn” (A.J.Gerritsen z.j.,115).

Een narratieve benadering van het *pastoraat* troffen we aan bij o.a. *Ch.V.Gerkin* en bij verwante Nederlandse pastoraal-theologen (5.522). Ook werpt deze benadering licht op processen van overdracht der traditie en godsdienstige opvoeding. Jongeren vinden als gelovigen hun identiteit via identificatie. Deze theorie geeft ook inzicht in de psychologische betekenis van een methode als bibliodrama (Andriessen e.a., 1995) en werpt licht op vormen van meditatie. Deze sociaal-psychologische benadering werkt verder door in vormen van gezinstherapie, waarin b.v. gelet wordt op de eigen rol in een gezin van het oudste of jongste kind, Ezau of Jakob, of meer problematisch op de rollen van zondebok of zorgenkind (Richter, 1970). Een constructionistische benadering van het levensverhaal heeft ook binnen de praktische theologie het biografieonderzoek gestimuleerd (Kuld, 1997).

6.9. *Balans*

Tot zover zeven psychologische stromingen, kort getypeerd en vanuit het pastoraal-theologisch perspectief becommentarieerd. Wanneer we de verschillende benaderingen op ons laten inwerken, kan vanuit antropologisch gezichtspunt tot op zekere hoogte gesproken worden van complementariteit. De benaderingen vertegenwoordigen verschillende, met name therapeutische, invalshoeken. Deze sluiten elkaar op bepaalde punten uit, maar vullen elkaar op andere punten juist aan. In onderlinge samenhang levert dit een bepaald beeld op. *Samengevat* schetsen ze het beeld van de mens als een in veel opzichten gedetermineerd wezen, dat in tegenspraak met zichzelf en vanuit eigen innerlijk bedreigd door onbewuste krachten, niettemin zichzelf wordt, zijn bestemming vindt en positieve mogelijkheden ontwikkelt om zich vanuit een gevarieerde begaafdheid te ontplooien in relatie met anderen, met wie hij zich identificeert en die hem verbinden met een zingevende traditie, van waaruit hij zich geestelijk oriënteert op zijn bestemming. Het is een lange en vooral spanningsvolle zin, waarin antropologisch gezien de polariteit van vrijheid-bepaaldheid een centrale plaats inneemt. Zo wordt van verschillende kanten licht geworpen op 'heel de mens'. Zo'n theoretisch kader staat overigens op gespannen voet met het fragmentarisch karakter van menselijke zelfbeleving.

Vervolgens merk ik op dat theologie en psychologie in een bipolaire benadering niet door elkaar gehaald mogen worden, hoe moeilijk dat ook is. Ze verhouden zich tot elkaar op de wijze van Chalcedon: 'onvermengd en onveranderd', 'ongedeeld en ongescheiden' (Riess 1973, 59). Immers elke vorm van pastorale communicatie is 100% theologisch en 100% psychologisch, maar nooit fifty-fifty of verdeeld over welk ander percentage dan ook. Dit behoedt ons ervoor om psychologische verschijnselen theologisch te duiden, zoals dit soms gebeurt in het therapeutisch pastoraat (4.1). Omgekeerd zullen we theologie en psychologie ook niet tegen elkaar mogen uitspelen, zoals Thurneysen doet (3.1), voor wie 'Menschenkenntnis' en 'Menschenverständnis' twee totaal verschillende zaken zijn, evenals heil en heling, pastoraat en psychotherapie. In een hermeneutische benadering is sprake van een kritische wisselwerking.

Tenslotte is er de relatie van psychologie en religie, die van groot belang is voor de pastorale zorg als vorm van religieuze communicatie. Elke stroming geeft hieraan een eigen interpretatie op een continuüm van 'religie is neurose' tot 'therapie is heil'. Toch valt vanuit de samenhang der verschillende stromingen nog iets meer te zeggen over de psychologische functie van religie. In de *eerste* plaats zijn er voorgegeven religieuze tradities als neerslag van ervaring in het verleden. Deze geven inhoud aan het cognitief-religieuze referentiekader of zingevingssysteem. Ze vormen de basis voor persoonlijke en gemeenschappelijke levensoriëntatie. In de *tweede* plaats gaat religie bij mensen gepaard met een emotionele beleving. Een gebeurtenis roept angst op of verlangen, verdriet of vreugde. Deze beleving wordt op één of andere wijze aan een traditie gerelateerd en vanuit een zingevingssysteem geïnterpreteerd. Het zelfbeeld en de relatie met anderen spelen hierin een belangrijke rol. Op deze wijze gaan mensen om met persoonlijke problemen. Men duidt dit laatste wel aan met het begrip 'coping' (van het Engelse 'to cope with', het hoofd bieden aan, vgl. ook Alma, 1993, 46). Op dit niveau ligt de relatie van religie en geestelijke gezondheid. In de *derde* plaats ontstaat uit de verbinding van referentiekader en beleving een ervaring, die zowel een cognitief als een affectief moment in zich heeft (Firet 1987, 180). De zo gevormde diepere ervaringslaag wordt als regel omschreven in termen van geloofservaring en spiritualiteit.

Over de vraag hoe de relatie tussen beleving en traditie gelegd wordt lopen de stromingen uiteen. Het kan zijn, zo hoorden we, via taal en interpretatie, verhaal, symbool, ritueel, transitionele objecten, identificatiefiguren of vanuit de dieptedimensie van het mens-zijn, de archetypische laag. Elke opvatting geeft aan de relatie een eigen betekenis. In het ene geval wordt het cognitieve meer benadrukt, in een andere geval het relationele of emotionele, in weer een ander het diepere existentiële niveau.

Dit alles overziende kunnen we religie met K.I.Pargament (1992, 204) omschrijven als “a search for significance in ways related to the sacred”. Pargament is vooral geïnteresseerd in de vraag *hoe* religie functioneert in dit proces van zin- en betekenisgeving. Men kan hier onderscheiden tussen *verschillende niveaus* waarop religie invloed uitoefent: het niveau van de inhoud (de cognities), dat van de relationele context (de emotionele beleving van de relatie tot anderen en tot zichzelf) en dat van de eigenlijke ervaring (Alma en Van Uden, 1995). Pastorale zorg als vorm van religieuze communicatie, gericht op zingeving, speelt zich eveneens af op een cognitief, een emotioneel en een experiëntieel niveau. Eerder gebruikten we hiervoor de woorden zingeving, zinbeleving en zinvinding (5.51). Deze werken voortdurend op elkaar in. Hierin wordt de hermeneutische samenhang van theologische en psychologische elementen zichtbaar.

In het vervolg werken we deze inzichten nader uit, om te beginnen aan de hand van de verschillende functies van pastoraat (hofdstuk 8). Maar eerst verkennen we de hermeneutische benadering van pastorale zorg vanuit een theologisch perspectief.

7. Pastorale zorg en theologie

Dit hoofdstuk vormt de pendant van het vorige. Vanuit een hermeneutische visie op pastorale zorg, uitgedrukt in het begrip bipolariteit (5.1), wil ik traditie en ervaring, theologie en psychologie wederzijds op elkaar betrekken. Na de polaire beweging van psychologie naar theologie, volgt nu de tegenbeweging. In dit hoofdstuk kies ik mijn uitgangspunt in de theologie, met de bedoeling centrale begrippen te verstaan in hun betekenis voor het pastorale handelen.

In de voorafgaande hoofdstukken kwamen we een aantal theologische fragmenten op het spoor, afzonderlijke 'blokjes' ontleend aan Schrift en traditie. Hier proberen we die in elkaar te passen. Ik besef terdege dat dit voor een belangrijk deel blokjes zijn, die ik zelf in de loop van jaren theologie en praktijk in handen gekregen heb. Blokjes die ik heb overgehouden, want gaandeweg heb ik er ook een aantal weggegooid en daar meestal weer andere voor teruggevonden. Soms na intensief zoeken, soms lagen ze gewoon voor het oprapen. Ik ben me er dus van bewust dat elk pastoraal-theologisch verhaal voor een deel een heel persoonlijk verhaal is. Het is verbonden met het eigen levens- en geloofsverhaal van déze mens, gevormd in een bepaalde traditie, die gaandeweg heeft geleerd eigen inzichten te toetsen aan die van anderen en zich daardoor te laten corrigeren en verrijken.

Theologiseren is een weg, een moeizaam proces van luisteren, waarnemen, ontdekken, verstaan, interpreteren, zingeven en handelen. Iedere pastoraal-theoloog beschrijft op de kaart van de actualiteit haar of zijn eigen hermeneutische cirkels, tegen de horizon van Schrift en traditie. Dit proces geeft een inhoudelijke basis aan ons werk. In het vervolg doe ik een aantal theologische pleisterplaatsen aan, die ieder op haar of zijn weg waarschijnlijk wel zal tegenkomen. Nochtans zullen waarneming, ervaring en interpretatie verschillen. Ik kan de bedoeling van dit hoofdstuk dan ook het beste formuleren als een poging anderen te helpen zelf het hermeneutische ontginningswerk ter hand te nemen. Pastoraal werk stimuleert tot theologiseren. Deze intellectuele uitdaging vormt voor pastores één van de levensvoorwaarden om trouw te blijven aan hun eigen perspectief, dat van Schrift en traditie.

Begrippen, die in het voorafgaande min of meer onbevangen werden gebruikt, moeten nu theologisch verantwoord worden. Dat geldt voor de identiteit van het pastoraat (7.1), de begrippen openbaring en ervaring (7.2), de betekenis van het verhaal (7.3), beelden van God (7.4), de mens Beeld Gods (7.5), het werk van de Geest (7.6). In hun onderlinge relatie zijn deze paragrafen goed voor een kleine pastorale theologie.

In de opbouw van dit hoofdstuk zit een duidelijke lijn, die samenhangt met een hermeneutische bipolaire benadering. Daarin gaat het om de vraag hoe heil van Godswege en de menselijke receptie van dit heil zich tot elkaar verhouden. *De beweging van het heil gaat van God uit, maar gaat niet buiten de mens om.* Dit geeft aan pastorale zorg een eigen identiteit, in onderscheid van psychotherapie. Op de achtergrond speelt de verhouding van openbaring en ervaring. Deze roept vervolgens de vraag op, hoe het Verhaal van de geloofstraditie zich verhoudt tot het menselijk levensverhaal. Dit wordt nader toegespitst op de vraag naar de werkelijkheid van God in relatie tot menselijke beelden van God. Beide raken elkaar in het bijbels spreken over de mens als beeld Gods. Dit brengt ons tenslotte bij het werk van de Geest in relatie tot de menselijke geest. Steeds geldt dat de ene pool niet opgaat in de andere, maar dat de ene zich ook niet buiten de andere denken laat.

De poging die ik in dit hoofdstuk onderneem staat niet op zichzelf. Ook elders stuit ik op een groeiende behoefte aan een theologische basis voor pastorale zorg. Voor de Duitse situatie verwijs ik naar de voortgaande discussie rond de theologie van Thurneysen (hoofdstuk 3). Voor Zuid-Afrika noem ik de pastorale theologie van D.J.Louw (1993, 1997).

In de Verenigde Staten verscheen recent een boek van H.W.Stone (1996), geschreven als "an introduction to correlating pastoral care and theology". Het gaat hem uitdrukkelijk om een poging beide velden bij elkaar te brengen. Op deze wijze kan de vraag naar God onverhuld in het pastorale gesprek aan de orde komen. Hij noemt dit zelfs het doorbreken van een taboe, want in het praktijkmateriaal dat hij onder ogen krijgt speelt de theologie slechts een marginale rol (14). Wanneer we echter bereid zijn geloofsvragen serieus te nemen, kunnen alle vier door Clebsch en Jaekle onderscheiden functies van pastorale zorg beter tot hun recht komen (10). Ook hij stuit op de vraag, die wij ons hier stellen, welke psychologische stroming met welke theologische benadering kritisch kan correleren (18). Hij verwijst naar de poging van Pruyser om het eigene van de pastorale zorg op het spoor te komen (4.4). Dit vraagt een theologische diagnose. Een ontmoeting met de ander in de sfeer van het Woord - hij citeert hier Schillebeeckx -, is een ontmoeting met God in Christus (coram Deo). Zowel Asmussen als Thurneysen en Tillich zien, zij het op verschillende wijze, in de communicatie met het levende Woord van God het doel van pastorale zorg. Alleen in de omgang met het Woord leren we de taal van het Woord spreken, die dieper reikt dan de seculiere taal van de hulpverlening. Hier raakt pastorale zorg aan geestelijke begeleiding (77). Dit vraagt een contemplatieve attitude. Op deze wijze valt minder nadruk op pastorale zorg als specialisme van de pastor en meer op het priesterschap van alle gelovigen (107).

7.1. *De identiteit van de pastorale zorg*

In de verschillende stromingen binnen de pastorale theologie stond steeds de identiteit van de pastorale zorg ter discussie (3.4, 4.4, 5.4). Dat is begrijpelijk. Nog niet zo lang geleden werden geloofservaringen vrijwel uitsluitend in theologische taal verwoord, in termen van zonde en genade, van wedergeboorte en bekering, van rechtvaardiging en heiliging. Pastoraat werd omschreven als Woordverkondiging aan de enkeling. Vanuit een theologisch taalveld werd het leven van mensen geïnterpreteerd. Dit kon gemakkelijk leiden tot een spiritualisering van het christelijk geloof, waarbij heil van Godswege en menselijke ervaringen van heling ver uit elkaar getrokken werden.

Vanaf de zestiger jaren komt hierop, zoals we zagen, een reactie. Theologische taal maakt plaats voor therapeutische taal en theologische begrippen worden in toenemende mate in psychologische termen geïnterpreteerd. Deze psychologisering van de pastorale zorg kan gezien worden als een inhaalmanoeuvre op een al te docetische mensvisie. Thans bevindt de ontwikkeling van het pastoraat zich in een nieuwe fase, waarin eenzijdigheden van de voorafgaande fasen worden onderkend en gepoogd wordt theologische en psychologische inzichten op hermeneutische wijze op elkaar te betrekken.

7.11. *Een dubbele loyaliteit*

Tegen deze achtergrond zijn discussies over de identiteit van het pastoraat nogal eens verwarrend, omdat theologische formuleringen èn omschrijvingen in termen van hulpverlening tegen elkaar worden uitgespeeld. Pastorale zorg, die deze naam verdient, heeft echter altijd te maken met een dubbele loyaliteit, een specifiek christelijke en een algemeen menselijke. Trouw zijn aan de christelijke traditie vraagt dat men aan beide recht wil doen.

Theologisch kan hier gesproken worden van een verbinding van 'het bijzondere' met 'het algemene'. Met het bijzondere wordt bedoeld 'heil van Godswege', dat met name in de persoon en het werk van God in Jezus Christus aan het licht gekomen is. Het verbindt ons met zijn lijden en opstanding en plaatst het leven hier en nu in het perspectief van het op ons toekomende leven, het Rijk Gods. Dit heil is *exclusief.* Het vraagt geloof en roept op tot bekering en navolging. Met het algemene wordt bedoeld de relatie die God heeft met heel de geschapen werkelijkheid. Het gaat om mensen, of ze nu gelovig zijn of niet. Zijn mensenliefde richt zich op een toekomst van vrede en gerechtigheid en door zijn Geest werkt Hij aan de vernieuwing van de wereld. Alles wat in dienst staat van de humaniteit, van leniging van nood en opheffing van leed en gericht is op de vernieuwing van menselijke relaties mag vanuit het christelijk geloof verstaan worden als heilzaam en helend. Deze tweede lijn is *inclusief.* God heeft het goede voor met alle mensen (Tit.2,11). Ook ontwikkelingen in de medische wetenschap, de psychotherapie, de hulpverlening, het sociaal werk, die leiden tot menswaardiger en rechtvaardiger menselijke verhoudingen mogen door een christen verstaan worden in het licht van het vernieuwende werk van de Geest.

Het heil waar het christelijk geloof over spreekt, kent altijd beide momenten. Er is niet alleen discontinuïteit, er is ook continuïteit tussen heils- en werkelijkheidservaring. De bekende gereformeerde dogmaticus *H.Bavinck* heeft dit eens heel mooi verwoord: "Alwat waarachtig is, alwat edel is, alwat rechtvaardig is, alwat rein is, alwat liefelijk is, alwat welluidt, in de ganse schepping, in hemel en aarde, wordt in de toekomstige Godsstad saamgebracht, maar vernieuwd, herschapen, tot zijn hoogste heerlijkheid opgevoerd. De substantie ervoor is in deze schepping aanwezig" (1928 IV, 702). Hier resoneren Fil.4,8 en Op.21. Hij maakt hier een vergelijking met een rups, die zich ontwikkelt tot vlinder en met koolstof die zich omzet tot diamant. Heil wordt dus niet slechts vertaald in theologische taal (vergeving, wedergeboorte, navolging), maar ook in de taal van de aardse werkelijkheid, in b.v. medische en psychologische taal (genezing, bevrijding van psychische druk en het werken aan een rechtvaardige menselijke samenleving). Helaas verstaan mensen in veel gevallen elkaars taal niet meer.

7.12. *Op verschillende niveaus*

Dit heeft consequenties voor het pastoraal handelen. Pastorale zorg, het hoeden van mensen, is er altijd op gericht het bijzondere en het algemene te integreren. Dat geldt op *verschillende niveaus*.

Allereerst op dat van *de inhoud* van de pastorale zorg. Een vriendelijk woord, een goed gesprek over wat iemand beweegt, wordt niet pas pastoraal als er geloofstaal gesproken wordt. Het *is* pastoraal omdat het welzijn van deze mens God ter harte gaat. Maar een dergelijke ontmoeting kan zich verdiepen in een poging het menselijk leven te expliciteren Coram Deo. Dat hangt uiteraard af van het gesprek. Het pastoraat kent geen dwang tot getuigen of evangeliseren, alsof het bijzondere per se moet worden ingebracht. Een pastorale relatie is ook zonder dat al bijzonder genoeg en speelt zich in alle gevallen af binnen de speelruimte van de Geest, de ruimte waarin dingen een mens meer overkomen dan dat ze het resultaat van bewuste planning zijn.

Die integratie geldt ook op het niveau van *de methodiek*. Pastorale zorg zal gaarne gebruik maken van inzichten op het gebied van het helpende gesprek, die dienstbaar zijn aan de menswording van de mens, de heling van het leven, het wegnemen van psychische druk en het verhelderen van het inzicht in de eigen levenssituatie. Zij zal er altijd op bedacht zijn dat déze mens als schepsel Gods subject is van diens eigen leven en nooit object mag worden van onze ongetwijfeld goede bedoelingen. Maar zo verstaan heeft pastorale zorg als elke vorm van tussenmenselijke communicatie een therapeutisch moment in zich. Dat geldt ook voor die specifiek religieuze elementen, die in de communicatie een rol spelen, zoals biecht en gebed. Ook die maken integraal deel uit van de pastorale relatie.

Deze inzichten spelen ook een rol op het niveau van de *interdisciplinariteit*, de relatie van pastoraat en andere vormen van hulpverlening. Pastoraat is geen verdubbeling van andere vormen van hulp vanuit een christelijk perspectief. Andere disciplines hebben hun eigen recht. Op grond van een omvattende visie op heil zal een pastor graag positief samenwerken met artsen, therapeuten en anderen. Deze doen hun werk als regel ook zelf vanuit een levensbeschouwelijk kader, als christen of als humanist. In allerlei noden zijn zij de eerst aangewezenen op wie een beroep kan worden gedaan. Bij ziekte is er geen concurrentie tussen arts en pastor, tussen het gebruik van een medicament en het uitspreken van een gebed. Bij psychische moeilijkheden is de therapeut de eerst aangewezene, ook al zal een pastor niet meteen weglopen voor een neurotisch gevoel van angst of schuld. Op het vlak van de communicatie hebben alle helpende disciplines een aantal elementen gemeen, vakmatig zijn er onderling overlappingen, maar elke discipline heeft ook een eigen identiteit, de kern waarop men uiteindelijk gericht is (Heitink 1977, 237-283). Voor het pastoraat is dit het *geestelijk functioneren* van de mens. Men kan dit uitdrukken in termen van 'omgaan met' of 'zich verhouden tot', maar vervolgens gaat het over alles wat voor een mens belangrijk is: emoties, lichamelijkheid, gezondheid, sociale relaties, arbeid, politiek e.d. Het geestelijke is geen afgegrensd domein, maar een dimensie van heel het leven.

Het behoort tot het eigen karakter van het geloof, dat de verhouding tussen het algemene en het bijzondere niet in alles doorzichtig is. Het geloof weet dat er een relatie is, maar niet precies welke. Wij kijken hier in een gebroken spiegel (1 Cor.13,12). Het geloof weet dat het exclusieve en het inclusieve karakter van het heil elkaar als het ware oproepen. Wie in haar of zijn pastoraat het heil in Christus exclusief vooropstelt, kan gemakkelijk voorbijgaan aan de eigen vragen en noden van mensen, zoals die in hun belevingswereld een rol spelen. Maar wie inclusief het goede voorheeft met alle mensen, ontkomt niet aan de vraag wat dan wel in een concrete situatie 'goed' genoemd mag worden. Het zijn uiteindelijk levensbeschouwelijke of ethische keuzen die hier de doorslag geven. Het christelijk geloof weet dat de verbinding van het algemene met het bijzondere eschatologisch van aard is. God zal uiteindelijk zichtbaar maken hoe heil van Godswege en menselijk heil zich tot elkaar verhouden: nieuwe mensen op een nieuwe aarde waar gerechtigheid woont.

In de verhouding van het bijzondere en het algemene, of omgekeerd, vallen belangrijke theologische beslissingen. Ik ben me ervan bewust dat deze hermeneutische benadering vanuit een reformatorische traditie slechts één van de manieren is om het algemene en het bijzondere te integreren. Een theoloog, die vanuit de klassieke katholieke theologie denkt over de verhouding van natuur en genade, komt tot een andere benadering. Dat geldt ook van een barthiaans theoloog, die meer afstand inbouwt. Hierbij moeten we wel bedenken dat Barth, vanuit zijn antropologische inzet bij de christologie, wel degelijk oog heeft voor de humaniteit (vgl. 3.2). Een correlatietheoloog als Tillich geeft, zoals we zagen, een duidelijker continuïteit aan. D.Tracy gaat uit van een kritische correlatie in de relaties 'God-Self-World' en plaatst deze met behulp van het begrip transformatie in een eschatologisch perspectief (1981, 421 e.v.).

Op de achtergrond speelt de vraag naar de aard van de analogie. Het is een vraag waar volgens E.Jüngel geen theoloog aan voorbij kan gaan: "Wenn menschliche Rede von Gott diesem entsprechen soll, muss sie Gott analog sein. Die Theologie hat deshalb der Analogie konzentrierteste Aufmerksamkeit zuzuwenden. Die Meinung, man könnte sich dem mit dem Stichwort Analogie gekennzeichneten Problem entziehen (...) ist gedankenlos" (Jüngel 1986, 383v.). Vanaf de eerste eeuwen heeft deze vraag gespeeld in de relatie tussen christelijke denkers en hun heidense omgeving. Men was er namelijk van overtuigd dat in heel de geschapen werkelijkheid 'vestigia Dei', sporen van God, te vinden zijn. Reeds Augustinus ontleent in de beschrijving van God zijn beelden aan het menselijk zieleleven. Luther op zijn beurt kan in een zondig mens weinig goddelijks herkennen. In aansluiting bij Calvijn schetst Artikel 2 van de Confessio Belgica de schepping als "een schoon boek, in hetwelk alle schepselen, grote en kleine, gelijk als letteren zijn, die ons de onzienlijke dingen Gods geven te aanschouwen". Dit artikel is met name door barthianen fel bestreden. "Wij kennen Hem door twee middelen", zo begint dit artikel, namelijk uit de aardse werkelijkheid en uit de Schrift. A.D.R. Polman (z.j.), die een overzicht geeft van de discussie, wijst erop dat de 'wij' over wie het hier gaat, de gelovigen zijn. Niet iedereen zal het zien! De katholieke theoloog H. Urs von Balthasar (1951) heeft, reagerend op Barth, de analogievraag verdiept. Volgens hem vullen analogia entis en analogia fideï elkaar aan en liggen de katholieke theologie en die van Barth op het punt van de verhouding natuur-genade niet zover uit elkaar. Barth voert in zijn antropologie (III/2, 262) het begrip analogia relationis in, dat we ook aantreffen bij Jüngel (1986, 529). Hierin komt het bondgenoot-zijn van de mens tot uitdrukking, waarbij Barth vooral de unieke positie van Jezus benadrukt. De theologie van Berkhof bouwt voort op dit verbondsmatige denken, maar geeft eraan een verbreding. Zie voor een overzicht van de analogie-discussie: Jüngel (1986); Tobler (1994), die zelf de analogia relationis invult als analogia caritatis.

McGrath (1997, 156 e.v.) wijst op de overeenkomst tussen analogie en metafoor: "een metafoor is een manier om over het ene te spreken in termen die het beeld van iets anders oproepen." Een metafoor heeft altijd de kenmerken van 'is' en 'is niet'. Theologische metaforen zijn bij uitstek geschikt om de emotionele dimensies van het christelijk geloof uit te drukken (158). Het gebruik van metaforische taal is daarom een beproefd middel om in het pastoraat heil van Godswege en menselijke ervaring in woorden van verlossing en bevrijding te verbinden (Capps, 1984).

7.2. *Openbaring en ervaring*

Op de achtergrond van een hermeneutische benadering speelt de analogievraag dus steeds een belangrijke rol. Ik sloot mij hiervoor aan bij *H.Berkhof* (1973, 4): "Daarom zijn goddelijk heil en aardse werkelijkheid complementaire begrippen; het éne wordt pas zichzelf door het andere. God is met zijn handelen heilbrengend, helend op ons bestaan gericht." Bij alle wederkerigheid zit in de laatste zin een onomkeerbaar moment: De beweging gaat van God uit. Dit is het theologisch-kritisch moment in het begrip bipolariteit (5.1).

De verhouding van het bijzondere en het algemene spitst zich toe op de verhouding van openbaring en ervaring, één van de kernvragen in de pastorale theologie. Vaak worden beide begrippen tegen elkaar uitgespeeld. Openbaring staat dan op gespannen voet met menselijke ervaring, zoals geloof met religie. In de hermeneutische theologie wordt voor een andere benadering gekozen. We verwijzen opnieuw naar *H.Berkhof*, die schrijft: "Openbaring is een ontmoetingsgebeuren. Daarin zijn altijd twee partijen betrokken en moet toenadering van twee kanten komen. De openbaring heeft met alle ontmoeting gemeen, dat zij in zulk een samentreffen bestaat en dus nooit alleen als goddelijk (objectivistisch) of als menselijk (subjectivistisch) kan worden beschreven. Zij verschilt van wat wij meestal een ontmoeting noemen daarin, dat het initiatief hier geheel van één kant komt. Het is God en God alleen die door zijn verbergend ingaan in onze werkelijkheid, de ontmoeting mogelijk maakt" (59). Hier tekent zich dezelfde grondstructuur af. Het initiatief komt van God. Toch is er alleen sprake van openbaring als de mens van die verborgen aanwezigheid van God iets in onze werkelijkheid ziet oplichten.

Het laatste is het geheim van een pastorale ontmoeting die als heilzaam ervaren wordt. In de ontmoeting tussen mensen wordt iets ervaren van een God die ons nabij komt. Daarbij mogen transcendentie en immanentie evenmin tegen elkaar worden uitgespeeld. Dat zou in strijd zijn met het motief van de incarnatie. Immers, het Woord is vlees geworden en het heeft onder ons zijn tent opgeslagen (Joh.1,14). Schleiermacher (5.2) noemde dit de grondtekst van het pastoraat. Onze werkelijkheid is van het Woord doortrokken. In het bijbels spreken over God treffen we een zelfde polaire spanning aan. De distantie tussen God en mens is voorwaarde voor nabijheid. Ik denk aan Jes.57,15: "In den hoge en het heilige woon Ik en bij de verbrijzelde en nederige van geest, om de geest der nederigen en het hart van de verbrijzelden te doen opleven." Het laatste op grond van het eerste. Het is de Ander die onder ons woont. Daarbij sluit aan een woord over Jezus Christus in Hebr.4,14v.: Hij is de hemelen doorgegaan èn hij kan meevoelen (*sympathêsai*) met de zwakheden van de mensen. Ook een pastorale ontmoeting wordt gekenmerkt door distantie en nabijheid, waardoor ruimte ontstaat waarin iets gebeuren kan. Zorgvuldig omgaan met elkaar is ten diepste 'ruimte scheppen voor de Geest'. Ik kies bewust voor deze gewaagde maar uiterste formulering. Want de betrokkenheid van God op ons leven wordt gekenmerkt door beide zelfde spanningsvolle momenten: Vanuit de hoge is Hij de nederige. Geen transcendentie zonder immanentie, geen immanentie zonder transcendentie. Openbaring als ontmoeting gaat niet buiten onze ontmoetingen om; ervaring als een werkelijk tot in het diepst van onze ziel geraakt worden, het 'schlechthinnige Abhängigkeitsgefühl' van Schleiermacher, is een transcendentie-ervaring. Of, zoals we eerder hoorden: het één kan niet zonder het ander tot zijn recht komen (Berkhof).

Maar wij kunnen hier nooit over beschikken, want openbaring veronderstelt verborgenheid (Berkhof, 55). Als ons soms een klein lichtje opgaat, 'zien soms even' (H.Oosterhuis), is dat te danken aan de illuminatio van de Geest. In een pastorale ontmoeting kan niets anders gedaan worden dan voorwaarden scheppen, opdat 'in, met en onder' (Thurneysen) de tussenmenselijke ontmoeting iets van transcendentie ervaren wordt. Berkhof drukt zich zo uit: "Openbaring is geen hemels gebeuren. Zij geschiedt op aarde en in verschijningsvormen die met het aardse leven gegeven zijn" (53). De ontmoeting met God is niet direct, maar 'bemiddeld èn versluierd'. *E.Schillebeeckx* (1989, 88v.) typeert de mystieke dimensie van de geloofservaring als 'bemiddelde onmiddellijkheid'. In tussenmenselijke verhoudingen klinkt dat onzinnig, merkt hij op, maar dat is niet het geval als het gaat om 'de wederkerigheid tussen een eindig en een oneindig wezen'.

Binnen de praktische theologie bestaat er, als ik het goed zie, een groeiende overeenstemming over een hermeneutische benadering die spoort met de hiervoor beschreven pastoraaltheologische benadering. Het begrip immanente-transcendentie komen we bijvoorbeeld tegen bij *J.A. van der Ven* (1990, 198), waarvoor hij verwijst naar *E.Schillebeeckx* en *P.Schoonenberg*, maar ook naar *H.Berkhof* bij wie Gods transcendentie zich door condescendentie realiseert. *G.D.J.Dingemans* (1996, 149 e.v.) benadert de verbondsrelatie vanuit, wat hij noemt, een *kritische* correlatietheologie, "omdat er een voortdurende kritische spanning is tussen God en mens, openbaring en ervaring. Er is geen harmonieuze, vanzelfsprekende relatie tussen God en mens: er is eerder sprake van vervreemding en van een geschonden verhouding vol botsingen, spanningen en verzoening" (151). Hij verbindt zijn kritische correlatietheologie met een hermeneutische interpretatietheorie.

Ervaring ('empeiria') staat voor de blijvende indruk die een gebeurtenis in iemands leven achterlaat. Het werkwoord 'er-varen' verwijst etymologisch naar reizen: door reizen ondervinding opdoen. 'Een ervaring opdoen' ziet volgens A.Vergote (1971, 49v.) op 'de empirische en onmiddellijke component van het kennen'. Hierbij komt allereerst een cognitief proces op gang maar, naarmate dit de ander raakt, ook een affectief proces. "We kunnen van 'een ervaring', in de zin van het resultaat van een ervaringsproces, spreken, als datgene wat iemand waarnam, overwoog, waarin hij geïnvolveerd raakte, blijvend een bestanddeel van zijn 'zelf' wordt, iets wat zijn 'zijn' mede gaat bepalen, kernmerken, kleuren" (Firet 1987, 180). In het voorafgaande werden de woorden ervaring en beleving min of meer als synoniem gebruikt. Beleving ziet met name op het affectieve of emotionele moment in dit proces. Volgens de godsdienstpsycholoog R.Nauta (1995, 29-64) kan de religieuze ervaring op verschillende wijzen beschreven en verklaard worden. Hij onderscheidt tussen *voorwaarden* van religieuze ervaring, religieuze ervaring als *proces* (cognitieve modellen, dynamische modellen, pragmatische modellen) en *effecten* van religieuze ervaring, zoals heelmaking en eenwording.

Volgens McGrath (1997, 206) verwijst ervaring "naar wat er omgaat in het innerlijk van de enkeling, waarbij de enkeling zich bewust wordt van de eigen subjectieve gevoelens." Hij onderscheidt twee modellen. In het ene verschaft ervaring een fundamentele bron voor christelijke theologie; in het andere verschaft christelijke theologie een verklarende structuur waarbinnen de menselijke ervaring geïnterpreteerd kan worden. De eerste opvatting treffen we o.a. aan bij P.Tillich en D.Tracy. In het tweede geval is sprake van meer dialectiek, zoals in de hier voorgestane bipolaire benadering. Theologie kan menselijke ervaring ook kritisch weerspreken.

Openbaring is een jong begrip. Houtepen (1997, 362) formuleert dit aldus: "Openbaring als beginsel van de theologie na de Verlichting is de aanduiding geworden zowel voor de geloofsinhoud als voor het gebeuren waardoor deze geloofsinhoud als betrouwbaar en gezagvol door God meegedeeld is." Het begrip werd later defensief geformaliseerd, waartegen Bonhoeffers verwijt van 'openbaringspositivisme' zich richtte. In de Bijbel beperkt het woordveld 'openbaring' ('apokaluptein, phaneroun, dèloun') zich echter tot categorieën van ervaring: 'ik zag, ik hoorde, ik voelde'. We mogen tussen openbaring en ervaring dus geen onnodige tegenstelling creëren, aldus Houtepen. De openbaring is betrokken op het heil van de mens. "Alle manieren van godsdienstigheid die niet dienstbaar zijn aan de waardigheid en de verhoging van de mens, die hem neerdrukken en kleineren, zijn niet het werk van God, maar duivelswerk van mensen. Zo is het ons geopenbaard en zo kunnen we elkaar ook ervaren als mensen van God die naar God openstaan..." (Houtepen, 397v.).

7.3. *Het grote Verhaal en onze kleine verhalen*

7.31. *Zin geven en zin ontvangen*

Het bovenstaande kan de indruk wekken dat het in ontmoetingen in pastoraat om een particuliere ervaring gaat. Daarom zetten we een volgende stap. Het gaat hier tenminste om intersubjectiviteit. We plaatsen deze ervaring in het bredere kader van een *geloofsgemeenschap*, door openbaring en ervaring te verbinden met

Schrift en traditie. De Schrift, Gods Woord in mensenwoorden, vormt de neerslag van een proces van cumulatieve ervaring, een ervaringstraditie. In de geloofstraditie wordt ons een interpretatiekader geboden, dat mede bepaalt wat wij ervaren. "Als het geheel waarin de bijzondere, huidige ervaring wordt opgenomen, verleent dat interpretatiekader betekenis aan die particuliere ervaring: daardoor wordt deze een *zinervaring*" (Schillebeeckx 1989, 35). Hier wordt opnieuw duidelijk dat een hermeneutische benadering van het pastoraat het dilemma van kerygmatisch òf therapeutisch pastoraat transcendeert.

De Schrift is een boek van verhalen, die samen één groot Verhaal vormen. Typerend voor de wijze van vertellen is dat nieuwe verhalen worden gerelateerd aan de oerervaringen van uitgeleid worden: Abram uit Ur, de bevrijding uit Egypte, Israël uit ballingschap. Zingeving aan nieuwe ervaringen geschiedt - constructionistisch uitgedrukt (6.82) - via identificatie met oude verhalen. Gedenken schept verwachten. Wat God daar en toen gedaan heeft, in de uitredding van zijn volk uit slavernij, krijgt hier en nu actuele betekenis. Zo is zin *geven* gebaseerd op zin *ontvangen* en zin *vinden*. Zijn weg zoekend in deze traditie, neemt Jezus bij zijn eerste openbare optreden in Kapernaüm de rol van Jesaja ter hand. En in de perikoop, die op deze sabbat aan de orde is, vindt hij een tekst, zíjn tekst: 'De Geest des Heren is op Mij... Hij heeft mij gezonden om aan gevangenen loslating te verkondigen...' (Jes.61,1). Door deze woorden weet hij zich persoonlijk geroepen. Hij identificeert zich ermee en vindt zo zijn identiteit. Al lezende maakt hij de woorden van de profeet, eeuwen terug na de ballingschap gesproken, tot tekst voor zijn eigen verhaal. Zo gaan profetieën in vervulling. Wij praten daar vaak heel passief over: zie je wel, het woord van de Schrift komt uit. Maar de vervulling van de profetie is een heel dynamisch gebeuren. Het gaat niet buiten mensen om, niet buiten hun verhaal, hun geloof, hoop en liefde (Heitink, 1994a). Profetieën gaan daar in vervulling waar mensen zich zo herkennen in en inleven in het Woord, dat het vlees wordt in hun eigen levensgeschiedenis (Andriessen/Heitink 1985, 121-149).

Het in onze tijd veel gebruikte begrip zingeving (vgl. 2.32, 5.51) kan gemakkelijk aan slijtage onderhevig worden. *Zin* is bij uitstek een hermeneutisch begrip dat stamt uit de 'Verstehende' traditie van de sociale wetenschappen. Zie hiervoor: Bij de Weg (1996). Deze spreekt over 'zin' als onderscheidend begrip tussen handelen en gedrag (108). Hij verwijst in dit verband naar J.Habermas. Handelen is intentioneel, wat impliceert dat de actor er een bepaalde zin in legt. Hij spreekt van gedrag "als men wat mensen doen analyseert vanuit een verklarend perspectief, waarin het begrip 'zin' geen plaats heeft, en van handelen, als men wat mensen doen analyseert vanuit een verstehend perspectief, waarin het begrip 'zin' juist een basisbegrip is." Intentionaliteit is echter slechts één bepaald aspect van zin. Zin verwijst niet alleen naar de intentie of bedoeling maar ook naar de betekenis van een handeling.

In dit verband kan men spreken van betekenis geven èn ontvangen. Dit geeft aan het begrip zin een verdieping. Daarom spreken godsdienstpsychologen niet alleen van *zingeving*, als actief begrip, maar ook van *zinvinding*, dat eerder passief is en moet worden verstaan in termen van ontvankelijkheid en overgave. Beide begrippen verhouden zich volgens Van Uden (1996, 20) als 'zelfontplooiing en zelfovergave' in Fortmanns omschrijving van geestelijke gezondheid. Hiervoor (6.9) maakten we onderscheid tussen drie dimensies of niveaus van zingeving: het cognitieve, het emotionele en het experiëntiële niveau. Het eerste is dat van de betekenissen, het tweede dat van het 'zich emotioneel verhouden tot', ook te vertalen in psychologische begrippen van geestelijke gezondheid. Het derde is het niveau van de spiritualiteit, de mystieke ervaring of geloofservaring, die bijbels gezien het beste kan worden uitgedrukt in woorden als 'vinden en gevonden worden'.

F.Haarsma merkt op: "Een zinvol leven is in ons bewustzijn alleen mogelijk als ik zelf voor mijzelf en voor anderen als zinvol geld en als ik mijzelf omwille van mijzelf erken en door anderen omwille van mijzelf erkend word" (1991, 42). Hiermee wordt het zinbegrip uitgetild boven verinnerlijking en subjectiviteit en in een relationeel verband geplaatst. De ervaring van zin is dan ook gebaseerd op de overwinning van de vervreemding. Hij legt vervolgens verband met de theologie van de genade. Deze theologie is niet slechts rationeel; zij moet geworteld zijn in een mystieke theologie die weet heeft van het 'van God genieten': "Proeft en ziet hoe zoet de Heer is" (Ps 34,9). M. van Knippenberg (1995) maakt met het oog op het pastoraat onderscheid in drie bestaanslagen: "Het menselijk verhaal is er altijd in zijn somatische, psychosociale en zingevingsdimensie" (367). Vragen naar zin hoort bij mensen. Het leven nodigt uit tot zingeven en zinontvangen. Dit speelt met name in grenservaringen. Het religieus referentiekader speelt hierbij een belangrijke rol. Het werken met zinvragen vereist daarom een grote communicatieve en hermeneutische competentie. "De grenzen van de zin liggen niet bij de zelfkennis of de zelfvervolmaking en ook niet bij het thuisgevoel in de bekende sociale groep. Christelijke zin veronderstelt een actief bewustzijn dat ik een onderdeel ben en de ander nodig heb" (375). Zie over pastoraat en zingeving ook: D.Tieleman (1995, 158-167).

Het begrip zingeving sluit aan bij een *narratieve* opvatting van theologie en pastoraat (5.52). H.Häring verwijst in dit verband naar J.B.Metz, die theologie omschrijft als 'een door reflectie onderbroken verhaal': "Weliswaar blijft een adequate theologie op de geloofsverhalen betrokken; zij is in geen enkel opzicht aan het vertellen superieur. Maar haar taak is voortdurende interventie. Zij zorgt er continu voor dat de verhalen niet worden bedorven, geïnstrumentaliseerd of tot letter worden gemaakt. Deze relatie kan slechts goed functioneren, als de theologische narratologie vanuit een grote sensibiliteit voor verhaal en herinnering wordt bedreven" (1997, 25). Hij noemt vier kenmerken van het verhaal. Als eerste de multidimensionaliteit, want een verhaal brengt niet alleen informatie, maar ook spanning en emotie (catharsis). Vervolgens noemt hij de communicatieve kracht van het verhaal. Dan de integratie van reflectie en spontaneïteit. Tenslotte de transcendentie van het eigen bereik. Van Peursen (1991, 25) spreekt over bijbelse verhalen als explosieve geschiedenissen. Ze vergen begrip, inzet, navolging en kritisch besef. Men kan geen onderscheid maken tussen verhalen en de gebeurtenissen die eraan ten grondslag liggen, evenmin als tussen verleden, heden en toekomst. Het is de Naam die geschiedenis maakt.

H.Veltkamp (1988, 111) noemt de pastor een hoeder van verhalen van mensen. Tegelijk heeft hij een relatie met het Verhaal van Gods geschiedenis met de mensen. Tenslotte heeft een pastor ook zijn eigen levensverhaal. Waar deze verschillende verhalen in elkaar grijpen geldt: "pastoraat is het scheppen en interpreteren van werelden van betekenis". Hij verwijst in dit verband op de betekenis van de narratologie, op grond waarvan verschillende elementen kunnen worden onderscheiden: "het verhaal is de ordening in tijd, plaats en onderling verband die een verteller aanbrengt tussen personages, hun handelingen en de overige gebeurtenissen" (107). Zie verder over het Verhaal als model van pastoraat: R.R.Ganzevoort (1994, 295-314) en 9.322.

7.32. *Religieuze ervaring*

Godsdienstpsychologen wijzen erop dat de belangrijkste voorwaarde voor *religieuze ervaring* bestaat in een religieus referentiekader (Van der Lans, 1978; Weima, 1981). Het individu moet beschikken over een aantal cognities, wil hij in staat zijn tot specifieke ervaringen te komen (6.72). Deze cognities worden in een ervaringsproces gestimuleerd en zorgen voor attributie van zin. Aan wat iemand overkomt kan zo betekenis worden gegeven. Ook de joodse en christelijke traditie vormen zo'n referentiekader, waarmee een mens zich kan identificeren. Zo'n identificatieproces wordt door *Hj.Sundén* (1966) verklaard met behulp van het rolbegrip (6.82). Hij spreekt van *Rollenübernahme* en *Rollenaufnahme*. Men neemt de rol over van iemand met wie men zich kan identificeren, bijvoorbeeld zoals in het voorbeeld van Jezus de profeet die in de Jesajarol aan het woord komt. Overigens biedt de Schrift heel uiteenlopende identificatiemogelijkheden (Bos, 1992). Iemand die een echtscheiding heeft doorgemaakt ziet hierop terug als zij zegt: "Het was een op weg gaan zonder te weten waar ik uit zou komen." Het in de geloofstraditie geoefende oor hoort hierin een verwijzing naar het verhaal van Abram (Gen.12). De vrouw zegt: Het was voor mij een geloofsbeslissing. Hierin neemt ze niet alleen de rol van Abram over, ze neemt ook de godsrol op. Ze anticipeert gelovig op de goede afloop, in vertrouwen op God die ook haar onderweg niet in de steek laat. In elk pastoraal gesprek krijgen we 'hints', hoewel uiteraard lang niet altijd zo expliciet, die een doorkijkje geven in iemands levensbeschouwelijk referentiekader en de wijze waarop zij of hij zin en betekenis geeft aan het leven.

Zijn er *vruchtbare momenten* die een dergelijk proces bevorderen? (vgl. Andriessen-Heitink, 1985). In de pastorale psychologie wordt nogal eens verwezen naar *crisis*ervaringen als een vorm van 'coping'. Hieronder wordt verstaan "de reacties van mensen in een crisissituatie met de bedoeling die situatie aan te kunnen" (Ganzevoort 1994, 184-206). Een crisis is tegelijk een kans. De weg tussen verleden en toekomst is opgebroken. Het referentiekader moet worden geherstructureerd. Daarom worden wel verbanden gelegd tussen crises en bekeringsverhalen. In crisissituaties zijn mensen vaak heel gevoelig voor beïnvloeding. Ten overvloede zij gezegd dat hiervan geen misbruik mag worden gemaakt. Andere situaties zijn overgangen in de *levensloop*, waar *E.H.Erikson* (1972) op wijst. Voor Erikson is de adolescentiefase bij uitstek de fase waarin een jongere door een moratorium heen tot eigen, ook godsdienstige, keuzen komt. Maar het leven kent ook vele andere overgangen, bij het lijden van een verlies, het aanvaarden van een nieuwe verantwoordelijkheid of wanneer men terecht komt in een andere situatie dan de van huis uit vertrouwde. In zulke gevallen wordt het referentiekader vanuit een nieuwe ervaring beproefd en wordt een mens existentieel aangesproken. De Duitse taal kent hiervoor het begrip 'Kontingenzbewältigung' (Drehsen 1994, 133). Behalve op crises en overgangssituaties moet ook gewezen worden op situaties van *lijden en onrecht*, die als het ware vanuit het negatieve de vraag oproepen: Hoe is dit in Gods naam mogelijk? Hier wordt een mens geconfronteerd met weerstanden in wat hij wedervaart. In situaties van lijden wordt het referentiekader zwaar op de proef gesteld. *Schillebeeckx* spreekt hier van *contrastervaring*, die het karakter kan aannemen van protest en heilige verontwaardiging (1989, 48). Het is de boosheid die doorklinkt in feministische spiritualiteit en in het verzet van bevrijdingsbewegingen. Het kan betekenen dat het godsbeeld compleet gereconstrueerd moet worden. Identificatie met lijden en onrecht kan aanleiding geven tot een kritisch herlezen van de geloofstraditie, wat leidt tot nieuwe onverwachte identificatieprocessen.

Zo is de levensgeschiedenis van ieder mens een verstaansgeschiedenis. Hermeneutisch pastoraat helpt mensen hun eigen verhaal te verstaan in het licht van een geloofstraditie, waaraan zij in nieuwe situaties heilzame ervaringen kunnen opdoen. Anders gezegd, in elke situatie verbindt zich het psychologisch motief met het zinperspectief: Wat geeft mij moed? Hoe verwerk ik dit? In dit proces zijn verhaal, symbool en ritueel geleidende elementen (9.32).

7.4. *Beelden van God*

In het voorafgaande viel regelmatig het woord 'God'. Zelf kom ik uit de reformatorische traditie, waarin met een zekere vrijmoedigheid over God en geloof gesproken wordt. In het verleden wisten we ook precies wat daaronder verstaan moest worden. In onze tijd staan die woorden nog wel overeind, maar ze klinken minder stellig, hoewel voor wie dit leest misschien nog steeds té stellig. Ik gebruik het woord God om hiermee te verwijzen naar wat 'meer en hoger' is dan mijn diepste zelf, een transcendente werkelijkheid, die heel persoonlijk op mij toekomt. Waar anderen de voorkeur geven aan vagere termen als religie en religieuze ervaring kan ik in mijn theologiseren het woord 'God' niet missen, al is het voor mij open in de wijze waarop het steeds op nieuwe wijze gratuit wordt ingevuld.

Na wat gezegd werd over het bemiddeld karakter van openbaring en ervaring, gaat het in ons spreken over God altijd om *beelden* van God, waarmee wij ons behelpen. Niemand heeft ooit God gezien (Joh.1,18). Openbaring werkt indirect via wat mensen in hun ervaringswereld van God opvangen. God is de Ander. In het verleden sprak men niet over beelden van God, maar over de leer van God. Daarin ging het dan om de namen van God en diens mededeelbare en onmededeelbare eigenschappen. Onder de laatste vielen begrippen als onveranderlijk, oneindig en onzienlijk. Het waren begrippen die vooral uitdrukten wat God *niet* is, al werd er tegelijk driftig gezocht naar godsbewijzen om zijn bestaan en invloed overtuigend aan te tonen. Tegenover de ene leer moeten wij het thans doen met de vele beelden. Niet ieder kan zich bij hetzelfde beeld iets voorstellen. Beelden kunnen blokkeren, zoals het spreken over God als vader, dat voor veel vrouwen nog altijd patriarchale associaties oproept. Godsbeelden kunnen gevaarlijk zijn. Dikwijls zijn het gestolde bijbelwoorden, die in de bloedsomloop van het geloof tot gevaarlijke verstoppingen leiden. Het hart is er niet op berekend.

In de bijbel treffen we niet voor niets een beeldenverbod aan. Het gevaar waarvoor gewaarschuwd wordt zit niet zozeer in de gesneden beelden, maar meer nog in de hierachter liggende *denk*beelden, zoals 'de God die alles kan', of 'de

God die alles ziet', of 'de straffende God'. Dergelijke beelden gaan een eigen leven leiden in de hoofden en harten van mensen. Aan zulke beelden van God zijn mensen soms stuk gegaan. Anderen zijn op een goede dag tot hun opluchting tot de ontdekking gekomen dat déze God gelukkig niet bestaat.

Het laatste heet in psychologische taal het terugnemen van projecties. Beeldvorming of verbeelding is een wisselwerking tussen beelden die op ons afkomen en beelden die uit onszelf opkomen. In de waarneming speelt ook de projectie een rol. Dat kan zijn de projectie van eigen angsten en schuldgevoelens. Het kan er ook minder onschuldig aan toegaan. Bepaalde beelden van God worden in leven gehouden om mensen klein te houden en afhankelijk. Ze houden mensen gevangen in de paradox van dankbaarheid en gehoorzaamheid (Schilder, 1987). Daarom is er voor een beeldenverbod veel te zeggen, al laat het zich psychologisch gezien moeilijk afkondigen. Godsbeeld en zelfbeeld zijn immers intens met elkaar verstrengeld (Uleyn, 1993).

Maar er is ook een andere kant. "Zonder beelden heeft Hij niets tot hen gezegd." Zo luidt de titel van een bijdrage van *H.Fortmann* (1972, 79). Het probleem blijkt een stuk ingewikkelder te zijn. Je kunt wel zeggen dat beelden gevaarlijk zijn, maar zonder beelden zouden we over God helemaal niets kunnen zeggen. Dan zouden we niet verder komen dan de God der filosofen (De Boer, 1989), 'het hoogste goed', of 'de diepste grond van ons bestaan'. Dat zou een wel erg onpersoonlijk godsgeloof worden, ook al geven sommigen in onze tijd hier de voorkeur aan. Daarom reikt de bijbel ons een rijkdom van beelden aan, zoals herder, rechter, koning, vader, moeder, vriend, minnaar, bevrijder, bondgenoot, maar ook onpersoonlijke beelden als rots, schuilplaats, burcht, haven. Metaforische taal (Grözinger 1991, 94-129) roept een veelheid aan ervaringen op. Zo'n metafoor werkt als een symbool. Zij heeft 'trekkracht'. Langs de weg der identificatie kan een mens zich de hiermee verbonden ervaringen van houvast, geborgenheid en daadkracht eigen maken. Winnicott (6.22) spreekt hier van 'transitionele objecten' die de verbeelding stimuleren (Jongsma-Tieleman, 1996).

Beelden van God veranderen in de loop van een mensenleven, zoals we weten uit studies over geloofsontwikkeling (Fowler, 1981). Kinderen stellen zich God heel concreet voor, in termen van afhankelijkheid. Mensen kunnen die beelden koesteren met een beroep op het woord van Jezus over 'worden als een kind' (Mat.18,3). Maar dat betekent niet dat we moeten *blijven* als een kind. Dit woord van Jezus staat voor ontvankelijkheid en niet voor afhankelijkheid. Fortmann spreekt hier van een tweede primitiviteit (1974 II, 30). De geloofservaring kent altijd iets naïefs, een pre-intentionele onmiddellijkheid waarin de dingen niet 'om te' maar 'om niet' geschieden. De 'kennis van het hart' (Pascal) werkt anders dan die van het verstand. In de ervaringsdimensie van spiritualiteit en mystiek wordt een mens blijkbaar op een heel directe wijze aangesproken, zonder dat zich dit langs rationele of psychologische weg laat verklaren (Steggink en Waaijman 1985, 100 e.v.).

J.Siemerink (1987, 82) maakt in zijn onderzoek naar het gebed onderscheid tussen een vijftal godsbeelden: dat van de nabije en de komende God, dat van de partijdige en de weerloze God en dat van de verzoenende God. Het zijn ervaringswoorden. Deze onderscheiding helpt ons verder. In de bijbel ontmoeten we God als *de nabije God*. Op Hem kan men vertrouwen. Beelden van vader (Mat.6,9) en moeder (Jes.66,13) springen hier naar voren. We ontmoeten Hem ook als *de komende God*. De bijbel spreekt hierover in beelden van rechter en redder, die niet los van elkaar gezien mogen worden. Zijn komen betekent gerechtigheid (Ps.98,9). Spreken over *de partijdige God* hangt samen met zijn preferentie voor de armen, de verdrukte en wie geen helper heeft (Ps.72,12). De lofzang van Maria is hier vol van. Hij heeft machtigen van de troon gestort en eenvoudigen verhoogd (Lc.1,52). Het tegenbeeld is dat van *de weerloze God*. *Berkhof* (1973, 141) spreekt van 'de Weerloze Overmacht' en verwijst o.a. naar Fil.2,8. Alleen de lijdende God kan helpen (Bonhoeffer), vgl. ook Van Gennep (1989). Dit beeld is, evenals het vorige, de laatste tijd dieper in de geloofservaring doorgedrongen. Het beklemtoont hoezeer wij in onze tijd onder de indruk gekomen zijn van de overmacht van het lijden. Tenslotte is er het beeld van *de verzoenende God*. Hiervan zijn veel karikaturen in omloop, als van een God die bloed wil zien, maar zonder deze God zouden we er ongenadig aan toe zijn.

In de verschillende functies van pastorale zorg (hoofdstuk 8) komen we met deze beelden van God in aanraking. Pastoraal gezien gaat het dan om een hermeneutisch luisteren met twee oren, naar de traditie èn naar het levensverhaal van deze mens, om na te gaan hoe beelden stimulerend dan wel blokkerend op iemands ervaringswereld inwerken. Theologie is the-antropologie (Barth). Houtepen spreekt in dit verband van "basisemoties van de mens, die zorgen voor basismetaforen van ons godsgeloof" (1997, 138). Hij onderscheidt er vier: de weg van verlangen, vertrouwen, verzet en vergeving. Hij noemt ze leefvormen. "Deze vier leefvormen en denkwegen naar God, die het transcendente geheim van ons bestaan ontsluieren, doen bevroeden, ter sprake brengen, ervaarbaar maken, maken tegelijk zichtbaar waarom het geloof in God zonder geloofsgemeenschap niet goed houdbaar is. Alleen in een concreet verbond van verlangen, vertrouwen, verzet en vergeving is God denkbaar en ervaarbaar" (151).

Uit onderzoek onder jongeren komt een sterk gefragmenteerd beeld van God tevoorschijn (Van der Ven en Biemans 1994, 165). Tevens blijkt uit dit onderzoek dat er een voorkeur bestaat voor pan*en*theïstische godsbeelden, waarbij het onderscheid tussen persoonlijke en onpersoonlijke beelden blijkt weg te vallen. Panentheïsme staat tussen theïsme en pantheïsme in: niet 'alles is God', maar 'God is in alles'. Transcendentie en immanentie roepen elkaar ook hier wederkerig op.

De meest aangrijpende vraag, waar we in het pastoraat op stuiten, is de *theodicee*-vraag. De wanhopige vraag naar God van mensen die onvoorstelbaar veel lijden te verduren krijgen. Het bijbelboek Job is hiervan het schoolvoorbeeld. Zie voor een theologische analyse: Houtepen (1997, 82-125). Ook wanneer we geen lijden op God afschuiven waarvoor we zelf verantwoordelijk zijn, blijft er een 'overkill' aan leed dat onverklaarbaar is. De verleiding blijft groot lijden aan schuld te koppelen. Bedacht moet echter worden dat de bijbelse vergelding staat in een context van uitredding. Houtepen komt uiteindelijk tot deze conclusie: "God is present in de vraag zelf naar het waarom, in de aporie die we ervaren, in klacht en aanklacht tegen het geweld, in de rede, die het geweld bestrijdt door techniek en beraad, door dialoog en verzoening, door ontferming en herkansing. God is een God van levenden, niet van doden, een God van vrede, niet van geweld. *In God is geen geweld*" (124). Zie voor het pastoraal omgaan met de 'waaromvraag': Stone (1996, 125-152) en 8.3.

7.5. *Hét beeld van God: de mens*

Het werd hiervoor al duidelijk, met ieder godsbeeld correleert een bepaald mensbeeld. Het verstaan van God en het verstaan van onszelf gaan hand in hand. De kennis van God en de kennis van onszelf zijn ten nauwste met elkaar verbonden (Calvijn). Hoewel in het dagelijks leven zelden gesproken wordt over het mensbeeld dat iemand erop nahoudt, is duidelijk dat in iedere gemeenschap zo'n beeld functioneert. Het is een mengeling van verwachtingen, waarmee men zichzelf en anderen bekijkt. Daarnaast zijn er de bereflecteerde mensbeelden. Een katholiek mensbeeld verschilt van een calvinistisch mensbeeld, een liberaal mensbeeld van een socialistisch mensbeeld (Heitink 1993, 248 e.v.).

Verschillen zitten vooral in de mate van vrijheid of onvrijheid die aan een mens wordt toegedacht. We verwijzen hier naar hoofdstuk 6, waar we zagen dat elke psychologische richting uitgaat van een bepaald mensbeeld, dat mee bepaald wordt door wijsgerige uitgangspunten. Deze vooronderstellingen verhouden zich op een positieve maar spanningsvolle wijze tot het bijbels-theologisch spreken over de mens. Zo werken mensvisies door in het pastoraal handelen.

Kern van het theologisch spreken is 'de mens als Imago Dei' (Gen.1,27 e.v.). Dit wordt echter op verschillende wijze geïnterpreteerd. Volgens de katholieke traditie is dit beeld door de zondeval nauwelijks aangetast, maar in de theologie van de reformatie overheerst de vervreemding als gevolg van het verlies van dit beeld. Tillich ziet in de val een bepaalde tragiek, maar deze heeft ook een positieve kant, namelijk het ontwaken van het existentieel bewustzijn. De joodse traditie (2.11) ziet in het Beeld Gods vooral een ethisch moment en gebruikt in dit verband de begrippen keuze en opdracht (Howe, 1995).

Hoe men deze notie ook invult, benadrukt moet worden dat de mens op een of andere manier op God lijkt. Maar waarin bestaat die gelijkenis? De traditionele uitleg verwijst hier naar 's mensen verstand, of naar zijn religiositeit, dan wel zijn taalvermogen of zijn rechtopgaande gang, maar *Berkhof* geeft hieraan een relationele wending: "het wezen van de mens ligt niet in zijn substantie, maar in zijn relaties" (Berkhof 1960, 31). Dit geeft een basis voor gesprek met andere disciplines: "In het centraal stellen van de relatie staat de theologie naast de hedendaagse fenomenologie, die ook de psychologie, psychiatrie, sociologie en pedagogie zeer heeft beïnvloed" (1973, 192). Dit is een principieel gegeven, want de schepping is een "ouverture tot en aangelegd op het heil" (177).

Berkhof ziet de mens als een 'antwoordelijk wezen'. De mens is er blijkbaar 'op gebouwd' of 'op aangelegd' (termen die bij Berkhof herhaaldelijk voorkomen), om God te ontmoeten. "Hij is een wezen dat pas in de relatie tot zichzelf komt" (191). Deze relatie wordt nader ingevuld met de woorden liefde en vrijheid, waarbij vrijheid als de infrastructuur van de liefde beschouwd wordt. "Liefde is de hoogste wijze waarop onze vrije wil zich verwerkelijkt" (194). In het geven en ontvangen van liefde verwerkelijkt zich het mens-zijn, waarvoor de vrijheid de basis schept. Dit doortrekt alle menselijke verhoudingen.

Maar vrijheid betekent ook dat de mens on-af is, hij is geschapen als mogelijkheid. Door de zonde is echter sprake van diep verstoorde relaties. Tussen schepping en zonde ligt "de sprong van de (misbruikte) vrijheid" (199). Het gaat hier niet maar om een historische misstap van het eerste mensenpaar, nee, we moeten beseffen dat de zonde "diep in de schepselmatige structuur van het riskante wezen mens is verankerd" (198). Zo zit er naast liefde en vrijheid ook een andere kant aan het mens-zijn, die van schuld en lot, ook al is de antwoordelijke grondstructuur van de mens blijvend en onverwoestbaar. Zo houdt het menszijn iets voorlopigs. Het humanum als mogelijkheid vraagt om actualisering.

De hier geschetste ontmoetingsstructuur en aanspreekbaarheid vormen de basis voor de pastorale ontmoeting, gericht op herstel van relaties, met een grote openheid naar God en naar de toekomst. De mens mag er zijn, zoals Jan Wit hem bezingt in Gezang 480 (Liedboek voor de kerken):

> "Gij hebt hem aan het woord doen komen,
> om tussen werkelijkheid en dromen,
> getuige van uw Geest te zijn."

De mens is een geestelijk wezen, waarbij de geestelijke dimensie van het menszijn ten nauwste met de psychische, somatische en sociale dimensies samenhangt. Pastoraat heeft te maken met 'heel de mens', met al deze dimensies, maar vanuit het perspectief van de geestelijke dimensie, het zinperspectief.

De hier gevolgde weg vertoont veel overeenkomst met die van *H.M.Kuitert*. Hij stelt: "geloven is allereerst een antropologisch gegeven in de zin van: meegegeven met of eigen aan elk mens als zin-ervarend en zin-gevend wezen" (1977, 75). Hij legt op deze wijze een 'antropologisch vloertje' voor het 'oergeloof', ontleend aan de 'basic trust' van E.H.Erikson. "Oergeloof in deze zin van het woord vormt de basis van heel de menselijke onderneming" (83). De antropologie van Kuitert is verwant aan die van *W.Pannenberg* (1976, 1983).

7.6. *Uit kracht van de Geest*

Het is niet de bedoeling in dit hoofdstuk vanuit het perspectief van het pastoraat alle loci van de dogmatiek op de voet te volgen. In het voorafgaande is reeds gebleken dat de visie op heil en daarmee de soteriologie voor het pastoraal handelen van grote betekenis is. Ook de ecclesiologie kwam al hier en daar ter sprake. Verder kan heel het pastoraal handelen ook vanuit het eschatologisch perspectief bekeken worden (Louw, 1984). Ik geef er hier de voorkeur aan deze afsluitende paragraaf, waarin al deze motieven doorklinken, te belichten vanuit het werk van de Geest. Hieraan ontspringt namelijk de ervaring waardoor de mens deel krijgt aan het heil van Godswege.

7.61. *Geloof en ervaring*

Het forensisch spreken over geloof en rechtvaardiging in de reformatorische traditie lijkt zich moeilijk te verdragen met het spreken over geloven als een *ervaringsproces*. In de rechtvaardiging toch krijgt een mens deel aan de vreemde vrijspraak: dat ik in Christus voor God rechtvaardig ben. Of zoals Berkhof zegt: "Terwijl de aardse rechter alleen hem rechtvaardig kan verklaren die het in zichzelf tevoren al was, worden wij verklaard tot wat wij in onszelf niet zijn". En hij voegt eraan toe: "Dit is geen fase die we ooit achter ons laten" (424). Hier ligt dus een spanning met een procesmatig spreken over geloof.

Toch kent de theologie van de reformatie ook dat andere moment, zoals *K.E.Nipkow* (1983, 161) het formuleert: "Der Christ, der Mensch, ist im Werden, nicht im Sein." En ook *J.Firet* (1968, 150) benadrukt dit, zich aansluitend bij Luther in diens commentaar op Rom.12,2: "Christianus est in fieri". Bij Calvijn vonden we een stapsgewijze aandacht voor het pedagogisch proces met betrekking tot geloofsontwikkeling (3.51).

Aan de ene kant hebben we dus te maken met de vreemde gerechtigheid, die de mens wordt aangezegd. Dit is een diep geheimenis: "dat wat geen oog heeft gezien en geen oor heeft gehoord en wat in geen mensenhart is opgekomen" (1 Cor.2,9). Maar dit deel krijgen aan de genade betekent niet dat de mens geen deel meer heeft aan de onvolkomenheid en gebrokenheid van het bestaan. In het leven van een christen speelt zich een voortdurende strijd af om het kwade te overwinnen. In dit perspectief is "ein Fortschreiten und Wachsen notwendig und möglich" (Nipkow, 167). Er is dus ook sprake van groeien in het geloof. De heiliging maakt deel uit van de rechtvaardiging. Luther spreekt hier over in termen van genezing (sanatio). Dit betekent dat het rechtvaardigingsgeloof naar de kant van de mens ook een gebeuren is met psychologische kanten.

Het denken in stappen en fasen (6.42), waarvan de *Stages of Faith* van *J.W.Fowler* (1981) een psychologische uitwerking zijn, heeft in de theologie gestalte gekregen in de bezinning op de ordo salutis. Door te spreken over een heilsorde werd met verwijzing naar Rom.8,29v. in het vernieuwingsproces van de mens een zekere fasering aangebracht, bijv. met behulp van de begrippen roeping - wedergeboorte - geloof - bekering - rechtvaardiging - heiliging - volharding (H.Bavinck 1929 III, 482-604). De psychologie beschrijft volgens Bavinck, zij het gebrekkig, de subjectieve kant van dit proces (596). Barth heeft elk spreken in 'Stufen', waarbij de roeping van de christen verstaan wordt als een eerste stap naar levensvernieuwing, krachtig van de hand gewezen. Hij wil niets weten van een 'Entwurf eines psychologisch-biographischen Werdegangs der christlichen Existenz" (IV,3, 582). Volgens Berkhof is dit oordeel te negatief.

Hij probeert dan ook verschillende aspecten aan te wijzen die in de ontwikkeling van het geloof van belang zijn, zonder deze echter met een fasenmodel te verbinden. Trouwens, ook in de psychologie - zo zagen we - groeien de bezwaren tegen zulke fasenmodellen, omdat deze uitgaan van een sterk normatieve visie op de levensloop. *A.J.Nijk* (1978, 201) noemt dit 'de mythe van de zelfontplooiing'. Het huidige biografieonderzoek is constructionistisch van karakter (6.8). Men spreekt hier liever niet van ontwikkelingspsychologie maar van levensloop-psychologie.

Berkhof spreekt van een vernieuwingsproces, maar vraagt zich tegelijk af of het woord 'proces' hier wel op zijn plaats is. Daar zijn allerlei vragen bij te stellen: Zit er voortgang in? Is er niet ook achteruitgang? Zelf meent hij toch te mogen spreken in termen van voortgang, maar dan in relatie tot strijd en volharding. Het is dan ook zeer de vraag of van voortgang in de zin van vooruitgang kan worden gesproken. Wel is er voortgang in de strijd. Er is voortgang in zelfkennis. Vertrouwen op Gods genade is ontspannend, wat inspireert tot grotere inspanning. Daarbij zal een mens steeds nieuwe terreinen in zijn leven ontdekken, waar die vernieuwing nog niet heeft doorgewerkt. Door het geloof wordt de genade operationeel (462).

Dit leidt tot een dynamisch spreken over innerlijke vernieuwing. De natuurlijke harmonie van de mens wordt verstoord. Het vernieuwingsproces roept weerstand op. De gelovige raakt in een existentieel conflict met zichzelf en voelt zich bij tijden een gespleten mens. Eerst zo laat zich - om met Berkhof te spreken - ontdekken, dat zelfverloochening geen zelfvernietiging is maar "zelfverruiming, tot onszelf komen in de geest waarin God ons heeft bedoeld" (459). Hier worden psychologische misverstanden ten aanzien van het begrip zelfverloochening theologisch verhelderd.

7.62. *Pneumatologie*

We plaatsen dit denken over de vernieuwing van de mens in het kader van de pneumatologie. Hierbinnen kan recht gedaan worden aan de menselijke ervaring zonder tekort te doen aan het handelen van God. Hoe ondoorgrondelijk het werk van de Geest in een mens ook is, één ding is wel duidelijk, "dat het werken van de Heilige Geest nooit ten koste van het wezenlijke van het mens-zijn gaat, dat het juist zijn centrum vindt in het herstellen van de mens in zijn vrijheid en het plaatsen in verantwoordelijkheid" (Firet 1968, 165). Anders gezegd: "De gave van de Heilige Geest, het de mens toebedeelde charisma, stelt de mens in staat, *als mens*, in vrijheid, zelf willend en werkend, actief en creatief te participeren in Gods werk" (166). Deze inschakeling van de mens als mens schept ook ruimte voor psychologisch onderzoek naar de wijze waarop de mens als mens wordt aangesproken en ingeschakeld, zodat hij tot creatieve deelname in het werk van God komt (169).

"Wie Geest zegt, zegt participatie". Met deze woorden past Berkhof (357) zijn verbondsmatige denken toe op de kerk als geloofsgemeenschap. Het individu is aangelegd op gemeenschap of, zoals we van Tillich hoorden, individuatie voltrekt zich in de weg van participatie. Berkhof kiest voor een dynamisch kerkbegrip, waarvan de structuur bepaald wordt door 'geleidende elementen', die de mogelijkheid bieden tot participatie in het heil (363). Tot deze elementen hoort ook het gesprek, in onze tijd nog meer dan de verkondiging. Alle charismata samen vormen de gemeente tot een gemeenschap, 'lichaam van Christus'. De metafoor van het lichaam wordt hier verbonden met die van een gebouw, waardoor sprake kan zijn van gemeenschapsopbouw. Pastorale zorg, met aandacht voor de eigen plaats van ieder lid binnen het lichaam, vervult zo een belangrijke rol in het proces van gemeenteopbouw.

Een dergelijke kerk is geen doel in zichzelf, maar 'bruggebeuren' naar de wereld. De gemeente is de 'eersteling' van de oogst. Zo wordt de gemeente vervolgens weer als volk Gods onder de volken uitgezaaid (430). Dit bestaan als eersteling is geen zwijgend bestaan, maar verwerkelijkt zich in voorbede, getuigenis, hulpverlening en profetie (436). De *voorbede* heeft betrekking op de doorwerking van de Geest. Het *getuigenis* kan heel verschillende vormen aannemen. Dit getuigenis mag nooit uitgespeeld worden tegen de *hulpverlening*, evenmin als kerygmatisch pastoraat tegen therapeutisch pastoraat. Het evangelie is woord èn daad.

In de *profetie* wordt de gemeente bepaald bij de voorlopigheid van haar bestaan. We komen hier bij het eschatologisch perspectief van het pastoraat. De horizon van de gemeente is het Rijk Gods. Dit prikkelt de onvrede over alle onheil en het verzet tegen alle machthebbers en onderdrukkers, die de vrijheid van mensen in de weg staan. Al het persoonlijke is politiek. "Want niet alleen de mensen zijn van God, maar ook hun samenlevingsverbanden die de door God bedoelde humaniteit zowel kunnen hinderen als dienen" (437). Dit bepaalt de context van het pastoraat. De ontmoeting met een mens kan nooit geabstraheerd worden van contextuele factoren die het welzijn van deze mensen bepalen.

Naast antropologische in relatie tot psychologische factoren, wordt zo vanuit een theologisch perspectief iets zichtbaar van de kerkelijke en maatschappelijke context van het pastoraat.

7.7. *Balans*

In het bovenstaande hebben we de hoofdlijnen geschetst van een hermeneutische pastorale theologie, in een kritische dialoog met de verschillende psychologische stromingen. Deze lijnen dienen nu te worden doorgetrokken naar de verschillende functies van pastoraat.

Voor de pastorale theologie is een onverbrekelijke relatie met de bijbelse en systematische theologie, met name de dogmatiek, evenzeer een levensvoorwaarde als een hechte relatie met de sociale wetenschappen, met name de psychologie. Pastorale theologie verkent de onderkant, dat is de ervaringskant van het dogma.

Het dogma is gestolde *doxa*, dat wil zeggen lofprijzing. Het is de reactie van de mens die in de geloofsgemeenschap deel gekregen heeft aan de ervaring van het heil. Hierdoor worden woorden, waarin mensen uiting geven aan hun gevoelens, inhoudelijk gevoed vanuit een geloofstraditie. Juist waar het over het gewone aardse leven gaat groeit hermeneutisch pastoraat uit tot meer dan gewone theologische arbeid.

8. Functies van pastorale zorg

In de beide vorige hoofdstukken hebben we de polaire verhouding van theologie en psychologie van beide kanten verkend. Hoe de onderlinge relatie zich voltrekt wordt duidelijk wanneer we in dit hoofdstuk een derde invalshoek toevoegen, die van de verschillende functies van pastorale zorg. Het sociaal-wetenschappelijke begrip functie staat niet zozeer voor de taak of bedoeling van iets, maar voor het waarneembare gevolg, de objectieve werking (Dekker 1993, 25). Ook aan pastorale zorg kunnen verschillende functies worden toegekend. Aan de hand hiervan krijgen we meer inzicht in de pastorale praktijk.

We oriënteren ons hier op de historische studie van *W.A. Clebsch* en *Ch.R.Jaekle* (1964), die naar mijn mening overtuigend hebben aangetoond dat in de loop van de geschiedenis "four basic functions of pastoral care have been exercised" (12). In de ene periode treedt onder bepaalde omstandigheden en afhankelijk van de context de ene functie op de voorgrond, in een andere periode een andere, maar alle vier hebben de eeuwen door een rol gespeeld. Zij benoemen deze functies met de woorden 'healing, sustaining, guiding and reconciling' (32 e.v.). Ik gebruik hiervoor de werkwoorden *helen*, *bijstaan*, *begeleiden* en *verzoenen* en geef hieraan mijn eigen interpretatie.

Bij de behandeling van iedere functie geef ik eerst een korte *omschrijving*. Vervolgens ga ik in op de *bijbels-theologische* en *historische* achtergrond van deze functie. Daarna geef ik aandacht aan haar *actuele betekenis*. Bij het laatste wordt de relatie gelegd met de voorafgaande hoofdstukken: de onderscheiden aspecten van pastorale zorg en de verschillende pastoraal-theologische en psychologische stromingen. Omdat de verschillende functies zich voltrekken binnen een pastorale relatie, gaan we eerst nog wat dieper in op de eigen aard en het pastorale karakter van deze relatie.

8.1. *De pastorale relatie*

In het voorafgaande werd de pastorale relatie zowel relationeel als inhoudelijk heel verschillend ingevuld. Soms ging het om een tussenmenselijke relatie, soms om een relatie tussen gemeenteleden, soms om een ambtelijke relatie, soms om een professionele relatie. Dat maakt verschil. Daarvan willen we ons eerst rekenschap geven alvorens de verschillende functies te kunnen beschrijven. In deze paragraaf vat ik de belangrijkste inzichten uit de voorafgaande hoofdstukken kort samen.

Een pastorale relatie (r) komt tot stand door het feit dat iemand in een concrete situatie geroepen wordt de rol van pastor (P) op zich te nemen, omdat een ander (A) daartoe een appèl op hem/haar doet, en/of omdat een geloofsgemeenschap hem/haar hiervoor de verantwoordelijkheid toevertrouwt. De posities van P en A zijn principieel omkeerbaar: mensen worden geroepen om voor elkaar pastor te zijn.

P ——— r ——— A

Het gaat hier om een theologisch gekwalificeerde relatie, waarin sprake is van *roepen* en *geroepen worden*: de ene mens wordt geroepen doordat een ander mens een appèl op hem doet. De ene mens weet zich geroepen, omdat zijn geloof hem beweegt deze zorg op zich te nemen. De ander heeft zoveel 'geloof' in deze onderneming dat deze zijn/haar zorg aan die ene toevertrouwt. Of, iemand wordt geroepen om binnen of vanuit een geloofsgemeenschap deze verantwoordelijkheid op zich te nemen, omdat hij/zij hiertoe op grond van bepaalde eigenschappen of kwaliteiten het meest gekwalificeerd is. Deze roeping kan zich beperken tot de kring van de geloofsgemeenschap, maar zich ook tot ver over haar grenzen uitstrekken.

Wanneer we aan deze tussenmenselijke relatie een *pastoraal* karakter toekennen betekent dit dat in deze relatie altijd gerekend wordt met de reële presentie van een 'Dritte im Bunde', God Zelf. Anders gezegd, de verbondenheid tussen mensen speelt zich af binnen het Verbond van God met mensen. Het 'Coram Deo' kwalificeert een relatie als een pastorale relatie en daarmee als een geloofsrelatie (Stone 1996, 42). De woorden 'roepen' en 'geroepen worden' verwijzen naar een transcendente werkelijkheid: mensen weten zich door God geroepen, hetzij binnen een geloofsgemeenschap, hetzij dat in het gelaat van de ander de Ander voor hen oplicht (Mat. 25, 31-46). Dat schept openheid voor de verwachting dat zo'n relatie heilzaam zal zijn en mensen hierin iets mogen ervaren van goddelijk heil.

Van een zo gestructureerde pastorale relatie geldt dat deze primair een intermenselijke relatie is, als mens tegenover mens. Hierin komt het aan op menselijke kwaliteiten van zorg en verantwoordelijkheid voor elkaar en voor anderen. We noemden dit het inclusieve (7.11). Dit wordt wel kortweg omschreven als 'omzien naar elkaar'. In het woordje *elkaar* zit een principiële wederkerigheid en gelijkwaardigheid. Firet (1968, 208) spreekt in dit verband van evenmenselijkheid. De ander is evenmens: "gelijke in de hoedanigheid van mens" (Van Dale). Mens-zijn voltrekt zich altijd in relatie tot anderen, in een ontmoeting van 'Ich und Du' (Buber). Menselijkheid of humaniteit komt tot uitdrukking in medemenselijkheid, door Barth "die Grundform der Menschlichkeit" genoemd (KD III/2, 264 e.v.).

Een pastorale relatie heeft haar meer specifieke achtergrond in de gemeenschap van gelovigen, die samen hun Heer gedenken in het breken van het brood en uitzien naar de toekomst van het Rijk Gods. Zij geloven immers dat onrecht, lijden en dood in deze wereld niet het laatste woord hebben. Gedenken en verwachten zijn de werkwoorden die deze gemeenschap als 'Koinonia' (Kuhnke, 1992) constitueren. Binnen deze gemeenschap is sprake van onderling pastoraat, zuster- en broederschap. De bijbel spreekt hier van philadelphia (Bons-Storm 1984, 128 e.v.). Mensen worden geroepen als broeders en zusters om hoeders van elkaar te zijn.

Tot zover is sprake van symmetrie in de onderlinge relaties. Dat wordt anders wanneer mensen geroepen worden op grond van bepaalde gaven of kwaliteiten de *rol* van pastor op zich te nemen. Dan zijn de posities niet meer gelijk. Dit brengt in een relatie een functioneel element binnen. Iemand treedt in of namens een gemeenschap op als pastor. Dat kan als vrijwilliger in pastoraat, dat kan ook op professionele wijze, wanneer iemand zich bekwaamd heeft in de pastorale theologie en -psychologie en voor deze taak wordt aangesteld. Ook hier geldt op grond van onze werkhypothese van pastorale zorg (2.6) dat er sprake is van een relatie met een geloofsgemeenschap die iemand tot pastor roept, waar hij in dienst treedt en waaraan zij verantwoording verschuldigd is. In veel gevallen gaat dit gepaard met een ambtelijke bevestiging of wijding. Ik ben me ervan bewust dat deze relatie heel verschillend geregeld kan zijn, met name wanneer iemand als pastor werkzaam is buiten de kerk, binnen een andere maatschappelijke instelling (zie: hoofdstuk 12).

Een dergelijke functionele relatie, van pastor ten opzichte van gesprekspartner, brengt noodzakelijkerwijs een element van *asymmetrie* met zich mee. De één draagt een extra verantwoordelijkheid voor deze relatie, die beiden in vrijheid aangaan, doordat hij/zij hierin geroepen wordt als auctor (lat.: degene op wiens raad of aandrang iets geschiedt en die er borg voor staat) op te treden. "Maar - ik citeer opnieuw Firet - dat betekent niet, dat degene die auctor heeft te zijn in die relatie daarin niet als evenmens, als gelijke in de hoedanigheid van het mens-zijn, verschijnt. Als die gelijkheid niet verondersteld was, dan had het geen zin van asymmetrie te spreken: deze term wijst op het verschil dat bestaat bij een principiële, wezenlijke gelijkheid" (1968, 211). Des te meer geldt dit wanneer de gesprekspartners elkaar herkennen als broeders en zusters in Christus.

Juist de rol van auctor brengt een grote ethische *verantwoordelijkheid* met zich mee, die tot uitdrukking dient te komen in persoonlijke betrouwbaarheid, in het bewaren van een ambtsgeheim en in het respecteren van een beroepscode die de waardigheid en integriteit van de ander beschermt. De mens die zich aan een ander toevertrouwt, maakt zich kwetsbaar. In een functionele relatie is altijd sprake van macht, ontleend aan ambt of deskundigheid, die de een ten opzichte van de ander uitoefent. Meer dan symmetrische relaties - zo die al bestaan! - draagt een functionele relatie dan ook het risico van machtsmisbruik in zich, terwijl de intimiteit van de relatie kan leiden tot misbruik van vertrouwen. Het komt in een pastorale relatie daarom vooral aan op vrijheid. Er mag in geen enkel opzicht sprake zijn van dwang die de ander onvrij maakt. Er dient ruimte te zijn waarin de ander de regie in eigen hand kan houden. Dat betekent dat ook in deze relatie de ander principieel gezien wordt als subject en niet als object (H.Luther 1992).

In onze werkhypothese (2.6) hebben we pastorale zorg omschreven als een omvattend begrip. Ze omvat m.a.w. alle zorg, zowel vormen van onderling pastoraat als pastorale zorg via vrijwilligerswerk of professioneel pastoraat. Wanneer we aan een pastorale relatie in de volgende paragrafen een viertal functies toekennen, worden deze zo geformuleerd dat ze slaan op elke relatie die als een pastorale relatie mag worden verstaan. Op deze wijze houden we de *cura generalis* en de *cura specialis* (1.31) zo dicht mogelijk bij elkaar, ook al krijgt het speciale pastoraat gezien het karakter van dit boek uiteraard een sterker accent.

Zoëven typeerden we de pastorale relatie als een *geloofsrelatie*. Dat wil zeggen dat er door degene die voor deze relatie verantwoordelijkheid draagt, of in de kring waar deze thuis hoort, met God en op God gerekend wordt. Dat wil echter niet zeggen dat het in alle gevallen om een relatie tussen gelovigen gaat. In veel gevallen is dat zelfs geheel niet het geval; de geloofsrelatie blijft impliciet. Ze komt aan het licht in een levenshouding van 'luisterend leven', een contemplatieve attitude (Stone 1996, 89), zoekend naar de sporen van God binnen de menselijke ervaringswereld (Houtepen 1997, 126 e.v.). In veel gesprekken komt God echter niet ter sprake en beperkt de geloofsrelatie zich tot de motivatie van de pastor zelf. Hoewel deze geen misverstand zal laten bestaan over wie hij of zij is, immers hij/zij stelt zich voor als pastor en verwijst tenminste impliciet naar het domein van kerk en geloof, roept dit bij de ander geen herkenning op. Het gesprek gaat een andere weg, die van zingeving in het algemeen of levensbeschouwing in het bijzonder, al of niet religieus ingevuld. Juist als gelovige kan de pastor deze weg gaan, beseffend dat geloof iets is waar hij op geen enkele wijze zelf de beschikking over heeft. Pastoraat betekent altijd op weg gaan met de ander, vanwaar je hem of haar aantreft (Cabot en Dicks 1963, 179): luisterend, vragend en zoekend, met respect voor de wijze waarop de ander zin en betekenis geeft aan haar of zijn leven. Pastorale zorg is er principieel voor iedereen, ook voor mensen buiten de kerk die geen band hebben met de christelijke traditie, maar aan de geestelijke dimensie van het leven hun eigen invulling geven. Een dergelijke relatie is zinvol in zichzelf, belangrijk voor de ander en verdraagt geen sturing vanuit een verborgen agenda, meestal platweg 'zieltjeswinnerij' genoemd.

In andere gevallen wordt die geloofsrelatie meer expliciet. Eerder spraken we met Berkhof en Thurneysen over de sacramentaliteit van het Woord en het sacramenteel karakter van een gesprek, een tussenmenselijke ontmoeting die het karakter krijgt van een ontmoeting met God. Wanneer het om een ontmoeting tusssen gelovigen gaat, kan dit ook tot uitdrukking komen in rituele elementen, zoals het uitspreken van een gebed, het delen van het brood, het zegenen van de ander.

Zie over het karakter van een agogische relatie: Firet 1968, 177 e.v. Hij spreekt van "het zakelijk geestelijk functioneren, in zuivere receptiviteit, zuivere discretie en creativiteit, van een mens in relatie tot een ander mens, voor wiens menswording hij verantwoordelijkheid draagt, *opdat* die ander komt tot een zodanig zelfstandig geestelijk functioneren" (295). Voor een specifieke invulling van deze relatie vanuit 'de Ander': Van Rhijn en Meulink-Korf (1997), die in de lezing van Nagy in het spoor van Levinas met name aandacht hebben voor de ethische dimensie van de pastorale relatie. Voor het theologisch karakter van de pastorale relatie: Heitink 1977, hoofdstuk 4. Thurneysen schrijft "das es in, mit und unter dem Gespräch zu einer Begegnung komme", waarbij het gaat "um eine Begegnung des Seelsorgers (...) mit einem Nächsten, (...) aber in, mit und unter dieser Begegnung geht es um eine Begegnung mit Gott" (1968, 77 e.v.). Zie over de betekenis en draagwijdte van het ambtsgeheim: Ph.J.Huijser (1961); over het aspect van macht vanuit feministisch perspectief: Van Servellen (1983), Biezeveld (1996); over seksueel misbruik van pastorale relaties: Van Dam en Eitjes (1994). Zie voor een praktische uitwerking: 13.14.

8.2. *Helen*

8.21. *Omschrijving*

Onder helen als functie van pastorale zorg verstaan we de mogelijke positieve effecten die een pastorale relatie heeft voor de heelwording of integratie van mensen met het oog op hun geestelijke gezondheid en hun welbevinden in de ruimste zin van het woord.

Deze functie geldt tot op grote hoogte voor alle menselijke relaties, die gekenmerkt worden door warmte en nabijheid. De openheid en kwetsbaarheid waarin mensen zich aan elkaar doen kennen, scheppen een klimaat waarvan men zegt: 'dat doet me goed'. De aard en de kwaliteit van de relatie bepalen of een gesprek leidt tot een ontmoeting, die door de betrokkenen als helend of zelfs heilzaam beleefd wordt. Over deze elementaire ervaring gaat het wanneer we spreken over de helende functie van het pastoraat. In een pastorale relatie wordt de onderlinge communicatie bewust zo geleid, dat voorwaarden geschapen worden waaronder deze relatie tot heling kan leiden. We gebruiken hiervoor het begrip integratie. Dit woord ziet op het functioneren van de mens als een eenheid, het bijeenbrengen van alle krachten, somatisch, psychisch en geestelijk, om aan de eigen levenssituatie het hoofd te kunnen bieden. Het gaat hier om 'heel de mens' onder het aspect van diens geestelijk functioneren, bijbels gezegd: 'verenig mijn hart' (Ps.86, 11).

Clebsch en Jaekle drukken zich zo uit: "Healing is a pastoral function that aims to overcome some impairment by restoring a person to wholeness and by leading him to advance beyond his previous condition." (33) Elke pastorale stroming heeft oog voor deze functie. Ik noem twee uitersten. E.Thurneysen (1957, 208v.) spreekt van 'Heilung als Vergebung': "Erst recht in der Seelsorge geht es in eminenten Sinne um des Menschen *Befreiung* als um seine wahre *Heilung*." S.Hiltner (1958, 89) stelt kortweg: "Healing means becoming whole."

8.22. *Bijbels-theologische achtergrond*

De helende functie van het pastorale zorg gaat terug op de Schrift. Hier wordt vaak verwezen naar Ex.15,26: "Ik, de Here, ben uw Heelmeester." Karl Barth heeft deze belofte 'de goddelijke magna charta' in alle vragen van gezondheid genoemd. Jezus ziet zijn taak als prediken en genezen (Mat.9,35). Zijn genezingswerk wordt omschreven met de werkwoorden *iaomai*, dat een verbinding legt met de medische wereld van zijn tijd, *therapeuo*, dat de profane betekenis heeft van dienen en *soizo*, dat de genezing van een mens een plaats geeft binnen het bevrijdend handelen van God. De latijnse equivalenten *curare* en *sanare* leggen resp. de nadruk op de zorg voor en de gerichtheid op heel de mens.

De genezingen die Jezus verricht worden soms wonderen genoemd, waarmee de nadruk gelegd wordt op hun bovennatuurlijk karakter. Meestal spreekt de bijbel van wonderen èn tekenen, namelijk van het Rijk Gods. Dat is vaak zo uitgelegd dat Jezus wonderen deed om zijn woorden kracht bij te zetten en hiermee mensen te overtuigen. Dan wordt genezen aan prediken ondergeschikt gemaakt, terwijl het evangelie er juist op wijst dat woord en daad twee kanten zijn van Jezus' werk, die elk hun eigen recht hebben. Als tekenen van het Rijk Gods staan ze in een eschatologisch perspectief, dat van het nieuwe leven zoals God dat bedoeld heeft. In die zin gaat het niet om iets opzienbarends. Nu de verzoening geschied is en het Koninkrijk Gods gekomen is, moet het geloof er zich eerder over verbazen wanneer er geen tekenen geschieden, aldus bijvoorbeeld *G.C.Berkouwer* (1950, 255).

Wanneer genezing echter verstaan wordt als wonder of teken, kan dit de indruk wekken dat het Jezus niet ging om het lijden van de mensen zelf, maar dat met hun genezing een hoger doel gediend was. Die indruk is onjuist. Wanneer Jezus met het lijden van mensen geconfronteerd wordt, gaat dit bij hem gepaard met hevige emoties. In het evangelie wordt hiervoor het werkwoord *splagchnizesthai* gebruikt. Jezus wordt door het lijden van mensen geraakt tot in zijn *splagchna*, zijn meest vitale delen, hart, nieren en ingewanden. Dat betekent: Het gaat hem door alles heen, hij kan het niet aanzien, hij is er beroerd van. Het evangelie vertaalt deze diepe betrokkenheid als: Hij werd met ontferming bewogen (b.v. Mat.14,14). Het woord betrokkenheid lijkt hier het meest op zijn plaats, omdat het evangelie op veel plaatsen een verband legt tussen zien en ontferming. Het meest duidelijk is dat in de gelijkenis van de barmhartige Samaritaan: "Hij kwam en zag en ... werd met ontferming bewogen" (Luc.10,33).

In de vroege kerk behoort de gave der genezing tot de charismata die binnen de gemeente werkzaam zijn (1 Cor.12,9 en 28). Pas in de vierde eeuw gaat de genezingsactiviteit van de kerk stagneren (Veenhof 1990, 20). De toekomstverwachting begint te tanen. De geestesgaven raken op de achtergrond (Kraan z.j., 465). Gregorius de Grote, de schrijver van de 'Regula pastoralis' (2.22), die deze ontwikkeling persoonlijk betreurt, heeft niettemin van de nood een deugd willen maken door aan het ziek-zijn van de gelovigen vanuit het lijden van Christus een nieuwe zin te geven. Van de zieken wordt geduld gevraagd, ziende op Jezus die zoveel meer geleden heeft. Zo ontstaat een spiritualiteit van het lijden waardoor men ziekte ging zien als een voorrecht, als een verdienste, omdat men hierin deel had aan het lijden van Christus. In de bijbel wordt het werkwoord lijden (*paschein*) echter maar in één geval verbonden met ziekte. Het 'opnemen van het kruis' (Mat.16,24) ziet altijd op een vrije keuze, een vrijwillige daad van navolging, waarvan bij ziekte als regel geen sprake is.

Meer en meer werd ziekte gezien als een beschikking van God. Voor *Calvijn* mocht hier geen misverstand over bestaan. "Zo zal het geschieden, dat, door welk soort kruis wij ook gekweld worden, wij ook in de grootste benauwdheden der ziel standvastig de lijdzaamheid bewaren." Zo concludeert hij: "Maar dit zal altijd het slot zijn: Maar de Here heeft het zo gewild, laat ons dus zijn wil volgen." Opvallend is dat Calvijn in dit verband enkele malen de wijsgeer Seneca aanhaalt! (Institutie, III/VIII, 4). Zo wordt de christen de mantel van de stoïcijn omgehangen. De Heidelberger Catechismus (zondag 10) rekent het tot de voorzienigheid dat gezondheid en ziekte een mens uit Gods Vaderlijke hand toevallen. Hier past een passieve berusting, wat iets anders is dan een keuze voor aanvaarding. Het concrete lijden van mensen wordt hierna meer en meer een abstract theologisch probleem, het theodicee-vraagstuk.

Bij *J.C.Blumhardt* keert de oer-christelijke spiritualiteit van verzet tegen het lijden terug (Schreuder, 1957). Van zijn werk kwamen we verschillende interpretaties tegen: bij *Thurneysen* (3.1), *Scharfenberg* (4.51) en het charismatisch pastoraat (4.52). Berusting maakt hier plaats voor strijd tegen onheil dat mensen overkomt en tegen ziekmakende omstandigheden, waarin zij leven. *Schillebeeckx* formuleert kort maar krachtig: "God wil geen lijden van mensen" (1977, 665). Door de differentiatie van de samenleving wordt de gezondheidszorg meer en meer een eigen terrein, los van het diaconaat van de kerk. Echter, ook de medische wetenschap en de psychologische hulpverlening mogen als bondgenoten in de strijd tegen het lijden gezien worden.

Wanneer gesproken wordt over de helende functie van het geloof, staat dit op gespannen voet met de ervaring van velen dat het christelijk geloof aanleiding heeft gegeven tot ongezonde angsten en schuldgevoelens. Geloof is niet vanzelfsprekend helend. Vgl. het werk van H.Fortmann (1974[2]), W.Zijlstra (1989), A.Verheule (1997) en, vanuit een theologisch perspectief, A.Houtepen (1997, 58-69). Zie verder: 9.2.

8.23. *Actuele betekenis*

Dit brengt ons bij de actuele situatie. In de pastorale theologie wordt de helende functie van het pastoraat op verschillende wijze ingevuld. We grijpen terug op wat in de vorige hoofdstukken gevonden werd. Theologische en psychologische inzichten worden hier op elkaar betrokken.

In de kerygmatische stroming wordt heling verbonden met gebed, biecht, handoplegging en zalving. Het verkondigend pastoraat beperkt zich hier als regel tot het gebed en het biechtgesprek. Uit het sacramentele pastoraat stamt de ziekenzalving, gebaseerd op Jac.5,14. Zalfolie was zowel een geneesmiddel als een voertuig van geestelijke kracht; hiertussen werd nog niet scherp onderscheiden (Smelik 1960, 100). In de charismatische traditie treffen we dezelfde elementen aan, maar hier worden deze in toenemende mate verbonden met therapeutische inzichten. Ook de medische wetenschap en de psychologische hulpverlening mogen gezien worden als gaven van de Geest.

De therapeutische stroming benadrukt de bevrijdende werking van de counselingsrelatie. Psychotherapie wordt verstaan als een geseculariseerde vorm van zielzorg. Er bestaat daarom een grote overeenstemming tussen pastorale en therapeutische inzichten. Het gesprek zelf heeft helende elementen in zich. In een aantal gevallen wordt hier een theologische interpretatie aan gegeven, bijvoorbeeld vanuit het begrip aanvaarding. Gods aanvaarding van de mens wordt ervaarbaar in een tussenmenselijke relatie, waardoor gevoelens van angst en schuld kunnen worden overwonnen. Soms wordt empathie verbonden met het incarnatiemotief: "De pastor beweegt zich in het krachtenveld van de incarnatie, waarin het Woord van God vlees wordt in menselijke woorden" (Zijlstra 1969, 215). Psychotherapeutische inzichten hebben het pastoraat in veel opzichten verrijkt.

De hermeneutische stroming geeft een verdieping aan het begrip geestelijke gezondheid. *Fortmann* (1974 II, 351 e.v.) onderscheidt in het woord 'geestelijk' graden en niveaus van diepte. Een mensenleven kent neurotische conflicten, maar ook diepere existentiële bestaansconflicten. Er bestaat een duidelijke relatie tussen de hermeneutische stroming in het pastoraat, die de nadruk legt op geestelijke verzorging en op het levensverhaal van de mens enerzijds en de existentiële en constructionistische richtingen binnen de psychologie anderzijds. Van beide kanten wordt namelijk een verband gelegd tussen psychisch en geestelijk functioneren. Zingeving is voorwaarde voor het menselijk welbevinden. Van beide kanten wordt ook gebruik gemaakt van rituelen, die mensen helpen om moeilijke overgangen in hun leven aan te kunnen. Voor de psychotherapie verwijzen we hier naar *O. van der Hart* (1978), voor het pastoraat naar *G.Lukken* (1986) en *C.Menken-Bekius* (1998).

Deze hermeneutische benadering gaat uit van een meerdimensioneel mensbeeld. 'Heel de mens' is de mens naar lichaam, ziel en geest, verstaan als dimensies van het mens-zijn die op elkaar inwerken. Hier kan verwezen worden naar de psychosomatiek. Psychische conflicten uiten zich vaak in lichamelijke klachten. Maar dit houdt ook in dat de geestkracht van een mens kan worden gemobiliseerd om helend in te werken op psychische en lichamelijke omstandigheden. Zo kan het pastoraat op eigen wijze een bijdrage leveren aan het welzijn van mensen (zie verder: 9.2).

De mens moet hier worden verstaan tegen zijn maatschappelijke achtergrond. De negatieve invloed van arbeidsomstandigheden, luchtverontreiniging, slechte woonomstandigheden, besmet voedsel en dergelijke op de menselijke gezondheid, vragen bewustwording van deze verschijnselen en maatschappelijke actie. Politiek en maatschappelijk pastoraat benadrukken deze kant van de zaak. *C.Halkes* vult de functie in vanuit de veranderingsprocessen die vrouwen doormaken. Aan veel moeiten van vrouwen liggen structurele oorzaken ten grondslag. "In goed pastoraat kan daarom 'helen' niet het herstellen van de oude toestand betekenen, maar zal het een op toekomst betrokken nieuwe ontwikkeling mogelijk moeten maken, waarin vrouwen ontdekken dat ze hun eigen historische toekomst kunnen scheppen" (1984, 144).

8.3. *Bijstaan*

8.31. *Omschrijving*

Onder bijstaan als functie van pastorale zorg verstaan we de troost en bemoediging die mensen in moeitevolle omstandigheden, als gevolg van verlies, verdriet, pijn en lijden, van een pastorale relatie ondervinden.

In situaties van lijden, waardoor een mens in zijn geloof wordt aangevochten, kan de nabijheid van anderen steun en troost bieden. In veel gevallen is geen verandering of verbetering in de situatie te verwachten. Een pastor kan dan weinig anders doen dan bij de ander zijn, waarbij het ten volle aankomt op de kwaliteit van dat 'bij de ander zijn'. Want hoe kan een mens de nabijheid van God ervaren buiten de nabijheid van een medemens, een zuster of broeder, om?

Clebsch en *Jaekle* (43) onderscheiden in het bijstaan een viervoudige taak. De eerste is die van *preservation*, om iemand die een verlies geleden heeft te steunen, opdat hij niet verder wegzakt dan nodig is en het verdriet zo mogelijk binnen grenzen blijft. De volgende taak is *consolation*, troost, in zoverre de ander hiervoor openstaat. De derde taak is *consolidation*, waarbij het gaat om het mobiliseren en hergroeperen van overgebleven krachten om de ander te helpen zijn situatie aan te kunnen. De vierde taak is *redemption*, wanneer iemand gaat bouwen aan een nieuw levensontwerp, om daar op basis van de nieuwe situatie van te maken wat ervan te maken valt. *S.Hiltner* geeft de volgende omschrijving: "By 'sustaining' is meant that aspect of the shepherding perspective that emphasizes 'standing by'. Unlike healing, in which the total situation is capable of change, sustaining relates to those situations that as total cannot be changed or at least cannot be changed at this time" (116).

8.32. *Bijbels-theologische achtergrond*

De *geschiedenis* van deze functie ligt diep verworteld in het bijbels getuigenis. Daarnaast is een uitgebreide buiten-bijbelse troostliteratuur bekend. De filosoof was in de oudheid met name belast met het 'officium consolandi' (2.12). Melding wordt gemaakt van de retor Antiphon, als een van de troosters die er een 'troostkliniek' op nahielden. Men zou in hem een voorloper van de moderne therapeut kunnen zien (TWNT VI, 771 e.v.). Naast de filosoof staat de dichter en verder waren er de 'klaagman' en 'klaagvrouw', die we ook in de bijbel tegenkomen. Zij weten een stroom van emoties los te maken, wat met het oog op een verwerkingsproces van belang is. De troostmotieven liggen bij platoonse, stoïcijnse en epicureïsche filosofen verschillend. Zo stelde de Stoa tegenover de 'pathê' de 'apatheia'. Monniken kiezen voor de ascese.

De bijbel kent verschillende woorden voor *troosten*. Het OT-ische *nicham* betekent letterlijk 'doen opademen' in een situatie van druk en benauwdheid. De vrienden van Job worden ondanks hun vrome woorden 'jammerlijke vertroosters' genoemd (Job 16,2). Menselijke troost is een afspiegeling van de troost van de God van Israël, die als een moeder troost (Jes.66,13). Zijn troost geldt de enkeling, maar ook het volk (Jes.40,1). Hiermee is het beeld van de herder verbonden (vs 11).

Het NT-ische *parakalein* (2.21) heeft twee betekenissen, vermanen en vertroosten, die gemeenschappelijk hebben dat het in beide gevallen om een vorm van opbeuren gaat. Paulus roept de gemeente op in de weg van de volharding en vertroosting der Schrift de hoop vast te houden (Rom.15,4). Troost en hoop horen bij elkaar: Zalig de treurenden, zij zullen vertroost worden (Mat.5,4). De eenheid van vermanen en vertroosten is geworteld in het evangelie zelf, dat gave en opgave tegelijk is. De troost richt zich op allen die moeite of verdriet hebben, al dan niet bij de gemeente behorend: bedroefden (Rom.12,15), zieken en gevangenen (Mat.25,36 en 43), weduwen en wezen (Jac.1,27). Troosters zijn de profeten (1 Cor.14,3) en de broeders en zusters onderling (Fil.2,1). Daarboven staat de God der vertroosting (Rom.15,5). Motieven van troost worden gevonden in de persoon en het werk van Jezus Christus (2 Cor.1,5). De gelovigen worden met name aangevochten door verdrukking (1 Tess.3,2) en het kwaad (2 Tess.3,3).

Door de eeuwen heen is bijstaan een belangrijke functie geweest. In de vroege kerk staat bijstaan altijd onder het voorteken van de parousie, de bevrijdende komst van de Heer. In tijden van vervolging biedt bijstaan steun in de strijd tegen afval en verloochening van het geloof. In deze en andere situaties wordt aanvechting beleefd als een verzoeking van de Boze, waartegen de doop de gelovige weerbaar heeft gemaakt. In de doopliturgie ging 'het verzaken van de duivel' aan de doopbediening vooraf.

In de tijd van de Reformatie ligt het accent op bijstaan in aanvechtingen, die als heel persoonlijke aanvallen van de Boze worden ervaren. Het persoonlijk karakter van de aanvechting vraagt een personifiëring van het kwade, om er werkelijk de strijd tegen te kunnen aanbinden. Luther heeft deze strijd persoonlijk gekend en hij heeft aangegeven hoe de mens hierin weerstand kan bieden. Zo wijst hij, behalve op de Schrift, op steun die uitgaat van muziek en dringt hij erop aan het gezelschap van anderen te zoeken, liever dan zich in eenzaamheid terug te trekken. Hij schreef een handboekje waarin troostwoorden voor verschillende situaties geordend zijn (Hardeland, 260 e.v.). *C.Aalders* typeert de Reformatie als 'een sprong in de mondigheid' (1969, 100). De gelovige wordt aangesproken als enkeling, individu, iets wat veel van een mens vraagt. Meer dan vroeger krijgt pastoraat nu het karakter van persoonlijke bijstand. Van Calvijn (3.51) zijn veel troostbrieven bewaard gebleven.

Geloof biedt troost. Dat accent blijft de eeuwen door in het individuele pastoraat bewaard. Onder invloed van de godsdienstkritiek wordt deze troost in de negentiende eeuw een omstreden functie. Freud en Marx leggen beiden, in navolging van Feuerbach, op eigen wijze nadruk op het valse karakter van deze troost, die mensen klein en afhankelijk zou houden. Troost verwordt dan tot een illusie, een opiaat. Troost speelt in dat geval in op bedenkelijke religieuze behoeften, door misbruik te maken van zwakke momenten in het leven van een mens. Dergelijk misbruik vormt een reëel gevaar, maar hierbij moet worden aangetekend dat het bijbelse begrip troost mensen in de ruimte zet en hen aanspoort tot aanklacht en verzet. Vergelijk de strijd van Job tegen zijn vrienden (Job 16 en 19).

De personifiering van het kwade heeft in de christelijke traditie geleid tot een de menselijke aanvechting ver overstijgend dualisme: de strijd van God tegen Satan, die leidt tot een innerlijke tweestrijd in de mens zelf. Vgl. bijv. Artikel 12 van de Nederlandse Geloofsbelijdenis. Schillebeeckx wijst erop dat het spreken over Satan als 'vorst dezer wereld' een buiten-bijbels gegeven is, ingeslopen vanaf 150 v.Chr. "Voor het NT is het een uitgemaakte zaak, dat de satan en alle demonische machten door Christus zijn overwonnen" (1977, 465). Dit heeft pastorale consequenties: "Voor de christenen zijn duivels *nietsen*, voor hen bestaan ze niet meer." Vanuit de overmacht van de verzoening in Jezus Christus spreekt Barth over 'das Nichtige' als 'die Verneinung der guten Schöpfung Gottes' (KD IV/3, 796). Ook Berkhof rekent de satan niet tot de eigenlijke inhoud van het christelijk belijden (1973, 213). Hij spreekt over de satan als 'voorstelling'. Berkouwer spreekt over 'het raadsel van de zonde', omdat noch monisme en dualisme, noch de demonologische verklaring der zonde aanvaardbaar zijn: "Het is alleen vanuit het *hart* van het christelijk geloof zinvol en legitiem om van de *onverklaarbaarheid* der zonde te spreken" (1958, 119). Zo komt de strijd tegen de zonde in een gelovig perspectief te staan. Zie over de verwoestende gevolgen van het dualisme: Houtepen 1997, 58 e.v.

8.33. *Actuele betekenis*

In *de actuele situatie* neemt bijstaan in alle stromingen van pastorale zorg een belangrijke plaats in. Uiteraard wordt hieraan een verschillend accent gegeven, hetzij meer kerygmatisch, dan wel therapeutisch of hermeneutisch. In het laatste geval worden theologische en psychologische elementen op elkaar betrokken.

Bijstaan van mensen heeft allereerst betrekking op crisisverwerking. Een crisis wordt ervaren als een radicale inbreuk op de eigen levensverwachting. Lijnen van het verleden kunnen niet worden doorgetrokken en daardoor wordt de toekomst met één klap onzeker (Switzer, 1974; Ganzevoort, 1994). *Erikson* (1972) onderscheidt tussen normatieve crises, die de overgangen in de levensloop markeren en neurotische crises, in samenhang met psychische problematiek. Veel crises slaan van buitenaf in: het bericht dat iemand ongeneeslijk ziek is, een plotseling overlijden. Daarom is crisisverwerking in veel gevallen verbonden met stervensbegeleiding en rouwverwerking. Vanuit de humanistische psychologie heeft het denken in fasen hierop grote invloed geoefend. *Kübler-Ross* (6.42) schetst de fasen van ontkenning, woede en verzet, marchanderen, depressie en aanvaarding. Deze fasering werd vervolgens betrokken op andere situaties van verliesverwerking, zoals rouw, echtscheiding, verlies van werk, amputaties e.d. Men hoeft de diagnostische betekenis van dit fasendenken, ook voor het pastoraat, niet te ontkennen, om niettemin beducht te zijn voor de prescriptief-normatieve werking die ervan kan uitgaan. Bovendien laat de dood zich moeilijk vergelijken met andere vormen van verlies. Het gaat hier immers om een onvervangbaar verlies (Firet 1986, 601).

In het pastoraat worden deze inzichten vanuit theologische motieven verdiept. Troost wil zeggen: Er is iemand bij je, je bent niet alleen. Troost betekent geborgenheid, borg zijn voor elkaar, voor elkaar instaan (Ter Horst z.j.; Veltkamp 1996). Dat is een primaire behoefte in een mensenleven. Erikson spreekt hier van 'basic trust'. Het eerste gevoel dat een kind in het leven opdoet is, als het goed is, een gevoel van veiligheid. Troost betekent dat de mens als schepsel zich door God be-aamd mag weten. Je mag er zijn! Daarbij is troosten nooit makkelijk praten. J.C.Blumhardt merkte al op: "Wer zum Trösten berufen ist, der muss auch viel leiden" (Schreuder 1973, 251). Omdat de vertroostende functie van het pastoraat in onze tijd in discrediet lijkt te raken, schreef *F.Haarsma*: 'Een kleine apologie voor de troost der kerk' (1991).

In situaties die uitzichtsloos lijken stuiten we in het pastoraat bij herhaling op de vraag naar God als de 'waarom-vraag'. De klassieke theologie zei meestal: het lijden komt van God. De moderne theologie trekt nogal eens de tegenovergestelde conclusie: God staat erbuiten, ook al is Hij ons in het lijden nabij. In het pastoraat gaat het er vooral om recht te doen aan 'het waarom-zonder-antwoord' (Schreuder, 1973). Het is de hoop op God, die de waarom-vraag open houdt (Houtepen 1997, 123).

Vanuit de maatschappelijke invalshoek moet gewezen worden op de samenhang van 'To comfort and to challenge' (Glock e.a., 1967). Pastoraat als troost gaat gepaard met prikkels tot verandering, omdat maatschappelijke situaties waarin mensen verkeren niet het karakter mogen krijgen van een lotsbeschikking. Ze zijn immers het gevolg van politieke keuzen en maatschappelijke beslissingen, die voor verbetering vatbaar zijn. *Halkes* wijst op de betekenis van deze functie voor het vrouwenpastoraat: "Eindelijk iemand tegenover je tegen wie je je niet hoeft te verdedigen en die je aanneemt zoals je bent..." (1984, 144).

8.4. *Begeleiden*

8.41. *Omschrijving*

Onder begeleiden als functie van pastorale zorg verstaan we de leiding die van een pastorale relatie kan uitgaan, waardoor mensen zich gesteund weten om op grond van hun levensovertuiging keuzen te maken en beslissingen te nemen en zo te groeien in zelfstandig geestelijk functioneren.

Mensen komen in hun leven voor moeilijke beslissingen te staan, waaraan religieuze en ethische aspecten zitten. In zulke situaties heeft pastorale zorg de functie van raad geven. Dit dient altijd te gebeuren op een wijze, die de eigen verantwoordelijkheid van de ander ten volle respecteert. Men kan met de ander keuzen en beslissingen overwegen, maar uiteindelijk bepaalt de betrokkene zelf de weg die hij of zij wil gaan. Men kan hier spreken van een agogisch moment in het pastoraal optreden, gericht op zelfstandig geestelijk functioneren (Firet, 1968).

Clebsch en *Jaekle* komen tot de volgende omschrijving: "Guiding is that function of the ministry of the cure of souls which arrives at some wisdom concerning what one ought to do when he is faced with a difficult problem of choosing between various courses of thought or action" (49). *S.Hiltner* noemt 'guiding' een 'risky word'. Dit risico ligt naar twee kanten. Enerzijds kan het gebeuren dat er van een pastor inhoudelijk niets uitgaat, anderzijds komt het voor dat een pastor mensen ontoelaatbaar onder druk zet. "A spiritual guide is more than a reflective mirror. But he is not in any sense a director in a way that implies coercion" (1958, 145).

8.42. *Bijbels-theologische achtergrond*

Ook de *geschiedenis* van deze functie gaat terug op buiten-bijbelse wortels. In alle religies ontmoeten we figuren die worden aangeduid als meester, rabbi, guru, wijze of leraar. Zij belichamen een hoger gezag en vertegenwoordigen een instantie die op religieus en ethisch vlak eisen stelt aan mensen. Dit leiding geven berust niet op persoonlijke inzichten, maar is gebonden aan een bepaalde religieuze traditie, die als regel haar neerslag heeft gekregen in een heilig geschrift. In de griekse wereld vinden we de wijsgeer of filosoof (2.12), in de joodse wereld de wijze (2.11).

Het Oude Testament kent een uitgebreide wijsheidsliteratuur (Schuman 1993, 383 e.v.), met name in de boeken Spreuken en Prediker. Wijsheid is gericht op de praktijk van het dagelijks leven. De wijze is ook de rechtvaardige (*saddiq*), de oprechte (*jasar*), degene die weet wanneer hij spreken en luisteren moet. Hij is de in elk opzicht integere mens, die aan de door God gestelde normen voldoet en verstandig optreedt 'in de poort', d.w.z. in de publieke functie die hij uitoefent. Daar kan men bij hem terecht om raad. In de tijd van de koningen bestond er zoiets als een stand der wijzen (Jer.18,18). In het latere jodendom wordt wijsheid meer en meer geïdentificeerd met kennis van de wet. De wijze wordt de wetgeleerde, die het leven van de mensen in een tot casuïstiek gevlochten net tracht te vangen. Hierdoor krijgt het woord wijze in de mond van Jezus een negatieve klank. Wat voor wijzen verborgen blijft, wordt aan kinderen geopenbaard (Mat.11,25). Toch heeft de mens om de weg van God te gaan 'thora' en 'chokma' nodig (Firet 1968, 72). 'Chokmah' is meer de reflectie op de 'thora'. Zij speelt in op concrete situaties, waar de wet geen directe voorschriften geeft, maar een mens het zelf moet uitzoeken. Dan komt het aan op "verstand van zaken, kijk op situaties, inzicht in problemen" (74). De mens die wijs is kan het leven aan. Daarbij beseft hij, in onderscheid van de 'dwaze' (Ps.14,1), dat 'vreze des Heren' (Spr.1,7) het begin van alle wijsheid is.

In het Nieuwe Testament wordt ook Jezus als 'rabbi' aangesproken. Hij spreekt met 'exousia' (Mat.7,29), dat wil zeggen met écht gezag dat het geheim van zijn persoon is. Hij, de meester, roept mensen tot navolging en discipelschap. Paraklese, hier in de tweede betekenis van het woord, vermanen, heeft plaats met een beroep op 'de barmhartigheden Gods' (Rom.12,1). Waar binnen het ene werkwoord parakalein de band tussen vermanen en vertroosten wordt doorgesneden, wordt de vermaning wettisch in plaats van bevrijdend. In het leiding geven en vermanen 'in de geest van Christus', komt het uiteindelijk oordeel dan ook alleen Hem toe (1 Cor.4,5). Elk menselijk oordeel is principieel een vooroordeel en daarom voor correctie vatbaar. De apostel wil geen heerschappij voeren over iemands geloof, maar medewerker zijn aan diens blijdschap (2 Cor.1,24).

In de loop der eeuwen blijkt dat deze hoge norm lang niet altijd gehaald wordt. Eerder worden de zwakke plekken zichtbaar, de dwang en de druk die in naam van het christendom zijn uitgeoefend en mensen onvrij maakten. Vaak werd op autoritaire wijze door geestelijke leiders geheerst over het geweten van anderen. Men kan hierbij denken aan vormen van casuïstiek, die de eigen verantwoordelijkheid van het individu afnamen. Hier wordt namelijk de volstrekt unieke situatie in een mensenleven gegeneraliseerd tot een objectieve norm, die vervolgens aan die persoonlijke situatie wordt opgelegd. Hier maakt een autoritatief inhoudelijk gezag plaats voor autoritaire opgelegde regelgeving. Hier past het woord van Jezus: De sabbat is gemaakt om de mens en niet de mens om de sabbat (Mc.2,27).

Begeleiding krijgt in de loop der tijd vooral vorm in de *biecht* en de *tucht*. Beide gaan terug op de boetepraktijk van de oude kerk en hebben van daaruit een dubbele spits: de heiliging van het leven van de gemeente en de verzoening in de weg van vergeving, wanneer een mens opnieuw in zonde vervalt. We zien hierin de polaire momenten van rechtvaardiging en heiliging. Op de biecht komen we in het vervolg (8.52) terug. De tucht heeft bijbelse wortels (vgl. Mat.16,18 e.v., 18,15 e.v., 1 Cor.5). Tuchtoefening heeft zich met name ontwikkeld in de calvinistische traditie (3.51), zozeer zelfs dat het begrip *calvinistisch* in het Nederlands spraakgebruik thans nog staat voor alles wat opgelegd en bekrompen heet. Het opgelegde karakter hangt, zoals we zagen, vooral hiermee samen dat tucht ontaardde in tuchtmaatregelen, een vorm van kerkelijke rechtspraak, parallel aan de wereldlijke. *E.Fromm* (1941) beschouwt het als de tragiek van de Reformatie, dat de weg naar de vrijheid uiteindelijk vastliep in de angst voor de vrijheid. Daardoor ontstond er een spanning tussen pastoraat en tucht, met name in het ambt van de protestantse ouderling, die als opziener over de gemeente, geloof en leven moest toetsen aan Schrift en belijdenis. Zo ontstond een beoordelende vorm van pastoraat, die ten koste ging van de christelijke vrijheid, volgens de regel van de apostel: "zo zal een ieder onzer voor zichzelf rekenschap geven" (Rom.14,12). Daarom past het de ene broeder niet te oordelen over de andere (vs.10). De spanning van pastoraat en tucht troffen we ook aan in de lutherse traditie bij H.Asmussen (3.3), in de vorm van *Seelsorge* tegenover *Seelenführung*.

In de hier geschetste ontwikkeling van het pastoraat werd begeleiden vooral verbonden met opvoeding en onderricht, de overdracht van morele waarden en normen. Met name in de 19de eeuw werd 'volksopvoeding' vanuit een emancipatorisch perspectief een belangrijke taak van priesters en predikanten. In een tijd waarin geloven zijn vanzelfsprekendheid verloren heeft wordt begeleiden verdiept tot geestelijke begeleiding vanuit een spirituele traditie, waarin de lijn van het mystagogisch pastoraat (2.4) wordt doorgetrokken (Fentener van Vlissingen 1980; Andriessen 1996). De biografische benadering staat hier centraal (Kuld 1997; Alma 1998). Zie voor de geschiedenis van de spiritualiteit: Aalders 1969, Balke e.a. 1993, Duchatelez 1995.

8.43. *Actuele betekenis*

Het is niet altijd eenvoudig in de actuele situatie aan begeleiden als functie van pastoraat een passende inhoud te geven. In de zestiger jaren openbaarde zich een diepe gezagscrisis in de Westerse samenleving. Het traditionele gezag van ouders, leraren, politici en ook geestelijke en kerkelijke leiders werd niet langer als formeel gezag aanvaard. West-Europa bevindt zich 'Auf dem Weg zur vaterlosen Gesellschaft', zoals de titel van het bekende boek van *A.Mitscherlich* (1963) het zegt. De 'vaderen' zijn niet meer. Een proces van democratisering, inspraak en medezeggenschap slecht de laatste hiërarchische structuren in de samenleving. Ook binnen de kerken komen het gezag van de Schrift, het gezag van het ambt en het kerkelijk leergezag onder grote druk te staan.

De feministische kritiek richt zich op het patriarchaat dat het in samenleving en kerk nog altijd voor het zeggen heeft. Hoewel we voorzichtig moeten zijn met het spreken over vrouwelijke eigenschappen, kiezen vrouwen voor een andere stijl van leidinggeven, waarin de zorg voor de onderlinge relaties voorop staat. Vrouwen willen een andere kerk, "een geloofsgemeenschap, die zowel wordt gekenmerkt door rechtvaardige verhoudingen als door zorgzaamheid of verbondenheid" (Werkman 1993, 141). Bij het zoeken naar een eigen stijl van leiding geven zijn identificatiemodellen in een door mannen gedomineerde kerk nog altijd schaars (vgl. Vrouwen als pastor, 1985).

Tegen deze achtergrond schreef *F.O. van Gennep* (1989) zijn studie over het vaderschap van God. Hoe kan er in onze tijd nog sprake zijn van gedeelde morele kaders en een gemeenschappelijk verhaal, dat als een sociale en religieuze structuur individuen met elkaar verbindt? Voor van Gennep is er geen terug mogelijk achter het bijbels spreken over God als Vader, waarbij het hem niet gaat om machtsuitoefening maar om de zeggenschap van dat vaderschap. In elke samenleving is sprake van macht, maar juist de macht van Gods liefde biedt de beste garantie voor een leven in vrijheid en verantwoordelijkheid. De overmacht van Gods weerloosheid, zoals die in Jezus zichtbaar werd, geeft aan het begrip macht een geheel nieuwe inhoud. Zijn boek draagt daarom als motto een woord van D.Bonhoeffer: Alleen de lijdende God kan helpen. Van feministische zijde klinkt hier het verwijt van paternalisme. In haar studie *Spreken over God als Vader* (1996) honoreert *K.Biezeveld* deze feministische kritiek, zonder echter de christelijke traditie los te laten. Zij benut de hermeneutiek van de argwaan en benadrukt het metaforisch karakter van het spreken over God als Vader, zich aansluitend bij Sallie McFague. Ze wijst erop dat de God van het verbond *empowerment* verleent. Die kracht gaat uit van het gezaghebbend 'tegenover' van het Woord.

Bij elk spreken over begeleiding binnen het pastoraat ligt dus voortdurend het gevaar van paternalisme en machtsuitoefening op de loer. We realiseren ons hier dat woorden als 'Lebenshilfe', 'Beratung' en 'counseling' een pedagogische achtergrond hebben en dat, zoals we zagen (8.1) in elke functionele relatie, ook in een professionele pastorale relatie, sprake is van machtsongelijkheid. Firet wijst daarom op de evenmenselijke aanspraak als de enig mogelijke vorm van bejegening. Door deze bejegening komt een mens tot de ontdekking: Ik ben iemand. Juist het feit dat de pastor in zo'n relatie een 'tegenover' is, schept de ruimte waarin de ander groeien kan door in een proces van bewustwording eigen overwegingen te toetsen aan die van een ander. Dit gaat niet ten koste van de wederkerigheid, maar doet recht aan het principiële uitgangspunt van Luther dat pastoraat plaats heeft onder broeders en zusters 'per mutuum colloquium et consolationem' (Henkys 1970).

De kerygmatische opvatting legt een grote nadruk op de distantie, wat kan leiden tot een vereenzelviging van de pastor met het Woord, waardoor het gezaghebbend karakter van de traditie onbedoeld autoritaire trekken krijgt. In de non-directieve benadering van de therapeutische opvatting van pastoraat, dreigt elk 'tegenover' van de zijde van de pastor weg te vallen, waardoor de eigen gevoelens van het individu de hoogste norm worden. In een hermeneutische benadering gaat het erom dat pastor en gesprekspartner samen een weg zoeken om tot verstaan te komen, in een gesprek waarin het Woord zelf tot een gezaghebbend tegenover uitgroeit. Men gebruikt hiervoor wel het beeld van de Emmaüsgangers.

Een autoritaire cultuur sloeg in de zestiger jaren om in een anti-autoritaire cultuur, die met name in opvoedingssituaties geleid heeft tot grote onzekerheid, zowel bij ouders als bij kinderen. In de kerk was dit niet anders. In onze tijd wordt gezocht naar een nieuwe invulling van leiderschap, leiding als 'pastorale dienst', uitgaande van het subject-zijn van de ander (Hendriks 1990, 1995). Van een begeleider mag gevraagd worden dat zij of hij weet waarvoor men zelf staat. Juist in een post-moderne cultuur ontstaat meer ruimte voor het articuleren van de eigen levensovertuiging, omdat deze principieel ruimte laat voor de ander om tot haar of zijn eigen vertolking hiervan te komen. Het komt er dan vooral op aan dat een pastor authentiek is, integer, doordat hij of zij kan luisteren, ruimte schept voor het eigen verhaal van de ander en tegelijk ook zelf geloofwaardig is in wat hij of zij zegt. Hier krijgt het woord begeleiding een spiritueel accent, waardoor de pastorale relatie zich verdiept (Josuttis, 1996).

8.5. *Verzoenen*

8.51. *Omschrijving*

Onder verzoenen als functie van pastorale zorg verstaan we de betekenis die een pastorale relatie kan hebben voor mensen die vervreemd zijn van elkaar, van zichzelf of van God, om tot zichzelf te komen, aanvaarding en vergeving te ervaren en zo in nieuwe relaties te leren leven.

Deze functie staat in het teken van de dienst der verzoening, tegen de achtergrond van menselijke zonde en schuld. Het existentiële begrip vervreemding drukt het relationele karakter van deze functie het duidelijkst uit. De Heidelberger Catechismus (zondag 1) typeert de zondige situatie van de mens als 'ellendig', dat wil zeggen uitlandig, vervreemd van God en de naaste: Adam en Eva in ballingschap.

Clebsch en *Jaekle* kennen, anders dan S.Hiltner, aan *reconciling* een eigen plaats toe, zij het niet naast de andere, maar als een dwarsdoorsnede van de voorafgaande drie functies. Ze schrijven: "This function of the cure of souls stands alongside healing, sustaining and guiding, but is distinguishable from them both historically and analytically" (56). Zij geven de volgende omschrijving: "The reconciling function seeks to re-establish broken relationships between man and fellow man and between man and God" (9).

8.52. *Bijbels-theologische achtergrond*

De dienst der verzoening, als opdracht voor allen die door Christus gezonden zijn (2 Cor.5,18 e.v.), ontspringt aan Gods verzoeningswerk als antwoord op de zonde van de mens. De kern van de zonde is "de op onbegrijpelijke wijze verbroken geloofsrelatie tot God", de omtrek is de ontwrichting van de drie relaties waar een mens in staat: de verhouding tot God, tot de naaste en tot de natuur (Berkhof 1960, 65 e.v).

De bijbel kent twee woorden voor verzoenen: *hilaskomai* ('sühnen') en *katallasso* ('versöhnen'). Het eerste betekent 'je schuld boeten', het laatste 'zich verzoenen met', of 'de ander met zich verzoenen' (TWNT I, 252 e.v., III, 300 e.v.). Het eerste komt in het NT zelden voor. Het laatste is relationeel van aard en staat in het grieks bijvoorbeeld voor de verzoening tussen echtgenoten. Beide werkwoorden horen bij elkaar, zoals uitgedrukt in een herderlijk schrijven van de Nederlandse Hervormde Kerk, *De tussenmuur weggebroken* (1967, 49): "Het herstel van de gestoorde gemeenschap gaat uit van God. Hij neemt het initiatief tot de katallagè. Maar in het gebeuren van de katallagè geschiedt de hilasmos voor zijn aangezicht." In de soteriologie neemt de persoon van Jezus een centrale plaats in. Zijn kruis en opstanding brengen vergeving en bevrijding. Dat is het heil dat in het NT in vele toonaarden bezongen wordt. De relatie met God en die tot de naaste komen in een nieuw licht te staan.

De samenhang van beide relaties zien we heel duidelijk in Mat.5,24 (de verzoening met de broeder dient aan de gang naar het altaar vooraf te gaan), evenals in de vijfde bede van het Onze Vader ('vergeef ons..., gelijk ook wij vergeven...') en in de gelijkenis van de schuldenaars in Mat.18,23 e.v. (terwille van de naaste kan God op zijn kwijtschelding terugkomen). De relatie tot God en de naaste zijn, evenals in het grote gebod, niet van elkaar los te maken, hoe dikwijls ook geprobeerd is ze tegen elkaar uit te spelen. De eenheid vinden we wellicht het indrukwekkendst onder woorden gebracht in de gelijkenis van de twee zonen (Luc.15,11 e.v.).

Dat biechten opluchting geeft wist reeds de dichter van Psalm 32: "Toen ik zweeg kwijnde mijn gebeente weg" (vs 3). In de vroeg-christelijke kerk was de vraag actueel of voor iemand die na zijn doop in zonde was gevallen en op grond daarvan geëxcommuniceerd, een weg terug mogelijk was. Kernbegrippen waren in dit verband 'metanoia' (berouw, boete, bekering) en 'exhomologèsis' (schuldbelijdenis). Ook in de derde eeuw blijft de excommunicatie als boetevorm bestaan (Rahner 1968, 85). Deze excommunicatio wordt in de ritus van de reconciliatio, na volbrenging van de boete, opgeheven.

In de Middeleeuwen is een nieuwe vorm van boete ontstaan, de biecht (3.53), die in bepaalde opzichten sterk verschilt van de vroegere boetepraktijk. Volgens *J.T.Mc Neill* (1965, 112) blijkt het verschil hieruit, dat de biecht voortaan een privékarakter heeft, voor iedereen geldt en regelmatig moet worden afgelegd, met name in de boetetijd, de Advent en de 40-dagen tijd. Lateranum IV (1215) stelt de jaarlijkse oorbiecht verplicht. Deze nieuwe boetevorm stamt uit de Keltische traditie. Wat de drie elementen van de biecht betreft, de 'contritio cordis, confessio oris en satisfactio operum', heeft de Reformatie vooral moeite met het laatste element. Maar als er geen biecht bestond zou Luther deze instelling, volgens zijn eigen woorden, "aus der Erde graben und über 1000 Meilen weit herholen" willen (Hardeland 1898, 251). Het biechtgesprek bleef in het pastoraat dan ook van grote betekenis. Bij *Thurneysen* loopt zelfs ieder gesprek uit op een biechtgesprek, waarop het woord van vergeving volgt. Met name het paternalistisch karakter van het biechthoren heeft ertoe geleid dat de biechtpraktijk vrijwel verdween.

Hier moet aan worden toegevoegd, dat de schuldproblematiek in de afgelopen decennia ingrijpend veranderd is. De schuld heeft behalve persoonlijke ook bovenpersoonlijke trekken aangenomen in de tegenstellingen tussen rassen, sociale klassen, rijke en arme landen, koloniale en gekoloniseerde volken. Met name de Holocaust heeft het schuldvraagstuk geradicaliseerd en riep de vraag op naar 'het gelaat van God na Auschwitz'. In hoeverre zijn beulen persoonlijk verantwoordelijk? Waren ze geen radertjes in een systeem van massavernietiging? De verleiding is dan groot om de schuld van zijn persoonlijk karakter te ontdoen en te spreken van collectieve schuld, van bovenpersoonlijke machten, of van lot. Ook Berkhof heeft oog voor allerlei lotselementen, maar dit doet geen afbreuk aan het persoonlijk karakter van schuld (1973, 222). Zo wijst hij ook het begrip tragiek als laatste verklaring af.

Verzoening is in het NT verbonden met de persoon van Jezus. In de klassieke satisfactieleer wordt zijn dood verstaan als plaatsvervangend offer. Tegen deze offerterminologie rezen ernstige bezwaren, gezien het beeld van God dat hieraan ten grondslag ligt: een God der wrake die bloed wil zien. Dit laat zich moeilijk rijmen met Gods liefde en goedheid. "Het knelpunt in deze opvatting is, dat men daarbij aan God toeschrijft wat alleen de menselijke geschiedenis van onrecht Jezus heeft aangedaan" (Schillebeeckx 1977, 669). Met name tegen de Anselminaanse traditie, zoals o.a. verwoord in de Zondagen 5 en 6 van de Heidelberger Catechismus rees verzet (Wiersinga, 1971). Zie voor een overzicht van de recente discussie over de verzoening: Mc Grath (1997, 347-378); Van der Kooi (1997). In zijn herinterpretatie wijst Van der Kooi erop dat in de gekwetste gemeenschap tussen God en mens het opheffen van de vervreemding van God uitgaat: "de verrassing van de heilsgeschiedenis is dat God de actor is die zich in Christus heeft vereenzelvigd met de vervreemding van de mens" (296). Dit heeft consequenties: "Het probleem van morele schuld kan niet op het terrein van het ethische zelf opgelost worden. Er vindt verlossing van schuld plaats doordat God zelf zich met die macht confronteert. De oplossing of beter de verlossing van de schuld is religieus van aard." De mens staat niet vanzelfsprekend aan de goede kant. Verzoening staat of valt met het geloof dat God in Christus ten gunste van de mens handelt.

8.53. *Actuele betekenis*

De functie verzoenen blijft van actuele betekenis voor het pastoraat. Schuld behoort naast angst en twijfel tot de basale onlustgevoelens, waar ieder mens in eigen leven mee geconfronteerd wordt. Dit roept de vraag op naar een hermeneutiek van de schuld. Op dit punt heeft *C.H.Lindijer* (1979) een helder onderscheid aangebracht tussen onevenwichtige, aangeprate en reële schuldgevoelens. Het begrip reëel tegenover irreëel is beter dan het onderscheid tussen echte en onechte schuldgevoelens. Voor de betrokkene is elk schuldgevoel echt, ook al is het misschien voor de ander niet reëel. Met onevenwichtige schuldgevoelens bedoelt Lindijer met name het depressieve schuldgevoel, dat een mens kan overspoelen. Het gevoel van schuld heeft dan iets totaals. Met aangeprate schuldgevoelens bedoelt hij schuldgevoel vanuit het superego, de patronen van 'moeten', die een mens vanuit de opvoeding of door rolpatronen worden opgelegd. Bij het laatste kan men denken aan het cultureel bepaalde schuldgevoel van vrouwen: je doet het nooit goed. In het geval van reële schuldgevoelens gaat het om wat we verkeerd doen en waar we spijt of verdriet van hebben, fouten die wel of niet meer kunnen worden goedgemaakt. In deze sfeer past het woord vergeving. In onze tijd signaleert Lindijer (1995) de overgang van een schuldcultuur naar een schaamtecultuur. Schaamte is vooral gericht op de eigen persoon en heeft te maken met falen. Dat is iets wat de geïndividualiseerde mens, bij het ontwerpen van een eigen levensproject, zich moeilijk kan veroorloven. Bij schaamte is ook altijd sprake van een beschamer, iemand die een mens voor anderen te kijk zet. Het antwoord op schaamte is niet zozeer vergeving als wel aanvaarding en vooral heling.

In de hermeneutiek van de schuld gaat het om het ontwarren van schuldgevoelens. Wanneer een pastor bijvoorbeeld het depressieve schuldgevoel benadert met een gebed om vergeving, heeft dit als regel een averechts gevolg. De betrokkene voelt zich onder druk gezet, omdat hij of zij het bevrijdende woord zelf niet ervaren kan. Dan voelt men zich nog dieper van God verlaten en dus nog schuldiger. Hier past eerder een houding van aanvaarding, waardoor de ander zich veilig voelt. Aangeprate schuldgevoelens zetten een mens onder druk. Ze zullen na ontwarring eerder een gevoel van boosheid oproepen. Men is ten onrechte gekleineerd, maar voelt zich nu meer weerbaar. Bij reële schuld is het belijden hiervan voor Gods aangezicht de enige weg van levensvernieuwing. Gezien het relationele karakter van het begrip schuld biedt ook groepspastoraat een goede inbedding voor het omgaan met schuldgevoelens (Strijards, 1997).

In de omschrijving van de verzoenende functie gebruikten we het existentiële woord vervreemding (Doornenbal, 1978). Daardoor slijten relaties uit. Veel pastoraat richt zich op mogelijk herstel van relaties, al kan de vervreemding ook zo groot zijn dat als goede vrienden uit elkaar gaan het hoogst bereikbare is. Verzoening is niet de weg van de minste, maar die van de meeste weerstand. Want als regel wordt zij alleen bereikt door het conflict heen. In dat conflict speelt de boosheid op, zetten mensen zich tegen elkaar af om zo ruimte te scheppen voor zichzelf. Alleen in vrijheid kan men voor het eerst of opnieuw voor elkaar kiezen. Werken aan relaties in pastoraat speelt zich met name af in gesprek met huwelijkspartners en met gezinnen, waar ouders en kinderen tegenover elkaar staan.

Op dit gebied heeft het pastoraat veel geleerd van huwelijks- en gezinstherapie. Het leven van een mens ligt verweven in een netwerk van relaties door de generaties heen. In dit opzicht heeft het gedachtegoed van *Ivan Boszormenyi-Nagy*, een Hongaars-Amerikaanse psychiater, grote invloed gekregen binnen wat genoemd wordt het *contextueel pastoraat*. De begrippen die hij gebruikt overstijgen het psychologische niveau. Zo spreekt hij van 'loyaliteit' en 'gerechtigheid', interpreteert hij het begrip 'dialoog' aan de hand van Buber en heeft hij oog voor de ethische dimensie van de onderlinge menselijke verantwoordelijkheid (Van Rhijn en Meulink-Korf 1991, 1997). Dit schept vrijheid om de eigen positie te verhelderen en eventueel van daaruit een conflict aan te gaan. Generaties zijn in loyaliteit met elkaar verbonden. Dit speelt in de relatie van ouders en kinderen. Loyaliteit is een existentieel begrip, men is elkaar iets verschuldigd. Zo maakt Nagy ook onderscheid tussen schuld als relationeel-ethische term en schuldgevoel, als psychologisch begrip. Van de pastor wordt in dit relationele veld een meervoudige partijdigheid gevraagd. Op deze wijze wordt een referentiekader aangereikt dat is toegespitst op de geestelijke dimensie van het mens-zijn en op doorvertaling naar het pastorale handelen, als dienst aan de verzoening tussen mensen voor Gods aangezicht.

Verzoening heeft tenslotte ook een maatschappelijke dimensie. *H. Wiersinga* (1972) spreekt van 'verzoening als verandering'. Verzoening is een gegeven voor menselijk handelen in onderdrukkende situaties. Zo geeft hij aandacht aan verzoening en strafrecht. Straf kan niet opgaan in vergelding, maar vraagt primair om herstel van de relatie tussen dader en slachtoffer, wat overigens niets afdoet aan een rechtvaardige straf. Het justitiepastoraat beweegt zich op dit gebied. Ook kan men denken aan verzoening in politieke en maatschappelijke conflicten. In een dergelijk conflict dient een destructief conflictproces (een win-verliessituatie) te worden omgebouwd in een constructief conflictproces (een win-winsituatie), vgl. *Hendriks* en *Stoppels* (1986).

8.6. *Balans*

Met deze bespreking van de vier te onderscheiden functies van pastorale zorg komt het eerste deel van dit boek, de theologie van het pastoraat, tot een afronding. Hierin hebben we de grondlijnen geschetst van een praktisch-theologische theorie van de pastorale zorg, waarin de geloofstraditie en de menselijke ervaring voortdurend op elkaar betrokken worden. Ondanks verwerking van belangrijke elementen uit de kerygmatische en de therapeutische traditie, werd gekozen voor een hermeneutische benadering. In deze benadering wordt ook ten volle recht gedaan aan de inbreng van de psychologie.

Via vijf historisch te traceren opvattingen van pastorale zorg, die ieder hun goed recht hebben (hoofdstuk 2) en een schets van de ontwikkeling van de pastorale theologie in de twintigste eeuw (hoofdstuk 3,4,5), kwamen we uit bij een bipolaire benadering vanuit enerzijds de psychologie (hoofdstuk 6) en anderzijds de theologie (hoofdstuk 7), die elkaar wederzijds beïnvloeden in de verschillende functies van pastorale zorg, die in dit hoofdstuk werden besproken. Hiermee is de geformuleerde *werkhypothese* (2.6) voor het grootste deel bevestigd.

We kunnen nu de overgang maken naar Deel 2, waarin het geschetste beeld van pastorale zorg een brede uitwaaiering krijgt naar verschillende handelingsvelden. Dit hangt samen met het maatschappelijk proces van differentiatie binnen de context van de moderne samenleving. Daardoor is sprake van pastorale zorg in meervoud, zowel binnen als buiten de kerken. We accentueren hiermee enkele centrale momenten uit de werkhypothese, die tot nu toe onvoldoende aandacht kregen: de gerichtheid op het individu, de verbondenheid met de geloofsgemeenschap, de oriëntatie op de maatschappelijke context en de professionalisering van de pastorale zorg binnen maatschappelijke instellingen en instituties.

DEEL II

DIFFERENTIATIE

9. Pastorale zorg in het individuele pastoraat

10. Pastorale zorg in en vanuit de gemeente

11. Pastorale zorg in maatschappelijk perspectief

12. Pastorale zorg in instellingen

9. Pastorale zorg in het individuele pastoraat

Onder het individuele pastoraat wordt hier verstaan de *cura specialis* (1.22), de pastorale zorg aan individuen zowel binnen de kerkelijke gemeenten als daarbuiten. Hoewel de aandacht voor de individuele mens tot de klassieke motieven van de pastorale zorg behoort (2.1) en in later tijd de reformatie en het piëtisme de individuele gelovige in het centrum van de aandacht plaatsten, moet het individuele pastoraat niettemin een betrekklijk jong verschijnsel genoemd worden. Hiervoor (1.21) werd het in verband gebracht met het proces van individualisering, dat geleid heeft tot een zekere verzelfstandiging van de poimeniek als praktisch-theologisch vak.

Deze ontwikkeling maakt deel uit van het proces van differentiatie in de samenleving. De leefwereld van het individu heeft zich in een proces van individualisering en privatisering verzelfstandigd ten opzichte van sociale verbanden als de kerken en ten opzichte van het publieke domein. Op grond hiervan heb ik voorgesteld het differentiatieproces als uitgangspunt te nemen bij de indeling van de handelingsvelden van de praktische theologie (Heitink 1993, hoofdstuk 13). In dit deel van het boek werk ik dit uit voor wat betreft het pastoraat. In dit hoofdstuk staat de zorg voor het individu centraal. In hoofdstuk 10 wordt de pastorale zorg bezien vanuit het sociale verband van de kerkelijke gemeente. In onderscheid van *individueel* pastoraat spreken we hier van *kerkelijk* pastoraat. In hoofdstuk 11 wordt aandacht geschonken aan de invloeden die vanuit het publieke domein op mensen uitgaan. Vanuit dit perspectief wordt pastorale zorg wel omschreven als *politiek* pastoraat. Buiten de kerken heeft de pastorale zorg een zekere verzelfstandiging ondergaan in het *instellings*pastoraat (hoofdstuk 12). Hier is de professionalisering van het individuele pastoraat het verst voortgeschreden.

Niet iedereen is gelukkig met deze ontwikkeling. Th.Bonhoeffer oordeelt negatief: "Die Verengung des Seelsorgebegriffs auf die Einzelseelsorge ist neuzeitlich-protestantischen Ursprungs und dem Geist dieses Ursprungs verhaftet" (1985, 11). Hoewel ook ik het gevaar van deze versmalling inzie, wil ik deze ontwikkeling toch positief-kritisch tegemoet treden en de pastorale zorg in haar verschillende differentiaties proberen recht te doen. Ik ga uit van een gematigde differentiatie en wil, zoals hiervoor betoogd (1.31), de cura generalis en de cura specialis zoveel mogelijk op elkaar betrekken.

Waar gaat het om in het individuele pastoraat? Pastorale zorg richt zich op het geestelijk functioneren van een mens in relatie tot anderen, waarbij zingeving verstaan wordt vanuit een religieus perspectief, dat inhoudelijk wordt gevuld vanuit het christelijk geloof. In dit proces van zingeving kunnen, zoals we hiervoor zagen (6.9), vanuit het gezichtspunt van de pastorant verschillende niveaus worden onderscheiden:

- *Het cognitieve niveau*: Hoe begrijp ik mezelf in relatie tot anderen en de wereld om mij heen? Zingeving heeft te maken met levensoriëntatie en een levensbeschouwelijk referentiekader, met waarden, normen en overtuigingen. In dit geval gaat het om de doorwerking van de christelijke geloofstraditie in het leven van een mens. Iemand probeert het leven in dit licht te verstaan en van daaruit te leven.
- *Het emotionele niveau*: Hoe ga ik om met mezelf in relatie tot anderen en de wereld om mij heen? In zingeving, verstaan als zinbeleving, spelen gevoelens en emoties een belangrijke rol. Zij vormen de gemoedsgesteldheid die bepaalt hoe een mens zichzelf beleeft. Sterke gevoelens als angst en woede, maar ook vreugde werken door in het lichaam (iemand loopt rood aan of huilt van verdriet) en in iemands relaties.
- *Het experiëntiele niveau*: Hoe ervaar ik mezelf als gelovige in relatie tot anderen en de wereld om mij heen? Zingeving verstaan als zinvinding raakt het hart van een mens. Wat beweegt mij ten diepste? Hier krijgt religieuze ervaring een existentiële diepte. Wat zijn de spirituele bronnen waaruit ik leef? Wat verlang ik, waarop hoop ik?

Deze niveaus werken voortdurend op elkaar in en zijn daarom nooit volstrekt te onderscheiden. Cognities worden mede bepaald door emoties. Daarom zoeken we in een pastoraal gesprek naar de gevoelens achter de woorden. Hoe beleeft een mens zichzelf? Maar gevoelens hebben al vaak een reflexief moment in zich. Wie een emotie benoemt ('ik voel me ...') is al bezig daaraan een betekenis toe te kennen. Op het niveau van de ervaring grijpen cognitieve en affectieve momenten in elkaar. De drie niveaus in relatie tot elkaar en tot lichamelijke, sociale en culturele invloeden werpen een licht op 'heel de mens'. Hoewel de woorden beleving en ervaring vrijwel synoniem gebruikt worden, wordt ervaring in het spreken over geloofservaring in het theologisch spraakgebruik meestal verbonden met het existentiële niveau (7.2).

In een pastorale ontmoeting spelen alle drie niveaus een rol. Tussen geloofsinhoud, geloofsbeleving en geloofservaring voltrekt zich een proces van integratie. Echter, op het cognitieve niveau kunnen elementen uit de geloofstraditie worden misverstaan en op het emotionele niveau kunnen gevoelens van angst, schuld en twijfel een mens blokkeren. Op het niveau van de geloofservaring kan het proces van integratie moeizaam verlopen. Het is daarom belangrijk te leren luisteren op deze verschillende niveaus en de communicatie op hun onderlinge samenhang te richten.

In dit hoofdstuk kies ik voor een thematische benadering die de onderlinge samenhang verheldert. Dat gebeurt aan de hand van drie thema's. Het eerste is 'veranderend geloven', aan de hand waarvan we zien hoe culturele ontwikkelingen invloed uitoefenen op het verstaan van de geloofsinhoud (9.1). Het tweede is 'geestelijke gezondheid', aan de hand waarvan we zien hoe psychische moeilijkheden invloed uitoefenen op de geloofsbeleving (9.2). Het derde is 'spiritualiteit', aan de hand waarvan we nagaan op welke wijze het geloof als gave van God een mens ten diepste beweegt (9.3). Hoewel elke thematiek zich primair richt op één bepaald niveau, komen steeds ook de beide andere in beeld. Dat laatste is eigen aan hermeneutisch pastoraat.

De pastoraal-theologische stromingen (hoofdstuk 3-5) leggen hier hun eigen accenten. Dat geldt ook van de psychologische stromingen (hoofdstuk 6), die religieuze ervaring, zoals we zagen op een verschillend niveau formuleren. Bij de bespreking van de functies van pastorale zorg (hoofdstuk 8) zagen, we dat deze op alle drie niveaus betrekking kunnen hebben.

9.1. *Het cognitieve niveau*

Op het cognitieve niveau beoogt het pastoraat een reconstructie en herinterpretatie van het gelovig referentiekader om mensen te helpen opgewassen te zijn tegen contingente situaties waar ze in hun leven mee geconfronteerd worden. Het christelijk referentiekader ligt niet voor altijd vast maar ontwikkelt zich voortdurend in relatie tot het tijdsperspectief: de historische context en de individuele biografie. Daarom bespreken we het cognitieve niveau onder het aspect van 'veranderend geloven', dat zichtbaar wordt in bewustwordings- en verwerkingsprocessen, die één van de interesses uitmaken van hermeneutisch pastoraat.

Deze paragraaf zet in bij een voorbeeld (9.11). Hierop volgt een culturele benadering van verschillende referentiekaders die we aantreffen, van traditioneel tot postmodern (9.12). We proberen nog wat verder te kijken dan het postmodernisme (9.13). Ook gaan we na wat de consequenties van deze verschillen zijn voor de pastorale zorg (9.14).

9.11. *Veranderend geloven: een voorbeeld*

In een tijd van snelle culturele ontwikkelingen treffen we onder mensen uiteenlopende referentiekaders aan. Er zijn er die zich openstellen voor de inzichten van de nieuwe theologie, er zijn anderen die er zich verontrust van afwenden. Zo ontstaat een pluraliteit aan geloofsinhouden, die binnen veel geloofsgemeenschappen spanningen oproept. Ik geef eerst een voorbeeld, ontleend aan een gespreksverslag:

Het betreft een gesprek met een vrouw, die er geen twijfel over laat bestaan dat zij alles wat in de bijbel staat letterlijk wil nemen. Het gesprek komt op het schepppingsverhaal. Zij verdenkt veel predikanten ervan, dat ze dit verhaal uit de bijbel hebben gescheurd. Het scheppingsverhaal, zegt ze, moet je geloven zoals het er letterlijk staat. God schiep de wereld in zes dagen. Hij heeft alles geschapen zonder gebreken.

Het laatste, dat 'zonder gebreken', komt in het gesprek steeds terug en blijkt voor haar erg belangrijk te zijn. Dat lijkt samen te hangen met een ander deel van het gesprek. Daar vertelt de vrouw dat haar man tijdelijk in een verpleeghuis moest worden opgenomen als gevolg van een hersenbeschadiging. Mogelijk zal hij hiervan blijvend letsel ondervinden.

In deze omstandigheden put zij moed uit haar geloof, dat God dit niet zo bedoeld heeft. Hij toch heeft de wereld en de mensen 'zonder gebreken' geschapen.

Helaas, dit verband ontgaat de pastor. Hij luistert voornamelijk op een cognitief niveau. Hij probeert de vrouw duidelijk te maken, dat haar letterlijke opvatting van het Genesisverhaal niet juist is. Als theoloog heeft hij hier uiteraard goede argumenten voor. Desondanks herhaalt de vrouw, dat zij deze opvatting van de predikant 'gevaarlijk' vindt. Zonder zichzelf meteen bloot te geven, meent ze dat het geloof van 'de mensen' hierdoor aan het wankelen wordt gebracht. Waar blijf je dan? Juist als er veel verandert, moet je des te meer vasthouden aan wat je hebt meegekregen.

Eigenlijk wil ze zeggen dat ze zelf wankelt. Bij veranderingen denkt ze niet in de laatste plaats aan haar eigen leven. Door de plotselinge ziekte van haar man is met één klap alles anders geworden. Ze is aan huis gebonden. Want de verzorging van haar man vraagt veel aandacht. Haar eigen werk buitenshuis moest ze opgeven. De toekomst lijkt onzeker. In deze situatie geeft de bijbel haar houvast. Je moet God geloven op zijn woord. Het is naast haar traditionele opvoeding mede haar gevoel van afhankelijkheid dat haar onder deze omstandigheden zo over de bijbel doet praten. Doordat de pastor dit onvoldoende onderkent ontstaat hier een theologisch debat, met 'welles-nietes'-argumenten, dat aan de emotionele wortels van haar spreken over de bijbel voorbijgaat.

De relatie van het cognitieve niveau tot het emotionele en experiëntiele niveau komt in dit gesprek niet tot haar recht. De pastor rook hier blijkbaar fundamentalisme. Dat moet worden rechtgezet! Maar deze vrouw werd geconfronteerd met 'the shaking of the foundations' (Tillich, 1949) van haar eigen leven. Het lijkt nu of de pastor, geheel onbedoeld natuurlijk, deze vrouw, die een diepe crisis doormaakt, haar laatste houvast wil afnemen. Daar verzet zij zich tegen.

9.12. *Een sociaal-culturele benadering*

Dit ene voorbeeld onder vele leidt naar de hypothese dat verschillende referentiekaders, waar we in het pastoraat op stuiten, samenhangen met een verschillend verstaan van de werkelijkheid, wat tot uitdrukking komt in verschillen in bewustzijn en levensgevoel. Het zelfverstaan van mensen leidt, in de vorm van een eigen 'voorverstaan', tot een verschillend verstaan van Schrift en traditie, zo mag men op hermeneutische gronden vermoeden (Heitink 1993, 174 e.v.). Hierin worden bepaalde patronen zichtbaar. Verschillen in levensgevoel komen tot uitdrukking in een verschillend godsbeeld, zelfbeeld en wereldbeeld, want deze drie hangen nauw samen. Ook de pastor brengt zijn eigen verstaanshorizon mee.

We ontmoeten om ons heen mensen met een *traditioneel levensgevoel*. In hun godsbeeld ligt sterk de nadruk op goddelijke almacht en voorzienigheid. Dit wordt onderbouwd met behulp van de klassieke belijdenisgeschriften van de Reformatie, waarin we lezen dat niets bij toeval maar alles uit Gods Vaderlijke hand ons toekomt (Heidelberger Catechismus, zo. 10). Het mensbeeld wordt hier gekenmerkt door een grote mate van afhankelijkheid: 'in tegenspoed geduldig, in voorspoed dankbaar'. De wereld wordt vooral gezien als de boze, God vijandige wereld, waar de duivel overheerst. Binnen dit levensgevoel betekent geloven zoveel als 'voor waar houden', het hebben van zekerheid, het aannemen van waarheden. Men gaat hier uit van een objectief waarheidsbegrip. In gesprekken domineert de cognitieve kant van het geloof. Er ligt binnen dit referentiekader een strenge scheidslijn tussen gelovigen en niet-gelovigen. Bij dit paternalistisch gekleurde referentiekader past het beste een vorm van kerygmatisch pastoraat. Dit traditionele levensgevoel leeft heel sterk in evangelicale kringen. Programma's van de Evangelische Omroep laten echter ook zien hoe traditionele stelligheid gepaard kan gaan met openheid voor moderne cultuuruitingen. De vooruitzichten voor de orthodoxie zijn bepaald niet slecht binnen onze cultuur (Stoffels, 1995). De traditionele geloofstaal komt vooral tot uitdrukking in zelfstandige naamwoorden: geborgenheid, veiligheid, zekerheid.

Bij veel mensen hebben deze traditionele patronen de afgelopen decennia plaats gemaakt voor een meer *modern levensgevoel*. Hierin zijn de waarden van de Verlichting - vrijheid, gelijkheid en broeder/zusterschap -, die overigens herkenbare bijbelse wortels hebben, verder doorgedrongen. Afhankelijkheid maakt binnen de Westerse cultuur plaats voor zelfstandigheid en autonomie. De theologie legt via het verbondsmatige denken nieuwe accenten. In het godsbeeld komt de nadruk te liggen op God als Bondgenoot. In het mensbeeld ligt hier een veel sterker accent op de menselijke verantwoordelijkheid als partner van God. In het wereldbeeld ontstaat een zelfde openheid. De wereld wordt niet meer antithetisch als een bedreiging gezien. Ze is 'theatrum gloriae Dei', zoals Barth (KD IV/3, 171v.) met verwijzing naar Calvijn opmerkt. Het moderne bewustzijn legt de nadruk op rentmeesterschap, een belangrijke waarde binnen het CDA, en het tot ontwikkeling brengen van de schepping met het oog op het Rijk van God. Binnen het geloof komt meer accent te liggen op de menselijke ervaring, wat gepaard gaat met vragen en twijfels. We zagen dit bij Schleiermacher (5.2). De waarheid is niet slechts voorgegeven, maar moet door de mens in de weg van de 'Dauerreflexion' (Schelsky) steeds opnieuw veroverd worden. Geloven is een weg, maar ook een opdracht tot handelen, want de mens heeft een eigen verantwoordelijkheid. Binnen dit referentiekader ontstaat een groeiende bereidheid tot samenwerking met allen die zich inzetten voor de humaniteit. Deze autonomie van de mens wordt het meest gegarandeerd door een vorm van 'client-centered' pastoraat, gericht op groei, bevestiging en versterking van de mens als subject. De taal waarin men zich hier uitdrukt komt vooral tot uitdrukking in werkwoorden: groeien, zich ontwikkelen, veranderen.

In de zestiger jaren ontstaat, als variant op het moderne levensgevoel, een meer *kritisch levensgevoel*. In het godsbeeld komt sterk de nadruk te liggen op partijdigheid, God als partijganger van de armen (Ter Schegget, 1971). Er ontstaan vormen van bevrijdingstheologie. In het mensbeeld staat niet langer de autonome mens centraal, maar verschuift het focus naar de mens die lijdt onder politieke, culturele en maatschappelijke druk. In het wereldbeeld ligt een sterk accent op klassen- en belangentegenstellingen en het aanwijzen van politiek en maatschappelijk onrecht. Woede en heilige verontwaardiging geven impulsen aan de strijd tegen racisme en seksisme. Er ontstaan bewegingen als de basisbeweging en de vrouwenbeweging, die de nadruk leggen op emancipatoire vormen van pastoraat. Vrouwenpastoraat is hiervan een voorbeeld. De term 'politiek pastoraat' komt in deze tijd op (Haarsma 1991, 77). Overigens moet men deze kritische theologie met name situeren onder jongere (semi-)intellectuelen (Van Kessel 1982, 75). Geloven wordt binnen dit referentiekader vooral verstaan als kiezen en deelnemen aan de strijd voor bevrijding en gerechtigheid. De taal die men spreekt is vaak fel en polariserend, want de samenleving is een strijdtoneel van tegenover elkaar staande partijen. Het persoonlijke is politiek en daarom mag individueel pastoraat niet abstraheren van de maatschappelijke context.

In de tachtiger en negentiger jaren verandert het cultureel klimaat opnieuw. Het *postmoderne levensgevoel* grijpt om zich heen. In plaats van postmodern, spreekt men ook wel van laat-modern, om recht te doen aan de continuïteit van de ontwikkeling. Kenmerkend voor het post-moderne klimaat is het wegvallen van de ideologieën, die plaats maken voor de kleine verhalen binnen verschillende taalspelen. Er zijn verschillende waarheden. Discussies hebben het karakter van 'ik vind van wel' of 'ik denk van niet'. Er ontstaat een groeiende bereidheid elkaars verhalen serieus te nemen. Tussen de verschillende taalspelen zijn geen bruggen, slechts hier en daar vaart een pontje (De Pater 1996, 183). In dit culturele klimaat is het spreken over God radicaal problematisch geworden (Tieleman 1995, 115). Er is sprake van 'verlegen spreken en veelzeggend zwijgen'. Wat ons in de Schrift wordt overgeleverd zijn slechts verhalen: Het Verhaal gaat... (N. ter Linden). De waarheidsvraag wordt beantwoord op het vlak van de eigen ervaring. Wat het mensbeeld betreft: "Kenmerkend voor het postmodernisme is de teloorgang van het moderne menstype, namelijk het autonome individu, dat met zijn rede heerschappij heeft over zichzelf en over de wereld" (De Pater, 189). De hang naar irrationaliteit werkt door in eigentijdse vormen van religiositeit, met als uitloper de New Age-beweging. De holistisch gekleurde inzichten van *de Celestijnse belofte* hebben hun tienduizenden verslagen. In het pastoraat ligt de nadruk op persoonlijke zingeving. "Op de vraag wat de zin van zijn leven is, antwoordt iedereen met een opsomming van zijn levensloop" (György Konrad). Dit leidt tot een narratieve benadering, zoals we die aantreffen binnen het hermeneutisch pastoraat (Tieleman, 165 e.v.). Het christelijk geloof is slechts één verhaal temidden van andere religies en levensbeschouwingen. De taal van de postmoderne religiositeit is gericht op heelheid, integratie en spiritualiteit. De gesignaleerde trend naar individualisering lijkt gepaard te gaan met een groeiende onverschilligheid ten opzichte van politieke en maatschappelijke vraagstukken.

9.13. *Voorbij het postmodernisme*

Volgens de filosoof C.A. van Peursen plaatst het postmodernisme ons voor dilemma's. "Moet men zich terugtrekken op een meer fundamentalistische houding, waar vragen omtrent tekst en werkelijkheid, relativering en relativisme, niet aan bod komen? Of juist een meer ouderwets rationalistisch en klassiek geseculariseerd antwoord formuleren, zoals bijvoorbeeld door professor Philipse (Leiden) wordt gedaan: godsbewijzen weerleggen, alle beeldspraak uit de tekst elimineren en reduceren tot positivistisch taalgebruik? Of juist relativisme, cultureel pluralisme, emotionele beeldspraak, contingente verhalen een vrij veld verschaffen? Wellicht, geheel anders, andersoortige manieren van denken en geloven uit het kosmische besef ter sprake brengen?" (1996, 250v.).

Deze dilemma's zijn in het pastoraat zeer herkenbaar en vragen de souplesse om te kunnen omgaan met heel verschillende referentiekaders die we aantreffen. Dat geldt met name voor pastoraat buiten de kerk, waar we stuiten op allerlei vormen van religiositeit en syncretisme en de vraag actueel is: *Wie religionsfähig ist die Volkskirche*? (Drehsen, 1994).

Van Peursen zelf schreef al een boek *Na het postmodernisme* (1994), omdat het de vraag is of de postmoderne relativerende benadering wel ooit eindpunt kan zijn (99). Hij pleit voor een nieuwe flexibele rationaliteit en vraagt openheid voor een nieuw besef van nog verborgen 'laatste' werkelijkheid. "Goede rationaliteit is niet autonoom, maar aanvaardt het risico van de schok van iets werkelijks" (105). Hij ziet een filosofisch surrealisme opkomen: de transcendentie in de immanentie als een scherper zicht op gewone voorvallen. De echte werkelijkheid ligt dichterbij. We zagen dat in de theologie gesproken wordt over immanente transcendentie en over panentheïstische godsbeelden (7.2, 7.4).

Volgens de godsdienstfilosoof *H.M. Vroom* (1988, 1996) gaat de geloofwaarheid terug op enkele basisinzichten. Een levensbeschouwing is een 'dynamische configuratie van basisinzichten'. "Basisinzichten zijn dus een soort *bakens*, die vastigheid geven, houvast, enige ordening in de wereld, een doel, een gevoel van waarde en zo ook een gevoel van zinvolheid" (1996, 71). Deze levensbeschouwing bepaalt de spiritualiteit van waaruit mensen leven. Zo is het beeld Gods-zijn van de mens een fundamenteel inzicht en geven de geschiedenis van Israel en het leven van Jezus inzicht in het menselijk bestaan. Mensen hebben zingevende kaders nodig, die leiden tot een ontgrenzing van het individuele bestaan. Godsdienst is daarom geen privé-aangelegenheid, maar heeft ook betekenis voor het publieke domein. Zo blijkt het postmoderne levensklimaat de voedingsbodem te kunnen zijn voor een niet dwingende maar meer vrijmoedige en spirituele wijze van spreken over het eigen verhaal, dat er temidden van een grote pluraliteit van een multiculturele samenleving mag zijn, niet ten koste van maar naast andere verhalen. Het vraagt een grote openheid voor uiteenlopende vormen van religiositeit en een nieuwe invulling van het cognitieve referentiekader.

9.14. *Betekenis voor de pastorale zorg*

In het pastoraat binnen en buiten de grote kerken in ons land, komen we alle genoemde bewustzijnslagen tegen. Men kan ze het beste zien als cumulatieve lagen. Binnen het referentiekader van ouderen met een grote mate van geestelijke generativiteit (Erikson) kan men ze soms alle vier aantreffen, bij jongeren domineert de vierde bewustzijnslaag, zoals blijkt uit onderzoek (Alma, 1993, Van der Ven en Biemans, 1994). Dit vraagt in het pastorale werk een hoge mate van theologische meerstemmigheid en culturele gevoeligheid, naast individuele sensitiviteit, zoals mag blijken uit het hierboven gegeven voorbeeld.

Het mag duidelijk zijn dat culturele veranderingen ingrijpende gevolgen hebben voor gelovige mensen, met name wanneer we hen ontmoeten in grenssituaties en op kruispunten van het leven, waar ook persoonlijke crisiservaringen aan de orde zijn. Dit vraagt een grote openheid van pastores, om het referentiekader van anderen van binnenuit te verkennen en hen niet met inzichten ontleend aan het eigen theologisch referentiekader voor de voeten te lopen.

Wel moeten we er voor waken het geschetste proces voor iedereen normatief te verklaren. Het vermoeiende van veel pastoraal werk is de ervaring dat niet alle mensen in dezelfde 'culturele tijd' leven. G.Dekker spreekt hier van het "gelijktijdig voorkomen van het ongelijktijdige" (1983, 125). Dit vraagt de bereidheid en het geduld om voortdurend opnieuw met andere mensen een stukje van de weg af te leggen. Daarbij moeten we ons realiseren, dat vooral de bevoorrechten in de samenleving dit proces bij zichzelf hebben kunnen voltrekken. Het moratorium, waar E.H.Erikson over spreekt, is met name een voorrecht van studerende jongeren, ook al laat de studiefinanciering hiervoor nog maar weinig ruimte over. Werkende jongeren komen er niet aan toe. In hun sociale klasse overheersen vaak tamelijk conservatieve inzichten. Zo wijst ook F.Haarsma erop dat men de aanhangers van de basisbeweging vooral aantreft in de middle-class: "Zij zijn bij uitstek de dragers van het moderne bewustzijn en ook het best in staat tot reflectie" (1981, 223). Zij kunnen kiezen, want zij hebben als materiële basis een grote mate van keuzevrijheid. Zulke waarnemingen helpen ons eigen keuzen in een juist perspectief te zien.

We moeten ons daarom realiseren dat lang niet iedereen zo gemakkelijk kan veranderen. Veel mensen in de kerk willen met rust gelaten worden, omdat zij de veranderingen niet aankunnen. Voor hen is de kerk zo ongeveer de enige plaats waar ze rust kunnen vinden (Dekker 1983, 162). Echte mutualiteit vraagt, dat we bereid zijn de culturele en maatschappelijke bepaaldheid van eigen posities onder ogen te zien en ook het tegoed van de ander te erkennen. Geborgenheid en overgave, zo zou men het tegoed van een meer traditionele geloofsbeleving kunnen typeren. Maar we realiseren ons ook dat afhankelijkheidspatronen mensen onvrij kunnen maken. Menswording en moed om te zijn, zo zou men de positieve waarde van een meer moderne geloofsbeleving kunnen typeren. Maar waar mensen op de weg van hun zelfverwerkelijking blijven steken slaat deze om in narcisme (Lasch, 1979). Solidariteit en engagement, zo kan men geloven in de kritische lijn typeren. Maar waar deze lijn omslaat in activisme en utopisme, vervreemden mensen van zichzelf en wordt het evangelie opnieuw wet. Het postmodernisme kent een grote mate van bescheidenheid ten opzichte van eigen waarheidsclaims en daardoor een grote openheid voor de inzichten van anderen. Maar een gefragmenteerd bewustzijn kan opnieuw mensen in de problemen brengen. Daarom is pastoraat voor alles uit op het zoeken naar integratie tussen geloof en modern levensgevoel en op het helpen ontdekken van een zingevend perspectief in het spanningsveld van traditie en ervaring.

9.2. *Het emotionele niveau*

Dit tweede niveau is het psychologische niveau bij uitstek. Het is het niveau van de geloofsbeleving zoals deze zich vanaf de eerste levensjaren in interactie met anderen, de ouders, de familie, 'significant others', een vriendenkring, een groep, een geloofsgemeenschap, ontwikkelt. Projectie (verbeelding) en identificatie zijn van belang voor persoonlijke groei en ontwikkeling (7.4). Ze helpen mensen om zich via een persoonlijk verwerkingsproces ('coping') staande te houden in het leven, maar laten ook iets zien van de problematische kanten van geloof, van gevoelens van angst en schuld die mensen klein en afhankelijk houden. Het belangrijkste thema op dit niveau is dat van 'geloof en geestelijke gezondheid', dat een centrale plaats inneemt in het therapeutisch pastoraat.

In deze paragraaf zetten we opnieuw in met een voorbeeld (9.21) en gaan we vervolgens in op een aantal aspecten in de verhouding van geloof en geestelijke gezondheid (9.22-9.25) en de doorwerking hiervan in het pastoraat (9.26).

9.21. *Geestelijke gezondheid: een voorbeeld*

Als voorbeeld kies ik opnieuw een gespreksverslag. Het betreft een gesprek met iemand die zonder werk is geraakt.

Voor deze mens was zijn werk alles. Hij leefde erin. Zonder werk is de zin van mijn leven weggevallen, klaagt hij. Dat heeft gevolgen. Deze man begint te tobben en wordt depressief. Hij durft de deur niet meer uit en anderen niet meer onder ogen te komen. Hij schaamt zich. Want hij heeft gefaald, hij voelt zich schuldig. Hij krijgt ook lichamelijke klachten, maagklachten in zijn geval. En daarmee klopt hij aan bij zijn huisarts. Deze constateert het begin van een maagzweer en schrijft medicamenten voor. Maar deze helpen niet echt.

Dat kan ook niet. Deze man kan alleen geholpen worden, als hij gezien wordt als mens in de totaliteit van zijn bestaan. Want de geestelijke grond van zijn bestaan, de zin van zijn leven, is hem ontvallen. Daardoor krijgt hij psychische moeilijkheden, die zich vervolgens uiten in lichamelijke klachten. Het kan ook heel goed zo zijn, dat de man op den duur depressief wordt omdat hij hiervoor een zekere aanleg heeft. In ieder geval komt hij na enige tijd bij de RIAGG terecht.

Tijdens zijn ziekte belandt hij op een gegeven moment in een ziekenhuis, waar hij verschillende pastores aan zijn bed krijgt. "Ik heb altijd hard gewerkt, dominee", krijgt een pastor uit zijn mond te horen. "En dan word je ontslagen van de ene dag op de andere. Ik heb altijd geloofd dat God leiding gaf aan mijn leven, maar hoe moet ik dit dan rijmen? Niemand heeft me nodig. Ik beleef niets meer aan mijn geloof. Ook God heeft me in de steek gelaten."

Hoe kan men deze man recht doen? Een traditionele pastor uit de confessionele hoek, die dan alleen het thema van de voorzienigheid aansluit, maar aan de eigen ervaringswereld van deze mens voorbijgaat, heeft geen oog voor 'heel de mens', maar dat geldt eveneens van zijn moderne collega van ethische snit, die in het gesprek met een ander arbeidsethos op de proppen komt, want een mens leeft niet om te werken. Dat moet hij goed beseffen. Je werkt om te leven, liefst in deeltijd, samen met je geëmancipeerde partner. Beiden hebben deze mens niet echt ontmoet.

Als deze pastores hun hielen gelicht hebben en vervolgens de bezoekende psychiater constateert dat de man nog depressiever is dan tevoren en deze psychiater van het oude stempel heeft een freudiaans vooroordeel ten opzichte van religie, dan zal hij bevestigd worden in zijn mening: religie is neurose. Liever zou hij deze pastores de toegang tot de zaal verbieden.

Het zou echter ook kunnen zijn - en in dit geval gebeurde dat op een bepaald moment - dat een pastor, de huisarts en de therapeut elkaars pad kruisen en er met elkaar en met deze man samen achter komen hoe lichamelijke, psychische en geestelijke factoren in de sociale context van deze man op elkaar inwerken. Hierdoor kunnen ze alle drie een bijdrage leveren aan het heil en welzijn van deze mens. Daarin zal uiteraard de taak van de therapeut voorop staan. Want het geloof is geen therapeuticum. Maar de dimensie van zingeving, als het eigene van het pastoraat, is wel wezenlijk in dit verhaal. Nieuwe moed en hoop, om nu maar twee bijbelse grondwoorden te noemen, kunnen psychische druk verlichten en deze mens helpen opnieuw perspectief te vinden in zijn leven.

Het is slechts één voorbeeld onder vele. Voor ander casusmateriaal verwijs ik naar: Van Uden en Pieper (1996). Ik noem ook de lezing als 'living human document' van A.T.Boisen door H.Stroeken (1983). Men kan hier ook egodocumenten op nalezen, bijv. dat van de psychiater P.C.Kuiper (1988).

9.22. *Geloof en geestelijke gezondheid*

Er kan blijkbaar een relatie gelegd worden tussen geloof en geestelijke gezondheid. Religie belooft enerzijds vrede, geluk en welbevinden en wordt anderzijds in verband gebracht met ongezondheid en geestelijke stoornis. Dat geldt van religie in het algemeen, maar van de rooms-katholieke en de gereformeerde godsdienst in het bijzonder.

Nu is geestelijke gezondheid als regel een soort ideaalbegrip. Want er is geen mens of er loopt wel een neurotisch trekje door. Misschien geeft juist dat wel een zekere charme aan menselijke relaties. Evenwichtige mensen kunnen saai zijn en juist creatieve geesten vertonen vaak een hoge mate van onevenwichtigheid. Creatieve onrust en spanningen zijn blijkbaar hun deel. *H.Fortmann* verwijst in dit verband naar de kerkvader Augustinus, die na zijn bekering, lees: gezondwording, in de ogen van de psychiatrie misschien meer neurotisch zou zijn geweest dan daarvoor (1974, 353). We mogen ons hierbij getroost weten door een andere mooie zin uit het werk van Fortmann: "Alleen de Heer God schept moeiteloos" (1972, 62). Hij lijdt er blijkbaar niet onder. Hoe begaafder een mens is, hoe moeilijker het vaak lijkt om vrijheid en integratie - volgens Fortmann de belangrijkste elementen van geestelijke gezondheid - te realiseren. Het betekent echter ook dat men geestelijke gezondheid niet eenzijdig kan vertalen in termen van rust, evenwicht en harmonie.

Geestelijke gezondheid is dus een complex begrip. Fortmann spreekt daarom van graden en niveaus van diepte. Er is sprake van een glijdende schaal van normaal, via neurotisch naar psychisch ziek en de invulling daarvan is in hoge mate cultureel bepaald. Er is ook verschil in diepte. Zo zijn er in een mensenleven neurotische conflicten en dieper liggende existentiële bestaansconflicten. Ook al lijkt een bepaald levensbesef naar buiten toe neurotisch en is het dat wellicht ook, daaronder kan ook een existentieel of diep religieus conflict liggen. Zoals - om enkele bekende voorbeelden te noemen - bij Paulus, Augustinus, Luther, Pascal, Kierkegaard en bij Boisen, de vader van de Klinische Pastorale Vorming. Geestelijke gezondheid is dus meer dan psychische gezondheid alleen. Zij heeft ook een existentiële of religieuze dimensie.

Het is niet toevallig dat de taal van de bijbel en de taal van de psychotherapie zoveel overeenkomsten kennen, aldus opnieuw Fortmann (1974, 354). Genezing en verlossing kennen geen gescheiden taalvelden. Wat in de verlossing geschiedt, wordt in de Schrift aangeduid met woorden als wedergeboorte, vernieuwing, genezing, gezondwording en volwassenwording, termen die ook als effect van psychotherapie worden genoemd. In het werk van Jezus hebben heil en heling alles met elkaar te maken. Dat zijn we als gevolg van de spiritualisering van het christelijk geloof misschien lange tijd vergeten, maar heil is ook - en dat niet in de laatste plaats - aards heil, gezondheid en welbevinden, vrede en gerechtigheid.

Heil en heelheid, waarvoor het Latijn het woord *salus* kent, verwant met het Griekse *haplous*, betekent enkelvoudig, innerlijk één. Wij zouden zeggen geïntegreerd. Zo spreekt het Nieuwe Testament over de onverdeeldheid van het hart, de onverdeeldheid in communicatie met anderen, de onverdeeldheid in Christus. En nergens vinden we die integratie duidelijker onder woorden gebracht dan in het grote gebod: God liefhebben met heel je hart, heel je ziel, heel je verstand en al je kracht (Mat.22,37v.). Als psychotherapie spreekt van integratie als weg naar geestelijke gezondheid, spreekt religie in deze taal ook een duchtig woordje mee. Ook religie staat voor zoeken naar eenheid, heelheid en innerlijke vrede, voor open communicatie met God en de naaste.

Fortmann komt zelf na veel onderzoek tot deze omschrijving van geestelijke gezondheid: "het vermogen (vrijheid!) om zichzelf te ontplooien (bijv. in arbeid) èn om zich te verliezen" (361). De kern is dan gelegen in de polaire spanning van zelfwording en overgave. Met beide hebben psychologie en theologie, zij het op verschillende niveaus, te maken.

9.23. *Gevarenzones*

Helaas moet gezegd worden dat er in de praktijk, met name in de christelijke godsdienst, nogal wat godsdienstige voorstellingen in omloop zijn gebracht, die het tegendeel bewerken van geestelijke gezondheid. Religie kan een mens splijten in hoge idealen enerzijds en diepe gevoelens van angst en schuld anderzijds. Een gespletenheid die verwoord wordt in de titel van het boek van *Aleid Schilder*, Hulpeloos maar schuldig (1987). Er is behalve gezond geloof ook veel ongezond geloof. En dan valt de term 'ecclesiogene neurosen' (Wulf 1970, 139), neurosen waarin geloof en kerk een rol spelen.

Waar zitten precies de gevarenzones, waar therapeut en pastor elkaar ontmoeten? Het zijn er - ik volg opnieuw Fortmann (399-509) - met name vier. Het eerste complex is dat van de vader- en moederbeelden in de religie. Via deze beelden leren we als regel God kennen en zij bepalen de kern van ons beeld van Hem, dat later met geloofsvoorstellingen wordt aangekleed. Die beeldvorming wordt in sterke mate bepaald door sleutelfiguren in de eigen jeugd, vaders en moeders. Deze staan voor gevoelsstromen en zijn dus meer dan de biologische ouders. Een autoritaire vader en een claimende moeder kunnen bindingen veroorzaken die een mens niet echt aan gezag en liefde doen groeien. Ze kunnen doorwerken in de geloofsbeleving (7.4, 8.53).

Het tweede complex is dat van infantilisme en regressie. Religie zou mensen klein houden en afhankelijk doen blijven. Troost kent verschillende gezichten (8.33). Het worden als een kind, als geloofsideaal, zou mensen in hun groei en ontwikkeling belemmeren. De oproep tot zelfverloochening heeft met name in veel vrouwenlevens een verwoestende uitwerking gehad, omdat men daardoor niet leerde zichzelf te beamen. Immers, alleen wie echt zichzelf geworden is, is ook in staat zichzelf prijs te geven.

Het derde complex is dat van de schuld (8.5). Het christendom stelt hoge eisen aan een mens, het 'grote gebod' schrijft zelfs naastenliefde voor. Dat is een hoog ideaal. Christenen lopen daardoor dikwijls rond met een veeleisend superego en dat bezorgt hun bij voortduur een slecht geweten. Want als mens schiet je altijd tekort. Zo zijn velen het geloof eerder gaan zien als het op je nemen van een last dan als een van die last bevrijd worden. Fortmann wijst vooral op het gevaar van een forensische rechtvaardigingsleer (het sola gratia), die zich voltrekt over mij en zonder mij. Hij pleit voor een dynamisch verlossingsbegrip dat de mens als ontwikkelend wezen serieus neemt, omdat alleen hij kan groeien die eigen onvolkomenheden liefdevol aanvaardt. Zoals hiervoor (7.61; 8.52) betoogd sluit het één het ander niet uit.

Het vierde complex is dat van dogma en autoritaire persoonlijkheid (Weima, 1963). Een leerstellig geloof leeft van het beroep op een uiterlijke autoriteit. Het gezag van de Schrift, van kaft tot kaft, het gezag van de confessie, het gezag van het ambt. Steeds is er een instantie buiten ons, een externe autoriteit, die gehoorzaamheid vraagt. Dat maakt een mens onzeker. Doe ik het wel goed? Deze onzekerheid kan weer leiden tot een strenge opvoeding: dit moet je geloven, zo moet je leven. Of, zoals iemand het uitdrukte: 'Alles moet behalve wat mag en dat is verplicht'. Hier ontspringt de angst voor de vrijheid.

Dit zijn vier conflictzones, waar ecclesiogene neurosen opbloeien en waar therapeut en pastor elkaars pad kruisen. Het is dan van groot belang, dat de pastor oog heeft voor de psychologische implicaties van de verschillende geloofsvoorstellingen en dat de therapeut de diepere integratiefunctie van godsdienst niet uit het oog verliest.

9.24. *De mens in tegenspraak*

De mens met psychische moeilijkheden en geestelijke problemen, is als mens in tegenspraak met zichzelf. Hij verliest de communicatie met zichzelf en met anderen. Die spanning vinden we al terug in Fortmanns omschrijving van geestelijke gezondheid, de spanning van zelfwording en overgave. We vinden deze existentieel verwoord in Tillichs boek *De moed om te zijn* (4.2). Hij spreekt van moed tot individuatie èn tot participatie.

Een uitwerking hiervan op psychologisch niveau vinden we bij *Fr.Riemann* (1975). Het leven plaatst een mens voor twee tegenstrijdige opgaven, stelt hij. De eerste is dat de mens tegelijk voor de opgave staat zichzelf te worden en zich aan de wereld en de medemens toe te vertrouwen. Dat lijkt tegenstrijdig, waardoor ik me òf terugtrek op mezelf òf mezelf uitlever aan anderen. Leven is leren ontdekken dat het hier om een schijnbare tegenstrijdigheid gaat. In het spanningsveld van onafhankelijkheid en afhankelijkheid hoeft het een het ander niet uit te sluiten. Integendeel, wie echt onafhankelijk is, kan zich ook in een relatie aan een ander toevertrouwen, wat een zekere mate van afhankelijkheid met zich meebrengt, die je leert waarderen als een heilzame geborgenheid. Wie veiligheid en geborgenheid heeft ervaren in omgang met anderen, durft op eigen benen te staan.

Van Heijst (1992) wijst op de culturele betekenis van beide momenten. Past beheersing vooral bij rationaliteit, het mannelijk ik-ideaal, de autonomie van de moderniteit, dan is zelfverlies een waarde die past bij de postmoderne cultuur. Binnen vrouwenstudies is dit echter een beladen begrip. Zij maakt in *Verlangen naar de val* duidelijk dat het één niet kan zonder het ander. Zelfverlies kan ook winst betekenen en het verschraalde werkelijkheidsbesef verrijken.

De tweede antinomie waar Riemann op wijst, is die van bestendiging en verandering. Een mens ontwikkelt zich en dat vraagt dat we durven veranderen, bestaande kaders doorbreken en ons voor nieuwe ervaringen openstellen. Tegelijk probeert diezelfde mens vast te houden wat hij heeft, want dat geeft zekerheid. Elke verandering roept angst op (vgl. het voorbeeld in 9.1.). Ook hier zal men moeten leren, dat verandering en bestendiging elkaar niet uitsluiten. Alleen wie durft veranderen kan zichzelf blijven. Wie echt vrij is durft zich te verbinden met vaste kaders zonder dat deze hem onvrij maken. Wie structuur kan aanbrengen in eigen leven, kan ook de uitdaging aan van de veranderingen, waar het leven ons op alle terreinen voor plaatst.

Spanningen, psychische moeilijkheden in de vorm van angsten, ontstaan volgens Riemann daar waar deze polariteiten tot ambivalenties worden. Vier mogelijkheden doen zich dan voor. Hij maakt onderscheid tussen vier typen mensen en werkt dit uit tot een neuroseleer. Het zijn psychologische conflicten, die echter teruggaan op diepe existentiële bestaansconflikten, en die daarom doorwerken op het gebied van zingeving en geloofservaring. Deze typologie past op een schaal van normaal, via neurotisch tot psychotisch. Elders heeft Riemann deze zelfde onderscheidingen toegepast op vier typen pastores (in: Riess, 1974).

9.25. *Typologie van geloofsbeleving*

Ik geef in het kort een beeld van de vier hiervoor door Riemann beschreven typen en hun uitwerking op de geloofsbeleving, waarbij ik dankbaar gebruik maak van het werk van *W.Zijlstra* (1984, 1989). Gemakkelijk herkent men in deze typen de eerder beschreven gevarenzones.

Het eerste type - uitgaande van de polariteit van zichzelf worden in overgave aan anderen - is *de te onafhankelijke mens* die voortdurend worstelt met de angst voor overgave. Men lijkt zelfstandig, maar voelt zich steeds bedreigd. Men houdt in de communicatie de ander steeds af: kom me niet te na. De ander is een bedreiging. Wie zich aan de ander toevertrouwt, raakt zichzelf kwijt. Maar hoe kan een mens, die niet geleerd heeft zich aan een ander toe te vertrouwen en de veiligheid en de intimiteit van een echte relatie in wederzijdse liefde te beleven, zich ooit aan God toevertrouwen? Deze ervaring is hem vreemd. God blijft de verre en afstandelijke God. Je weet nooit wat je aan Hem hebt. Deze mens - dat is de tragiek - komt niet toe aan echte autonomie, dat ik er mag zijn, als mens binnen een verbond met God en de naaste, als medewerker Gods.

Daartegenover staat als tegenpool *de te afhankelijke mens*, die maar één angst kent, die van de ander kwijt te raken, de angst voor verlies aan geborgenheid. In de communicatie met anderen geeft hij maar één signaal af: laat me niet los. Men vraagt zich voortdurend af wat de ander wel van hem of haar zal vinden. Men doet voortdurend zijn best om aardig te worden gevonden en waardevol in de ogen van anderen. Daarvoor wordt het eigen ik ingeleverd. Naar jezelf durven luisteren, afgaan op eigen gevoelens is bedreigend. Ook in de geloofsbeleving kan die afhankelijkheid en hulpeloosheid gekoesterd worden. Het moet je maar gegeven worden! Je kunt alleen maar klein denken over de mens en je best doen Gods liefde niet te verliezen. Deze mens - dat is de tragiek - komt niet toe aan echte overgave, aan een God die betrouwbaar is en die we daarom niet angstvallig te vriend hoeven houden.

Het derde type - uitgaande van de polariteit van bestendiging in verandering - is *de te vrije mens*. Hij verzet zich voortdurend tegen alles wat in het leven noodzakelijk en onontkoombaar is, tegen elke binding, elke keuze, elke verantwoordelijkheid. Want dat gaat ten koste van zijn vrijheid. Hij zal steeds op zoek zijn naar nieuwe ervaringen, nieuwe uitdagingen, nieuwe prikkels en nergens rust vinden. Dat is de tragiek. Juist deze verwoestende drang naar vrijheid, maakt een mens onvrij. Ook in het geloof zal elke binding aan bestaande vormen van godsdienst, aan vaste geloofsvoorstellingen, worden afgewezen. Men zal de prikkel zoeken van het vrije en spectaculaire, dat men eerder vindt in begeesterde gezelschappen dan binnen de kerk. Deze mens komt niet toe aan echte vrijheid, een 'vrijheid tot', namelijk tot liefde, de vrijheid waartoe Christus ons heeft vrijgemaakt (Gal.5), die ons leerde dat wij niet zonder de ander tot levensontplooiïng kunnen komen.

Het vierde type - de tegenpool dus - is *de te bepaalde mens*. Hij zal voortdurend de zekerheid zoeken van vaste kaders, vaste gewoonten en rituelen, strenge regels, waarvan niet mag worden afgeweken. Hij stelt daarin hoge eisen aan zichzelf en aan anderen. Zijn angst is de angst voor de vrijheid. Dat zou, zegt men, de calvinistische angst bij uitstek zijn (Fromm, 1941). Bij elke verandering vraagt men zich af: waar blijven we? Dat leidt tot een bijna dwangmatig vasthouden aan het oude en vertrouwde. De geloofsbeleving wordt dikwijls gekenmerkt door een formeel beroep op Schrift en traditie en door een zich verzetten tegen elke verandering in de leer, de liturgie en de ordening van de kerk. Deze mens komt niet tot echte gehoorzaamheid. Hij blijft het leven leiden van de oudste zoon in de bekende gelijkenis (Lc.15). De liefde tot de Vader blijft steken in een haat-liefde verhouding, waarin van niets genoten mag worden maar voortdurend moet worden gepresteerd.

Deze benadering maakt duidelijk dat psychische moeilijkheden voortkomen uit problematische communicatie met zichzelf en met anderen, en doorwerken in de wijze waarop mensen hun geloof beleven. Noodzakelijke integratie vraagt een bewustwording van ambivalenties en een doorbreken daarvan, door in een polariteit ook de andere pool als waardevol te leren beleven en zo met gevoelens van angst, schuld en twijfel te leren omgaan.

A.Verheule (1997) heeft het thema 'angst en bevrijding' tot grondthema van de pastorale theologie en -psychologie gemaakt. De menselijke grondangst is die voor verlating en vernietiging. Bronnen van angst zijn de medemens, de wereld om ons heen en het eigen zelf. Daartegenover vormen verlangen en verzet tegenkrachten van bevrijding, die binnen 'de terreurvrije ruimte van het pastoraat' gemobiliseerd kunnen worden. Het werk van Verheule gaat in op het thema angst in Schrift en traditie, op de wijsgerige achtergronden (o.a. Kierkegaard en de existentiefilosofie) en op alles wat in het menselijk bestaan, de menselijke levensloop, angst aanjaaagt. Hij heeft ook oog voor het thema van macht en angst in de pastorale relatie. Angst gaat dikwijls gepaard met schuldgevoelens. Zie over schuld: 8.53; over twijfel: Pruyser (1976). Het christelijk geloof werkt bevrijdend in op menselijke emoties in de vorm van verlangen, vertrouwen, verzet en vergeving (Houtepen 1997,140-151). Verder over godsdienst en gezondheid: Vergote (1978), Nauta (1995, 164-180), Van Uden en Pieper (1996)

9.26. *Betekenis voor de pastorale zorg*

In deze lijn van Fortmann, Tillich en vooral Riemann en de uitwerking daarvan in het pastoraat door Zijlstra, waarbij ik me aansluit, wordt er van uitgegaan dat mensen onder bepaalde voorwaarden kunnen veranderen. Je kunt niet zeggen: Ik ben nu eenmaal zo, nee, je bent wie je wordt. Ambivalenties vormen stagnaties in de ontwikkeling, die een mens met enige hulp kan overwinnen.

Hermeneutisch pastoraat vraagt op het vlak van de communicatie een diagnostische gevoeligheid, niet alleen voor met de cultuur gegeven bewustwordingsprocessen (9.1), maar ook voor existentiële en psychologische polariteiten, om mensen recht te kunnen doen, met hen te communiceren en op een goede wijze over hun ervaring te kunnen spreken.

Het onderkennen van deze patronen zal in een aantal gevallen onvermijdelijk leiden tot verwijzing naar een therapeut. De pastor heeft hier echter ook een eigen taak als we ons bewust zijn van de existentiële diepte van deze problematiek, die teruggaat op een leven binnen het Verbond en de tragische scheiding die we zonde noemen. Veel gevoelens worden door gelovige mensen geuit in een levensbeschouwelijke taal. Het is deze taal die een pastor meer dan andere hulpverleners vertrouwd is. Hij of zij is daarbij gespitst op het luisteren naar gevoelens achter de woorden, vooral wanneer in de tweeklank van cognities en emoties dissonanten meeklinken. Nu eens komen cognities er verwrongen uit, dan weer klinken emoties vals. Ik verwijs in dit verband naar de onderscheiding van Mooren tussen het primaire en secundaire referentiekader van respectievelijk pastor en therapeut (5.51). Het primaire referentiekader van de pastor is het geestelijke domein. Maar het secundaire referentiekader vraagt ook een psychologische scholing, waardoor de pastor oog en oor krijgt voor de wisselwerking tussen het cognitieve en het emotionele niveau in de communicatie.

9.3. *Het experiëntiele niveau*

Naast geloofskennis op een cognitief niveau en geloofsbeleving op een emotioneel niveau, is er een derde, een dieper existentieel niveau, dat van de geloofservaring. Dit betekent dat de mens zich betrokken voelt op een transcendente werkelijkheid, die inwerkt op ons leven. Dat raakt het hart van de mens en doortrekt heel het bestaan (Ps 139). Het christelijk geloof is gegrond in de overtuiging dat Gods liefde uitgaat naar ons leven en dat wij Hem mogen kennen en liefhebben. In de verschillende functies van pastoraat (hoofdstuk 8) stuitten we op de geloofsdimensie, als een levende werkelijkheid die cognities en emoties doortrekt. Een charismatische benadering (4.52) en een mystagogische benadering (2.4; 5.53) benadrukken deze dimensie van pastorale zorg. Maar ook in andere benaderingen vormt spiritualiteit een belangrijk gezichtspunt.

In deze paragraaf verkennen we het begrip spiritualiteit (9.31), gaan we in op de verschillende elementen die in de spiritualiteit van een mens en een groep van mensen kunnen worden onderscheiden (9.32) en op het omgaan met spiritualiteit in een pastorale relatie (9.33).

9.31. *Wat is spiritualiteit?*

Het begrip spiritualiteit stamt uit het Franse taalgebied en heeft als kern het latijnse woord spiritus, geest. Het werd aanvankelijk alleen in katholieke kring gebruikt, maar beleefde in het recente verleden een doorbraak in protestantse richting. Het boek van *C.Aalders*, Spiritualiteit - over geestelijk leven vroeger en nu (1969), markeert deze doorbraak.

Spiritualiteit hangt samen met de subject-kant van het menselijk leven, de eigen ervaring. Het behoort tot het mens-zijn te vragen naar het ‘waarom’ en ‘waartoe’ van het leven. Mensen zijn vragend en zoekend op weg naar levensoriëntatie. Temidden van veel fragmentarische ervaringen waar het leven hen voor plaatst, zijn zij op zoek naar structuur, naar zin en samenhang: waar leef ik voor? “Het leven van zo’n mens heeft *een centrum* waaruit hij leeft, zijn weg zoekt, zijn keuzen maakt, spreekt en handelt” (Firet 1987, 152).

Wanneer mensen trachten te verwoorden wat het centrum of de kern van hun leven is, gaat het over levensbeschouwing, waarden en normen. Maar dat is al te objectief geformuleerd. Het gaat om datgene wat iemand *zelf* als waardevol beleeft, waar men kracht en moed uit put om ook onder moeilijke omstandigheden de draad van het eigen leven weer op te nemen. In dat opzicht heeft ieder mens een eigen geheim (Andriessen 1996, 76). Verwonderd vragen we ons af waar zij de 'spirit' vandaan halen. Pastorale zorg speelt zich voor een groot deel af in individuele ontmoetingen, die cirkelen om dat eigen menselijk levensgeheim.

Er is een 'meer' dat boven onszelf uitgaat. Mensen zoeken hun weg in het spoor van een voorgegeven traditie, waarin ze zijn opgegroeid en waarmee ze zich innerlijk verbonden voelen. Er zijn in de loop der eeuwen al vele zoektochten ondernomen, die ieder hun eigen levensbeschouwelijke, wijsgerige en religieuze sporen hebben achtergelaten. Hoewel het begrip spiritualiteit geworteld is in de christelijke traditie, is het daartoe niet beperkt. Een mens kan zijn inspiratie ontlenen aan het humanisme, aan een bepaalde ideologie, aan andere religies of geestelijke stromingen. Om tot een noodzakelijke concretisering te komen beperk ik mij hier tot *christelijke* spiritualiteit in relatie tot *pastoraal* handelen.

In spiritualiteit zit het woord *spiritus*, geest. Dit vraagt een korte verwijzing naar de pneumatologie (7.62). Spiritus is een latijnse vertaling van de bijbelse woorden *pneuma* (grieks) en *ruach* (hebreeuws). In ruach, dat de betekenis heeft van adem of windstoot, klinkt door de vitale levenskracht die woont in de ademhaling. "In zijn krachtig in- en uitgaan duidt ruach alles aan wat de mens van binnenuit bezielt en van buitenaf beweegt" (Steggink en Waaijman 1985, 9). Dat kan ook de Geest van God zijn, die mensen aangrijpt en bezielt. Zo lezen we in de Schrift over de Geest, die van Jezus uitgaat en als Heilige Geest vaardig wordt over mensen (Joh.20,21v.). Mensen worden door God beademd en bezield. In hun levensverhalen treffen we de sporen aan van het 'testimonium Spiritus Sancti' (Calvijn), in de wijze waarop mensen zich de inhoud van het geloof persoonlijk hebben toegeëigend: "Die Geest getuigt met onze geest, dat wij kinderen Gods zijn" (Rom.8,16). Dat werkt door in heel het leven. Menselijke gaven krijgen het karakter van 'charismata', genadegaven, 'talenten waar de Geest mee speelt' (Schoonenberg, 1985). Daartoe behoren ook 'werkingen' (*energèmata*, ons woord energie) en 'krachten' (*dunameis*, ons woord dynamiek), vgl. 1 Cor.12,10. Zo zoekt christelijke spiritualiteit naar relaties tussen de mens als geest en de Heilige Geest.

Spiritualiteit zou men eenvoudig kunnen omschrijven als vroomheid. Mensen zijn begaafde mensen, wanneer een doorleefde overtuiging tot uitdrukking komt in hun opvattingen en handelen. Zo ontmoeten we hen, als mensen die zich in de loop van hun leven, met vallen en opstaan en vaak door schade en schande, een vorm van spiritualiteit hebben eigen gemaakt. Dit brengt ons bij de volgende omschrijving: "Spiritualiteit is een persoonlijke en/of gemeenschappelijke fundamentele, min of meer continue levensoriëntatie van religieuze aard" (Firet 1987, 154).

Deze levensoriëntatie uit zich in religieuze handelingen, zoals gebed, meditatie, ascese en participatie in een cultus. Wanneer we het begrip spiritualiteit eenvoudig vertalen met de term geestelijk leven, volgt hieruit haast noodzakelijk een vorm van geestelijke begeleiding die erop gericht is mensen bij hun eigen zoektocht, in het spoor van hun traditie nabij te zijn. In het begrip spiritualiteit gaat het met andere woorden om een dubbelgreep: *geestelijk leven* in relatie tot *geestelijke begeleiding* (Andriessen 1996).

9.32. *Elementen van spiritualiteit*
Steggink en Waaijman (1985) ontwikkelden een werkdefinitie van spiritualiteit, waarin ze onderscheid maken tussen een vijftal elementen: tijdgeest, grondinspiratie, het zelf, inoefening en mystiek. De tijdgeest is de sfeer die in een bepaalde periode de cultuur doortrekt en bepaalt. De grondinspiratie ziet op de fundamentele bezieling, de krachtlijn die van een bepaalde cultuur uitgaat. In 9.1. heb ik getracht vanuit het thema 'veranderend geloven' de tijdgeest en grondinspiratie van onze cultuur te typeren. Het derde element is het zelf. Hieronder wordt verstaan de menselijke subjectiviteit, de psychische infrastructuur, de eigen emotionele betrokkenheid bij religie en geloof. In 9.2. zijn we hier dieper op ingegaan. Over de beide andere elementen hier nog iets meer.

Aan de *inoefening* van het geloof worden binnen onze cultuur hoge eisen gesteld. Tot voor kort werd geloof overgedragen langs de weg van cognities en gewenning. Jongeren werden vertrouwd gemaakt met religieuze gewoonten en leerden in het geloofsonderricht, via voorgeschreven vragen en antwoorden, de achtergronden hiervan verstaan. Voor deze wijze van overlevering bestond een culturele bedding. Er werd niet al te sterk een beroep gedaan op eigen reflexie en emotionele betrokkenheid. Deze situatie is in onze tijd sterk veranderd. De persoonlijke toeëigening van het geloof is een belangrijk aandachtspunt geworden. Bijbelkennis alleen is onvoldoende, daarom ontstaat de behoefte bijbelverhalen te dramatiseren. Bidden spreekt niet vanzelf, daarom zijn gebedspractica ontwikkeld. Symboliseren en ritualiseren van de werkelijkheid kan geleerd worden. In groepen wordt aandacht gevraagd voor een meer aandachtig en luisterend leven, om te leren stilstaan bij wat een mens 'wedervaart' en zo tot zichzelf te komen. Meditatieoefeningen, die in de christelijke traditie rijk vertegenwoordigd zijn, worden opnieuw beproefd (Andriessen, 1996).

Zo ontstaat een breed patroon van inoefening en van geestelijke begeleiders wordt gevraagd hierin met mensen op weg te gaan. Het vraagt ook een oefening in eigen spiritualiteit, wat moeilijk kan zijn voor academisch gevormde theologen die zozeer geleerd hebben via kritische distantie het geloof te objectiveren dat een participerende omgang met de geloofswerkelijkheid hun niet altijd gemakkelijk afgaat (J.Faber, 1994).

Als laatste element noemen Steggink en Waaijman de *mystiek* als het specifiek-theologische moment van de spiritualiteit, te onderscheiden in de mystieke ervaring en de mystieke weg. Wat mensen waarnemen, overwegen en waar ze in betrokken raken, wordt een deel van hun 'zelf'. Het christelijk referentiekader geeft hieraan 'taal'. Zo vinden mensen zichzelf, bijbels gezegd: ze hervinden zichzelf vanuit een zich gevonden weten door Hem die meer is dan zij zelf. Het is een ervaring van aangeraakt worden door de Geest. Reflexieve taal kan slechts cirkels beschrijven rond dit geheim. In liedteksten vinden we hiervan een diepere, meer directe verwoording. Als voorbeeld citeer ik een couplet van Huub Oosterhuis (Liedboek voor de kerken, Gezang 487):

De Heer heeft mij gezien en onverwacht
ben ik opnieuw geboren en getogen.
Hij heeft mijn licht ontstoken in de nacht,
gaf mij een levend hart en nieuwe ogen.
Zo komt Hij steeds met stille overmacht
en zo neemt Hij voor lief mijn onvermogen.

In de ervaring reiken het cognitieve en het emotionele niveau tot existentiële diepte. Hier is pastoraat meer dan 'Glaubenshilfe' en 'Lebenshilfe' alleen, al is dit al heel veel! De geestelijke begeleiding geeft aan de pastorale relatie nog een andere dimensie, in een uiteindelijke gerichtheid op de mens als geest, aangeraakt door de Geest. Pastoraat is niet pas pastoraat als het zich op dit niveau afspeelt. Hier valt niets te forceren. Hier zijn we in de sfeer van het heilige, het 'in, mit und unter' (Thurneysen), het sacramentele karakter van het gesprek (Berkhof), dat als een geschenk door beide gesprekspartners ervaren wordt. Hermeneutisch pastoraat zoekt naar integratie van de verschillende niveaus om zo een eigen bijdrage te leveren aan het heil en welzijn van mensen.

9.33. *Betekenis voor de pastorale zorg*

Geestelijke verzorging en geestelijke begeleiding zijn betrokken op de geestelijke dimensie van het mens-zijn. Hoop en verlangen, moed om te zijn, instaan voor elkaar, zijn waarden die niet opgaan in psychologische behoeften, maar die een existentiële achtergrond hebben, samenhangend met de contingentie van het menselijk bestaan. De aandacht voor spiritualiteit geeft een verdieping aan het begrip geestelijke verzorging en aan de rol van geestelijk begeleider, zonder dat het aan de psychologische verworvenheden van het werk (9.2) afbreuk doet.

Tegen deze achtergrond ontwikkelde zich in de tachtiger jaren een hechtere relatie tussen pastorale zorg en spiritualiteit. Mystagogisch pastoraat wil mensen helpen zich bewust te worden van hun geestelijke wortels om hieraan krachten te ontlenen om zich in hun eigen situatie staande te houden. Dit komt tot uitdrukking in de aandacht voor het verhaal, het symbool en het ritueel. Zij vormen de 'geleidende elementen' (Berkhof) van de geloofservaring en verbinden het experiëntiele niveau met de beide voorafgaande.

9.331. *Luisteren naar verhalen*

De narratieve stroming binnen het pastoraat (5.52) heeft de betekenis van het verhaal herontdekt. Dit past bij de richting van het constructionisme (6.8) en vindt zijn bedding in de postmoderne cultuur (9.12). Daarom hebben we aandacht besteed aan de theologische relatie van Verhaal en verhaal (7.3).

Dit alles leidt tot een hernieuwde aandacht voor het eigen levensverhaal van de mens, zoals dat van jongsaf verweven is met het Verhaal van een geloofsgemeenschap. Omgaan met een traditie voltrekt zich in de weg van identificatieprocessen, rolopname en rolovername, hoorden we van de godsdienstpsycholoog Hj.Sundén. Een narratieve methode als *bibliodrama* (Andriessen e.a., 1995) is hiervan een voorbeeld. Door rolovername en -opname gaan de spelers op een dieper niveau een ontmoeting aan met figuren en elementen uit de Schrift (Gerritsen z.j., 150).

Aandacht voor het verhaal gaat gepaard met aandacht voor taal, met name voor geliefde metaforen (symbooltaal), die mensen gebruiken om iets over zichzelf te zeggen (Zuidgeest, 1986). Het constructionisme heeft als uitgangspunt dat mensen al vertellend hun eigen biografie reconstrueren en op deze wijze lijnen ontdekken en lege plekken kunnen invullen, zonder uiteraard tot een 'rond' verhaal te kunnen komen.

Binnen de huidige pastorale theologie wordt daarom veel aandacht geschonken aan biografieonderzoek (vgl. *Schweitzer*, 1987; *Klein*, 1994; *Kuld*, 1997 en *Alma*, 1998). Dat het verhaal meer omvat dan de eigen levensgeschiedenis blijkt uit onderzoek van *U.Schwab* (1995). Hij onderzoekt in enkele families de ontwikkeling van de *Familienreligiosität* in de loop van drie generaties. Men kan voor het intergenerationele aspect ook denken aan het werk van *E.H.Friedman* (1985), dat uitgaat van de Joodse traditie en aan contextueel pastoraat in de lijn van *I.Nagy* (8.53). De kracht van het verhaal zit voor een belangrijk deel in het gebruik van metaforische taal. Metaforen werken op dezelfde wijze als symbolen. Ze leggen een verbinding tussen onze werkelijkheid en een andere waarnaar de gebruikte beelden verwijzen. Geloofstaal is metaforische taal: God als vriend, de gemeente als lichaam, etc. Ook verhalen scheppen een transitionele ruimte (Jongsma-Tieleman 1996, 162-204). Over metaforische taal: Ricoeur (1978), Grözinger (1991), toegepast op het pastoraat: Louw (1997, 110 e.v.).

9.332. *Omgaan met symbolen*

In de aandacht voor symbolen en symboliseren worden opnieuw verbindingen gelegd tussen liturgie en pastoraat. Symboliseren is een eigen wijze van in contact treden met de werkelijkheid. *G.Lukken* (1986, 10v.) onderscheidt tussen symbolen, symbooltaal en symboolhandelingen. Als voorbeeld noemt hij het element zout. Dit is niet alleen een chemische stof, maar men kan het ook beleven als een kracht. Zo krijgt een symbool voor iemand in een bepaalde context een bijzondere zeggingskracht. "Het symbool is drachtig van een nog onbekende betekenis" (Fortmann, 1974 I, 189). Het werkt als een 'aas' dat aan een hengel in het water wordt geworpen (Weima 1981, 234). Jung ziet het dogma als symbool, want het is gestolde ervaring die weer vloeibaar kan worden. Symboliseren is een vorm van verbeelding.

Het woord symbool komt van het Griekse *symballein*, dat samenbrengen of verbinden betekent. Het ziet oorspronkelijk op een plechtig gebroken steen waarvan twee vrienden ieder een deel bewaren. Zo verwijst het 'symbolon' naar iemand die afwezig is maar er als 'wederhelft' toch bij hoort. Pastorale communicatie kan verstaan worden als symbolische communicatie, doordat dingen bij elkaar komen en een ontmoeting, of een bepaalde gebeurtenis, of een element in het gesprek ver boven zichzelf blijkt uit te grijpen en een wereld aan betekenissen oproept. Men neemt de dingen op een andere wijze waar dan de gangbare. Daardoor krijgen ze een eigen zeggingskracht.

Het christelijk geloof kent een aantal symbolen, met als bekendste het kruis.

Het verwijst naar Gods ontferming en genade en kan mensen vanuit heel verschillende geloofstradities aanspreken. Ieder mens heeft ook eigen symbolen, zoals een armband of een medaillon met een plukje haar van een gestorvene. Het roept met een enkel gebaar het beeld op van degene die gestorven is.

Symboliseren vormt ook de basis voor meditatietechnieken, via beeldmateriaal dat diepe ervaringen oproept (Andriessen 1996, 176 e.v.). Van symboliseren wordt eveneens gebruik gemaakt bij visualisering via geleide fantasie. Mensen krijgen een beeldverhaal aangereikt dat heel veel van hun eigen levensgeschiedenis oproept (Andriessen-Heitink 1985, 76 e.v.; Andriessen 1996). De beelden worden in een gesprek verwerkt. Zie over de psychologische aspecten van het symboliseren: Jongsma-Tieleman (1996, 22-69).

9.333. *Werken met rituelen*

Rituelen vormen een verbinding van symbool, symbooltaal en symboolhandeling. Hier ligt de nadruk op de handeling, in veel gevallen een voorgegeven handeling, met behulp waarvan al vele generaties voor ons binnen een gemeenschap antwoord gaven op ingrijpende gebeurtenissen in hun leven. Ik denk aan overgangsrituelen, rites de passage bij volwassenwording en huwelijksvoltrekking, maar ook aan het omgaan met verdriet in rouwritruelen. Rituelen zijn een vorm van zinvolle communicatie met de wereld om ons heen. De enkeling wordt hierin gedragen door de gemeenschap.

Rituelen zijn de oertaal van de religie en hebben daarom een antropologische basis. Godsdienstige rituelen bieden vele mogelijkheden om het heil te vieren (Jongsma-Tieleman 1996, 205-236). Het liturgisch ritueel legt via het 'gedenken' een relatie met centrale elementen uit de heilsgeschiedenis, met name de dood en opstanding van Jezus Christus, en biedt in het 'verwachten' de hoop op een toekomst van heil. De doop vormt de overgang naar het nieuwe leven, het avondmaal constitueert de geloofsgemeenschap (Menken-Bekius, 1998). Het gebed neemt in de liturgie een centrale plaats in. Hierin beleeft een mens zijn eigen tekort, maar geeft hij tevens uitdrukking aan zijn engagement (Nauta 1995, 79-94). Handoplegging en zegening zijn rituelen, die mensen bemoedigen bij het onder ogen zien van het onbekende dat voor hen ligt. Ik denk in dit verband aan de ziekenzalving als uitdrukking van sacramenteel pastoraat (3.53).

Aan rituelen mag een ontlastende en kanaliserende functie worden toegeschreven. Dit geldt vooral in crisissituaties en bij verlies. Op dat moment dreigt een mens in een gat te vallen. Hij leeft met het besef te moeten handelen, maar weet niet hoe. Op zo'n moment kan een ritueel, een begrafenisritueel bijvoorbeeld, een kader scheppen dat het verdriet enigszins hanteerbaar maakt. In het pastoraat worden, naar analogie van de psychotherapie (Van der Hart, 1978) in veel gevallen 'rituelen op maat' bedacht, om mensen te helpen bij moeilijke overgangssituaties in hun leven (Nieuwkoop, 1986; Grün, 1997). Deze rituelen hebben een reinigende werking en verbinden mensen op nieuwe wijze met hun traditie.

Heel mooi brengt de filosoof *C. Verhoeven* (1971, 9) de relatie van ritueel en pastorale zorg onder woorden: "Alleen in zijn autonomie, in zijn onbegrijpelijke en onverantwoorde zinloosheid past de ritus in het sociale kader, in het levenspad, dat het individu verhindert af te dwalen van de weg der vaderen of der samenleving en als een hard rooster onder zijn voeten hem belet weg te zakken in de bodemloze put van de subjectiviteit. Het kader, hoe wreed en onbegrijpelijk ook, heeft daarom iets moederlijks. Het verlost de mens van zichzelf en zijn verdriet, waarvan het als het ware in de plaats tracht te treden. Het verheft zijn verdriet en ook zijn vreugde tot iets plechtigs, voor de zin waarvan de samenleving garant staat. (...) Het instituut is de strakke koepel, die, boven het individu opgebouwd, het beveiligt voor het geval de wereld in zou storten." Zie voor het werken met rituelen in het individuele pastoraat met name het onderzoek van Menken-Bekius (1998).

9.4. *Balans*

Hiermee hebben we een beeld geschetst van het individuele pastoraat, zoals zich dat op verschillende niveaus afspeelt. Aan de hand van drie centrale thema's: referentiekader (veranderend geloven), geestelijke gezondheid en spiritualiteit kan worden geïllustreerd hoe de verschillende niveaus op elkaar inwerken en als gestalten van 'heel de mens' onlosmakelijk met elkaar verbonden zijn. Deze benadering biedt tevens aanknopingspunten voor een pastorale diagnostiek (13.3). Individueel pastoraat heeft altijd oog voor de mens in diens relaties. Het speelt zich als regel immers af in een concrete context, die van de kerk, de samenleving of van uiteenlopende maatschappelijke instellingen of instituties. Over deze context handelen de drie volgende hoofdstukken.

10. Pastorale zorg in en vanuit de gemeente

Pastorale zorg heeft als regel plaats in en vanuit een kerkelijke gemeente. De zorg voor mensen maakt deel uit van de opbouw van een geloofsgemeenschap. Het Rijk van God schept nieuwe sociale verbanden, die de kring van gezin, familie, gelijkgezinden en partijgangers overstijgen: verbanden van vriendschap, broeder- en zusterschap (Moltmann, 1975). Vanuit kerkelijk perspectief kan pastorale zorg daarom kortweg worden omschreven als 'omzien naar elkaar' vanuit Gods omzien naar mensen (Lc.1,78v.).

Reeds Muurling (1.21) beschouwde de ecclesiastiek als een dwarsdoorsnede van de praktische theologie. De aandacht voor de gemeente als sociale gestalte van het christelijk geloof staat hierin centraal. Dit wordt uitgedrukt in de metafoor van de gemeente als lichaam van Christus (Rom.12, 1 Cor.12). Het kerkbeeld dat hierbij past is *koinonia*, aldus U.Kuhne (1992) die de gemeente situeert op het snijvlak van systeem- en leefwereld (Habermas). Van Gennep (1989) spreekt van een mesostructureel verband. Zo'n gemeenschap verbindt de sfeer van het individu met het publieke domein en vervult in dit opzicht een kritische functie. Koinonia staat voor een solidaire gemeenschap, die de gedachtenis viert en bewogen is met de nood van de wereld. Liturgie, pastoraat en diaconaat roepen elkaar op. Voor de opbouw van deze gemeenschap is het priesterschap van alle gelovigen van groot belang. Zie verder over de praktisch-theologische ecclesiologie: Heitink 1993, hoofdstuk 15.

Op drie punten willen we in dit hoofdstuk ingaan. Allereerst op het *huisbezoek* (10.1). Kerkelijke gemeenschap spreekt niet vanzelf, maar vraagt onderhoud. Bezoekwerk en een pastorale contactstructuur zijn hiervoor levensvoorwaarden. In dit verband vragen we aandacht voor de relatie van *liturgie en pastoraat*, zoals die in vormen van huisbezoek en groothuisbezoek zichtbaar wordt (10.2). Tenslotte gaan we in op de mogelijkheden van kerkelijke gemeenschap in het licht van een groeiende *pluraliteit* in geloofsopvattingen (10.3). Een kerkelijke gemeenschap is lang niet altijd homogeen. Zij kan als democratische gemeenschap alleen voortbestaan wanneer recht gedaan wordt aan uiteenlopende vormen van geloofsbeleving en betrokkenheid. Deze gaan in veel gevallen de traditionele territoriale gemeente te buiten. Er ontstaan nieuwe categoriale vormen van christelijke gemeenschap, die een eigen pastorale gestalte vertonen.

10.1. *Huisbezoek*

Eén van de grondvoorwaarden voor een levende geloofsgemeenschap is een goede contactstructuur tussen leiding en leden en tussen de leden onderling. Op deze wijze blijven zij die leiding geven aan het kerkelijk leven op de hoogte van wat er onder gemeenteleden leeft en kunnen gemeenteleden persoonlijk bij het kerkelijk leven betrokken worden. Zo groeit een pastoraal netwerk dat het mogelijk maakt naar elkaar om te zien en vragen en noden van anderen tijdig te signaleren. De belangrijkste vorm van onderlinge communicatie in de gemeente is historisch gezien het huisbezoek.

10.11. *Historische achtergrond*

Het huisbezoek stamt uit de reformatorische traditie, maar is in Nederland door de katholieke kerk overgenomen (Baas en Vermeulen z.j., 20). Terwijl het huisbezoek in de protestantse kerken de voornaamste taak van de ouderlingen is, kende de katholieke kerk in haar schuilkerkperiode, bij een groot tekort aan priesters, de z.g. 'klopjes' (Van Deursen 1978, 316), meestal vrouwen, maar er waren ook mannelijke assistenten. Vandaag zouden we hen pastorale werkers noemen.

Het protestantse huisbezoek stamt uit het Genève van Calvijn en kwam met deze traditie naar Nederland, waar het in de Dordtse Kerkorde (1618/9) verankerd werd. Met huisbezoek wordt hier bedoeld het geregelde, officiële huisbezoek (visitatio domestica ordinata vel stata), in onderscheid van het pastorale bezoek bij bijzondere gelegenheden zoals ziekte (visitatio occasionata).

Een *eerste* ontstaansgrond is het wegvallen van de biecht als grondvorm van pastoraat. De reformatie zocht hiervoor een nieuwe werkvorm, waardoor de kerk contact kon onderhouden met haar leden. "De biecht, in elke vorm, wordt verworpen, de bijzondere zorg gehandhaafd. Nu bleef bij nadere uitwerking dezer gedachten als de vorm over: het huisbezoek; dat dan vanuit Genève zich over de meeste kerken uitbreidde en de biecht verving" (Biesterveld 1900, 74).

Een *tweede* ontstaansgrond ligt in de verbinding van huisbezoek en avondmaal. De Raad van Genève bepaalde in 1550 dat jaarlijks van huis tot huis een eenvoudig geloofsonderzoek zou plaatsvinden, "opdat tenminste niemand tot het avondmaal komt zonder het fundament van zijn zaligheid te kennen" (Plomp 1969, 194). Dit huisbezoek werd jaarlijks gehouden voor de avondmaalsviering van Pasen. Deze regeling ligt ook ten grondslag aan artikel 23 van de Dordtse Kerkorde, waarin het werk van de ouderling en het huisbezoek omschreven zijn.

Een *derde* ontstaansgrond is de verbinding van huisbezoek en kerkelijke tucht. Via de tucht zocht de reformatie aansluiting bij de boetepraktijk van de vroegchristelijke kerk. "Welke andere intentie Calvijn met het nieuwe instituut van het huisbezoek ook gehad mag hebben, zeker is dat hij er vooral een middel in heeft gezien om de uitvoering van de kerkelijke tucht zo volledig en zo effectief mogelijk te doen zijn" (Plomp, 199). Bedacht moet worden dat binnen de theocratische structuur van de nieuwe stadsstaat Genève, de jurisdictie over staat en kerk verdeeld moest worden. Deze twee liepen aanvankelijk in elkaar over. Ouderlingen waren raads- en kerkenraadsleden tegelijk (Van Ginkel, 1975). De stad werd verdeeld in wijken waarin een ouderling samen met de predikant de bezoeken aflegde.

Huisbezoek heeft dus vanouds het karakter van kerkelijk opzicht. In ons land was het verbonden met de positie van de Gereformeerde - later Nederlandse Hervormde - Kerk als de publieke kerk in Nederland. Gaandeweg werd het meer een formaliteit. Zo beschrijft de bekende 19de-eeuwse predikant *C.E. van Koetsveld* (1843) hoe hij vanuit de pastorie van Mastland met een ouderling de ronde doet. Een bezoek duurt ongeveer vijf minuten, waarbij de bezoekers als regel blijven staan. Hij is overigens zeer ontevreden over deze praktijk en zou aan het huisbezoek een meer pastoraal karakter willen verlenen. Dit karakter heeft het in de 20ste eeuw gekregen, maar over het huisbezoek lag nog lange tijd de schaduw van vermaan en tucht. Het bleef een geloofsexamen, afgenomen door de kerk, terwijl een pastoraal bezoek aansluiting zoekt bij de eigen vragen en noden van gemeenteleden. Eigenlijk pas in de naoorlogse periode krijgt het huisbezoek een meer pastoraal karakter (Kaptein, 1975).

Wat de katholieke kerk betreft noemt *A.Hendriks* (1982, 318) het huisbezoek een typisch emancipatieverschijnsel. Hij omschrijft huisbezoek als "het min of meer regelmatige bezoek van de parochiepriester aan de parochianen in hun woningen, zonder dat dit bezoek wordt opgeroepen door een of andere bijzondere aanleiding of oorzaak" (313). De priester wordt gezien als een pater familias. Dat neemt niet weg dat het controle-element van meetaf gegeven is. Dit blijkt uit met het huisbezoek verbonden werkwoorden als 'investigare, docere, corrigere, admonere, sublevare' (319). In haar emancipatie moest de kerk een eenheidsfront vormen, met duidelijke gezagsverhoudingen.

Tegen deze historische achtergrond kan men zich afvragen of huisbezoek nog past in deze tijd. Een sfeer van toezicht en sociale controle past niet bij een geïndividualiseerde samenleving. Is het geen inbreuk op de privacy van mensen (Miskotte 1992, 146)? Ondanks alle goede pastorale bedoelingen ademt huisbezoek voor velen nog steeds een geest van paternalisme en bemoeizucht. Mondige mensen kunnen toch zelf om een gesprek vragen als ze daar behoefte aan hebben? Kan persoonlijk huisbezoek niet beter vervangen worden door groothuisbezoek, waarop mensen uit vrije keuze kunnen intekenen? Vindt een kerk nog pastorale medewerkers van voldoende kwaliteit om dit werk te doen? Op bezoek gaan vergt veel van vrijwilligers en is bovendien tijdrovend. Een gesprek tussen mensen die elkaar nauwelijks kennen blijft meestal aan de oppervlakte steken. Deze en andere tegenwerpingen zullen we serieus moeten nemen. Toch zijn er ook goede argumenten om alle gemeenteleden een aanbod te doen, al is ieder uiteraard vrij hier al dan niet op in te gaan. Om de argumenten pro op het spoor te komen volgt hier eerst een voorbeeld uit de praktijk.

10.12. *Huisbezoek: een voorbeeld*

Hoe kan een pastoraal huisbezoek er vandaag uitzien? Ik geef opnieuw een beschrijving op basis van een gespreksverslag.

Een pastoraal medewerker heeft een afspraak gemaakt voor een huisbezoek bij de familie A. Het gaat hier om een gezin, bestaande uit man, vrouw en twee opgroeiende kinderen.

Volgens de informatie heeft dit gezin al enkele jaren geen contact meer gehad met de kerk. Hoewel het moeilijk was tot een afspraak te komen, heeft het echtpaar A. er deze avond echt op gerekend. Uit alles blijkt, dat het bezoek op prijs wordt gesteld.

Mevrouw A. verontschuldigt zich dat de bezoeker niet eerder terecht kon. Maar zij en haar man hebben allebei een drukke baan. Via deze opening komt het gesprek al gauw op hun werk. Mevrouw vertelt, dat ze enkele jaren geleden toen de kinderen van de basisschool af waren, haar oude baan als directiesecretaresse weer heeft opgenomen. Dat werk had ze vroeger met veel plezier gedaan. Daarentegen kon ze in haar rol van huisvrouw en moeder onvoldoende bevrediging vinden. Ze kreeg last van depressieve gevoelens. Weliswaar deed ze in die tijd ook nog wel wat kerkelijk werk, maar toch miste ze een baan buitenshuis. Enig schuldgevoel maakte het haar moeilijk dit toe te geven. Gelukkig is ze daar nu overheen.

Meneer A. vertelt dat dit ook voor hem een hele omschakeling met zich mee bracht. Je moest rekening leren houden met elkaars agenda. Hij moest ook een deel van de taken thuis voor zijn rekening nemen. Af en toe een potje koken en de kinderen opvangen. Gelukkig laat dit zich goed combineren met zijn betrekkelijk vrije beroep van juridisch medewerker bij een verzekeringsmaatschappij. En hun relatie is er een stuk beter door geworden. Wel moest hij enkele andere functies, o.a. in de financiële commissie van de kerk, opgeven. Tijdelijk hopelijk.

Beiden vertellen over hun zorg, dat door deze ontwikkeling de kinderen tekort zouden komen. En met de jongste zijn er inderdaad nogal wat problemen geweest. Nare dingen ook. Om die reden hebben ze buitenaf een huisje gekocht voor de weekenden. Daar kun je als gezin ook echt aan elkaar toekomen.

Eigenlijk is dit huisbezoek weer een eerste contact met de kerk sinds jaren. Met enige spijt constateert het echtpaar, dat ze dit aan zichzelf te wijten hebben. Maar aan de andere kant hadden ze in deze ontwikkeling enige positieve belangstelling van de kerk op prijs gesteld. Waarom bent u niet eens eerder langs gekomen? Nu hebben ze de indruk gekregen dat ze min of meer werden afgeschreven of dat hun keuze voor een andere inrichting van hun leven werd afgekeurd. Het doet hun zichtbaar goed hier nu eens over te kunnen praten.

Inmiddels zijn de kinderen wat ouder, heeft mevrouw een cursus afgerond en breekt er een nieuwe fase in hun leven aan. Als de mogelijkheid van een gesprekskring ter sprake komt, tonen ze veel interesse. Vooral voor het thema 'christen zijn en dagelijks werk'. Ook de kinderen zouden ergens aan mee moeten doen. Je zou graag zien, dat ook zij zich bepaalde waarden en normen eigen maken. Zo ontstaat een vrij diepgaand gesprek.

Uit dit gesprek blijkt dat kerkelijke aanduidingen als 'niet meelevend' of 'randkerkelijk' op dit gezin niet van toepassing zijn. Misschien slaan die eerder op een kerk, die geen aansluiting vond bij hun bestaan. Het voorbeeld toont aan dat er ook vandaag goede motieven zijn voor regelmatig huisbezoek. Ik geef er drie.

10.13. *Een antropologisch motief*

Het eerste is een antropologisch motief. In het huisbezoek gaat het om mensen, om hun leven van alledag, hun plezier, hun pijn, hun verwachting, hun woede, hun relaties, hun eenzaamheid. Het gaat om hun leven, hun functioneren in de samenleving, vanuit een diepe overtuiging dat dit betekenis heeft voor het Rijk Gods. Huisbezoek geeft aan de gemeente van Christus een menselijk gezicht. Het is een bij uitstek *persoonlijk* contact, waarbij we mensen ontmoeten in hun eigen *leefwereld*.

Al jaren geleden schreef *H.Thielicke* (1965) over het gevaar, dat we ons in de kerk slechts richten op mensen die helemaal niet bestaan. Hij noemt dit een nieuwe vorm van docetisme. Wanneer een predikant b.v. spreekt van 'twee mensen, die tegenover elkaar staan als naasten of als vijanden', moeten we volgens Thielicke direct vragen: Bestaan deze 'twee mensen' wel echt? "Hebben ze niet een bepaald geslacht, een bepaalde leeftijd, een bepaald beroep, een bepaalde maatschappelijke en geografische situatie? Betekent het niets of ze als huurder of onderhuurder, als concurrenten of als erotisch bepaald tegenover elkaar staan?" Het oude kerkelijk docetisme is volgens Thielicke overgeslagen van de christologie naar de antropologie. We spreken over 'de mens' op de wijze van een nominalistisch verzamelbegrip. Maar de mens is de mens *in* zijn wereld en niet *afgezien van* zijn wereld. We spreken abstract en algemeen over de mens, als had hij een schijnlichaam (Thielicke, 72 e.v.).

Zulke abstracties treden op, wanneer we mensen niet meer echt ontmoeten, maar hen in kerkelijke vakjes duwen: 'meelevend' of 'randkerkelijk', 'burgerlijk' of 'geëngageerd', 'verontrust' of 'progressief'. Dergelijke indelingen doen het goed, want ze helpen ons greep te houden op de situatie. Maar het voorbeeld dat we gaven laat zien, dat individuele mensen door deze grofmazige indelingen heen vallen. Op huisbezoek ontdekken we dat een mens meer is dan *kerk*mens.

In dit verband rijst de vraag, of we via het huisbezoek niet een eenzijdig beeld van mensen krijgen, doordat we hen slechts leren kennen in de wereld waar ze wonen, maar niet daar waar hun werkelijke functioneren in de samenleving zich afspeelt, hun dagelijks werk. Huisbezoek speelt dan in op een ontwikkeling van privatisering, waarmee bedoeld wordt dat in de belevingswereld van mensen een onderscheid ontstaat tussen een publieke sfeer enerzijds en een private sfeer anderzijds, en mensen zich steeds meer uit de eerste en in de laatste sfeer terugtrekken. Dat biedt een zekere bescherming tegen een samenleving die ons in hoge mate machteloos maakt.

Hoewel het maar één huisbezoek betreft, leert dit hoe weinig dit beeld aan de werkelijkheid beantwoordt. De grens tussen beide sferen is niet zo duidelijk. In het voorbeeld domineert in het gesprek eerder de publieke kant van het leven, terwijl deze mensen aan hun private bestaan te weinig toekomen. Het dagelijks leven staat centraal. Dat zal niet in elk gesprek zo zijn. Vaak komt dat ook doordat de pastoraal medewerker het gesprek kerkelijk verengt. Maar deze kan zijn interventies ook zo kiezen dat ze de horizon van het gesprek verbreden (Miskotte 1992, 130 e.v.).

In dit verband memoreren we dat de kerk, vrijwel als enige instantie, de mogelijkheid heeft om mensen in hun woonwereld te ontmoeten. Dan gaat het om geloven op maandag. Het weergegeven gesprek bevat ook items van vrouwenpastoraat. Zo leer je mensen nog weer van een andere kant kennen dan op zondag in de liturgische viering. Bij de één toont een goedverzorgde tuin zijn liefde voor de natuur. Bij de ander stuit je via schetsen aan de muur op onverwachte artistieke gaven. Een derde gaat op in de verzorging van dieren. Kranten en tijdschriften laten zien waar iemand zijn informatie vandaan heeft. Een boekenkast geeft een indruk van iemands geestelijke bagage. Foto's van familie, het ouderlijk huis, het land van herkomst geven mensen achtergrond. Siervoorwerpen hebben een symbolische betekenis. Aanknopingspunten voor gesprek liggen voor het grijpen. Oppervlakkige beeldvorming en docetisme worden doorbroken. Met een schok ontdek je bijvoorbeeld hoezeer een kerk gezinskerk geworden is, terwijl veel gemeenteleden alleen wonen of in één ouder-gezinnen. Je ziet hoe ouders en kinderen met elkaar omgaan. En in deze gewone dingen ontdekken we iets van de weg van God met mensen.

10.14. *Een pastoraal motief*

Het tweede motief is pastoraal van aard, waarmee ik de zorg voor mensen verbind met de missie van de kerk. Radiopastor *A.Klamer* (1983, 147) schreef eens: "De laatste jaren wordt het mij meer en meer duidelijk dat er in de kerk te weinig menskracht wordt gestoken in het geven van persoonlijke aandacht. Misschien wordt er toch wel teveel tijd en energie besteed aan kringenwerk, cursussen en talloze besprekingen." Hij illustreert dit met een voorbeeld en vervolgt: "Veel aandacht die nu aan ons (namelijk het radiopastoraat) wordt gevraagd, zou plaatselijk moeten worden gevraagd. Beschuldigingen hebben geen zin. Toch stel ik vanuit ons werk de brandende vraag: is die ene onopvallende minder interessant dan die 99? De achterban weet wel de aandacht te trekken. Maar de onopvallende? Kunnen we het nog langer volhouden dat mensen zelf maar moeten vragen om bezoek? Of ging de herder er op uit om te zoeken?"

Pastoraat is omzien naar mensen, in hun verlangen, hun lijden en eenzaamheid. Maar niemand timmert graag met haar of zijn zorgen aan de weg. Een breed veld van persoonlijke aandacht maakt het mogelijk, dat de onopvallende opvalt. Er is zoveel leed, waar je aan ontdekt moet worden, willen je ogen er voor opengaan. Dat vraagt leren zien, leren luisteren.

Het gevaar bestaat dat we mensen als collectief behandelen door te spreken over bejaarden, vrouwen, arbeiders. Maar een mens is meer dan zijn leeftijd, meer dan haar sekse, meer dan zijn baan. In de kring van maatschappelijk werkenden hoort men vaak met enige jaloersheid spreken over de unieke mogelijkheden die de kerk heeft, om mensen ongevraagd op te zoeken. Daar heten ze immers geen cliënten maar leden. Wanneer iemand namens de kerk komt gaan nog altijd veel deuren open. En niet alleen bij meelevende leden. "Nederlanders kennen de kerken een opmerkelijk positieve rol in het publieke leven toe", aldus het onderzoek 'God in Nederland' (Dekker e.a. 1997, 36). Wat mij vaak verbaast en tegelijk verrast is, dat nog steeds in brede kring het beeld verankerd is van een kerk, die mensen opzoekt en hen niet aan hun lot overlaat. Nu de nieuwe armoede in onze samenleving toeslaat, roepen politici de kerken op de mensen op te zoeken. Zij worden in dit verband bondgenoten genoemd. Terecht, want de kerk heeft hier ervaring mee. In oude stadswijken, waar grote eenzaamheid heerst, worden via huisbezoek vriendschapsnetwerken van wijkbewoners opgebouwd.

Dit is meestal geen kerkelijk werk maar een buurtactiviteit.

Wanneer we mensen alleen bezoeken in geval van nood en iemand dus eerst onder een bepaalde noodcategorie moet vallen om voor bezoek in aanmerking te komen, ontstaan al gauw relaties waarin mensen zich object van zorg voelen, wat ten koste gaat van de wederkerigheid. Huisbezoek werkt preventief. Waar dit erbij hoort, komen we eerder vragen en noden van mensen op het spoor, kan dikwijls erger voorkomen worden en groeit een vertrouwensbasis, waarop men gemakkelijker hulp kan vragen en accepteren.

Veel theologie beweegt zich in de wereld van de sterken. Zij spreekt over 'uittrekken', 'verantwoordelijkheid', 'autonomie', 'kerk als voorhoede'. Als partners van God kunnen mensen zelf hun lot in handen nemen. Op veel huisbezoeken ontmoeten we andere mensen, mensen die afhankelijk zijn, die hunkeren naar gemeenschap, die lijden onder de ongeborgenheid van hun bestaan, die niet tot enig initiatief in staat zijn, verlamd als ze worden door angsten en twijfels. Het profetisch élan van de kerk mag niet ten koste gaan van haar priesterlijke bewogenheid. E.Lange spreekt over de volkskerk als 'Ensemble der Opfer der Zeit' (1976, 179). Daarbij denkt hij aan de situatie van veel ouderen. Hij noemt ook de kinderen. Hij wijst op de vele 'onaangepasten', op mensen die niet meer mobiel zijn en daardoor aan huis gebonden. Dit alles onderstreept de pastorale betekenis van het huisbezoek.

10.15. *Een ecclesiaal motief*

Tenslotte een ecclesiaal motief, dat al verschillende malen in het voorafgaande meeklonk, maar meer ligt in de sfeer van gemeenteopbouw. Wie lid is van de gemeente heeft recht op huisbezoek en een persoonlijke aandacht van de leden voor elkaar is met deze gemeenschap - als lichaam van Christus - gegeven. Zo wordt de gemeente gebouwd.

Bij deze opbouw van de gemeente mogen kerkleiding en kerkleden niet van elkaar vervreemden. Dat vraagt een goede communicatiestructuur, waarbinnen het huisbezoek niet gemist kan worden. Daartoe zijn kerkelijke gemeenten opgedeeld in wijken en vervolgens in secties en worden teams van huisbezoekers gevormd om met de pastores en pastorale werkers een bepaald gebied te bewerken. Uiteraard is dit niet de enige vorm van communicatie. Rond liturgische vieringen kunnen ontmoetingen georganiseerd worden. Veel gemeenten hebben een groot aanbod op het gebied van kringenwerk, vorming en toerusting. De onderlinge communicatie kan door schriftelijke informatie worden ondersteund. Maar toch blijven er mazen in het net. Soms is het huisbezoek voor een kerk zelfs de enige mogelijkheid om mensen nog te bereiken. Daarom is het eeuwenoude pastorale grondmodel, dat verbonden is met het territoriale principe, nog altijd van grote betekenis. "In ieder geval verdient het aanbeveling het sterke van het oude model, in de zin van het waardevolle, niet zo maar weg te gooien" (Schippers 1989, 90).

Tijdens het huisbezoek kunnen de leden van de kerk zich in alle rust uitspreken over hun verwachtingen van de kerk, hun moeite met bepaalde ontwikkelingen, hun eigen mogelijkheden en moeiten om in verschillende activiteiten te participeren. Want niet ieder mens is een gemeenschapsmens. Vooral in contact met mensen, die vanuit het instituut soms laatdunkend als 'zwijgende meerderheid' worden aangeduid, kan men voor verrassingen komen te staan. Meestal zijn dit mensen wier stem in vergaderingen niet gehoord wordt en die zich ook elders bescheiden op de achtergrond houden. Veel zwijgers voelen zich de minderen ten opzichte van de praters. In een persoonlijk gesprek komen zij wel tot hun recht.

Omgekeerd kunnen huisbezoekers bepaalde ontwikkelingen toelichten, mensen informeren over de kerkelijke stand van zaken, beleidsbeslissingen verduidelijken en een vertrouwensbasis leggen, waardoor mensen zich openstellen voor bepaalde beslissingen en onnodige conflicten kunnen worden voorkomen.

Misschien dat deze opmerkingen nog teveel het beeld van een traditionele, overzichtelijke gemeente oproepen, die gemakkelijk te bearbeiden is. Daar kun je zo nog werken. Maar ook in de z.g. missionaire situaties kan huisbezoek een belangrijke functie vervullen. Ik denk aan wat *C.A.Boonstra* (1982) schrijft over bezoekersgroepen in een oude stadswijk. Een bezoekersteam bezoekt systematisch een bepaalde buurt, die zo'n 125 onbekende adressen telt. Men gaat uit van de drieslag 'situatie-geloof-kerk'. Belangrijk is wie de mensen zijn, vervolgens waar ze voor staan en pas in de derde plaats de kerk. Het is moeizaam werk dat veel energie vraagt. Maar de bezoekers delen hun ervaringen en vangen zo samen de moeilijkheden op.

De laatste jaren hebben pastorale netwerken een verfijning ondergaan, doordat gewerkt wordt met wijkteams, contactpersonen en andere medewerkers. Dit met de bedoeling dat leden van de gemeente zelf het bezoekwerk ter hand nemen, opdat bezochten ook zelf bezoekers worden. Zo krijgt de kerkelijke gemeente als pastorale gemeenschap steeds nieuwe impulsen.

10.2. *Liturgie en pastorale zorg*

Het hart van de kerkelijke gemeente is haar liturgie. Op deze plaats ga ik nog iets dieper in op de relatie van liturgie en pastorale zorg. Dit sluit aan bij het vorige hoofdstuk, waar de betekenis van verhaal, symbool en ritueel besproken werd (9.33). Waar deze in een kerkelijke setting staan spreken we van liturgie. Liturgie is niet beperkt tot de zondagse viering maar kan ook deel uitmaken van de pastorale zorg.

De geloofsverbondenheid kan tijdens een huisbezoek tot uitdrukking komen in een lezing uit de Schrift en het uitspreken van een gebed. Er was een tijd dat vanzelfsprekend elk pastoraal gesprek hierop uitliep. Dit heeft geleid tot veel krampachtigheid. In de loop van het gesprek was de bezoeker al voortdurend bezig met de liturgische afsluiting, wat gemakkelijk kon leiden tot slecht luisteren, abrupte overgangen en een magisch ritueel. Dit kan niet de bedoeling zijn. Er doen zich echter ook situaties voor waarin een bijbelwoord of een gebed aan de ontmoeting een diepere betekenis geeft vanuit het besef samen te staan voor het aangezicht van God: "Waar twee of drie bijeen zijn in mijn naam daar ben Ik in hun midden" (Mat.18,20). De kern van het geloof is het zich durven toevertrouwen aan iets of iemand die meer is dan wijzelf. Wanneer in een pastorale ontmoeting beide gesprekspartners dit besef delen, groeit het verlangen zich naar Hem toe te wenden. Men kan dit een *kairos* noemen, een geschonken en daarom geschikte gelegenheid. Hij komt tot ons in zijn Woord, waarvan de Schriften getuigen en wij wenden ons tot Hem in het gebed. In dit luisterend leven komt een mens tot zichzelf, leert hij de ander in zijn leven te betrekken en God om ontferming aan te roepen. Waar menselijke woorden tekortschieten kan een woord uit de Schrift troosten, bemoedigen en inspireren. Dit alles vraagt van een pastor een hermeneutische gevoeligheid, zowel op het niveau van de geloofsinhoud als op dat van de geloofsbeleving en -ervaring, om in iedere situatie het goede woord te vinden.

D.Capps (1981) heeft het *bijbelgebruik* in het pastoraat hermeneutisch doordacht, waarbij hij zich distantieert van het fundamentalisch bijbelgebruik in het nouthetisch pastoraat (3.52). Hij is op zoek gegaan naar correlaties tussen bijbelwoorden en psychologische inzichten. Enig bijbelgebruik acht hij niet strijdig met de principes van pastorale counseling. De Psalmen behandelt hij vooral als troostboek in verdriet. De 'waarom'-vragen in de verschillende fasen van verliesverwerking volgens Kübler-Ross, sluiten precies aan bij de heel verschillende stemmingen van de psalmdichters (75). Ook de metaforische taal, die Jezus in de gelijkenissen gebruikt, heeft zijn bijzondere aandacht. Deze zorgt voor perspectiefwisselingen (172).

Ook anderen vinden in de psalmen een bron van inspiratie, omdat hierin het Woord tot ons komt in de vorm van een lied of een *gebed*. Juist in de psalmen ervaren we de reikwijdte van het gebed. Veelal is bidden verschraald tot het vraaggebed, maar het gebed kent ook heel andere uitdrukkingsvormen. *J.Siemerink* (1987, 106 e.v.) maakt onderscheid tussen vijf modaliteiten: het gebed van klacht, het gebed van aanklacht, het smeekgebed, het gebed van dank, het gebed van aanbidding en lofprijzing. De diepste klacht klinkt op uit de godverlatenheid (Ps.22,2). In de aanklacht klinken verzet en opstandigheid door tegen onrecht, lijden en dood. In het smeekgebed vraagt de bidder om vergeving en wordt Gods nabijheid ingeroepen. In veel situaties is het gebed een verwoording van dank. In de aanbidding en lofprijzing verstilt elke gedachte aan functionaliteit. De mens wordt overweldigd door Gods goedheid en schoonheid en geeft hier stem aan. Zo sluit het gebed in verschillende modi aan bij heel uiteenlopende pastorale situaties.

Naast regelmatig huisbezoek heeft veel kerkelijk bezoekwerk een concrete aanleiding, aansluitend bij bepaalde gelegenheden, in de liturgiek *casualiën* genoemd. Vanouds wordt veel aandacht besteed aan het bezoeken van zieken en van gemeenteleden die bijvoorbeeld vanwege hun leeftijd de kerkdiensten niet kunnen bijwonen. Bij hen wordt door ambtsdragers de communie uitgereikt of in kleine kring het avondmaal gevierd. Vaak kunnen zij via de kerktelefoon de diensten van de eigen gemeente volgen. In katholieke kring kent het ziekenbezoek een sacramenteel hoogtepunt in de ziekenzalving (Lukken, 1984). Ook het charismatisch pastoraat kent een dergelijk ritueel. Stervenden ontvangen de zegen: "De Here zegene u en hij behoede u ..." (Num.6,24).

Daarnaast gaat er als regel een huisbezoek vooraf aan de doop van een kind der gemeente, of wordt door een pastor met een bredere kring van ouders een doopgesprek gevoerd. Dergelijke gesprekken gaan eveneens vooraf aan een huwelijksviering. Het zegenen van niet-huwelijkse relaties vraagt veel pastorale aandacht (Hallewas, 1996). Ook rond een overlijden heeft voor en na de uitvaart intensief huisbezoek plaats.

De *levenscyclus* vormt de bedding voor een vruchtbaar samenspel van liturgie en pastorale zorg. De viering van doop, eerste communie of openbare belijdenis, huwelijk en uitvaart, blijft in een volkskerk een belangrijk punt van ontmoeting (Bastian e.a., 1978). Contacten met de kerk spitsen zich steeds meer toe op deze rites de passage, bij hoogte- en dieptepunten van het leven. Deze contacten zijn weliswaar incidenteel, maar tegelijk als regel heel intensief. Ze bepalen mensen bij de 'ultimate concerns' van hun bestaan en hebben daarom een hoog contingentiegehalte, ook voor de familie, de vrienden en andere betrokkenen. In toenemende mate vormen deze bijzondere situaties het gewone contact met de kerk. Drehsen (1994, 174) thematiseert dit gegeven als 'die Heiligung von Lebensgeschichten', die van pastores een grote biografische interesse in het leven van mensen vraagt.

Tenslotte moet het ritueel van de *bedevaart* (Van Uden e.a., 1995) genoemd worden, waardoor het begrip vakantie zijn oude religieuze betekenis terugkrijgt (holidays, recreatie). Vaak gaat het om tochten in groepsverband, naar Taizé bijv., verbonden met liturgie en pastoraat.

10.3. *Pluraliteit*

In dit hoofdstuk gingen we tot nu toe uit van een betrekkelijk homogeen kerkbeeld, dat van de territoriale gemeente, verdeeld in wijkgemeenten, het pastorale grondmodel. Dit model dekt de huidige kerkelijke situatie echter niet meer (10.32). Die situatie wordt namelijk gekenmerkt door een grote mate van pluraliteit, een voor het pastoraat belangrijk gegeven. We gaan daarom eerst dieper in op het begrip pluraliteit (10.31) en de consequenties daarvan voor het pastoraat (10.33). Deze pluraliteit is een direct gevolg van het differentiatieproces in de samenleving, dat ten grondslag ligt aan dit deel van het boek. Deze pluraliteit heeft geleid tot het ontstaan van nieuwe vormen van christelijke gemeenschap en daarmee tot nieuwe vormen van pastoraat, met name in de steden (10.34).

10.31. *Een plurale situatie*

Het begrip pluraliteit heeft zich breed genesteld in beschouwingen over de structuren van kerk en pastoraat in deze tijd. Soms kan men zelfs de indruk krijgen, dat het om zoiets als een nieuw geloofsartikel gaat: Ik geloof een heilige, algemene, plurale kerk.... Door deze pluraliteit zo mooi mogelijk voor te stellen, proberen we met de verlegenheid en machteloosheid, waarin veel kerken gevangen zijn, te leren leven. Wanneer de spanningen te hoog oplopen, dient het woord pluraliteit als een bezweringsformule om opkomende conflicten tijdig de kop in te drukken.

Pastoraat in dienst van de pluraliteit, lijkt op te gaan in het sussen van tegenstellingen, het verzoenen van standpunten, het organiseren van platforms voor gesprek tussen mensen en groepen binnen de gemeente, om zo de onderlinge rust te bewaren en de vrede binnen de kerk te dienen. Dit laat zich echter moeilijk rijmen met een profetisch spreken dat, door op te roepen tot het maken van duidelijke keuzen, tegenstellingen onthult. De dienst aan de waarheid dreigt de eenheid in gevaar te brengen. Het profetisch getuigenis schuift naar de rand van de kerk of wordt overgenomen door basisgroepen en kritische gemeenten.

Een beeld van pluraliteit, dat we met deze woorden oproepen en dat in de ene kerkelijke gemeente meer herkenbaar zal zijn dan in de andere, lijkt ten koste te gaan van de geloofwaardigheid van pastoraat en profetie beide. In deze paragraaf probeer ik die gezichtspunten naar voren te brengen die deze pluraliteit vanuit de polen van waarheid en eenheid onder spanning kunnen houden en afrekenen met het zoëven opgeroepen beeld van relativisme en verdraagzaamheid.

Het begrip pluraliteit markeert een nieuwe fase in een geschiedenis van pogingen om recht te doen aan verschillen in geloofsbeleving binnen één kerk. Het dient daarom te worden onderscheiden van de begrippen pluriformiteit en pluralisme. In gereformeerde kring komen we vooral het woord pluriformiteit tegen. Het werd door *A.Kuyper* (1932, 244) gebruikt om de veelkleurigheid in geloofsopvattingen, verdeeld over verschillende kerken, theologisch te legitimeren. Kuyper gebruikt hiervoor het beeld van het prisma. Dezelfde lichtstraal van de openbaring breekt op het bewustzijn van de mensen in een veelheid van tinten. Het bezwaar tegen deze term is, dat hij een theorie en een verklaring van het verschijnsel impliceert.

In de literatuur van katholieke zijde treft ons een zekere voorkeur voor de term pluralisme. Zo spreekt *K.Rahner* (1968, 232), in onderscheid van het oude pluralisme over 'een aanzienlijk pluralisme in opkomst', dat niet meer te institutionaliseren en door het ambt te regelen is. Reeds in 1968 komt *F.Haarsma* (1981, 59) met een principiële stellingname voor een theologisch pluralisme. Een adequate pastorale benadering vraagt z.i., dat men dit pluralisme als feit erkent en als uitgangspunt kiest. Ook de term pluralisme houdt met zijn lange geschiedenis echter al een waardering in.

De term pluraliteit krijgt nu als regel de voorkeur, want "een nieuw woord betekent meestal dat het gaat om een nieuw verschijnsel" (Sloot 1983, 338). Bovendien is het een neutraal woord: "De term pluraliteit duidt een veelheid aan zonder deze meteen al te kwalificeren" (Vlijm 1981, 12). Nieuw zijn vooral de spanningen, de strijd en de pijn, die er op wijzen dat het om meer gaat dan een aanvaardbare eenheid in verscheidenheid. Deze nieuwe pluraliteit begint zichtbaar te worden in het begin van de zestiger jaren; in de Gereformeerde Kerken in de opkomende discussies op kerkelijke vergaderingen over de binding aan de klassieke belijdenisgeschriften, in de Rooms-Katholieke Kerk vanuit de besluiten van Vaticanum II.

Pluraliteit is geen theologisch, maar een sociologisch begrip. Door het invoeren van de term pluraliteit wordt aan een maatschappelijk gegeven (Witte 1983, 363) een zekere kerkelijke erkenning en theologische legitimatie gegeven. Nuchter stelt *Haarsma* vast, dat het pluralisme in de maatschappij ook doorgedrongen is in de kerk (220). En volgens *J.T.Bakker* zou de vraag: 'mag pluraliteit?' ook beantwoord kunnen worden met de tegenvraag: 'mag leven?' (1977, 49). In deze lijn zal, om met *H.Berkhof* (1973, 361) te spreken, aan de sociologie een eigen plaats binnen de ecclesiologie moeten worden toegekend, wil deze geen docetisch karakter krijgen.

10.32. *Pluraliteit en kerk*

Onder pluraliteit verstaan we, dat we binnen een kerkelijke gemeenschap ten aanzien van centrale vragen van geloof en leven te maken hebben met uiteenlopende opvattingen, die elkaar tegenspreken of lijken uit te sluiten. Aanvaarding hiervan kan pastoraal gezien niet het laatste woord zijn binnen een kerk. Pluraliteit uit zich namelijk niet in verschil van accenten, maar in "wezenlijke kloven, die het elkaar verstaan uiterst moeilijk maken, theologische ontwerpen, die dwars op elkaar staan en zich met de beste wil van de wereld niet in een hogere synthese laten verzoenen" (Bakker, 49). Een kerk, die kerk wil zijn, kan zich hier nooit bij neerleggen, of zoals *J.Firet* het uitdrukt: "Een pluralistische situatie in een gemeenschap die een herkenbare gemeenschap wil zijn is per definitie een conflict-situatie" (1977, 95). Pluraliteit en conflict zijn weliswaar geen synoniemen, maar wel begrippen die aan elkaar grenzen, aldus Firet. Daarmee hoeft nog niet 'een lofzang van het conflict' gezongen te worden: de kerk en veel mensen lijden tezeer eronder.

Deze conflicten komen nog meer op scherp te staan, wanneer we beseffen dat we niet slechts te maken hebben met individuele verschillen van geloven, maar met 'partijen in de kerk'. Links-rechts, progressief-conservatief zijn hiervan de bekendste typeringen. Wanneer we tegenstellingen in de samenleving en binnen de kerk op elkaar betrekken, blijkt naast andere persoonlijke, maatschappelijke en culturele factoren één factor van bijzonder belang te zijn: de sociale positie.

Pluraliteit mag maatschappelijk verklaarbaar zijn, ze is daarmee nog niet maatschappelijk aanvaardbaar geworden. Dat geldt met name vanuit de kerk gezien, waar het conflict om de waarheid principieel verbonden is met de strijd om gerechtigheid. Die verbinding wordt urgent wanneer – zoals *J.Hendriks* (1977, 7) laat zien – er een samenhang blijkt te bestaan tussen de sociale positie van mensen in de samenleving en hun opvattingen en gedragingen. Elementen als sociale laag, ras, etnische achtergrond, woonplaats en beroep spelen hierin een rol. Verschil in opvattingen kan teruggaan op belangentegenstellingen. De vraag komt dan op wat de kerk werkelijk is: een spiegel of een venster: "Een spiegel die slechts de opvattingen reflecteert van de sociale lagen waaruit de kerk is gerecruteerd of een venster, dat uitzicht biedt op een nieuw panorama" (11). De sociale positie is mee bepalend voor wat mensen aan onrecht om zich heen waarnemen en voor de inhoud die aan geloofswoorden als zonde en gerechtigheid wordt gegeven. Hendriks verbindt pluraliteit binnen de Gereformeerde Kerken met een 'indrukwekkend proces van sociale stijging', waardoor de sociale posities van gereformeerden onderling sterk zijn gaan verschillen en met het isolement waarin dit volksdeel tot na de laatste wereldoorlog leefde (16). Voor de katholieken geldt in ieder geval het laatste (Sloot, 348).

Terecht merkt *F.O. van Gennep* (1980, 8) in dit verband op, dat theologen door dit soort observaties geïrriteerd kunnen raken en geneigd zijn zich ertegen te verzetten of ze te negeren. In het omgaan met pluraliteit zullen we daarom kritisch moeten letten op een mogelijke relatie tussen godsdienstige opvattingen en sociale lagen. Waar het geloof het karakter krijgt van zelfrechtvaardiging of het verdedigen van eigen belangen, gaat het de trekken vertonen van een ideologie. "Ideologie is een geheel van denkbeelden, door middel waarvan een groep mensen of een enkeling, de zin van de werkelijkheid en daarin van zichzelf definiërend, de eigen plaats in de wereld, het eigen handelen en de eigen belangen rechtvaardigt" (Sperna Weiland 1980, 183). In calvinistische kring hebben begrippen als verkiezing en voorzienigheid in veel gevallen deze uitwerking gehad. Bij de bewustwording van ideologische gebondenheid spelen godsdienst- en maatschappijkritiek een niet te onderschatten rol. Ze helpen om te leren onderscheiden tussen legitieme verscheidenheid en het handhaven van groeps- en klassenbelangen.

10.33. *Pluraliteit en pastoraat*

De pastorale theologie heeft zich rekenschap te geven van pogingen die gedaan worden om verschillen in geloofsopvattingen langs sociaal-wetenschappelijke weg te traceren. Al in 1969 leverde in Nederland *Liebje Hoekendijk* een eerste belangrijke aanzet hiertoe met haar analyse van 'dwarslagen in de christenheid'. Deze lag nog sterk in de sfeer van het pluralisme. Latere signalementen sluiten meer aan bij maatschappelijke en culturele ontwikkelingen. Zo maakt *P.Berger* (1979, 56) ten aanzien van de confrontatie tussen religieuze traditie en moderne wereld onderscheid tussen drie ideaaltypische houdingen: die van deductie, reductie en inductie. In deze lijn beweegt zich ook de godsdienstsocioloog *G.Dekker*. Dekker ziet vooral twee bewegingen zich aftekenen. Enerzijds het handhaven van de traditie, wat ten koste gaat van betrokkenheid op de samenleving. Anderzijds een zich aanpassen aan die samenleving, wat gepaard gaat met verder traditieverlies. Zelf kiest hij voor een derde weg: confrontatie van godsdienst en samenleving, met de bedoeling dat ze elkaar corrigeren en op elkaar betrokken kunnen worden (1983, 60 e.v.). Naar de mening van *J.Sloot* (1983) zijn het vooral de markante en nogal extreme groepen, die de dynamiek binnen de kerk bepalen en mede het 'brede kerkelijke midden' beïnvloeden. Hij noemt binnen de katholieke kerk vier groepen. Allereerst de traditionalisten, die zich verzetten tegen veranderingen in theologie en kerk. Deze groep is te karakteriseren als 'oude middenstand'. Vervolgens de charismatici. Ze behoren tot de middenklasse en denken in ethisch opzicht betrekkelijk traditioneel. Als derde groep noemt hij het 'humanistisch katholicisme'. Zij zijn de dragers van het moderne bewustzijn en oriënteren zich op waarden als autonomie, zelfontplooiïng en eigen ervaring. De vierde groep wordt gevormd door de sociaal geëngageerden. Zij zijn te vinden in de hogere middenklasse en voelen zich voor een deel verwant met de basisbeweging.

Tot zover deze typering van de pastorale situatie van kerkelijke gemeenten als een plurale situatie. Pluraliteit heeft geleid tot spanningen, maar na een periode van heftige polarisatie groeit thans meer en meer het inzicht dat groepen binnen de kerken niet hoeven te strijden over elkaars tekort maar kunnen groeien aan elkaars tegoed.

10.34. *Veelvormig geloven*

Pluraliteit heeft er ook toe geleid dat zich naast de bestaande kerken nieuwe vormen van christelijke gemeenschap hebben ontwikkeld. Deels als afsplitsing, uit onvrede met de bestaande situatie, deels als een spontaan alternatief waartoe mensen zich voelden aangetrokken, deels als een door de kerken gestimuleerde nieuwe vorm van geloofsgemeenschap.

Pluraliteit, verstaan als 'geloven in meervoud' is een passend antwoord zoeken op een leven in meervoud. Juist in de steden heeft men deze opgave verstaan. Naar twee kanten. De eerste opgave is aansluiting zoeken bij de religieuze ervaring van het individu. De tweede opgave ligt in het publieke domein, het geloven in het openbaar, het onderkennen van maatschappelijke vraagstukken en daarop inspelen. De kerk mag zich in deze richting profileren. Ze hoeft haar publieke positie niet op te geven. De verontschuldigingscultuur voorbij, mag ze minder anoniem en met meer vrijmoedigheid aan de weg timmeren dan we dat de laatste decennia gewend waren. Deze presentie van de kerk zal vooral het werk zijn van individuele christenen, ieder op haar en zijn plaats in de samenleving.

Voor zover ik de situatie - waarbij ik me beperk tot de steden - kan overzien, zie ik dat veel gemeenten alle moeite hebben om de crisis waarin ze verkeren te overleven. Ik denk aan wat *R.Kranenborg* (1995, 33) schrijft over revitaliseringpogingen in zijn Amsterdamse wijkgemeente. Hij noemt er maar liefst negen, die - hoe nuttig en verrijkend ook - niets hebben uitgewerkt. Hij schrijft: "Mijn gemeente, en dat geldt evenzeer voor andere gemeenten in dezelfde situatie, groeit niet, het aantal leden neemt niet toe, elk jaar moet ik opnieuw constateren dat de gemeente weer kleiner is geworden, dat er taken moeten worden afgestoten, dat nuttig werk niet meer kan worden gedaan, en dat een zeer kleine harde kern steeds meer werk dient te verzetten." Men mag diep respect hebben voor die kleiner wordende gemeenten, die het als minderheid toch maar volhouden.

Maar ik zou dit beeld willen aanvullen. Geloven in meervoud is rijker en veelvormiger. Ik illustreer dit aan zeven vormen van christelijke gemeenschap, die ieder op eigen wijze aan nieuwe kansen en uitdagingen vorm en inhoud geven. Daarmee is sprake van een rijk en veelkleurig kerkelijk leven en eveneens van veelvormig pastoraat.

10.341. *Vernieuwende wijkgemeenten*
Als eerste noem ik de zich *vernieuwende wijkgemeenten*. Dat zijn gemeenten die door het diepste dal van de secularisatie heen zijn. *E.Matthies* beschrijft in zijn boek *Leven in de gemeente* (1996) een groot aantal portretten van relatief bloeiende stadsgemeenten. Als teken van leven mag gelden dat men in zulke gemeenten meer dan eens nieuwkomers aantreft, christenen van de eerste generatie. Ik verwijs hierbij naar het onderzoek van de Haagse missionair-predikant *P.Schelling* (1996). Deze toetreders zijn niet belast met een kerkelijk verleden. Onbevangen doen ze mee, verrast als ze zijn dat zoiets als een geloofsgemeenschap echt bestaat. De territoriale structuur van zulke gemeenten blijft het belangrijkste netwerk om mensen op te vangen. Groepen huisbezoekers bewerken de volle kaartenbakken en bereiken zo zoekgeraakte leden.

10.342. *Buurtkerk*
Een variant op de vernieuwde wijkgemeente is de *buurtkerk*. Ik denk aan de Nassaukerk in Amsterdam die bewust koos voor het concept 'kerk zijn met en in de buurt'. *P.Irik* beschrijft deze boeiende ontwikkeling in haar boek *Een dapper zootje ongeregeld* (1995). De buurt Westerpark is een achterstandsbuurt met veel sociale problematiek. Deze telt meer dan 30% buitenlanders en nieuwe medelanders. Het percentage alleenwonenden is hoog en er zijn weinig echtparen met kinderen. Mensen die het zich konden veroorloven zijn weggetrokken. Ze beschrijft de achterkant van individualisering en zelfredzaamheid, de mensen die maatschappelijk afgeschreven zijn. Bewust richtte de kleiner wordende SOW-gemeente samen met haar katholieke partner de blik naarbuiten, om stapjes in de buurt te zetten. Zo groeit er iets van bondgenootschap. Het weinige kader ontwikkelt een hoge mate van creativiteit tot uitdrukking komend in buurtgerichte activiteiten. In zijn studie *Lotgenoten bondgenoten?* over Rotterdam Crooswijk maakt *A.Polhuis* (1994) duidelijk dat participeren in emancipatiebewegingen theologisch gezien voluit als kerkenwerk kan worden verstaan. Ook voor hem is de buurt het kader waarbinnen gemeenteopbouw en pastoraat plaats hebben.

10.343. *Mentaliteits- en modaliteitsgemeenten*
Als derde noem ik *mentaliteits- en modaliteitsgemeenten*, waaronder ik versta kerken die zich profileren op een bepaalde vorm van verkondiging, liturgieviering of spiritualiteit. In de binnenstad van Amsterdam bijvoorbeeld ontvangen kerken als de Dominicus, de Westerkerk, de Keizersgrachtkerk, de Jeruzalemkerk en andere ieder hun eigen kerkpubliek, vaak vanuit de verre omtrek. Een speciale variant van mentaliteitsgemeenten vormen de oecumenische geloofsgemeenschappen, meestal in nieuwe stadswijken, waar protestanten en katholieken samen optrekken. Inmiddels zijn er enkele tientallen. De bekendste is de Regenboog, de geloofsgemeenschap van de Leidse Merenwijk. Pastor *J. van Well* (1996) schreef er een boek over. Ondanks alle trammelant met bisschoppen en synodes schept oecumenische openheid een nieuw élan, waarbij ook het pastorale voordeel zichtbaar wordt van als één ongedeelde kerk naar buiten te kunnen treden in de wijk. Kerkelijke eenheid draagt bij tot pastorale geloofwaardigheid.

10.344. *Categoriale gemeenschappen of gemeenten*
Als vierde noem ik de *categoriale gemeenschappen of gemeenten*. Nieuwe vormen van pastoraat en diaconaat groeien uit tot nieuwe vormen van christelijke gemeenschap. Ik denk

aan het Oude Wijken Pastoraat in Rotterdam, zoals beschreven door *K.A.Schippers* c.s. (1990). De werksoort Urban Mission lijkt in veel opzichten op wat ik schetste bij het concept buurtkerk. Ik denk ook aan de gemeenschap rond de Buitenwacht in Dordrecht, zoals beschreven door *G.J. van der Kolm* (1991). Ik noem de Pauluskerk in Rotterdam met haar opvang van dak- en thuislozen en het werk van de Amsterdamse drugspastor *R.Dullaert* (1996). Elke zondag komt hij met zijn broze seropositieve gemeente samen in de crypte bij de Wallen en men herkent elkaar in het lied: 'Zomaar een dak boven wat hoofden'. In de steden vinden we de studentenecclesiae met een brede uitstraling onder oud-studenten. Ook in en rond tehuizen en ziekenhuizen ontstaan vaak nieuwe geloofsgemeenschappen met een vaste kern van vrijwilligers die rond de diensten zorgen voor patiënten en bewoners.

10.345. *Kerken van nieuwe christenen*
Dan zijn er als vijfde de vele *kerken van nieuwe christenen*, waarbij ik bijvoorbeeld denk aan het centrum de Nieuwe Stad in de Bijlmer. De in 1996 gehouden Multiculturele Kerkendag kan gezien worden als een eerste ontmoeting tussen oude en nieuwe christenen. Hier ontmoeten we een veelkleurigheid van rassen en spiritualiteiten. De indrukwekkende herdenkingsbijeenkomst voor slachtoffers van de Bijlmer vliegramp (1992) heeft veler ogen hiervoor geopend. Hier ademen we een cultuur die niet zoals de onze door processen van secularisatie en individualisering is aangetast. De onderlinge bemoediging is hier groot, juist omdat men samen uitdrukking kan geven aan diepe emoties. De spontaniteit van evangelicale en charismatische groepen werkt aanstekelijk. Een verdieping van deze ontmoeting kan ook de traditionele kerken inspireren.

10.346. *Vormen van christelijke presentie*
Nieuwe *vormen van christelijke presentie*, als zesde vorm, treffen we met name aan in inloophuizen, waarvan er inmiddels zo'n 120 functioneren. Gastvrijheid is hier een sleutelwoord, zoals blijkt uit het onderzoek van *S.Stoppels* (1996). De mensen die hier komen behoren in veel gevallen tot de randbewoners van de samenleving. Ze zijn door het leven beschadigd, vereenzaamd en meestal verarmd. In relatie tot de dienstdoende gastvrouwen en -heren bevinden ze zich in een positie van ongelijkheid. In deze huizen vinden we nieuwe vormen van pastoraat en diaconaat, gericht op zorg en aandacht voor mensen in de directe omgeving, die meestal behoren tot de vergeten groepen in de samenleving. Daarom vormt medemenselijkheid hier de basis voor pastoraat. Rond deze inloophuizen ontstaan andere activiteiten, om ook present te zijn in de wereld van de sterken, zoals 'Stem in de stad' in Haarlem, het werk van *J.J.Beumer*, zijn collegae en vele vrijwilligers.

10.347. *Leefgemeenschappen*
Dan zijn er tenslotte de *leefgemeenschappen,* die we vinden door heel het land, maar ook in de steden, zoals 'Oudezijds 100' in Amsterdam. In het handboek van *E.Riphagen* (1995) worden er 420 beschreven. Zelf maakt ze deel uit van de pastoraal-therapeutische leefgemeenschap 'De Bondgenoot' te Barneveld. Gastvrijheid, vriendschap en het bieden van een thuis voor mensen die opvang nodig hebben, staan hier centraal. Vaak leeft en handelt men vanuit een gemeenschappelijke spiritualiteit, waardoor men zo'n leefgemeenschap kan typeren als een huisgemeente, een ordoïde groep of communiteit. Er is een meervoud aan zulke gemeenschappen, met uiteenlopende doelstellingen en opvang biedend aan heel verschillende doelgroepen. Naast deze leefgemeenschappen zijn er pastorale centra, zoals de Hezenberg te Hattem, voortkomend uit de Möttlinger beweging en het werk van de Blumhardts (3.2). Hier worden mensen tijdens een crisis of verwerkingsproces voor langere tijd pastoraal begeleid.

10.4. *Balans*

Tot zover een verkenning naar pastorale zorg in een plurale kerkelijke situatie. Naast het traditionele huisbezoek, dat van grote betekenis blijft en naast oude en nieuwe rituelen, die een verbinding leggen tussen liturgie en pastoraat, zijn er nieuwe gestalten van geloven ontstaan in antwoord op processen van differentiatie, pluralisering en individualisering. Kwetsbaar, maar in veel gevallen hoopgevend. Het zijn heel verschillende typen van gemeenschap. Ze laten zien hoe er in pastoraal opzicht verbindingen gelegd worden met de wereld van het individu, mikkend op heel verschillende doelgroepen en hoe er opnieuw verbindingen gelegd worden met het publieke terrein, de samenleving.

Het lijkt me van belang ook nieuwe sociale gestalten van geloven volop als gemeente te erkennen. Deze gemeenschappen zijn meestal geen priester- of domineeskerken, ze draaien op vrijwilligers. Ze overschrijden de grenzen van het kerkelijk instituut. De uiteenlopende vormen vullen elkaar aan. Ze richten zich op verschillende buurten, verschillende sociale lagen, verschillende spiritualiteiten, verschillende activiteiten, verschillende doelgroepen. Daarin ligt hun pastorale en diaconale kracht. Maar juist in deze verscheidenheid en veelkleurigheid kan de kerk in deze tijd leven, wat meer is dan overleven alleen.

11. Pastorale zorg in maatschappelijk perspectief

In dit hoofdstuk gaan we na op welke wijze maatschappelijke en politieke factoren van invloed zijn op de pastorale zorg. Pastoraat is primair antropologisch van aard (hoofdstuk 9), maar heeft ook ecclesiologische (hoofdstuk 10) en maatschappelijke aspecten. In dit deel *Differentiatie* mogen ook de laatste niet ontbreken. In de eerste paragraaf schenken we aandacht aan de relatie van mensen en structuren (11.1), die zich de afgelopen decennia een eigen plaats in de theorievorming heeft verworven. Men spreekt hier wel van profetisch pastoraat (11.2), een begrip dat we in het tweede deel van dit hoofdstuk aan een nader onderzoek onderwerpen. Dit leidt ons naar de pastorale aandacht voor emancipatiebewegingen en vormen van publiek pastoraat.

11.1. *Mensen en structuren*

'Het persoonlijke is politiek' (Anja Meulenbelt), zo luidt een bekend gezegde uit de zestiger jaren, met name gebruikt binnen kritische groepen en in de vrouwenbeweging. Wat mensen overkomt is vaak het gevolg van maatschappelijke structuren, van onrecht, ongelijke behandeling en uiteenlopende vormen van onderdrukking. Binnen het pastoraat en binnen de kerken bestond lange tijd de neiging deze maatschappelijke kant te abstraheren. Juist daarom wil ik hier afzonderlijk aandacht besteden aan de politieke dimensie van het pastoraat. *H.H.Miskotte* (1992) noemt dit 'de andere kant van pastoraat'. In de zeventiger en begin tachtiger jaren vormde deze in gesprekken met studenten een hot item. In de jaren negentig is dat veel minder het geval. Waar stuiten we in pastorale relaties op maatschappelijke problemen en hoe kan hier aandacht aan worden geschonken?

11.11. *De politieke dimensie van het pastoraat*

Wanneer de begrippen pastoraat en politiek met elkaar verbonden worden, kan dit verwarrende discussies uitlokken. Nog afgezien hiervan dat de gesprekspartners vanuit verschillende theologische referentiekaders redeneren, ontstaat veel verwarring hierdoor dat niet tevoren afgesproken is wat onder politiek verstaan moet worden. Voor de duidelijkheid maak ik - gedeeltelijk in aansluiting bij *H.M.Kuitert* (1985) - onderscheid tussen een drietal betekenissen van het woord politiek.

Een *eerste* betekenis komen we tegen in uitdrukkingen als: 'Der Christliche Glaube ist von Haus aus politisch' (Barth) of 'Das Reich Gottes ist ein politischer Begriff' (Pannenberg). Hiermee wordt bedoeld dat Gods heil zich niet alleen richt op de enkeling, maar ook op de samenleving. Het één niet los van het ander. De term politiek is hier dus erg ruim op te vatten in de betekenis van een gericht zijn op de samenleving.

Wanneer in deze lijn gesproken wordt over de politieke betekenis van het pastoraat, wordt bedoeld dat het niet alleen mag gaan om de bevrijding van mensen, maar daarin ook om de vernieuwing of transformatie van de samenleving. Ook wil dit zeggen dat veel menselijke problematiek niet tot persoonlijke factoren herleid mag worden, omdat deze mee ontstaat onder de druk van politieke en maatschappelijke factoren, die dan ook in de analyse betrokken moeten worden. Dit is het eerste niveau, waarop de discussie gevoerd moet worden.

Een *tweede* betekenis wordt zichtbaar, wanneer we uitgaan van wat meestal bedoeld wordt met 'de' politiek. Daarbij denken we aan machtsvorming, via politieke stromingen en partijen, waarvoor bepaalde doelstellingen worden nagestreefd. Onze samenleving met zijn eigen sociale en economische orde, is mee gegroeid als gevolg van politieke keuzen, zowel expliciet (bewust) als impliciet (onbewust). Zo zijn binnen de samenleving allerlei structuren ontstaan, een bundeling van ideeën, die in hoge mate het leven van mensen beïnvloeden. In dit krachtenveld speelt ook de kerk een rol. Ze vormt en legitimeert bepaalde visies, vaak van een bepaalde groep uit de bevolking, in onze tijd in hoofdzaak de burgerlijke middenklasse. Wanneer gesteld wordt, dat pastoraat ook politiek is wordt bedoeld dat het denken over en doen van pastoraat zich afspeelt in dit krachtenveld. Vaak zijn we ons hiervan te weinig bewust.

Wanneer *K.Strijd* (1978) onder de titel *Pastoraat - in dienst waarvan?* kritische kanttekeningen plaatst bij de therapeutische ontwikkeling van de pastorale zorg, beweegt zijn kritiek zich met name op dit tweede niveau. Veel pastoraat is z.i. stilzwijgend gebonden aan het heersende politieke, maatschappelijke en economische stelsel.

Een *derde* betekenis van het woord politiek gaat nog veel verder dan de tweede. Hier wordt politiek verstaan in de zin van een alles omvattende oriëntatie, of theorie, of ideologie. Heel het leven wordt dan politiek-ideologisch geïnterpreteerd, of vanuit de gezichtshoek van de politieke ideologie uitgelegd. Vanuit het vooringenomen standpunt, dat alles politiek is, wordt dan ook gesproken van politiek pastoraat. Heel het leven wordt gezien als zijnde bepaald door klassentegenstellingen, een strijd tussen onderdrukkers en onderdrukten. Politiek pastoraat is pastoraat dat kiest voor de armen, de onderdrukten en zich identificeert met hun strijd. Het zal duidelijk zijn, dat het hier gaat om pastoraat dat uitgaat van een (neo-)marxistische maatschappijanalyse. De relatie met geloof en kerk wordt hier gelegd via religiekritiek en kerkkritiek.

In dit taalveld treft men woorden aan als keuze, solidariteit, protest, partijdigheid, strijd, waarmee een ander model van kerk-zijn in het vizier komt (Pomp, 1980). De kerk heet hier 'partijganger der armen'. "De gemeente doet niet aan partijpolitiek, maar trekt wel politiek partij en wel voor de armen, de vernederden en vertrapten. Zij is partijganger der armen, vriend van proleten, metgezel van de verlatenen. De diaconie is derhalve niet politiek neutraal" (Ter Schegget 1971, 29). Men kan hier verwijzen naar vormen van bevrijdingstheologie (Höfte, 1990). *R. van Kessel* (1989, 47) spreekt hier over een drievoudige dienst aan het leven: "een dienst van zorg, een dienst van strijd en een dienst van vergeving". Maar het eerste en laatste niet zonder strijd!

Op elk van de drie hier aangegeven niveaus zal moeten worden nagegaan hoe pastoraat en politiek met elkaar verbonden zijn en wat dit in concreto betekent.

11.12. *Pastoraat en de politiek-maatschappelijke context*

Uitgaande van de eerste betekenis van het woord politiek, valt gemakkelijk in te zien dat veel menselijke problematiek mede maatschappelijk bepaald is. Om deze reden heb ik een analysemodel ontwikkeld (1977, 196) om na te gaan hoe resp. personale, relationele en socio-culturele factoren in geloofs- en levensvragen op elkaar betrokken zijn. Meestal domineert één bepaalde factor, maar spelen ook de andere een rol.

Ook al is rouwverwerking voornamelijk personaal en relationeel bepaald, toch verloopt dit proces anders in een samenleving die de dood ontkent en verdringt dan in een wereld waarin ruimte is voor dood en sterven. In onze hoogontwikkelde vertechniseerde samenleving ontbreekt die ruimte veelal. Huwelijksmoeilijkheden zijn voornamelijk relationeel van aard, maar de visie op huwelijk en gezin en de positie van de vrouw - elementen die dikwijls in geding zijn - zijn in hoge mate cultureel en maatschappelijk bepaald. Pastoraat dat zich alleen bezig houdt met het verzorgen en oplappen van de slachtoffers en zich niet richt op bewustwording en maatschappelijke verandering speelt de bestaande samenleving in de kaart en houdt deze mee in stand.

Dit laatste lijkt gemeengoed. Dat we er aan herinnerd moeten worden, hangt voor mijn besef hiermee samen, dat pastoraat aan individuen betrekkelijk gemakkelijk abstraheert van maatschappelijke en politieke factoren. Hiervoor zijn verschillende redenen te noemen. Het therapeutisch klimaat, waarin veel pastoraat zich afspeelt, biedt de mensen ruimte om op adem te komen door enigszins afstand te nemen van het dagelijks leven met al zijn spanningen. Ook heeft het pastoraat deel aan de privatisering van de godsdienst, gezien tegen de achtergrond van een samenleving waarin de publieke en private sfeer uiteengroeien. Ik denk hierbij aan sociologische analyses van *P.L.Berger* (1967) en *G.Dekker* (1975, 1996). Een andere reden is mijns inziens de pastoraal-psychologische theorievorming zelf. Hierin wordt veel ontleend aan het gedachtegoed van de psychoanalyse en de humanistische psychologie (Hemenway, 1996). Ten aanzien van de laatste stroming, gericht op persoonlijke groei en zelfverwerkelijking, kan men zich afvragen in hoeverre dit denken beïnvloed is door een liberaal en optimistisch mens- en maatschappijbeeld, met een grote nadruk op persoonlijke vrijheid. Een dergelijk referentiekader kan onkritisch maken ten opzichte van bedenkelijke maatschappelijke ontwikkelingen.

Zo herinner ik mij levendig een case-bespreking, die ik in de Verenigde Staten meemaakte. Deze ging over een vrouw, die betrapt was op het stelen van panties. Uitvoerig werd ingegaan op de vraag, of de eigen levensgeschiedenis van de vrouw aanleiding gaf tot dit gedrag. In het gesprek tussen de vrouw en haar pastor werd alles getrokken in de sfeer van persoonlijke schuld en het weer goed maken van de fout. Voorbijgegaan werd aan maatschappelijke factoren, die rijkelijk in de case-beschrijving te vinden waren. Zo voelde de vrouw zich diep ongelukkig met haar rol als huisvrouw en haar rijke maar saaie leventje in een van de geprivatiseerde suburbs. Haar daad kon volgens mij ook gezien worden als een vorm van rebellie tegen heel deze situatie. Maar daarmee komt het pastoraat er ook heel anders uit te zien. Deze case lijkt me betrekkelijk exemplarisch voor het therapeutisch georiënteerde pastoraat.

We kunnen dichter bij huis blijven. De vervreemding van de arbeiders van de kerk kan mijns inziens niet los gezien worden van het kerkelijk diaconaat, de armenzorg, van voor de laatste wereldoorlog. Bij een historische analyse (Heitink, 1982) van het gereformeerde diaconaat bleek mij, dat armoede op een enkele uitzondering na (bijv. W. van den Bergh, 1888) vrijwel altijd individueel benaderd werd. Als beproeving van de kant van God of als luiheid en slordigheid van de kant van de mens. Het lag aan de mensen zelf. Daarmee werd voorbijgezien aan een onrechtvaardige verdeling van de aardse goederen. Een pastorale benadering kwam veelal neer op een bijdrage aan de instandhouding van de bestaande (wan)orde.

Ik denk als voorbeeld aan een gespreksverslag met iemand, die werkeloos was. Na tientallen sollicitatiebrieven ging hij aan zichzelf twijfelen en raakte in de vernieling. Dat hij er niet onderdoor ging kwam doordat hij zich steeds weer voorhield dat het niet aan hem persoonlijk lag. Dat hij zich niet persoonlijk afgewezen en daardoor schuldig hoefde te voelen. Pastoraat, dat hem inzicht gaf in de maatschappelijke situatie, had hem hierbij geholpen en strijdbaar gemaakt. Hij was hier erg over te spreken. De druk van de context ervaart men vooral in gesprek met mensen, die maatschappelijk gezien tot een minderheid behoren, omdat ze gehandicapt zijn, of homoseksueel, of allochtoon, of alleenstaand, of vrouw. Men voelt zich in veel gevallen betutteld of tekortgedaan. De klacht is vaak, dat pastores voor deze achtergronden te weinig oog en oor hebben.

Samenvattend moet gezegd worden dat op het eerste niveau aandacht voor politieke en maatschappelijke factoren in de pastorale zorg van grote betekenis is.

11.13. *Pastoraat in relatie tot structuren*

De tweede betekenis van het woord politiek vraagt hiervoor aandacht, dat de structuren van onze samenleving het leven en handelen van mensen, tot in hun gevoelsleven en ideeënwereld, ingrijpend beïnvloeden. Mensen zijn in hoge mate maatschappelijk gedetermineerd en daardoor onvrij geworden. Politiek pastoraat wil hen hiervan bewust maken en zo meewerken aan de bevrijding van mens en samenleving. Sociale en maatschappelijke opvattingen van mensen stollen tot instituties, die op hun beurt als structuren een eigen leven gaan leiden. Ze worden bovenpersoonlijke en depersonaliserende machten, aldus *A.W.Kist* (1971), doel in zichzelf, totalitair en oncontroleerbaar. In het pastoraat zullen we moeten leren onderkennen, hoezeer zij het leven van veel mensen - vaak onbewust - beheersen.

Ik denk hier met name aan afhankelijke en dwangmatige patronen, waar we in het pastoraat regelmatig op stuiten. In het eerste geval denken mensen te klein van zichzelf, waardoor ze zich schuldig en neerslachtig gaan voelen. Autoritaire gezagsverhoudingen in de opvoeding bijvoorbeeld, of stereotiepe rolpatronen in de relatie man-vrouw, kunnen mensen afhankelijk maken en houden. Theologische uitspraken, in termen van zelfverloochening en de minste zijn, kunnen deze afhankelijkheid legitimeren en versterken. Dwangmatige patronen jagen mensen op. Op straffe van liefdesverlies moeten mensen gaan beantwoorden aan een beeld, dat anderen zich van hen gevormd hebben (Miller, 1981). Ook een prestatiegericht arbeidsethos speelt hierbij vaak een rol (Dekker, 1996). In veel gevallen richten deze patronen zich op beheersing van de bestaande samenleving en staan ze in dienst van bepaalde belangen. In een pastorale relatie vraagt dit aandacht voor bewustwording en verheldering. In analyses werk ik vaak met de formule: *Wie* denkt/gelooft *wat* en *waarom*? De traditionele pastorale theologie beperkt zich als regel tot het 'wie' en het 'wat'. Deze zijn op elkaar betrokken. De 'waarom'-vraag stelt de context aan de orde. Waarom denkt iemand zus of zo? D.w.z.: wat is cultureel bepaald? En wie heeft er belang bij, *cui bono*?

Onze samenleving heeft in veel opzichten een gewelddadig karakter. Naast fysiek geweld, seksueel geweld en psychisch geweld is er ook veel structureel geweld. Aldus bijv. de criminoloog *H.Bianchi* (1977). Gevoeligheid hiervoor is met het oog op het pastoraat van grote betekenis. Van structureel geweld is sprake wanneer mensen door dwingend opgelegde leef- en gedragspatronen niet tot een behoorlijke levensontplooiing kunnen komen. Het is moeilijk aantoonbaar, omdat zij die er niet onder lijden er meestal ook niet zoveel van merken, zoals Bianchi opmerkt. "Hoe maak je het lijden aantoonbaar van die miljoenen vrouwen die door de opgelegde eenzijdige vrouwenrol tot een uitzichtloos bestaan veroordeeld worden, de werkers die door structureel geweld tot vervreemdende arbeid of tot werkloosheid gedoemd zijn of de seksuele minderheden die door structureel geweld langzaam de neurose ingedraaid worden" (9). Daar moet je aan ontdekt worden.

Met het oog op de pastorale theorievorming kunnen we voor mijn besef veel leren van auteurs, die in hun werk aandacht hebben voor mensen en aandacht voor structuren, in hun onderlinge relatie. Ik noem hier de theoloog D. Sölle en de psycholoog E. Fromm.

Wat *D.Sölle* betreft geef ik een centraal citaat uit haar politieke theologie: "Maatschappelijke veranderingen maken verandering van mensen mogelijk; bepaalde gedragswijzen, bijv. concurrentie, prestatiedwang, gerichtheid op statussymbolen, kunnen verdwijnen als de omgeving niet meer tot zulk gedrag uitnodigt. Natuurlijk is het onjuist om vanuit een afkeer van oudere, individualistisch gerichte verwachtingen van de mensen die georiënteerd waren op 'bekering', te menen dat de instituties de mens 'maken' en structurele maatschappelijke veranderingen de nieuwe mens dus vanzelf zullen voortbrengen. Wie kritisch denkt kan het alleen maar negatief formuleren: onder bepaalde maatschappelijke omstandigheden is een bevrijd en bevrijdend gedrag zo goed als uitgesloten. Er zijn vormen van huisvesting die de moeder-kind relatie systematisch vernietigen; in het werk zijn er organisatievormen die de verhouding tussen de sterken en de zwakken darwinistisch bepalen en dus kwaliteiten als hulpvaardigheid, medelijden of fairness laten verkommeren omdat ze ongewenst zijn voor de productie. Als de omstandigheden worden veranderd, de huisvesting dus menswaardig wordt, de organisatievormen coöperatief, dan zijn de voorwaarden voor de mogelijkheid tot een ander leven gegeven. Niet meer maar ook niet minder" (1972, 20).

In dit laatste - 'niet meer maar ook niet minder' - worden mogelijkheden en grenzen van een politiek-pastorale benadering aangegeven. Ook elders blijkt hoe diep Sölle (1980) de vervreemding van de moderne Westerse mens weet te peilen: het objectief cynisme van de maatschappij, de eendimensionaliteit als de verarming en verminking van menselijke relaties. En vooral hoe diep ongelukkig mensen hier - ondanks de schijn van het tegendeel - door worden.

Ook *E.Fromm*, die aan Freud en Marx veel te danken heeft, is zo'n bruggenbouwer tussen mensen en structuren. Ik denk hierbij aan de door hem ingevoerde begrippen 'sociaal karakter' en 'sociaal onbewuste' (1970, 73 e.v.). Met sociaal karakter bedoelt hij het karakter dat kenmerkend is voor een bepaalde maatschappij en dat de meeste leden van een bepaalde samenleving gemeen hebben, geconditioneerd als ze zijn door de structuren van die samenleving. Een voorbeeld: "De moderne consument - de man die op afbetaling koopt - zou in de ogen van zijn grootvader een onverantwoordelijke en immorele verkwister zijn geweest zoals die grootvader in de ogen van zijn kleinzoon een miserabele potter was" (83). Fromm ziet vooral het gezin als 'het psychisch agentschap van de maatschappij' (85). Hier wordt voor een belangrijk deel bepaald hoe mensen met de samenleving, waarin ze verkeren, leren omgaan, hoe vrij en hoe onvrij. Elke samenleving heeft ook een 'sociaal onbewuste', verdrongen gebieden die het merendeel van een samenleving gemeen heeft. Zoals in het verleden de seksualiteit verdrongen werd, zo kunnen ook in onze samenleving bepaalde gevoelens onvoldoende tot hun recht komen. We hebben er zelfs geen woorden meer voor. Elders wijst Fromm (1978) erop - ook Sölle doet dat - dat onze taal zich richt op leven in een technische samenleving. Het is vooral de taal van het 'hebben' die hier gesproken wordt. Maar dat betekent ook, dat de taal van het 'zijn' wegvalt en op den duur de hiermee uitgedrukte gevoelens afsterven. Een belangrijke taak van het pastoraat lijkt het mensen te helpen die woorden te hervinden om zo collectief verdrongen gevoelens weer aan te boren.

Deze politieke dimensie van het pastoraat wordt niet alleen zichtbaar in het gemeentepastoraat, maar ook in het instellingspastoraat. In het justitiepastoraat wordt zichtbaar welke groepen in onze samenleving marginaliseren. Zij komen het eerst met de justitie in aanraking. In psychiatrische ziekenhuizen ontmoeten we mensen, die niet opgewassen bleken tegen het structureel geweld van onze samenleving. Psychisch ziek worden kan - in termen van de antipsychiatrie - soms gezien worden als een gezonde reactie op een ongezonde samenleving. In het industrie-pastoraat wordt zichtbaar hoe bepaalde werkomstandigheden - ploegendienst bijv. - mensen van zichzelf vervreemden.

Dit heeft consequenties voor de verschillende functies van pastoraat: helen, bijstaan, begeleiden, verzoenen, vgl. hoofdstruk 8. Helen mag niet betekenen mensen helpen zich aan te passen aan de bestaande samenleving. Bijstaan in uitzichtloze situaties mag, wanneer hierbij maatschappelijke factoren in het geding zijn, niet betekenen: helpen berusten in machteloosheid. Eerder vraagt dit een solidarisering in protest en verzet. Bij begeleiden komt het vooral aan op bewustwording en verheldering om maatschappelijke krachten te onderkennen en er op een vrijere manier mee te leren omgaan. Hier wordt de didactische betekenis van het pastoraat zichtbaar. Verzoenen tenslotte kan niet betekenen verzoenen met het bestaande door zoveel mogelijk conflicten te vermijden. Verzoening als verandering (Wiersinga, 1972) ontstaat in veel gevallen alleen door het conflict heen.

Wanneer we op dit niveau pastoraat en politiek met elkaar verbinden, worden andere accenten gelegd. Accenten, die in de huidige theorievorming van het pastoraat zeker niet ontbreken, maar nog te weinig systematisch en in onderlinge samenhang zijn doordacht. Enkele uitzonderingen zijn *Weverbergh* (1977), *Haarsma* (1985), *Schippers* e.a. (1990) en het genoemde boek van *Miskotte* (1992).

11.14. *Pastoraat als alles omvattende politieke keuze*

In het voorafgaande werd duidelijk, dat de (neo-)marxistische maatschappijanalyse ook voor het pastoraat van betekenis is. Bij de bestaande analysemodellen kan een vorm van analyse van de maatschappelijke context niet gemist worden. Wanneer politiek pastoraat echter zou betekenen een keuze vooraf voor een marxistische ideologie, inclusief de klassenstrijd, kleven hieraan grote bezwaren. Want dan komt de eigen identiteit van het pastoraat op het spel te staan. Een zo massief politiek vooroordeel belemmert in veel gevallen eerder een eerlijke waarneming van wat individuele mensen in hun situatie beweegt dan dat dit helpt hun situatie te verhelderen. Het gaat hier om de onvervangbare waarde van ieder mens, waar het pastoraat voor opkomt. Dit mag zeker niet ten koste gaan van een opkomen voor de verdrukten, als centrale bijbelse notie. Maar dit kan nooit betekenen, dat al bij voorbaat zou vaststaan wie onderdrukt wordt en wie niet. De situatie van onze samenleving is zo gecompliceerd, dat elke tweedeling vooraf juist uit pastorale motieven moet worden afgewezen. Het demasqué van het communisme heeft inmiddels aangetoond hoe onder deze regimes mensenrechten met voeten getreden werden.

Zo is niet alles wat het leven de moeite waard maakt politiek bepaald. Politiek is niet alles (Kuitert, 1985). De mens heeft ook een eigen karakter, zoals Fromm het uitdrukt (1970, 83), met strevingen naar geluk, gebondenheid, liefde en vrijheid, die inherent zijn aan het mens-zijn. Veel wat mensen overkomt, aan vreugde en lijden, hoop en wanhoop, hangt samen met andere factoren en waarden - van persoonlijke, interpersoonlijke en religieuze aard. Ook de creatieve krachten en zingevingen in een mensenleven hangen hiermee samen. Politiek pastoraat kan gemakkelijk aan deze antropologische factoren voorbijgaan.

Ten onrechte wordt aandacht voor het individu vaak aangezien voor individualisme. "Er zijn zeker twee plaatsen waar de persoonlijke, bijzondere, afzonderlijke waardigheid van een mens gevaar loopt", aldus *H.Andriessen*, "nl. daar waar hij als 'systeem' wordt beschouwd en daar waar hij bij voorkeur wordt gezien als deel van een collectief" (1981, 20v.). Menselijk gedrag wordt dan al gauw gereduceerd tot wetmatigheden. Als we nadenken over wat bijv. 'de jeugd' bezielt, wat 'vrouwen' beweegt, wat het behoren tot een beroepsgroep - militairen, industriëlen, arbeiders, academici - betekent, zijn we gauw geneigd mensen over één kam te scheren en is aandacht voor het eigene van ieder mens minder gewenst. "Dikwijls gaat het om belangen die we als zó gemeenschappelijk móéten ervaren, dat we bereid worden geacht er onze eigen persoonlijke communicatie met het geheim voor in te leveren." Volgens de schrijver komen we dan al gauw terecht in een sfeer van commando's en leuzen, als uitnodiging om van persoonlijke openbaring af te zien. Deze sfeer verdraagt zich moeilijk met wat we onder pastorale communicatie verstaan.

Legio vooroordelen liggen op de loer. Als je weet wat iemand doet, waar iemand woont of welke krant hij leest, weet je eigenlijk al genoeg. Gevolg is vaak een monoloog, een niet kunnen luisteren, een autoritair oordelen, een slechts voorwaardelijk aanvaarden van de ander. Kortom, ik weet wat goed voor u is. Wie uitgaat van een collectief ontkomt niet aan generaliseren en doet gauw mensen onrecht. Welke waarde een dergelijke benadering ook mag hebben, voor het individuele pastoraat is zij ongeschikt.

Ook heeft de geschiedenis geleerd, dat waar een socialistische samenleving naar marxistisch model in praktijk werd gebracht, juist hier de knelpunten lagen. Mensen werden uitgeleverd aan andere vormen van onderdrukking en onvrijheid. Er bleek een 'antropologisch gat' te zitten in veel marxistische theorievorming. De, voornamelijk impliciete, antropologie is in ieder geval erg optimistisch (Bakker, 1981). Ze gaat er eigenlijk vanuit dat een andere samenleving ook andere mensen voortbrengt. Gelukkiger mensen, zonder problemen.

In dit verband moet ik terugdenken aan een gesprek met een therapeut uit een communistisch land. Hij deed zijn dagelijks werk onder een andere noemer, omdat 'officieel' niet op hem gerekend was. Het was immers ondenkbaar, dat mensen in zijn land nog psychische moeilijkheden zouden hebben. De werkelijkheid leerde wel anders, ook al had menselijke problematiek in zijn land een wat ander gezicht.

Hiermee wordt uiteraard niet ontkend, dat bijv. de analyse van *H.Achterhuis* (1980) een aantal terechte vragen stelt aan welzijnswerk en hulpverlening (inclusief bepaalde vormen van pastoraat) in ónze samenleving en zijn pleidooi voor emancipatorische vormen van zelfhulp alle aandacht verdient.

Op theologisch niveau lijkt het bijna ongepast om vragen te stellen bij een theologie, die zo uitdrukkelijk zegt te kiezen voor de armen en verdrukten. Daarbij mag het er ook niet om gaan onszelf te onttrekken aan de ernst van de maatschappijkritiek, die in vormen van bevrijdingstheologie doorklinkt. In de spanning van 'kerk voor de armen' en 'kerk van de armen', lijkt de optie 'kerk met de armen' in de Westerse maatschappij echter de meest reële te zijn (Van der Ven 1993, 437). De pastorale theologie mag hier doorvragen naar een verdere concretisering en niet te vergeten de persoonlijke consequenties. Wat betekent 'kiezen voor', wil men niet blijven steken in een academische keuze en een verbale solidariteit? Kan een middenklasse hier zich de uitgangspunten van de basisbeweging ginds zomaar toeëigenen? Wordt voldoende in de analyses betrokken dat de vertegenwoordigers hier bij uitstek horen tot de, qua opleiding en maatschappelijke positie, kansrijken in onze samenleving? (Van Kessel 1982, 75). Hoe groot is onze geloofwaardigheid? Dit is toch de toetssteen bij uitstek voor het pastorale handelen. In een levende ontmoeting van mensen worden grote woorden al gauw gedempt uitgesproken. Kiezen is niet zo gemakkelijk als wordt voorgesteld. Wie zijn de armen en onderdrukten? Wie zijn daders en wie zijn slachtoffers? En vooral: Wie ben ik?

Naar mijn mening mag ook een pastor herkenbaar zijn in diens eigen politiek-maatschappelijke stellingname. Maar vereenzelviging van theologische en politieke keuzen leidt al gauw tot een opdringerig pastoraat en het bij voorbaat uitsluiten van mensen. Pastoraat wil mensen zonder uitzondering in hun eigen ontwikkeling en levensverhaal serieus nemen. Wanneer zo enkele overwegingen geformuleerd worden tegen ideologische keuzen vooraf in het pastoraat gaat het er niet om deze keuzen op zichzelf te bestrijden. Pastorale en politieke theorievorming hebben elk hun eigen recht. Maar juist daarom is het pastoraat er niet mee gediend wanneer een politieke theorie allesoverheersend zou worden.

Hier ligt voor mijn besef ook de verklaring voor het feit, dat het nog zo moeilijk lukt om pastorale theologie en bevrijdingstheologie met elkaar te verbinden. Bevrijdingstheologieën veronderstellen als regel een andere samenleving dan de onze. Dit vraagt naar ons toe vertaling en contextualisering (Höfte, 1990; Steinkamp, 1991). Klakkeloos overnemen zou pas echt een vorm van onteigening zijn. Dit vertaalwerk komt nog te traag op gang. Eén van de weinigen, die er zich binnen de praktische theologie indringend mee heeft bezig gehouden was de Duitse theoloog *E.Lange*. Ik denk aan zijn vertaling van het concept van P. Freire. In *Sprachschule für die Freiheit* (1980) laat hij zien, dat Freire's analyse van de cultuur van het zwijgen ook voor onze situatie van betekenis is. Ik geef een citaat: "Es ist das gleiche schreckliche Schweigen, das jeder Pfarrer an den Leidenden in seiner Gemeinde entdecken kann: an den Alten, an den in den Sprachbarrieren der Unterschicht Eingesperrten, an vielen Frauen, an den Jugendlichen, an Kindern schon, denen man ihre Neugier ausgetrieben hat. Wörter haben sie alle genug. Aber es sind Wörter, die bestimmte Dinge nicht sagen. Man kann technische Vorgänge mit ihnen bezeichnen, man kommt durch einen Supermarkt mit ihnen. Aber Leiden und Freude, Einsamkeit und Sehnsucht,

Hoffnung und Verzweiflung transportieren diese Wörter nicht. Kommunizieren kann man nicht mit ihnen' (1976, 91).

Eerder (10.14) hoorden we hoe Lange spreekt over de volkskerk als 'ein Ensemble der Opfer der Zeit'. "Mann muss dann freilich aufhören, aus dieser Präsenzgemeinde auch nur im Potentialis das Rückgrat oder das Gewissen oder gar die Vorhut der Gesellschaft machen zu wollen. Sie ist in Wahrheit eine Versammlung der Armen" (179). Dan noemt hij een groot aantal mensen die zich om uiteenlopende redenen niet kunnen emanciperen. Mensen die op allerlei manieren het slachtoffer zijn van conflicten. In deze verschillende categorieën noemt hij hen bij name. Hij maakt duidelijk hoeveel onderscheidingsvermogen nodig is om de armen en verdrukten in onze samenleving op het spoor te komen. Zo wordt iets zichtbaar van een concrete keuze voor wie onderligt. Echte liefde maakt onderscheid!

Dit is de ene kant van politiek en maatschappelijk pastoraat, de noodzakelijke aandacht voor de wijze waarop mensen in hun vrijheid beknot worden door maatschappelijke structuren.

11.2. *Profetisch pastoraat*

Aan de verhouding van mensen en structuren zit nog een andere kant. In de vorige paragraaf ging het over de dikwijls negatieve invloed die maatschappelijke structuren uitoefenen op het welzijn van mensen. Hier gaat het over de vraag hoe mensen op hun beurt die structuren kunnen beïnvloeden en ten goede veranderen. Ook dat heet politiek pastoraat. Pastoraat is niet alleen 'comfort' maar ook 'challenge' (Glock e.a., 1967). We kiezen hier ons uitgangspunt in het theologische begrip profetie, in relatie tot bevrijding en emancipatie (11.21). Een concretisering hiervan treffen we aan in verschillende bewegingen, die dragers zijn geworden van bewustwordings- en veranderingsprocessen (11.22). Tenslotte gaan we in op nog andere vormen van publiek pastoraat, het pastoraat via de media en het bedrijfspastoraat (11.23).

11.21. *Profetie en pastoraat*

In de literatuur wordt de aandacht voor sociaal-politieke vragen en maatschappelijke structuren wel omschreven als profetisch pastoraat, in onderscheid van de pastorale taak die zich richt op de zorg aan individuen (Seifert en Clinebell, 1974; Miskotte, 1990). Onder profetie wordt dan verstaan dat de kerk in haar spreken en handelen een kritische functie vervult in de samenleving. Het begrip profetie wordt inhoudelijk gevuld met het woord bevrijding, terwijl de weg van bevrijding beschreven wordt in termen van emancipatie. *J.Sperna Weiland* (1980, 121) drukt het laatste als volgt uit: "Emancipatie en vrijheid horen bij elkaar: de vrijheid is het doel, de emancipatie... de weg naar het doel". In deze paragraaf wil ik de begrippen profetie, bevrijding en emancipatie in hun samenhang verstaan en in dit licht de relatie tussen profetie en pastoraat nogmaals bezien.

11.211. *Profetie*

Er is veel voor te zeggen om de kritische functie van de kerk in de samenleving te verbinden met het bijbelse begrip *profetie*. Vooral wanneer we daarbij uitgaan van de figuur van de oud-testamentische profeet. “Een profeet in Israël is geen toekomstvoorspeller, maar een man die de gebeurtenissen van zijn tijd kritisch, d.w.z. geconfronteerd met het woord dat God tot hem gesproken heeft, taxeert” (Bouhuijs en Deurloo 1968, 31). Dit profetisch spreken wordt, aldus *N.A.Schuman* (1981, 101 e.v., 1993) inhoudelijk bepaald door de driehoek ‘traditie, situatie en toekomst’. Het begint bij de feiten, de analyse van de actuele daden van God, Zijn omgang met het volk, in de geschiedenis, terwijl het gericht is op de toekomst, op bevrijding, verandering en vernieuwing. De ongerechtigheid wordt onthuld, maar door het wijzen van een alternatief wordt ook een weg geopend naar de toekomst.

Met name de geloofwaardigheid van de liturgie is hierbij in het geding (Jer.7 en 16, Amos 5,21 e.v.). Terecht wijst *D.Tieleman* er dan ook op, dat profetie gericht is aan het adres van de gemeente. Als zodanig roept ze weerstanden op en tegenspraak. Maar deze dienst aan de gemeente is tevens dienst aan de wereld. Er is geen scheiding tussen ‘binnen’ en ‘buiten’ (1984, 225). In de profetie gaat het om een nuchtere zakelijke analyse van de werkelijkheid en een doorlichten van die werkelijkheid vanuit het Woord om zo te onderkennen wat de wil van God is in de actuele historische en sociale omstandigheden. In een getuigend spreken worden mensen in Gods naam opgeroepen hieraan te beantwoorden. Hierbij sluit aan het pleidooi van *F.Haarsma* (1981, 102) voor een nieuwe profetenschool, waarin de gave van de profetie samengaat met een door studie en inspanning verworven deskundigheid, waarbij de inbreng van de sociale wetenschappen van grote betekenis is.

Het laatste wil niet zeggen, dat we de profetenmantel om de schouders van de hedendaagse pastor zouden moeten hangen. In het Nieuwe Testament staat de profetie volgens *H.Ridderbos* (1966, 503) voor “een in en aan de gemeente zelf geschonken gave, die daarom ook door de gemeente zelf onderscheiden en tegen misbruik en ontaarding gevrijwaard moet worden.” Want: “Het gaat niet om het zich uitleven van enkelen, maar om hetgeen de hele gemeente kan bouwen en vermanen”. Dit sluit natuurlijk niet uit dat als regel en allereerst enkelingen en minderheden het woord nemen.

H.Berkhof vat de gerichtheid van de kerk op de wereld samen onder het hoofd van ‘het volk Gods als eersteling’. Dit komt o.a. tot uitdrukking in de profetie van de gemeente. “Zij richt zich niet op personen om te bekeren of te helpen, maar op personen als personificaties van instituten en situaties, die omstandigheden bestendigen welke met de wil van God voor zijn wereld in strijd zijn” (1973, 429). Zij die macht hebben worden opgeroepen deze aan te wenden ten dienste van gerechtigheid, vrede en vrijheid, kortom de door God bedoelde humaniteit.

In de lijn van deze benadering is er geen enkel motief om profetie en pastoraat tegen elkaar uit te spelen. Daarom schrijft *Schuman*: "Ware profetie is steeds uitermate pastoraal van aard, gericht op het terugvoeren van mensen op de wegen van gehoorzaamheid en gerechtigheid. Het kritische oordeel is niet uit op vernietiging, maar op behoud van de mens en zijn roeping, die altijd tegelijk heel persoonlijk en geheel maatschappelijk van aard is" (1981, 142).

11.212. *Bevrijding*

In dit verband valt haast vanzelf het woord *bevrijding*. Het behoort tot de centrale thema's van het Oude Testament, waarbij de verlossingsdaad uit het slavenhuis Egypte als de bevrijdingsdaad bij uitstek geldt. Daarom zijn Gods grote daden in het verleden voor de profeten de grond van hoop om Gods volk te bemoedigen. Dit geloof in Gods bevrijding heeft politiek-nationale en sociale betekenis, maar dit leven uit de bevrijding kan een mens alleen aan als hij openstaat voor een innerlijke bevrijding van de machten van zelfzucht, zonde en ontrouw aan de bevrijdende God. Met name bij Deutero-Jesaja vinden we die verbinding van bevrijding en levensverdieping.

Des te vreemder lijkt het dat - zoals *H.Berkhof* (1981, 190) opmerkt - de kerk eeuwenlang de Schrift niet zo gelezen heeft, dat ze daarin het thema bevrijding vond. Dat hangt niet alleen samen met een onderwaardering van het Oude Testament of een spiritualisering van het paulinische vrijheidsbegrip, maar ook met het feit dat Jezus' eigen bevrijdingspraxis een betrekkelijk incidenteel, ongeorganiseerd en beperkt karakter droeg. In ieder geval laat het evangelie van bevrijding zich niet louter politiek-maatschappelijk vertalen in een oproep tot bevrijding van de armen en verdrukten in de wereld, zoals Berkhof vanuit het evangelie van Lucas en het verhaal van Zacheüs (Lc.19) laat zien. Dan zien we over het hoofd dat Jezus zelf een mens was die naar onze huidige maatstaven bevrijding nodig had, een bezitsloze in een land dat door feodale en imperialistische machten werd uitgezogen. Toch heeft hij zich hiertegenover betrekkelijk passief opgesteld. Blijkbaar bedoelde hij meer. Hij streed volgens Berkhof op twee fronten tegelijk. Zo ontvangt de verlamde in een bekend verhaal niet alleen genezing, maar ook vergeving van zonden. Bij Lucas zijn de armen mensen, die eigenlijk geen bevrijding nodig hebben. Zij kunnen het Rijk Gods zo binnengaan (Lindijer, 1981). Dit in tegenstelling tot de rijken. In het evangelie is juist de rijke het type van de niet-bevrijde mens. Hij wordt bevrijd in de weg van berouw en bekering en pas via een omweg komen de armen ter sprake, nl. waar de rijke, Zacheüs met name, zijn eigen ogenschijnlijk bevoorrechte positie opgeeft. Zijn bevrijding voltrekt zich in een nieuwe verhouding tot de armen. Daarbij had Lucas geen flauwe notie van verandering van de maatschappij en haar bezitsverhoudingen, aldus Berkhof. Hij onderscheidt verder in niveaus van bevrijding. Ook waar mensen van structurele onderdrukking bevrijd zijn, zijn ze toch vaak ongelukkig, omdat ze innerlijk onvrij zijn.

Het evangelie van bevrijding kan ons zo behoeden voor vals profetisme en activisme. Daarvan is sprake waar innerlijke en uiterlijke bevrijding uit elkaar gehaald worden en waar de genoemde 'omweg' vergeten wordt, nl. dat in de weg van bevrijding van de rijken de toekomst van de armen ligt. Berkhof herinnert in dit verband aan woorden van zwarte Afrikanen, die herhaaldelijk tot ons gezegd hebben: "Wij willen helemaal niet dat jullie ons bevrijden. Onze bevrijding is onze eigen zaak. Jullie moeten echter van jullie grenzeloze hebzucht bevrijd worden" (196).

Dan komt er iets op gang. Zo kan *J.Sperna Weiland* het woord geloof omschrijven als 'het handelen, waarin het bevrijdend handelen van Jezus zich voortzet in onze tijd' (23). Dat woord bevrijding wordt evenwel op een bepaalde wijze gekleurd, wanneer we beseffen dat het vanuit de oude kerk vooral moet worden geïnterpreteerd als 'geestelijke' vrijheid - vrijheid van de wet, van dood en angst. Eerst in deze lijn laat zich verstaan dat in onze tijd de sociale en sociaalpolitieke boventonen in het woord vrijheid duidelijker hoorbaar worden. Naar zijn mening kan men het één niet tegen het ander uitspelen, "want er is geen tegenstelling; een ieder, die zich laat verleiden om hier aan een tegenstelling te denken, loopt gevaar een vrijheid over te houden, die niet de vrijheid van de evangeliën is" (25).

Langs de hier aangegeven weg krijgt het woord bevrijding niet alleen een verdieping, maar blijven de persoonlijke en maatschappelijke implicaties van het woord bijeen, waarmee de eenheid van pastoraat en profetie bewaard wordt. Ook blijven we zo in de aangegeven lijn van de profetie, die kritiek allereerst verstaat als zelfkritiek.

11.213. *Emancipatie*

Wanneer het woord bevrijding in deze tijd geconcretiseerd wordt met behulp van het begrip *emancipatie*, merken we in de lijn van het voorafgaande op dat juist dit woord een actieve rol toekent aan degenen die vrij worden, nl. door het in handen nemen van de vrijheid. Wezenlijk daarbij is "dat de persoonlijke bewustwording en ontplooiing van de mens niet los gezien wordt van de maatschappelijke context en - omgekeerd - dat de maatschappelijke situatie kritisch geanalyseerd wordt om te zien in hoeverre deze de vrijwording van het individu in de weg staat" (Tieleman 1984, 85). In dit spanningsveld moet de bevrijding van de totale mens gestalte krijgen. De relatie individu-samenleving wordt hierbij als een voortdurende, wederkerige verstaan. Het woord emancipatie heeft een duidelijk maatschappelijke achtergrond, dit in tegenstelling tot het woord mondigheid. Mondigheid ziet op de mens als individu, maar laat de maatschappelijke situatie ongemoeid. Emancipatie is tevens uit op verandering van structuren (Jentsch 1982, 106).

Emancipatie staat zo voor bevrijding uit afhankelijkheid en onderdrukking. Oorspronkelijk betekent het woord vrijlating van een minderjarige uit de vaderlijke macht. Langzamerhand, aldus *J.Hendriks* (1981, 16), krijgt het de betekenis van bevrijding van elke vorm van autoriteit, waarbij meer en meer het accent komt te liggen op het streven van gedepriveerde groeperingen naar maatschappelijke erkenning. Zo wordt het verbonden met emancipatiebewegingen. Vanaf de zestiger jaren neemt het gebruik van het woord enorm toe. Door actiegroepen en maatschappijkritiek worden de verhoudingen in de samenleving geradicaliseerd en doet het conflictmodel in allerlei situaties zijn intrede. Gelijkberechtiging, met name van vrouwen, is daarbij een belangrijk thema. In de theorievorming met betrekking tot het vertalen van emancipatie in werkvormen, wordt het woord aanvankelijk verbonden met het begrip leren en eerst later met pastoraat.

Behalve de verbinding van persoonlijke bewustwording en maatschappelijke verandering, waardoor pastoraat en profetie met elkaar verbonden blijven, komt via de verhouding van emancipatie en godsdienst het begrip pluraliteit (10.2) opnieuw in beeld. Emancipatie betekent in veel gevallen ook de bevrijding uit een godsdienstig systeem, die echter - zoals Sperna Weiland (127) aantoont - tot stand komt door een nieuwe godsdienst. Zo laat zich bijv. verstaan dat ervaringen van bevrijding binnen de verschillende vormen van bevrijdingstheologie geleid hebben tot een nieuw verstaan van de Schrift en dat traditionele vormen van godsdienst, met de nadruk op hiërarchische ordening en afhankelijkheid, plaats maakten voor een meer moderne of kritische beleving, met een grotere nadruk op zelfbeschikking en solidariteit. Overgangen hiertussen gaan terug op een beweging van emancipatie. Waar de verbindingen met de bijbelse begrippen bevrijding en profetie wordt bewaard, krijgt dit proces een religieuze verdieping.

11.214. *Emancipatorisch pastoraat*

Vanaf de zestiger jaren treffen we in de pastoraal-theologische en -psychologische literatuur een toenemende aandacht aan voor *het emancipatorisch perspectief*. We willen dit kort aangeven. Wanneer *W.Jentsch* (1982) het brede veld overziet, wijst hij een drietal sleutelwoorden aan, die staan voor verschillende pastoraal-theologische benaderingen: 'Beraten, Bezeugen, Befreien'. Daarbij vormt het laatste woord geen alternatief voor de eerste twee, het therapeutisch en kerygmatisch pastoraat, maar bepaalt dit het emancipatorisch perspectief. We treffen dit accent ook elders aan in het therapeutisch pastoraat. Zo lezen we bij *D.Stollberg*: "Seelsorge hat schliesslich eine emanzipatorische und befreiende Funktion, weil sie den Menschen auf seine potentielle Fähigkeit zur Eigenverantwortlichkeit und Mündigkeit anspricht, weil sie sich als Hilfe zur Selbsthilfe versteht" (1972, 55). En in de kerygmatische traditie typeert *M.Josuttis* pastoraal handelen als 'eine Befreiungsaktion' (1974, 111). Het gaat hier om de relatie individu-samenleving.

In bevrijdend pastoraat staan *waarden, normen en overtuigingen* op het spel. Dat is de ethische dimensie van het pastoraat. In bepaalde gevallen is het harmoniemodel ontoereikend en het conflictmodel onvermijdelijk. Profetisch pastoraat gaat gepaard met momenten van *confrontatie*, maar heeft plaats in een sfeer van gesprek en wederkerigheid. Het is niet eenvoudig het een met het ander zo te verbinden, dat de communicatie niet verbroken wordt. Dat lukt alleen wanneer we het profetisch gehalte zo invullen dat kritiek op anderen gepaard gaat met zelfkritiek en duidelijk wordt dat de gesprekspartners samen onder de kritiek van het evangelie staan.

In dit verband moet ik denken aan wat *R.Leudesdorff* schrijft over 'Der christliche Skandal' (1976). Ons woord schandaal hangt etymologisch samen met het bijbelse 'skandalon', in de betekenis van aanstoot of ergernis (1 Cor 1,23). Wanneer wij 'schandaal maken' zal daarin iets zichtbaar moeten worden van het skandalon. Het laatste heeft vaak weinig te maken met wat wij noemen 'elkaar aanstoot geven'. Ook als wij ons aan elkaar ergeren is er zelden sprake van ergernis in de zin van het evangelie. Aanstoot ontstaat daar waar mensen zich ergeren aan de Jezus van het evangelie en de weg der navolging niet willen gaan.

Niet waar wij elkaar be- en veroordelen, maar waar we ons samen plaatsen onder het oordeel van deze Heer en ons afvragen wat hij in een concrete situatie van ons vraagt, kan een pastoraal gesprek zich verdiepen tot op het 'skandalon'-niveau, zodat we geconfronteerd worden met het profetische woord: 'Zo zegt de Here'. Daarin is ten diepste de verbinding van profetie en pastoraat gelegen.

11.22. *Pastoraat en emancipatiebewegingen*

Wat hiervoor in termen van profetisch pastoraat verwoord is vormt de basis van bewegingen die vanaf de jaren zestig hun evangelische bewogenheid hebben omgezet in emancipatie en maatschappelijke en politieke actie. Deze bewegingen hebben naast een maatschappelijke ook een pastorale doelstelling. Ze willen mensen die er onderdoor gaan overeind helpen, hun gevoel van eigenwaarde versterken en hen ook als gelovigen strijdbaar maken. Ik noem hier de Basisbeweging, de Vredesbeweging, de Vrouwenbeweging, de Arme Kant van Nederland, de Conciliaire Beweging (milieubeweging, groenen) en de Acht Mei-beweging.

11.221. *De Basisbeweging*

Basisgroepen en kritische gemeenten, die vanaf de zestiger jaren ontstaan, vormen vanaf 1975 een landelijk verband. Zij ontwikkelden een gezamenlijke *Visie, programma en structuur van een basisbeweging*. Men wilde de bijbel als boek van bevrijding verstaan binnen een eigentijdse praktijk van verzet (Laeyendecker 1992,108). Het zwaartepunt ligt in de gemeenten, waar men zoekt naar een verbinding van viering en actie. De relatie met de kerken is aanvankelijk moeizaam. Eind jaren tachtig treedt vergrijzing en stagnatie op, waardoor de draagkracht voor een landelijke organisatie wegvalt. Thans resteren een aantal plaatselijke en regionale groepen, terwijl ook verschillende kerkelijke gemeenten in de steden zichzelf als basisgemeente zijn gaan verstaan. Het laatste komt tot uitdrukking in een grote nadruk op het priesterschap van alle gelovigen in de liturgie in samenhang met concrete acties, bijv. de opvang van asielzoekers, werk waarbij veel kerkelijke vrijwilligers betrokken zijn.

Met name in katholieke kring heeft men in basisgroepen een uitdaging voor de pastoraal gezien (Haarsma, 1981; Derksen, 1981) en bezwaar gemaakt tegen de terughoudendheid en aarzeling van de zijde der bisschoppen. Bijbels-theologische studies legden de nadruk op solidarisering en identificatie met de minsten (Ter Schegget, 1979). Alternatieve gemeenten vormen vaak een elite, concludeert Vlijm (1983). Hun kracht is ook hun zwakte. "Alternatieve gemeenten ontstaan, maar er verdwijnen er ook weer. Naarmate de doelstellingen scherper worden geformuleerd wordt de kans groter dat mensen afhaken. Met name is dit het geval bij uitgesproken politieke stellingname in ingewikkelde zaken" (99). De laatste jaren is de belangstelling voor de basisbeweging teruggelopen.

11.222. *De Vredesbeweging*

De moderne oorlogvoering heeft christenen al vroeg bewogen tot het oprichten van de radicaal pacifistische organisatie *Kerk en Vrede* (1924). Na de Tweede Wereldoorlog kwamen nieuwe religieuze vredesbewegingen op: Pax Christi (1948) en het Interkerkelijk Vredesberaad, het IKV (1966), welke laatste weer een tegenbeweging opriep, het ICTO (Interkerkelijk Comité voor Tweezijdige Ontwapening). In de kring van de vredesbeweging ontstond een vredestheologie en kwam het concept van de rechtvaardige oorlog ter discussie te staan (Van Iersel, 1992).

In de jaren tachtig liep de spanning op rond de mogelijke plaatsing van kruisraketten, wat leidde tot massale demonstraties. De jaarlijkse vredeszondag in september riep grote spanningen op. Er ontstond in toenemende mate polarisatie binnen de kerken tussen voor- en tegenstanders, wat leidde tot ernstige conflicten (Hendriks en Stoppels, 1986). Politiek op de kansel deed mensen afhaken en militairen voelden zich in de kou gezet. Dit leidde tot een intensivering van het pastoraat, met name via groepsgesprekken om begrip te kweken voor elkaars standpunten. *C.H.Lindijer* (1987) schetst aan de hand van gespreksmateriaal een groot aantal pastorale situaties en gewetensconflicten waar pastores mee in aanraking komen.

Na de instorting van het communisme en het ontstaan van vredesoperaties in het kader van de Verenigde Naties, werd het voor de vredesbeweging moeilijker de lokale kernen te blijven activeren. De democratisering van het vredesbeleid heeft echter geleid tot een grotere politieke bewustwording binnen de kerken (Van Iersel, 376).

11.223. *De Vrouwenbeweging*

Als begin van de tweede feministische golf wordt meestal het artikel van Joke Kool-Smit, *Het onbehagen bij de vrouw* (1967), genoemd (Van Heijst 1992, 381). Hierin wordt het onbehagen over verschillen in macht en invloed ten aanzien van maatschappelijke vraagstukken verwoord. De feministische bewustwording van gelovige vrouwen en de opkomst van de feministische theologie moeten tegen deze achtergrond worden verstaan. Aan de rand van de kerk ontstonden in de jaren zeventig de eerste vrouw- en geloofsgroepen. Zij richtten zich op bijbelstudie, liturgische vernieuwing en pastoraat, met o.a. aandacht voor een nieuwe beleving van relaties en seksualiteit (Van de Beld-van Keulen, 1983). Vrouwensynodes brachten thema's van vrouwen onder de aandacht van de kerken.

In *Pastoraat als bondgenootschap* (1992) geeft *R.Bons-Storm* een model voor vrouwenpastoraat binnen de kerken. Goed pastoraat is geworteld in een gemeenschap "waarin mensen elkaar kunnen opmerken, waar toewending mogelijk wordt, vriendschap relaties kleurt en bondgenootschappen kunnen ontstaan" (155). Op deze wijze kunnen mensen werkelijk tot hun recht komen, omdat ze bevestigd en uitgedaagd worden bij het ontwikkelen van hun subject-kwaliteit (146). De ervaring van vervreemding en buitengesloten zijn, die veel vrouwen binnen de kerken delen zou nog veel meer het probleem van de gemeenschap als geheel moeten worden, aldus *L.Werkman*, die in haar studie *Rechtdoen aan vrouwen in de kerken* (1993) met name de ethische kanten van het vrouwenpastoraat benadrukt. Zij geeft een helder overzicht van de spanning in feministische kring tussen een theologie van verbondenheid en een theologie van strijd en verzet (133 e.v.).

11.224. *De Arme Kant van Nederland*

Einde jaren zeventig komt de na de Tweede Wereldoorlog opgebouwde verzorgingsstaat in Nederland steeds meer onder vuur te liggen, met name als gevolg van de groei van de collectieve uitgaven ten behoeve van uitkeringsgerechtigden en arbeidsongeschikten. Door het individualiseringsproces komt de noodzakelijke solidariteit verder onder druk te staan. Armoede is in Nederland nooit weg geweest. Ook in onze samenleving was aan de onderkant sprake van een 'Vierde Wereld', een bevolkingsgroep die generaties lange armoede kent. De Beweging ATD-Vierde Wereld heeft zich het lot van deze mensen aangetrokken.

Vanaf de tachtiger jaren worden de kerken indringend geconfronteerd met de 'nieuwe armoede'. Vooral het bedrijfspastoraat (11.232), dat met schrijnende situaties van werkloosheid en arbeidsongeschiktheid geconfronteerd werd, heeft de ogen van de kerken voor deze problematiek geopend. Dit leidde tot de manifestatie van *De arme kant van Nederland*, die in 1987 in de Amsterdamse Mozes- en Aäronkerk plaatsvond (Van der Zee e.a., 1988). Het doel was de eigen politieke en maatschappelijke achterban te beïnvloeden, maar ook de getroffenen pastoraal te bemoedigen (Noordegraaf en Tinga, 1995). Plaatselijke en regionale werkgroepen, waarin de betrokkenen zelf actief vertegenwoordigd zijn, brengen mensen bijeen op gespreks- en actieonderwerpen. Met name de beweging van arbeidsongeschikten (Verbraak, 1990) heeft zich krachtig ontwikkeld. Bondgenootschappen binnen en vanuit de kerken kunnen de onjuiste beeldvorming rond arbeidsongeschiktheid helpen doorbreken en leiden tot ondersteuning en inzet voor positieverbetering, waarbij pastorale opvang van grote betekenis is (Stolp en Noordegraaf, 1991).

11.225. *Het Conciliair Proces*
De zesde Assemblée van de Wereldraad van Kerken (Vancouver 1983) doet de oproep tot een wereldwijd beraad of *conciliair proces* (vgl. Lange, 1974) over wederzijdse inspanning op alle niveaus voor gerechtigheid, vrede en heelheid van de schepping. In 1984 wordt hiervoor een programma ontwikkeld. Via de Nederlandse Raad van Kerken participeert een groot aantal gemeenten en parochies in het proces, dat op de conferentie van Seoul een voorlopige afronding kreeg.

De beweging heeft met name het bewustwordingsproces rond de groeiende milieuproblematiek versterkt en aanzetten gegeven voor een nieuwe, minder milieubelastende, levensstijl. Hendriks (1989) beschrijft hoe plaatselijk aan dit proces pastoraal vorm kan worden gegeven. Hij wijst o.a. op de aandacht voor de mens als subject, op besluitvorming op basis van consensus en leiding als dienst. Ook de vredesbeweging kreeg in dit proces een zekere herkansing. Het lukte thans beter dan in het begin van de tachtiger jaren om een proces te ontwikkelen dat niet door conflicten en polarisatie werd verstoord.

11.226. *De Acht Mei-beweging*
De Acht Mei-beweging is volgens *F.Haarsma* (1991, 191) het belangrijkste fenomeen binnen het Nederlandse katholicisme sinds het pastoraal concilie einde jaren zestig. De intentieverklaring uit 1985 vermeldt wat men beoogt: "met kracht werken aan het eigen geloofsberaad"; "niemand neemt ons dat meer af. Wij verdragen niet meer het heilloos isolement en een behandeling als onmondigen. Kritisch zullen wij zijn juist vanwege onze trouw". Men blijft zich echter betrokken voelen bij de kerk. De beweging "wil niet verder zonder onze broeders de bisschoppen; zij wil beraad met hen over de toekomst van de kerk en de gestalte van het pastoraat." (Vgl. Haarsma, 205.) Eerst de laatste jaren tonen de bisschoppen enige toenadering.

Jaarlijks in mei belegt men een grote manifestatie, enigszins vergelijkbaar met de Kirchentage in Duitsland (Schroeter, 1993). Haarsma ziet in de beweging een reactie op het ecclesiologisch tekort van de lokale gemeente en een kritiek op de Katholieke Kerk als instituut. De Acht Mei-beweging beweegt zich op een tussenniveau en geeft de deelnemers een ervaring van verbondenheid in geloof, hoop en solidariteit (203). Men zoekt naar verbindingen tussen de horizontale en verticale dimensies van het geloof. De bijeenkomsten bieden veel mogelijkheden voor informatie, gedachtewisseling en actie. *Van der Ven* (1991) deed onderzoek naar de Beweging. De leden zijn voor tweederde vrouwen. De gemiddelde leeftijd is 56 jaar. Het gemiddeld opleidingsniveau is hoog. Men is overwegend kernlid van de Katholieke Kerk. Ongeveer 40% heeft een linkse politieke voorkeur. Ze wijken dus duidelijk af van de gemiddelde katholiek. In hun godsgeloof zijn ze minder geseculariseerd dan gemiddeld. Ze staan kritisch-loyaal tegenover de kerk. Zo vertoont men de kenmerken van een intellectuele voorhoedebeweging. De jongere leeftijdscategorieën zijn ondervertegenwoordigd, wat zorgen geeft met betrekking tot de toekomst van de beweging.

11.23. *Publiek pastoraat*

Tot slot vermelden we twee institutionele vormen van publiek pastoraat, die buiten de kerken in onze samenleving de trekken van maatschappelijk pastoraat vertonen.

11.231. *Pastoraat en de media*

Allereerst vragen we aandacht voor pastoraat en de media. We doen dat op deze plaats, omdat deze media mede gevoed worden vanuit het gedachtegoed van het profetisch pastoraat. Zij bepalen voor een belangrijk deel de invloed van de christelijke traditie op het publieke domein.

W.Koole (1993) vraagt zich in zijn onderzoek af of er een verband bestaat tussen TV-programma's en individuele vertroosting. Troost wordt door hem verstaan als 'leren omgaan met het onvermijdelijke'. De TV kan beelden aanreiken die de eigen beelden van mensen in een nieuw licht stellen en op deze wijze de emotionele druk verlichten. Dit blijkt duidelijk uit telefonische reacties na afloop van bepaalde programma's. Uitzendingen kunnen een bevrijdende werking hebben (33). Deze troost moet worden onderscheiden van surrogaat-troost, die mensen niet echt verder helpt. Het gaat vooral om programma's met een open einde, die uitnodigen tot napraten. Bepaalde programma's kunnen werken als een troostend ritueel. Ze werken ordenend, socialiserend, taboe-doorbrekend, symboliserend, bevestigend en transcenderend. In veel opzichten zetten ze aan tot denken. Koole (1996, 94) denkt genuanceerd over het recente verschijnsel van emotietelevisie. Men moet z.i. onderscheid maken tussen programma's die slechts persoonlijke intimiteit publiek maken (All you need is love; Spoorloos; Het spijt me) en programma's (Rondom tien; De Ronde van Witteman) die willen bijdragen tot verheldering van inzichten in persoonlijke problemen.

Omroepverenigingen bieden mogelijkheden tot nazorg, wanneer mensen op programma's reageren. Hierbij kan gebruik gemaakt worden van een netwerk van verwijsadressen door heel het land. Het radiopastoraat van de IKON en de katholieke Omroepparochie leggen veel contacten. Onderzoek naar anoniem pastoraat (Firet en Hendriks, 1986) laat zien, dat mensen zich met name tot een anonieme pastor richten wanneer sprake is van een taboe-problematiek, waar men in eigen omgeving niet mee voor de dag durft komen. Naast telefonische reacties reageren veel mensen per brief, waarbij bedacht moet worden dat briefpastoraat (Van Gennep, 1965; Jentsch, 1981) een aantal heel eigen mogelijkheden biedt vergeleken bij een telefoongesprek. Een pastorale functie vervullen ook SOS-telefonische hulpdiensten (Teutscher, z.j.). Zo kan gesproken worden van een groeiend pastoraat via de media.

11.232. *Bedrijfspastoraat*

Behalve in de kerken en in maatschappelijke organisaties, onder meer van uitkeringsgerechtigden (11.224), is het bedrijfspastoraat actief binnen industriële ondernemingen. Het werk is georganiseerd in plaatselijke en regionale stichtingen, onder verantwoordelijkheid van een bisdom of van een oecumenisch samenwerkingsverband. Landelijk werkt men samen binnen DISK (Dienst Industriële Samenleving vanwege de Kerken). Er zijn in Nederland ongeveer zestig pastores voor dit werk aangesteld. De katholieke kerk is op dit gebied het meest actief. Veel protestantse formatieplaatsen zijn verdwenen door het wegvallen van de financiële steun van de kerken.

Bedrijfspastoraat wil bij mensen zijn in hun werksituatie, waarbij de nadruk ligt op individueel pastoraat. "Bedrijfspastoraat houdt in: nabij zijn aan mensen binnen hun werk, in hun economische positie en in de strijd die ze daarin voeren. Bedrijfspastores trachten ondersteuning te bieden aan mensen en groepen die in de knel komen, en aan degenen die opkomen voor rechtvaardige verhoudingen" (Boesten e.a. 1995, 134). Vanwege een kritische opstelling zijn ze niet in elk bedrijf welkom.

Er kunnen drie verschillende werkmodellen worden onderscheiden. Allereerst het bedrijfsbezoek bestaande uit een werkstage van enkele weken, tijdens welke een groot aantal contacten wordt gelegd. Vervolgens de thematische bedrijfsexcursie voor predikanten en pastores uit de regio, om hen in contact te brengen met de wereld van de arbeid. Als derde het meewerken aan solidaire presentie, waarbij de pastor zelf gedurende een afgesproken periode in deeltijd bij een bedrijf werkzaam is. In het laatste geval kiest men voor presentie onder de meest kwetsbare groepen werknemers. De werker profileert zich niet uitdrukkelijk als pastor. Boesten, Brussel en Koot spreken van 'pastoraat van de kleine verhalen'. "Er bestaat een treffende analogie tussen bijbelverhalen en verhalen die wij nu horen" (145). De eigen ervaringen van de werkende pastor vormen de eerste sleutel voor het verstaan van anderen. Het werk staat in het teken van 'empowerment'.

Op deze wijze wordt de geloofsgemeenschap gerepresenteerd in een wereld die te ver buiten het gezichtsveld van de kerken ligt. Ook dit kan men maatschappelijk pastoraat noemen.

11.3. *Balans*

Het politiek en maatschappelijk perspectief geeft aan de pastorale zorg een kritisch vermogen: de hermeneutiek van de argwaan (Ricoeur). Wanneer mensen worden verstaan vanuit de context van de samenleving wordt een andere dimensie van 'heel de mens' zichtbaar. Veel mensen lijden aan de noden van de samenleving of zijn slachtoffer van maatschappelijk onrecht. Solidariteit vraagt om concretisering van het woord bevrijding. Van de geloofsgemeenschap en van pastores die haar representeren mag verwacht worden dat zij bondgenootschappen vormen met mensen die in de knel raken en hen steunen op de weg van emancipatie. Individueel pastoraat is ook altijd contextueel pastoraat.

12. Pastorale zorg in instellingen

Het proces van differentiatie heeft buiten de kerken geleid tot verzelfstandiging van de pastorale zorg in andere sectoren van de samenleving. Vanuit het perspectief van de kerken spreekt men hier van bijzonder pastoraat of categoriale zielzorg. Vanuit dat van de maatschappelijke verbanden of instellingen waar deze zorg een plaats heeft gekregen, spreekt men als regel van geestelijke verzorging. Het zijn verzamelbegrippen voor het werk van pastores dat zich afspeelt in ziekenhuizen, psychiatrische centra, verpleegtehuizen, de geestelijke gezondheidszorg, de gehandicaptenzorg, het welzijnswerk, inrichtingen van justitie, de krijgsmacht. Deze opsomming is bij lange na niet volledig.

We behandelen het instellingspastoraat in twee paragrafen. Eerst vanuit het bredere verband van de geestelijke verzorging en de positie van de geestelijk verzorger (12.1). Vervolgens letten we meer op het institutionele kader, zowel vanuit het perspectief van de kerken als vanuit dat van de instellingen (12.2).

12.1. *Dienst geestelijke verzorging*

Binnen allerlei organisaties kan men een 'Dienst Geestelijke Verzorging' aantreffen. Het gaat hier om een ten opzichte van de kerken zelfstandig werkterrein (12.11). Het werk wordt sterk beïnvloed door een proces van rationalisering (12.12). De context van de instelling vraagt specialisering (12.13) en professionalisering (12.14). Geestelijke verzorging heeft zich ontwikkeld tot een eigen discipline (12.15), die een levensbeschouwelijke, in dit geval een pastorale inkleuring vraagt (12.16), wat gepaard gaat met een ambtelijke relatie met de kerk (12.17).

12.11. *Een zelfstandig werkterrein*

Geestelijke verzorging berust als regel op oecumenische samenwerking. Ook humanistische raadslieden en vertegenwoordigers van andere religies kunnen hierin betrokken worden. Vele honderden pastores zijn hier werkzaam. Deze gaan een dienstverband aan met een zorginstelling of met de overheid. Daarnaast hebben ze als regel een ambtelijke binding met het kerkgenootschap, waaruit ze afkomstig zijn. Meestal is deze band betrekkelijk formeel. Pastores die in deze sector werkzaam zijn hebben geen kerkenraad. Ze representeren in eigen persoon de kerkelijke gemeenschap, die zichzelf op afstand bevindt of vertegenwoordigd wordt door vrijwilligers.

We spreken hier als regel niet van pastoraat, maar van geestelijke verzorging.

Hieronder wordt verstaan "de professionele en ambtshalve begeleiding van en hulpverlening aan mensen vanuit en op basis van een levensovertuiging" (Van der Kloot Meijburg 1996, 141). De predikant, priester of pastoraal werker stelt zich voor als pastor. Hij of zij werkt interdisciplinair samen met vertegenwoordigers van andere helpende beroepen, zoals maatschappelijk werkenden, artsen, verpleegkundigen en therapeuten. Meestal gaat het om werk op eenzame posten binnen een stukje moderne samenleving waar de secularisatie nog sneller voortschrijdt dan in de woonomgeving.

Dagelijks vinden er vele ontmoetingen plaats met mensen, over vragen van leven en dood, angst en schuld, over de diepste existentiële vragen van hun bestaan. In veel gevallen zijn het ontmoetingen met mensen op zoek naar zingeving, naar levensoriëntatie, naar religie soms. Niet zelden vinden zij opnieuw steun bij de God van hun jeugd en bij een traditie, waarvan ze allang afscheid hadden genomen. Maar het werk kent ook veel andere kanten. Regelmatig worden deze pastores betrokken bij ethische vraagstukken van leven en dood, goed en kwaad, recht en onrecht in het licht van de waarden en normen van de christelijke traditie. Zij spelen een belangrijke rol in levendige ethische en identiteitsdiscussies. Kortom, het gaat hier om veelzijdige functies met een hoge maatschappelijke relevantie. Men kan zich afvragen of dit laatste niet te mooi klinkt. De werkers zelf ervaren hun situatie dikwijls als harder, de problematiek als weerbarstiger, hun functie als bedreigder.

12.12. *Rationalisering*

Het werk staat onder grote druk van een proces van rationalisering. Dit raakt allereerst de materiële voorwaarden. Dit bijzonder pastoraat wordt als regel gefinancierd uit de algemene middelen van de gezondheidszorg of de gesubsidieerde sector van het welzijnswerk of vanuit het ministerie waar een bepaalde dienst onder valt (justitie, defensie). Bij alle noodzakelijke bezuinigingen rijst ook hier de vraag of dit allemaal zo door kan gaan. Wanneer bijvoorbeeld de vraagstelling luidt: 'Vaker een verpleegkundige of vaker een pastor aan het bed?', is de keuze gauw gemaakt. De pastorale zorg biedt in dat geval een welkome bezuinigingspost.

De vraag naar de beschikbare middelen wordt in de discussies gekoppeld aan die naar de aanwezige behoeften. Men noemt dit de verschuiving van aanbodfinanciering naar vraag-financiering. Hoeveel patiënten in een ziekenhuis doen een beroep op de geestelijke verzorging? Hoeveel gedetineerden kunnen tot een bepaalde geestelijke stroming gerekend worden? Hoeveel militairen bezoeken de contacturen van de predikant of aalmoezenier? Het is hetzelfde behoeftecriterium dat ook geldt voor bijvoorbeeld maatschappelijk werk, fysiotherapie en andere diensten.

Ook hier ontwikkelt zich een markt van vraag en aanbod, omdat 'de markt van welzijn en geluk' (Achterhuis, 1980) een echte markt geworden is. En ook hier geldt het gezegde 'tijd is geld'. Maar is er ook een arbeidsmarkt van het heil? Pastores worden meer en meer gedwongen hun afgelegde bezoeken te registreren, tijd te schrijven, kortom hun dagelijkse zegeningen één voor één te tellen en met behulp van een computerprogramma te registreren. Heb ik vandaag genoeg bezoeken afgelegd en wat is de aard van de verleende zorg? Hoe nuttig heb ik me gemaakt? Het vraagt een fijnzinnige diagnostiek om te onderscheiden in de aard van de 'verrichtingen' en de kwaliteit van de zorg. Bij een nieuwe bezuinigingsronde komen al die feiten en cijfers op tafel. Het zal duidelijk zijn dat het hanteren van het behoeftecriterium voor veel onrust zorgt onder de werkers.

Vanuit het principe van de scheiding van kerk en staat wordt in politieke kringen soms naar voren gebracht dat het hier toch eigenlijk om kerkelijk werk gaat en dat het de kerken niet past hiervoor gemeenschapsgeld te vragen. Dat geldt uiteraard niet voor instituties waar mensen tegen hun wil verblijven, de gevangenis of het leger, maar wel voor de geestelijke verzorging van kerkleden die in een ziekenhuis worden opgenomen. Hier doemt een moeilijk dilemma in de discussie op. Is geestelijke verzorging slechts kerkelijk werk, dan wordt dit de kerken terecht voorgehouden. Ook geldt dan dat naarmate de ontkerkelijking voortschrijdt de behoefte aan deze zorg afneemt. Beginnen we van de andere kant dan horen we dat door de secularisatie levens- en zingevingsvragen alleen maar toenemen. Dan is de behoefte groter dan ooit. Maar dan wordt pastorale zorg onder de brede noemer van geestelijke verzorging gebracht, die niet specifiek christelijk hoeft te zijn. Dan eisen ook andere religies en geestelijke stromingen terecht hun rechtmatig aandeel in dit werk op. Zo beweegt het werk zich in onze pluralistische samenleving in een spanningsvolle relatie tussen de polen van kerkelijk pastoraat en algemene geestelijke verzorging.

12.13. *Specialisering*

Nog niet zolang geleden bezochten parochie- en wijkpastores hun eigen patiënten in de verschillende instellingen en tehuizen. Het was de tijd dat vrijwel iedereen nog wel een zekere (of onzekere) band met de kerk had. In Diaconessenhuizen kende men zelfs de functie van predikant-directeur. Later stelden de kerken pastores vrij voor deze tak van werk. Vervolgens kwamen deze in dienst van de ziekenhuizen, die het werk ook financieel voor hun rekening namen. Aanstelling had plaats in overleg met de kerken, die verantwoordelijk waren voor de ambtelijke positie van deze pastores in bijzondere dienst. De geschetste ontwikkeling ging gepaard met een vorm van specialisering en professionalisering van het pastorale beroep.

De voorlopige uitkomst van deze ontwikkeling is dat de meeste instellingen thans beschikken over een 'dienst geestelijke verzorging', waarin naast pastores ook humanistische en soms andere geestelijk verzorgers werkzaam zijn. Zij verdelen het werk onderling, waarbij steeds minder gelet wordt op levensbeschouwelijke kleur en kerkelijke achtergrond van de patiënten. Ook ontstaan studierichtingen die studenten opleiden tot niet-denominatie gebonden geestelijk verzorger. Een ambtelijke binding met een kerkgenootschap wordt door sommigen als beperkend ervaren en als niet meer passend bij een samenleving waarin levensbeschouwing is geïndividualiseerd. Binding aan het ambt is geen voorwaarde voor de professionaliteit van de geestelijk verzorger, zo wordt wel gesteld.

Hoe moet men deze ontwikkeling waarderen? Blijft er nog iets over van het eigene van de pastorale zorg, of dient dit op te gaan in geestelijke verzorging in het algemeen? Een strikte afbakening tussen pastoraat in kerkelijke zin en geestelijke verzorging in levensbeschouwelijke zin is niet te maken. Het beeld van mensen, die we in ziekenhuizen ontmoeten, is uitermate divers. Men kan hier denken aan concentrische cirkels via - van buiten naar binnen - de begrippen levensbeschouwing - religiositeit - godsdienst - christendom - kerkelijke denominatie - kernlidmaatschap. Er van uitgaande, dat ieder mens een bepaalde levensbeschouwing heeft, kan dus onderscheid gemaakt worden tussen levensbeschouwing met of zonder religie; religie met of zonder godsdienst; godsdienst al dan niet christelijk; christelijke godsdienst, al dan niet kerkelijk en tenslotte kerkelijke gebondenheid, al dan niet kerks (praktiserend). Dit vraagt in onze tijd een pluraal aanbod van geestelijke verzorging.

Door het wegvallen van traditionele gemeenschapsverbanden worden mensen in toenemende mate op zichzelf teruggeworpen en moeten zij op eigen kracht met existentiële levensvragen in het reine komen. Hieruit vloeit voort een behoefte aan geestelijke verzorging in het algemeen. Deze behoefte wordt binnen de moderne samenleving vanuit een breed politiek draagvlak erkend en is wettelijk vastgelegd in een recht op geestelijke verzorging binnen uiteenlopende instellingen. Hierbij wordt met name gedacht aan "instituties die voor de cliënten (patiënten, bewoners, gedetineerden, dienstplichtigen) een afgrenzing betekenen ten opzichte van het openbare maatschappelijke leven" (Mooren 1989, 23). Zo heeft de geestelijke verzorging zich tot een eigen specialisme ontwikkeld.

12.14. *Professionalisering*

Parallel aan de geschetste ontwikkeling voltrekt zich een proces van voortgaande professionalisering van het beroep van geestelijk verzorger. Dit is voor mijn besef een ook voor de toekomst van het pastorale beroep noodzakelijk proces, ondanks de bijwerkingen die het met zich meebrengt. Voor het pastoraat binnen instellingen, zo kan men stellen, gaat het hier om niet minder dan een overlevingsstrategie. Pastoraat dat niet voldoet aan opleidingseisen die vergelijkbaar zijn met die voor andere helpende beroepen gelden, prijst zichzelf uit de markt. Ook pastores moeten hun werk kunnen verantwoorden binnen interdisciplinaire samenwerkingsverbanden. Pastorale zorg kan in dit opzicht geen uitzonderingspositie innemen.

Om hieraan te kunnen beantwoorden, worden terecht eisen gesteld aan de kwaliteit en de opleiding van geestelijk verzorgers. De Klinische Pastorale Vorming (KPV), die thans algemeen als aanvullende opleidingseis aan instellingspastores gesteld wordt, is het meest sprekende voorbeeld van professionalisering op het gebied van het pastoraat.

Deze professionalisering leidt ook tot het ontwikkelen van een religieuze diagnostiek. Een voorbeeld hiervan binnen de psychiatrie is de invoering van een nieuwe Z-code binnen het diagnostisch systeem DSM-IV: 'psychoreligieuze of psychospirituele problematiek' (Lukoff e.a., 1992). Een ander voorbeeld is het computer-registratiesysteem voor pastorale contacten in academische ziekenhuizen 'PASTOR', dat leidt tot vergelijking en kwantificering van pastorale bezoeken (De Groot, 1994). Het is de bedoeling dat op deze wijze het eigene van het pastorale beroep als integrerend deel van de zorg voor patiënten beter zichtbaar wordt.

Deze ontwikkelingen leiden ontegenzeggelijk tot versterking van het pastorale beroep. Toch is professionalisering niet zonder risico's, zoals met name Campbell (1985) heeft betoogd. Professionaliteit werkt z.i. door in de aard van de relatie. In een functionele relatie kan moeilijk sprake zijn van echte wederkerigheid. Er is sprake van rollen, van helper versus geholpene. Een subject-subject relatie kan gemakkelijk worden tot een subject-object relatie. Dit is moeilijk te rijmen met het eigene van een pastorale relatie, zo wordt gesteld, omdat pastorale zorg uitgaat van gelijkwaardige relaties, op grond van broederschap en zusterschap binnen een christelijke gemeenschap. Overigens hoeven asymmetrie en evenmenselijkheid niet op gespannen voet te staan (8.1).

In goede professionalisering en het vaststellen van een beroepscode, ligt echter ook een bescherming van mensen tegen ondeskundige en ongewenste interventies. Ook tegen ongewenste intimiteiten. In onze tijd wordt terecht veel aandacht gegeven aan seksueel misbruik in pastorale relaties. Een goede, doorleefde professionaliteit biedt hiertegen de beste remedie. Ik hecht daarom veel waarde aan een degelijke opleiding van pastores en andere geestelijk verzorgers, waarin ze leren een gepaste professionaliteit zich eigen te maken.

Professionalisering gaat ook gepaard met belangenbehartiging via beroepsverenigingen. De bekendste is de *Vereniging van Geestelijk Verzorgers in Zorginstellingen* (VGVZ). De Vereniging bestaat uit een katholieke, protestantse, joodse en humanistische sector. Een sector allochtone geestelijk verzorgers is in voorbereiding. De vereniging telde ultimo 1995 640 leden, van wie 600 werkzaam zijn in zorginstellingen: 311 in algemene ziekenhuizen, 206 in een verpleegtehuis, 148 in een psychiatrisch centrum, 46 in voorzieningen voor verstandelijk gehandicapten. 104 leden zijn werkzaam in meer dan één instelling. De organisatiegraad bedraagt 90% (Snelder 1996, 180 e.v.). De Vereniging geeft vanaf 1996 een eigen tijdschrift uit: *Geestelijke Verzorging*, dat driemaal per jaar verschijnt.

12.15. *Een eigen discipline*

Kan men geestelijke verzorging beschouwen als een eigen professionaliteit en is pastorale zorg onder een algemene noemer mogelijk? Een antwoord op deze vragen is van grote betekenis voor de plaatsbepaling van geestelijke verzorging binnen instellingen. Mijn antwoord is, onder een zeker voorbehoud: ja. Eerder werd dit op antropologische gronden gemotiveerd vanuit de geestelijke dimensie van het mens-zijn (2.3). Het geestelijk functioneren heeft betrekking op dikwijls existentiële vragen als: Waar leef ik voor? Vanuit welke oriëntatie? Vanuit welk verlangen? Vanuit welke hoop? Wat geeft mij moed? Hoe verwerk ik een crisis, die mij overvalt? Hoe gaan mensen om met de 'condition humaine'?

De mens is een zichzelf transcenderend wezen, dat niet volstrekt gedetermineerd wordt door biologische, psychologische en sociaal-maatschappelijke processen, maar een eigen verantwoordelijkheid draagt, keuzen maakt en beslissingen neemt. Geestelijke factoren spelen hierin een belangrijke rol. Ook de religie dient in deze dimensie van het leven te worden gesitueerd. Levensvragen hebben in veel gevallen een existentiële en religieuze achtergrond. Hoe kan ik mijn eigen leven leven en eenmaal mijn eigen dood sterven? We zijn hier in de sfeer van wat Tillich noemt de 'ultimate concern'. Men spreekt hier ook wel van 'contingentie-counseling' (Van der Ven, 1991). Hiermee is het goed recht van geestelijke verzorging op antropologische gronden gegeven.

Alle hulpverleners hebben altijd te maken met heel de mens. Daardoor is het niet verwonderlijk, dat ook vormen van psychotherapie het domein van de geest mede tot het hunne rekenen. Ik verwijs slechts naar de logotherapie van V.E.Frankl en naar vormen van psychosynthese (6.61). Wie geestelijke verzorging op basis van een brede antropologische noemer definieert, moet vervolgens opnieuw de markt op om te concurreren met andere hulpverleners.

Het laatste maakt de positie van geestelijk verzorgers in zekere zin kwetsbaar. Maatschappelijk werkenden en therapeutisch geschoolden kunnen hun taak voor een belangrijk deel overnemen. Het begrip geestelijke verzorging heeft niettemin op antropologische gronden een eigen identiteit, die sterk genoeg is om een eigen professie op te bouwen. Dit bepaalt binnen een instelling het goed recht van een algemene dienst geestelijke verzorging.

12.16. *Levensbeschouwelijke kleur*

Het laatste brengt ons bij een volgend punt: geestelijke verzorging vraagt invulling en inkleuring. Hiermee bedoel ik, dat geestelijke verzorging als algemene noemer een leeg begrip is. Zingeving 'an sich' bestaat niet. Het gaat altijd om zingeving vanuit een bepaalde traditie, ideologie of levensovertuiging (Stoker, 1993). Men kan als socialist en als humanist, als antroposoof en als aanhanger van New Age, als christen en als islamiet zin aan het leven geven. In alle gevallen zal het gaan over hoop en verlangen, maar de eigen levensbeschouwing geeft hieraan een eigen kleur.

Men kan ook voor een andere invulling kiezen, door de geestelijke dimensie sterk te verbinden met de psychische. In dat geval krijgt geestelijke verzorging een therapeutische inkleuring. Een methodische oriëntatie op counseling wijst in die richting. Eerder werd uitvoerig ingegaan op de verhouding van geestelijke verzorging en psychotherapie (9.2). Toen bleek dat ook geestelijke verzorging als regel een therapeutisch moment kent, maar dat haar eigen identiteit ligt in het domein van de geest. Dan gaat het om zingeving vanuit een christelijke, dan wel een humanistische, dan wel een andere geestelijke traditie.

Dit vraagt van geestelijk verzorgers een engagement met een bepaalde traditie. Ik spits dit toe op de geestelijke verzorging in een ziekenhuis. Wanneer het gaat om de begeleiding van ernstig zieken, die hun eigen dood onder ogen moeten zien, dan spelen voor een gelovig mens 'laatste vragen', in verbondenheid met hun geloof in Jezus Christus en hun hoop op het eeuwige leven, een rol. Ik kan mij moeilijk voorstellen, dat iemand die geen belijdend christen is en niet hetzelfde geloofsperspectief deelt, in zo'n situatie adequaat als geestelijk verzorger kan optreden. Men kan bijvoorbeeld niet van een humanistisch(e) raadsman/vrouw vragen met iemand te bidden of deze de handen op te leggen. Hij of zij zou zichzelf moeten forceren, dan wel de ander tekortdoen. Begeleiding bieden aan allen, ongeacht levensbeschouwing zoals sommigen wensen, kan slechts wanneer men zich terugtrekt op een formeel counselingsbegrip, waarin men met respect voor de levensovertuiging van de ander, zichzelf niet hoeft bloot te geven. Een dergelijke visie op geestelijke verzorging lijkt me echter onder de maat.

De vraag luidt dan: waar houdt algemene geestelijke verzorging op en begint levensbeschouwelijke inkleuring? Ik kan mij goed voorstellen dat binnen een ziekenhuis de protestantse, de katholieke, de joodse en de humanistische geestelijk verzorgers territoriale afspraken maken en ieder op de eigen afdeling de 'intake' (als ik dat woord hier mag gebruiken) voor hun rekening nemen. Een belangrijke vraag zal daarbij zijn: wenst u geestelijke begeleiding en van wie? Vanaf dat moment moet naar mijn mening de eigen keuze van de patiënt gerespecteerd worden. Wel kan ik me voorstellen dat velen antwoorden: "Het maakt me niet uit", of dat iemand zegt: "Ik ontvang geestelijke verzorging vanuit mijn eigen kerkelijke gemeenschap en stel het daarnaast op prijs, dat u bij mij langs komt, welke overtuiging u ook hebt."

Onder de algemene noemer van geestelijke verzorging zal dus plaats moeten zijn voor begeleiding via verschillende vormen van levensoriëntatie, waarvan de pastorale er één is. Deze constatering doet niets af aan het goed recht van een dergelijke algemene noemer, die - zoals betoogd - past bij processen die zich binnen onze samenleving aftekenen. Zo kom ik uit bij die inkleuring van geestelijke verzorging, die pastoraat heet en bij het onderscheid tussen pastoraat en andere vormen van geestelijke verzorging. Pastoraat is geestelijke verzorging vanuit de christelijke traditie. Dat geldt ook voor het instellingspastoraat (Rooijakkers e.a., 1994). Alle vier de functies van pastorale zorg (hoofdstuk 8) zijn ook op dit werk van toepassing.

Wil geestelijke verzorging een werkelijke inhoudelijkheid krijgen dan vraagt elke functie een levensbeschouwelijke inkleuring. Geestelijke verzorging zonder pastorale invulling seculariseert. Pastorale zorg zonder een concreet concept van geestelijke verzorging spiritualiseert. Pastoraat, dat geheel opgaat in geestelijke verzorging heft zichzelf op. Ook binnen algemene geestelijke verzorging zal dus ruimte moeten zijn voor het eigene van pastorale zorg (7.1), evenals voor het eigene van bijvoorbeeld humanistische geestelijke verzorging.

12.17. *Ambtshalve binding*

Tenslotte vraagt de ambtelijke positie van instellingspastores de aandacht. Deze werkers binnen een instelling hebben, in onderscheid van andere, een relatie met een kerk. Ze opereren niet op eigen verantwoordelijkheid, maar als representanten van een geloofsgemeenschap. Dat laatste vormt een complicatie ten opzichte van de autonomie van een dienst geestelijke verzorging. Daarom laat zich de tegenwerping verstaan: Vraagt pastoraat zo'n ambtelijke of kerkelijke binding? Deze vraag moet vanuit onze werkhypothese van pastorale zorg principieel met 'ja' beantwoord worden (vgl. ook Rebel, 1996).

Het laatste hangt hiermee samen dat pastorale zorg geen functie van het individu (de pastor) is, maar een functie van de gemeenschap (de christelijke gemeente). De kerkelijke gemeente is een charismatische gemeenschap, waarbinnen de gaven van alle gemeenteleden tot hun recht mogen komen. De ambten dienen principieel gerekend te worden tot de charismata (Heitink 1993, 96v.). Het zijn gaven, die aan de gemeente geschonken worden. Dat geldt ook voor het ambt van pastor.

De Verenigde Protestantse Kerk in Nederland kent naast gemeentepredikanten ook predikanten met een bijzondere opdracht (Ontwerp-ordinanties 1997, 41). Zij zijn in dienst van een instelling, maar zijn ambtelijk verbonden aan een kerkelijke vergadering (classis of gemeente). Het gaat hier om meer dan een formele band. De predikant met bijzondere opdracht gaat ook voor in de plaatselijke gemeente en een aantal gemeenteleden wordt als vrijwilliger betrokken bij de zondagse diensten of bij het bezoekwerk in de tehuizen. In tehuizen, waar mensen tot de bewoners gerekend worden ontstaan zo eigen, bij voorkeur oecumenische, 'gemeenten', waar ook de sacramenten bediend worden. Ambtelijke binding schept zo gemeentelijke verbondenheid en enkelingen worden opgenomen in een gemeenschap. De Rooms Katholieke Kerk kent een regeling vanuit het bisdom.

Overigens zal de binding met een kerkgenootschap niet altijd tot uitdrukking kunnen komen in een officiële ambtelijke of kerkelijke machtiging. Toch wil ik hier de band van de pastor met een gemeente onderstrepen. Ik zie hierin grote voordelen. Want zo wordt de enkeling opgenomen in een gemeenschap en weet een pastor zich gedragen door een achterban. Een pastor 'op zichzelf' bestaat niet. Een vertegenwoordiger van de christelijke traditie handelt altijd in verbondenheid met een christelijke gemeenschap, waaraan hij of zij ook binnen zekere grenzen verantwoording verschuldigd is. Bovendien kan zo de bediening van Woord en sacramenten ook binnen tehuizen en instellingen gestalte krijgen. Want pastor zijn is meer dan pastoraat bedrijven, het is ook voorgaan in vieringen, gestalte geven aan liturgische rituelen en het bedienen van sacramenten.

12.2. *Het institutionele kader*

In de vorige paragraaf kwam het instellingspastoraat aan de orde vanuit het perspectief van de geestelijke verzorging. Dit roept ook de vraag op naar de institutionele inbedding, zowel gezien vanuit de kerken (12.21), als vanuit de samenleving (12.22) en de instellingen zelf. Bij het laatste kunnen verschillende modellen worden onderscheiden (12.23). Daarna geven we een overzicht van de verschillende vormen van instellingspastoraat, eerst binnen zorginstellingen (12.24) en daarna binnen andere maatschappelijke verbanden (12.25).

12.21. *Het kerkelijk karakter van het instellingspastoraat*
Kunnen we het instellingspastoraat verstaan als een vorm van kerk-zijn? De wens naar institutionele inbedding van dit werk kunnen we maar niet eenvoudig invullen met het woord kerk. Vanuit het instellingspastoraat zullen we eerder de moed moeten opbrengen het instituut kerk, de organisatorische kerk, enigszins te relativeren. Pneumatologisch vertaald: het werk van de Geest is breder dan de grenzen van het instituut. Waar het 'extra ecclesiam nulla salus' heerst, kan men met geloven buiten de kerk in de vorm van individuele uitingen van religiositeit of levensbeschouwing maar moeilijk uit de voeten. Geestelijke verzorging en pastoraat groeien dan uit elkaar. Waar kerkcentrisch gedacht wordt is het bijzonder pastoraat een randverschijnsel, dat zich van de kerk lijkt te vervreemden. Waar men echter denkt vanuit het perspectief van de samenleving, hebben we in de verschillende vormen van bijzonder pastoraat, in het leger, de gevangenis, de gezondheidszorg, te maken met voorposten van christelijke presentie, raakvlakken van geloofs- en levensvragen, waar de christelijke traditie een hoge mate van actualiteit en relevantie bereikt.

Ik ga nog een stap verder. Wanneer we mogen stellen dat de kerk er niet is voor zichzelf, geen doel is maar middel, gericht op het brede bereik van het Rijk Gods, dan ligt het voor de hand om niet zozeer te denken in termen van kerk maar van gestalten van christelijk geloof, individueel, sociaal en publiek. Alle drie hebben hun eigen recht. Als het goed is zullen ze elkaar wederzijds bevruchten. Dan werken de eigen vragen van het individu en de noden van de samenleving door in de kerk en de kerk op haar beurt treedt naar buiten in nieuwe, vaak seculiere, vormen van ritueel, educatie en persoonlijke begeleiding, die binnen de kerk resp. liturgie, catechese en pastoraat genoemd worden, maar daarbuiten de kleur aannemen van hun omgeving. Binnen het brede veld van de geestelijke verzorging ontmoeten deze gestalten elkaar en in deze levende ontmoeting 'gebeurt' kerk, zowel binnen het instituut als daarbuiten.

In alle voorzichtigheid spreek ik dus over kerk in een meer dynamische zin. De kerk in het krachtenveld van de Geest (Moltmann, 1975) strekt zich uit over individuele, institutionele en publieke gestalten van het christelijk geloof. De kerk is minder aanwijsbaar dan het territoriale principe en de denominationele kaartenbakken doen vermoeden. Het kerkbegrip verwijst veeleer naar een vitaal gebeuren dan naar een verouderend instituut. Kerk is daar waar de Heer door de Geest werkt. Waar twee of drie vergaderd zijn in zijn naam, is hij, de Heer, in hun midden (Mat.18,20). Dat is een belofte.

Met Berkhof (1973, 363v.) kan men spreken van geleidende elementen. "De Geest waait waarheen Hij wil en de participatie is zo geschakeerd als het leven zelf." Allerlei 'overdrachtsmedia' zijn, aldus Berkhof, niet geïnstitutionaliseerd en niet institutionaliseerbaar. In de kerk vinden we slechts die elementen die zich op grond van eeuwenlange ervaring lenen voor duurzame institutionalisering. En die moet er zijn. Het instituut stimuleert de beweging, de beweging op haar beurt vitaliseert het instituut. Op deze wijze over de kerk spreken kan een nieuwe vorm van imperialisme lijken, maar bij een minderheidskerk lijkt die kans gering.

Spreken over 'kerk buiten de kerk' (Sölle) of 'anoniem christendom' (Rahner) had niet de bedoeling de kerk en het christendom groter en belangrijker te doen lijken dan ze zijn, maar moet verstaan worden als een reactie op het exclusieve 'buiten de kerk geen heil' (Kuitert, 1969). Eerder gaat het hier om kreten van verwondering over zoveel humaniteit en goedheid, die over een breed terrein als vruchten van de Geest te vinden zijn. In dit opzicht beleeft men in het bijzonder pastoraat het feest der herkenning, over grenzen van kerk en religie heen.

Met Moltmann zou ik daarom een oude waarheid willen variëren en zeggen: 'Ubi Christus - ibi Ecclesia' (152). De belofte van Christus, "Ik ben met u..." (Mat.28,20), ziet op een brede presentie. Hij is present in apostolaat, sacramenten en broeder(zuster)lijke gemeenschap, maar ook in de geringsten van zijn broeders en zusters, die ziek zijn, gevangen zitten, of anderszins aan de rand van de samenleving verkeren (Mat.25,31-46). Hij is present in zijn komen (parousie), op weg naar het Messiaanse Rijk van bevrijding en gerechtigheid. Aldus Moltmann.

Bijbels-theologisch laat zich dit alles uitdrukken in het begrip *koinonia*, een kerkbeeld dat volgens U.Kuhnke (1992, 100) leidt tot een kritische reconstructie van de identiteit van de christelijke gemeente. De geloofwaardigheid van het christelijk geloof hangt hiervan af, of het christenen lukt leefvormen te ontwikkelen waarin de zwakheden van de moderne levensstijl gediagnosticeerd en overwonnen worden. Het begrip koinonia staat theologisch gezien niet op één lijn met de andere grondfuncties van de kerk, martyria, diakonia en leiturgia. Het omspant en overstijgt deze. Paradigma van zo'n gemeenschap is Hand.2,42. De gemeenschap met de Heer verbindt mensen aan elkaar in solidaire verbondenheid met anderen. Hier is sprake van viering, onderricht, gemeenschap en dienstbetoon. In die zin vinden we binnen het bijzonder pastoraat talloze plekken, soms vrijplaatsen genoemd, waar uitdrukking gegeven wordt aan deze koinonia.

Hiermee zijn enkele ecclesiologische uitgangspunten geformuleerd, die het dilemma van kerk enerzijds of geestelijke verzorging anderzijds overstijgen en beide samen in een ecclesiologisch perspectief plaatsen. Van hieruit kunnen we ook enkele andere elementen doordenken.

12.22. *Het publieke karakter van het instellingspastoraat*

De vraag is nu of de differentiatie naar individueel, sociaal en publiek christendom (Heitink 1993, 237) ons hier verder helpt. Dit maakt het totale beeld immers niet rooskleuriger, hoogstens duidelijker. Het kerkelijk christendom brokkelt af door een toenemende ontkerkelijking. Het individueel christendom concentreert zich op het begrip behoefte, dat hiervoor ook als criterium voor geestelijke verzorging opdook: zorg naar behoefte. Die behoeften zijn zeer divers en in veel gevallen minder religieus of specifiek christelijk dan tot voor kort werd aangenomen. Zo verliest het geloof in een persoonlijk God onder leden van alle kerken veel terrein aan een onpersoonlijke godsopvatting (Van der Ven 1993, 138). De vage noemer levensbeschouwing dekt eerder de werkelijke situatie. Hier stuiten we op wat Bellah c.s. aanduiden als 'Sheilaism', genoemd naar een der onderzoekspersonen in 'Habits of the Heart': "I believe in God, I'm not a religious fanatic. I can't remember the last time I went to church. My faith has carried me a long way. It's Sheilaism. Just my own little voice" (Bellah 1985, 221). En het publieke christendom? Vergeleken bij de ons omringende landen en de situatie in de Verenigde Staten ('civil religion') heeft de scheiding van kerk en staat (1795) cultureel gezien vrijwel nergens zo sterk doorgewerkt als in Nederland.

Het begrip publiek heeft twee betekenissen. De eerste is *openbaar*. Het christelijk geloof is een openbare factor in de discussie over sociale en maatschappelijke vraagstukken. Dat valt op als men let op de toenemende aandacht voor religie en christendom in de publieke media. Ook binnen van oorsprong verzuilde confessionele organisaties in het welzijnswerk en de gezondheidszorg vinden weer levendige identiteitsdiscussies plaats (Baart, 1995). De tweede betekenis verwijst naar de *res publica*, het algemeen belang. Het christelijk geloof is goed voor allen (Tit.2,11) en verdient daarom ook een publieke plaats in verschillende sectoren van de samenleving, zoals de hulpverlening en de geestelijke verzorging.

Zo heeft ook het instellingspastoraat een eigen goed recht. Dit kan voor verschillende instellingen worden vastgesteld met een beroep op de vrijheid van godsdienst en levensovertuiging, die ook gerespecteerd dient te worden in totale instituties, zoals het leger en de gevangenis. Op grond hiervan hebben de kerken er op kosten van de overheid toegang. Het geeft hun een betrekkelijk sterke en onafhankelijke positie. Wanneer het werk zijn godsdienstig karakter zou verliezen, is de geestelijk verzorger inwisselbaar voor de filosoof of de therapeut. Nadruk op identiteit vormt hier dus de beste remedie tegen opheffing.

In de gezondheidszorg ligt dit anders. Hier vindt het werk zijn publieke erkenning in een wettelijke plicht tot geestelijke verzorging (Van der Grient 1994, 54). Het ziekenhuis draagt er zorg voor, dat de patiënt tijdens het gemiddeld steeds kortere verblijf aldaar de door hem gewenste geestelijke verzorging kan ontvangen. Wel wordt er dreigend aan toegevoegd: 'Wie betaalt, bepaalt.' Daarom beweegt geestelijke verzorging in de gezondheidszorg zich meer en meer in de richting van integratie. De dienst geestelijke verzorging is dan een functie van het ziekenhuis en heeft slechts zijdelings een relatie met de kerk.

Overigens geldt dit niet voor (inter-)confessionele ziekenhuizen, die zich mede op hun aanbod van pastorale zorg profileren. In sommige ziekenhuizen, maar vooral in instellingen waar de populatie minder fluctuerend is, zoals psychiatrische ziekenhuizen en centra voor gehandicapten, kan dit zelfs leiden tot categoriale vormen van gemeente-zijn. In en rond een tehuis of centrum wordt een kerkelijke, soms oecumenische, soms basisachtige, gemeenschap geïnstitueerd, naast pastores gedragen door een groep vrijwilligers. Een gemeente, die voor gelovigen uit de wijde omgeving een soort van vrijplaatsfunctie vervult.

12.23. *Modellen van instellingspastoraat*

Het kerkelijk karakter van vormen van bijzonder pastoraat verschilt per instelling. Er laten zich drie modellen onderscheiden (Rooijakkers, 1994): 'kerk' als vrijplaats (justitie, leger); 'kerk' als bijzondere wijkgemeente (confessionele instellingen met 'bewoners'); 'kerk' als vorm van christelijke presentie, pastoraat op basis van aanwezigheid, aanbod naar behoefte.

In alle drie gevallen treffen we vormen aan van ritueel, onderricht, zorg en dienstbetoon, vaak in seculiere gestalte, maar de relatie met de institutionele vormen van liturgie, toerusting, pastoraat en diaconaat is herkenbaar. Blijkbaar hebben we hier op de achtergrond te maken met antropologische constanten.

De *vrijplaats*-functie is interessant, mede vanwege haar kritisch karakter, als 'tegenover' van totale instituties die zich sterk kunnen maken vanuit een bepaalde ideologie, soms zelfs als tegenover van de kerken. Discussies over de vrijplaatsfunctie van de kerk kennen we in heel ander verband waar kerken bescherming bieden aan kansloze vluchtelingen om hen voor uitzetting te behoeden (Mattijsen, 1987). Net als in de jaren tachtig bij de kernwapendiscussie, zien we hier welke spanningen tussen kerk en overheid het kerkasiel ook in een democratische samenleving kan oproepen.

De vorm van bijzondere wijkgemeente of *categoriale gemeente* biedt eigen mogelijkheden. Ze vormt een noodzakelijke aanvulling op het territoriale principe om in uiteenlopende situaties de kerk bij de mensen te brengen. Categoriale gemeenten vormen dikwijls een kritisch correctief op de veel statischer territoriale gemeenten. Hier kan veel meer geëxperimenteerd worden dan in een gewone kerk.

Wat de vorm van *christelijke presentie* betreft, deze is gebaseerd op de diaconia van de kerkelijke gemeente: "de onbaatzuchtige dienstbaarheid aan de samenleving, in het bijzonder aan hen die onder moeilijke omstandigheden gebukt gaan" (Vossen 1993, 39). Men kan hier het beste over spreken in termen van gastvrijheid (Stoppels, 1996). Deze publieke dienst hult zich in het incognito van de geestelijke verzorging.

Zo is er binnen een dienst geestelijke verzorging nog steeds een belangrijke plaats voor pastorale zorg vanuit de christelijke traditie. De relatie tussen deze dienst en de kerken is niet altijd even duidelijk. Ziekenhuisdirecties willen zelf hun personeelsbeleid bepalen. Het verwerven van kerkelijke instemming is hierbij een complicerende factor. Daarom ziet men soms af van 'ambtshalve binding'. Ook geestelijk verzorgers zelf hebben nogal eens moeite met de kerk als instituut. Zij kiezen dan voor een vrije positie als theoloog-pastor, zonder ambtelijke binding. Daarom wordt soms onderscheid gemaakt tussen de kerk als een oecumenische geloofsgemeenschap, waarmee geestelijk verzorgers zich persoonlijk verbonden voelen en de kerk als instituut die een benoeming ambtelijk zou moeten goedkeuren.

Maar ook dit onderscheid is enigszins problematisch, met name als het gaat om het verrichten van ambtelijke handelingen. Men kan zich afvragen of het niet beter is wanneer een instelling zoals een ziekenhuis zich, in goed overleg met een plaatselijke Raad van Kerken, in zijn benoemingsbeleid verplicht tot de benoeming van pastores die de erkenning van hun kerkgenootschap ontvangen hebben? In deze lijn beweegt zich ook het beleid van de VGVZ (Vereniging van Geestelijk Verzorgers in Zorginstellingen), dat spreekt van een dubbele binding van geestelijk verzorgers: professionaliteit en binding aan de traditie als twee brandpunten van een ellips. Het komt mij voor dat dit onder de huidige omstandigheden nog steeds een goede lijn is.

12.24. *Pastorale zorg in zorginstellingen*

We hebben te maken met heel verschillende zorginstellingen, die ieder hun eigen vorm van geestelijke verzorging kennen.

12.241. *Geestelijke verzorging in ziekenhuizen*

Pastorale zorg in ziekenhuizen is directe patiëntenzorg (Doolaard, 1996): "De geestelijk verzorger biedt zich aan als tijdelijk gesprekspartner van deze mens, van wie het leven door de ziekenhuisopname spannend en onzeker geworden is; de dingen zijn niet meer zoals ze tevoren waren. Ook al was er reeds van een ziekteproces sprake, toch heeft de ziekenhuisopname altijd iets van een crisis" (368). Een dergelijke crisis raakt heel de mens, in diens lichamelijk, psychisch en geestelijk functioneren (Louw, 1994). Een sensitieve handleiding voor de ontmoeting met zieken biedt het klassieke boekje van J.H. van den Berg, De psychologie van het ziekbed (1952).

Heel invoelend wordt die crisis van een ziekenhuispatiënt beschreven door Georges Simenon, in zijn roman 'De klokken van Bicêtre'. Het boek beschrijft het zelfgesprek van een ernstig zieke. Hij is een belangrijk man in Parijs, maar ineens is hij als gevolg van een attaque verlamd en machteloos. Zijn vrienden van de sociëteit zijn nu zijn behandelaars. Maar evenals andere bezoekers van buiten worden ook zij door hem als vreemden ervaren. Iedere bezoeker wordt op zijn echtheid beproefd. Alleen de verpleegster biedt veiligheid. Onthullend zijn de zinnen die een verpleegster bij het luiden van de kerkklokken over de pastor zegt: "Bent u katholiek? Is de kapelaan al bij u geweest? Het is een beste man en helemaal niet opdringerig... Heel anders dan zijn voorganger, die liet de patiënten altijd dood schrikken... Hij stond ineens voor hun bed, zonder dat ze om hem gevraagd hadden... Daar schrik je toch van, hè, als je niet goed bent, en je ziet dan plotseling een priester bij je bed staan, alsof hij je het laatste oliesel komt toedienen..." (Vgl. ook Faber 1971, 156 e.v.).

Vanwege de korter durende opnames gaat het in het ziekenhuis heel vaak om eenmalige gesprekken. Dit is ook de reden dat in verschillende ziekenhuizen geëxperimenteerd wordt met pastorale opvang in de polikliniek, waar mensen zojuist met slecht nieuws geconfronteerd zijn. Op de afdelingen zijn het de verpleegkundigen, die de pastor attent maken op patiënten die een pastoraal gesprek zouden wensen. Een goede samenwerking met de verplegingsdienst is dan ook een eerste vereiste. Zo doen veel pastores regelmatig mee aan patiëntenbesprekingen, samen met andere disciplines die aan het bed van de patiënt komen. Belangrijk is de aandacht voor medisch-ethische vraagstukken, zoals euthanasie. Heel veel mensen die een pastor ontmoet, hebben geen relatie meer of nog slechts een verstoorde relatie met geloof en kerk. Dat geldt overigens ook van artsen en verpleegkundigen, die eveneens een gevoeligheid voor geestelijke en religieuze vragen moeten ontwikkelen.

Een pastor zal zich duidelijk presenteren, maar het verder van de patiënt laten afhangen in hoeverre deze zelf haar of zijn religieuze beleving ter sprake wil brengen. Een belangrijk element vormen de avondoverdenkingen via de ziekenhuisradio en de oecumenische vieringen op zondag, waarvoor de patiënten worden uitgenodigd. De kapel wordt door de week in veel ziekenhuizen gebruikt als stiltecentrum. Pastores dienen ook op de hoogte te zijn van religieuze gebruiken in andere religies.

12.242. *Geestelijke verzorging in het verzorgingstehuis*
Bij een verzorgingstehuis kan men denken aan tehuizen voor ouderen en aan verpleegtehuizen. Hier spreekt men niet van patiënten maar van bewoners. Een goed woonklimaat waardoor mensen zich thuis voelen is daarom erg belangrijk. In de praktijk is dit klimaat heel verschillend. In bejaardenoorden hebben mensen hun eigen wooneenheid, maar in verpleegtehuizen moet men vaak met anderen een kamer delen en mist men de dan zo kostbare privacy. Naast afdelingen voor chronische somatische patiënten hebben veel verpleegtehuizen een psychogeriatrische afdeling, waar dementerende mensen worden opgenomen. Deze patiënten, die zich onveilig en angstig kunnen voelen, vragen een heel eigen wijze van communicatie.

Ook in deze sector houdt men vast aan een omschrijving van geestelijke verzorging in termen van 'ambtshalve en professionele ondersteuning en begeleiding', ook al staat deze door de komst van geestelijk werkers zonder binding of zending van een levensbeschouwelijke organisatie onder druk (Kluitman, 1996). Juist diens positie geeft de geestelijk verzorger ook een vrijplaatsfunctie.

Van een pastor in zo'n tehuis wordt veel gevraagd. Behalve een goede opleiding zijn volgens J.C.Schreuder (1983) persoonlijke eigenschappen als een evenwichtige en opgewekte aard, een gezond gevoel voor humor en voldoende werkelijkheidszin, heel belangrijk. Ook vraagt het de nodige souplesse om op heel verschillende tijden aanwezig te zijn, ook 's avonds. "Voor veel zieken is de avond extra moeilijk door de onrust en de dreiging van de komende nacht, terwijl er juist dan minder personeel aanwezig is. Het bezoek van de pastor kan voor de bewoners van het huis in die uren een zekere rust scheppen." De pastor heeft ook contacten met personeelsleden, voor wie de werkdruk in deze tijd bijzonder groot is. Ze hebben te weinig tijd voor de mensen. Een pastor zal als aanspreekpunt voor allen in ieder geval het gevoel moeten oproepen, dat hij of zij wel tijd heeft.

12.243. *Geestelijke verzorging in voorzieningen voor verstandelijk gehandicapten*
Mensen met een verstandelijke handicap vormen een eigen groep, die recht heeft op aangepaste zorg. Ze zijn niet ziek, maar beschikken over beperkte verstandelijke vermogens. Hun handicap is niet tijdelijk, maar openbaart zich meestal al bij de geboorte en is blijvend. Ze hebben hun leven lang begeleiding nodig. Een aantal van hen kan in het ouderlijk huis verzorgd worden en ook met ondersteuning scholen bezoeken, naast instellingen voor speciaal onderwijs meer en meer ook reguliere scholen. Oudervereningingen zijn op dit gebied actief en spelen een belangrijke rol in de vernieuwing van het zorgbeleid. In woonwijken treft men huizen aan, waar verstandelijk gehandicapten in kleine groepen beschermd kunnen wonen. Daarnaast zijn er de grote tehuizen met permanente verzorging voor wie ernstiger gehandicapt zijn. Door de goede zorg worden deze mensen gemiddeld veel ouder dan vroeger.

Ook een verstandelijk gehandicapte "vraagt om een God die zich kennen laat in menslievendheid, in een 'verhaal van alle tijden' of in een ethische handelswijze. In alle gevallen wil hij kunnen rekenen op een geestelijke verzorging, die hem daarbij helpt, of op een 'geestelijk klimaat' dat zijn vraag onderkent" (Van Oosterhout e.a., 1996, 690). In onze samenleving behoren verstandelijk gehandicapten tot de kansarmen. *Van Andel* (1980, 53) merkt op dat deze marginale groep huns ondanks in het evangelie een hoofdrol speelt. Jezus' identificatie met de misdeelden blijft daarom een belangrijk oriëntatiepunt. Zij zijn dan ook 'subject' van gemeente-zijn. Dit wil zeggen: "zonder hun aanwezigheid is de gemeente niet compleet."

Tehuizen voor verstandelijk gehandicapten zijn voor een groot deel gesticht in de negentiende eeuw door charitatieve verenigingen (Jak 1988, 1993). Het bewaren van de eigen identiteit is in deze tijd een zorg apart (Tigchelaar, 1995). De pastorale zorg heeft de afgelopen decennia een eigen deskundigheid ontwikkeld, die o.a. tot uitdrukking komt in bijzondere vieringen met veel symboliek, met name rond de maaltijd van de Heer

(Trapman, 1993). Bekendheid kregen de snoezelvieringen met zeer ernstig gehandicapten (Trapman, 191 e.v.).

12.244. *Geestelijke verzorging in psychiatrische centra*
Ook in psychiatrische centra en ziekenhuizen is sprake van ambtshalve en professionele begeleiding, waarbij de professionaliteit kennis vraagt van psychiatrie en psychotherapie. Deze kennis geeft ook een eigen kleur aan de pastorale begeleiding.

In de psychiatrie zijn vertegenwoordigers van uiteenlopende disciplines met mensen in gesprek. Elke discipline heeft een eigen theoretisch gestuurde methode van behandeling, die objectiverend is en daarom voor mensen ook vervreemdend kan werken (Van Loenen 1996, 605). In pastoraat als vrijplaats ontbreekt een dergelijk kader. De pastor staat aan de kant van de patiënt om hem of haar te ondersteunen in het eigen levensverhaal. Geestelijk lijden grijpt heel diep in en kan de eigen levensovertuiging ernstig bedreigen. Troostende nabijheid is nodig om mensen ruimte te geven de existentiële crisis die ze doormaken uit te houden. Ook de liturgische viering en het gebruik van individuele rituelen scheppen een gemeenschappelijk kader dat ruimte biedt voor een geestelijk doorleven van de eigen situatie.

Naast deze ambtshalve pastorale begeleiding is er in veel gevallen ook sprake van professionele begeleiding. Dit geldt met name voor zinvragen, die als gevolg van depressiviteit en de kans op zelfdoding een heel eigen zwaarte kunnen krijgen. Mensen worden gepijnigd door diepe gevoelens van angst en schuld die hun geloof en met name hun godsbeeld kleuren. Er zijn godsvoorstellingen in omloop, die mensen nog dieper in de put helpen. Hier is een hermeneutische deskundigheid in het hanteren van theologische en psychologische gegevens een eerste vereiste.

Van geestelijk verzorgers wordt in deze context in een aantal gevallen gevraagd dat zij geïntegreerd werken. Dat betekent dat een pastor ook een eigen rol kan spelen binnen een behandelteam (Bach 1996, 639), uiteraard zonder dat dit ten koste gaat van de hiervoor genoemde vrijplaatsfunctie. Andere disciplines hebben veel methodischer leren denken dan geestelijke werkers. Dat verandert in onze tijd. “Het is de kunst om dan met behoud van het eigen taalveld toch te kunnen communiceren met de andere disciplines. Hiervoor kan een levensbeschouwelijke diagnostiek worden ingezet, een instrument om in het eigen taalveld aan te geven wat er speelt in de geestelijke verzorging. Belangrijke elementen in zo'n diagnostiek zijn de levensbeschouwelijke anamnese en het tot zijn recht laten komen van het eigen verhaal van de patiënt, zonder dat dit weggefilterd wordt door de waarheidstrechter” (Bach, 645). Het begrip waarheidstrechter is ontleend aan H.Kunneman (1986). Het beeld van de trechter ziet op de werking van een positivistisch waarheidsbegrip. Deze trechter heeft een filter dat slechts objectiveerbare aspecten doorlaat, wat leidt tot reductie van het zelfverstaan van een mens. Daartegenover vertolkt de pastor de andere stemmen in het verhaal. Overigens staat deze pastorale diagnostiek (13.3) nog in de kinderschoenen.

12.25. *Pastorale zorg in andere maatschappelijke instituties*

Naast de zorginstellingen zijn er nog andere instituties in de samenleving waar pastorale zorg deel uitmaakt van de zorg en bejegening van mensen. Met een term van E.Goffman (1961) worden ze totale instituties genoemd, vanwege de veelomvattendheid van het beslag dat ze leggen op de loyaliteit, gehoorzaamheid en aanpassingsbereidheid van de mensen die hier deel van uitmaken.

12.251. *Geestelijke verzorging in inrichtingen van Justitie*
Inrichtingen van Justitie worden vaak hierdoor gekenmerkt dat groepen die in de samenleving een minderheid zijn hier de meerderheid van de populatie vormen. De helft

van de gedetineerden in inrichtingen van justitie bestaat uit buitenlanders of Surinamers en Antillianen (Abma 1991, 61). Zij zijn terechtgekomen in de criminaliteit en zijn nu vastgezet in huizen van bewaring in afwachting van hun vonnis of zitten in gevangenissen hun straf uit. Zij brengen ook hun eigen culturele en religieuze achtergrond mee. Het justitiepastoraat maakt onderdeel uit van de zorg die hier door de overheid aan besteed wordt.

Ook hier wordt geestelijke verzorging omschreven vanuit een dubbele identiteit, als 'ambtshalve en professionele begeleiding en hulpverlening op basis van geloofs- en levensovertuiging' (Abma, 65). Van roeping naar beroep, zo schetst *A.J. van Omme* (1991) de ontwikkeling van het justitiepastoraat. Met name de laatste decennia is ook dit werk sterk geprofessionaliseerd. Integratie is ook hier een belangrijk woord. De pastor, evenals zijn collegae geestelijk verzorgers waaronder humanistische raadslieden, richt zich niet alleen op de gedetineerde maar wordt geacht een bijdrage te leveren aan de totale zorgverlening in de instelling. Hij moet zich dus steeds duidelijker profileren binnen de organisatie. De zorg strekt zich ook uit naar vormen van beschermd wonen voor exgedetineerden, om hen terug te sluizen naar de samenleving en naar Nederlandse gedetineerden die in buitenlandse gevangenissen verblijven (Spoor, 1983).

Geestelijke verzorging is hier van groot belang. Juist in het isolement worden mensen op zichzelf teruggeworpen, overdenken ze hun leven tot nu toe en worden ze dagelijks geconfronteerd met de uitzichtsloosheid van een lange periode van uitsluiting van het maatschappelijk leven en van hun huwelijks- en gezinsleven. Ze zullen op een bepaald moment weer de overgang maken naar een maatschappij, waar zij nog lange tijd een stigma met zich meedragen. Op deze weg dringt zich de vraag naar de zin van het bestaan met kracht op.

Deskundigheidsbevordering is binnen het huidige justitiepastoraat een belangrijke prioriteit. *Vossen* (1993) onderscheidt drie ideaaltypische modellen van vraag en aanbod in het justitiepastoraat, die als zodanig een analytische functie hebben. Als eerste is er het aanwezigheidspastoraat, in de vorm van beschikbaarheid en nabijheid in de dagelijkse omgang met gedetineerden en personeel, vervolgens de verzorging van het religieuze leven in strikte zin en tenslotte de pastorale hulpverlening of contingentiecounseling. Na ze eerst te hebben onderscheiden, benadrukt hij de complementariteit van de modellen onderling. Wil men de eigen identiteit in termen van doelen en taken formuleren, dan heeft men alle drie nodig, mede om recht te doen aan de relatie tot de overheid en tot de zendende kerken. Pastores worden in dit werk in toenemende geassisteerd door vrijwilligers.

12.252. *Geestelijke verzorging in de krijgsmacht*

De geestelijke verzorging in de krijgsmacht maakt in deze tijd een belangrijke ontwikkeling door als gevolg van veranderingen in de organisatie. Zo is de dienstplicht in Nederland afgeschaft en is ons land overgegaan op een vrijwilligersleger. Dit nieuwe leger bereidt zich niet zozeer voor op oorlogvoering, als wel op politionele taken in het kader van de Verenigde Naties of de NAVO (IFOR), zoals de interventie in het voormalige Joegoslavië. Niet zozeer de landsverdediging als wel de verdediging van de internationale rechtsorde staat nu centraal.

Binnen de geestelijke verzorging neemt de aandacht voor de motivatie van de militairen een belangrijke plaats in, aldus *Van Iersel* (1996), die wijst op de behoefte aan "een verhaal over de ethische legitimiteit van een missie, zeker bij peace-keeping, ook al is een visie op de zin van geweldarme vredesoperaties nog zo goed gefundeerd...; de geestelijke verzorging kan en moet het verhaal van de militair, biografisch en politiek geladen als het is, au sérieux nemen en het verbinden met de verhalen die zij vanuit haar eigen perspectief en verhaaltraditie kan aanreiken" (517). Bij het laatste valt in concreto te denken aan wat militairen doormaken die betrokken waren bij de bescherming van Srebrenica en wat zij na de moord op de moslimmannen aldaar ook zelf te verwerken hebben. Oorlogservaringen van veteranen vragen vaak vele jaren na dato nog therapeutische en pastorale hulp. Dit speelt in ons land bij oud-militairen die betrokken waren bij politionele acties in Indonesië, de strijd in Korea en bij vredesoperaties van de Verenigde Naties. Ook in het gemeentepastoraat komt men met hen in aanraking.

De Theologische Faculteit van Tilburg heeft een bijzondere leerstoel *Vraagstukken Geestelijke Verzorging in de Krijgsmacht* ingesteld. A.H.M. van Iersel, op deze plaats benoemd, geeft in zijn inaugurele oratie (1995) een contextanalyse van de omgeving waarin de geestelijke verzorging optreedt. In antwoord hierop wordt de geestelijk verzorger geconfronteerd met morele dilemma's en zinvragen. Deze geven aan deze vorm van pastoraat een heel eigen kleur en invulling.

12.3. *Balans*

De geestelijke verzorging in instellingen kent een brede vertakking over uiteenlopende maatschappelijke instituties en organisaties. De eigen context stelt zulke specifieke eisen dat op elk terrein sprake is van een specialisme. Dit feit wordt vertaald in opleidingseisen. Het werk speelt zich af aan of over de randen van de kerken, ingebed als het is binnen de structuur van een organisatie. Toch is een goede relatie met de kerken van belang om het werk te voeden en omgekeerd de kerken te confronteren met politieke vraagstukken, ethische dilemma's en bedreigingen van de humaniteit. Hier gaat het over macht en onmacht, recht en onrecht, dood en leven. Veel wat in het vorige hoofdstuk geschreven werd over politiek en maatschappelijk pastoraat is op deze setting van toepassing. Pastores die in deze organisaties werkzaam zijn verdienen de loyale steun van hun achterban bij de dikwijls zware taken waar zij voor staan.

Hiermee komt het tweede deel van dit boek tot een afronding. Een gematigde differentiatie naar de handelingsvelden van mens en religie, kerk en geloof, godsdienst en samenleving (Heitink, 1993), laat ook iets ziens van de uitwaaiering van de pastorale zorg binnen en buiten de kerken. Bepaalde aspecten van de werkhypothese (2.6) worden hierdoor verhelderd. Ik noem de antropologische gerichtheid op 'heel de mens', de verbondenheid met de kerk, de professionaliteit van het werk en de relatie met andere vormen van zorg binnen de context van de moderne samenleving. De beschreven handelingsvelden geven al een concreet beeld te zien van de pastorale praktijk. Ook dit deel had dus 'Praktijk' kunnen heten. We hebben dat woord echter gereserveerd voor Deel 3, waarin de pastorale relatie centraal staat, samen met de ambachtelijkheid van het pastorale beroep.

DEEL III

PRAKTIJK

13. Het pastorale gesprek

Pastorale zorg voltrekt zich als regel in de vorm van een gesprek, een tweegesprek en soms een groepsgesprek. In dit hoofdstuk geven we aandacht aan de praktijk van het pastorale gesprek. Op dit punt brengt de opzet van dit boek beperkingen met zich mee. Ik moet volstaan met het aangeven van hoofdlijnen en verder verwijzen naar andere boeken die meer en detail op gespreksvoering ingaan. Er is nog een andere beperking. In het voorafgaande werd onderling pastoraat de grondvorm van alle pastoraat genoemd. Hier richt ik mij met name op hen die in en namens de gemeente de opdracht ontvangen hebben pastoraal werk te doen: de pastores en vrijwilligers in pastoraat. De eersten hebben voor dit werk een opleiding ontvangen. In veel gevallen zijn ze ook belast met de toerusting en instructie van pastorale medewerkers. De pastorale relatie wordt hier dus verstaan als een functionele samenwerkingsrelatie, wat binnen een geloofsgemeenschap een spanningsvol gegeven kan zijn. Ik ga er echter vanuit dat pastorale zorg een functie van de gemeente blijft, ook wanneer deze door hiertoe aangewezen pastores of pastorale medewerkers wordt uitgeoefend.

Allereerst wordt ingegaan op het eigene van de pastorale gespreksrelatie (13.1). Dit brengt ons vervolgens bij de structuur en het karakter van het pastorale gesprek (13.2). Daarna komt de vraag terug naar de mogelijkheid van een pastorale diagnostiek (13.3). Vervolgens wordt ingegaan op het gespreksverloop (13.4), waarna afsluitend aandacht geschonken wordt aan het groepsgesprek (13.5).

13.1. *Het eigene van de pastorale gespreksrelatie*

De eerste vraag die gesteld moet worden is die naar het eigene van een pastoraal gesprek, in onderscheid van therapeutische gesprekken. In de lijn van dit boek typeer ik het pastorale gesprek als hermeneutisch. Kern van een hermeneutische relatie is *het komen tot verstaan met het oog op verandering*. Verstaan en veranderen zijn twee kanten van één en dezelfde zaak. Wie tot verstaan komt is niet meer dezelfde als voorheen. Dit verstaan werkt door in een *andere* kijk op, een *andere* benadering van, een *andere* houding tegenover mensen met wie en zaken waarmee men in aanraking komt. Kortom, verstaan is ook verandering, of zoals Firet het uitdrukt: "Het pastoraal optreden is het veld, waarbinnen God en mens op elkaar betrokken worden in die spanningsverhouding, waarin het woord geschiedt, dat een mens tot verstaan en verandering brengt" (1968, 175).

Ik verwijs hier naar een these van D.Stollberg: "Seelsorge ist eine Weise, Theologie zu treiben; sie ist nicht etwa eine Anwendungsform, sondern eine Verleiblichung von Theologie" (in: Klessmann 1997, 11). Het Woord is vlees geworden (Joh.1,14). Dit betekent: "Wenn Theologie seelsorgerlich konkret wird, äussert sie sich psychologisch!" (15). Ook hier hebben we te maken met een bipolair spanningsveld.

Dit zijn grote woorden. In pastorale gesprekken zijn we al blij als *mis*verstaan voorkomen wordt, een *begin* van verstaan op gang komt en we een glimp mogen opvangen van een andere werkelijkheid die een nieuw licht werpt op onze persoonlijke situatie: zien soms even. De theologische vooronderstelling is echter het werk van de Heilige Geest (7.62), die ons leven herschept en vernieuwt: Veni Creator Spiritus. Daarom heet de Geest de Trooster, in het Engels: 'the Counselor' (Joh.14,26). In dit perspectief staat alle pastorale counseling. Dit plaatst ons leven hier en nu binnen de theologische spanningsboog van 'gedenken en verwachten', waaraan onze goede en pijnlijke herinneringen en onze hoopvolle en stukgeslagen verwachtingen hun uiteindelijke zin ontlenen.

Kernwoorden in dit verband zijn *verhaal* en *zingeving*. We kwamen deze hiervoor tegen, zowel in de pastorale theologie, in een narratieve benadering van het pastoraat (5.52; 7.3), als in de psychologie, in een constructionistische benadering van de levensloop (6.8). Mensen zijn voortdurend bezig met het herschrijven en reconstrueren van hun eigen levens*verhaal*, met name in crisissituaties wanneer men de draad van het eigen verhaal kwijt raakt of zelfs het gevoel heeft dat die draad eens voor altijd gebroken is. Op zo'n moment, waarop we mensen in het pastoraat heel vaak ontmoeten, zoekt iemand een weg terug in recente en oude herinneringen om uit deze inspanningen zo mogelijk nieuwe verwachtingen te putten. In de brokstukken van het eigen verhaal zoeken we samen naar aanknopingspunten voor het Verhaal, dat zich vanuit de heilshistorische maar tevens existentiële polariteit van gedenken en verwachten, anamnese en anticipatie, aan ons opdringt. Pastorale counseling is contingentie-counseling, gericht op *zingeving* (7.31). In dit proces van zingeving kunnen drie dimensies of niveaus worden onderscheiden: het cognitieve, het relationele en het experiëntiele niveau (hoofdstuk 9).

In zulke gesprekken komt het er dus op aan te verstaan wat mensen zeggen en wat hen beweegt. In en achter de woorden klinken gevoelens en emoties mee. Deze kleuren het menselijk levensverhaal. Al pratend stuiten we ook op stremmingen in de levensloop. Dit kan men het beste vergelijken met de loop van een bergbeekje. De vorm van de bedding is grillig en de stroom voert van alles mee. Zo komt er in een bocht wel eens iets vast te zitten, een tak bijvoorbeeld dwars op de stroom, die op zijn beurt bladeren, takjes en afval tegenhoudt. Daardoor treedt een stremming op. Het water stroomt niet meer goed door, het leven sterft er uit weg. De verdere loop van de bedding wordt niet meer door vers water gevoed. Dit beeld bepaalt ons bij het therapeutisch moment in de pastorale relatie. Communicatie is helend, ook zonder dat meteen gesproken wordt van psychotherapie. Dit begrip is gereserveerd voor de therapeut. Waar het hier om gaat is dat het verhaal hapert en stokt. Er zit iets vast. Hier zijn bewustwording en verheldering nodig. Hierop richt zich voor enige tijd de aandacht, opdat het levensverhaal weer vloeiend wordt. Wanneer iets of iemand echt vast blijkt te zitten, is verwijzing naar andere hulp nodig. Maar in veel gevallen heeft een pastorale relatie ook een therapeutisch effect. Er treedt heling op. De cognitieve, emotionele en existentiële momenten van zingeving werken op elkaar in. Dit betekent dat het eigene van een pastorale ontmoeting gelegen blijft in het geestelijke domein als primair referentiekader (Mooren, 1989). Een pastoraal gesprek is primair een geestelijk gesprek, gericht op zingeving. Maar de geestelijke dimensie doortrekt ook de psychische, somatische en sociale dimensie.

Een hermeneutische relatie, ook wanneer het om een functionele relatie gaat, kent een heel eigen wederkerigheid. Het is niet zo dat in deze relatie de ene partij de wetende en de andere de onwetende is. Komen tot verstaan geldt voor beide gesprekspartners. De een is meer thuis in het eigen levensverhaal, de ander meer in het Verhaal van de geloofstraditie, maar wanneer beide verhalen op elkaar betrokken worden ontstaat een wederzijds verstaansproces, waarin beide gesprekspartners een nieuwe, vaak verrassende ervaring opdoen.

Tot zover deze eerste typering van de pastorale relatie en het pastorale gesprek, waarin we belangrijke gezichtspunten uit de voorafgaande hoofdstukken samenvatten. Het voeren van zo'n gesprek vraagt theologische en psychologische vaardigheden, waarbij opnieuw de psychologie de infrastructuur levert waarop een hermeneutische relatie kan worden gebouwd.

13.2. *Het pastorale gesprek*

In deze paragraaf verkennen we de structuur van de pastorale gespreksrelatie. Hoewel we kozen voor een narratief-constructionistische benadering, kunnen ook andere psychologische richtingen hiervoor, zoals we zullen zien, belangrijke bouwstenen leveren. Zo is op het gebied van counseling de hoofdrol weggelegd voor een humanistisch psycholoog, C.R.Rogers. Zijn benadering vraagt echter aanvulling vanuit de cognitief-psychologische, de sociaal-leertheoretische en de psychoanalytische benadering.

13.21. *De pastorale relatie*

Wie spreekt over de pastorale relatie kan het beste met twee woorden spreken. Het eerste is *evenmenselijkheid*. De mens die we in een pastoraal gesprek ontmoeten is evenmens, gelijke in de hoedanigheid van mens. Firet noemt de evenmenselijke aanspraak een voor-agogische categorie, waarmee bedoeld wordt "dat alle handelen in relatie tot een mens met het oog op zijn mens-wording zijn uitgangspunt heeft in de bejegening van déze mens als mens: hij is nooit - ook niet als hij kind is - alleen maar een mens die belerend, onderrichtend, bevelend kan worden *toe*gesproken, hij is altijd een evenmens, die zelf subject van zijn leven is en heeft te zijn, en als zodanig *aan*gesproken moet worden" (1968, 209).

Wanneer vervolgens gezegd wordt dat een pastorale relatie een op verandering gerichte relatie is, mag dit nooit ten koste gaan van de evenmenselijkheid. Een pastoraal gesprek kan daarom het beste vergeleken worden met een socratisch of *maieutisch* gesprek. Degene die initiatief neemt en vraagt is niet de wetende, maar stelt als vragende ook zichzelf op het spel. Want voorbij de vanzelfsprekendheid liggen nieuwe vragen en onbekende antwoorden, waar beide gesprekspartners zich op dit moment nog niet van bewust zijn. Wat hen leidt is een zekere weetgierigheid, die wie weet waar naartoe kan voeren. Uit deze relatie kan iets nieuws geboren worden. Maieutiek is verloskunde. De rol van de pastor heeft in overdrachtelijke zin iets van die van vroedvrouw.

De pastor is echter niet alleen de gevende, maar ook de ontvangende partner, zoals Paulus fijntjes opmerkt in zijn brief aan de Romeinen: "Want ik verlang u te zien om u enige geestelijke gave mede te delen tot uw versterking, dat is te zeggen: onder u mede bemoedigd te worden door elkanders geloof, van u zowel als van mij" (Rom.1,11v.). Hij is broeder onder zijn broeders en zusters, in een wisselwerking van geven en ontvangen. In het Nieuwe Testament is 'elkaar' een veelzeggend woordje (Versteeg, 1980).

Toch kent een agogische relatie bij alle wederkerigheid ook een zekere mate van *asymmetrie*, het andere woord. "Volkomen gelijken hebben elkaar niets mede te delen", aldus Firet (211) die de relatie pastor-gesprekspartner daarom een typisch asymmetrische verhouding noemt, zij het op basis van principiële gelijkheid (vgl. 8.1). Men kan hier ook spreken van een functionele samenwerkingsrelatie. Een functionele relatie ligt tussen een persoonlijke en een conventionele relatie in (Oldendorff, 1981). Ze is minder persoonlijk dan een vriendschapsrelatie, maar persoonlijker dan een zakelijke cliënt-relatie. Er is een onderscheid in rollen, de één is pastor, de ander gesprekspartner. Het is zelfs niet geheel ondenkbaar dat er een omkering van rollen kan plaats hebben. Maar deze ongelijkheid schept een distantie, die juist nabijheid mogelijk maakt.

We stuiten hier op de polariteit van distantie en nabijheid die aan een dergelijke relatie eigen is, waarbij ik herinner aan het bekende adagium van *H.C.Rümke*: maximale nadering met behoud van distantie (1986, 69). In een familie- of vriendschapsrelatie speelt altijd mee dat mensen elkaar willen sparen. Want als ik me helemaal uitspreek belast ik die ander daarmee. In een functionele relatie speelt dat niet. De pastor voelt zich niet persoonlijk aangesproken door wat de ander zegt, ook al kan het haar of hem persoonlijk raken, maar hij is geen partij. Die distantie schept ruimte voor nabijheid. De ander voelt zich vrij om zich uit te spreken. Dat is altijd weer de verrassing van pastores in opleiding, dat hun zoveel persoonlijke en zelfs intieme dingen worden toevertrouwd. Daar is ruimte voor. Juist zo kan de pastor ook 'ander' zijn in die relatie, waardoor een dynamiek ontstaat die ruimte voor verandering schept.

Door ander voor elkaar te zijn, ontstaat eveneens ruimte voor de Ander. Of zoals Tine Halkes opmerkt: “Wie alleen maar persoon, zichzelf, wil zijn, alleen maar Kees of Trees, miskent een zekere objectiviteit, een gegeven, geschonken werkelijkheid die groter is dan de pastor zelf en die ook niet volledig van haar of hem afhangt” (1977, 60). Maar het omgekeerde is niet minder gevaarlijk. Wanneer de rol zodanig overheerst dat Kees of Trees niet meer als persoon herkenbaar is, ligt het ‘heiland-complex’ (Rebel 1981, 241) òf het ‘hulpverlenerssyndroom’ (Stroeken 1988, 45) op de loer.

Zo zit de kracht van de pastorale relatie in de spanning van evenmenselijkheid en asymmetrie, nabijheid en distantie, persoon en rol. Ik verwijs hier naar de omschrijving die Halkes geeft van de counselingsrelatie, die ik enigszins varieer door hier de woorden pastor en gesprekspartner in te voegen: “De pastor treedt in een zodanige relatie met een gesprekspartner, dat er een klimaat wordt geschapen van wederkerigheid, waarbinnen de ander tot zichzelf kan komen, bij de eigen wortels, om van daaruit de nog niet ontdekte of geblokkeerde mogelijkheden in zichzelf in beweging te brengen. De gesprekspartner kan zo in een steeds levendiger en vruchtbaarder relatie komen met zichzelf en in steeds bevredigender relaties met anderen en met de wereld rondom haar/hem leven” (18).

Wanneer een pastorale relatie te persoonlijk wordt en een te grote nabijheid of intimiteit ontstaat, neemt ook de kans op misbruik van de relatie toe. De laatste tijd is de aandacht gegroeid voor ongewenste intimiteiten en seksueel misbruik in helpende relaties. In een dergelijke relatie is altijd sprake van ongelijke machtsverhoudingen (8.1), met name omdat crisissituaties ook vaak een grote mate van afhankelijkheid met zich meebrengen. Het heeft lange tijd geduurd voordat ook seksueel misbruik in pastorale relaties openlijk onderwerp van gesprek werd. Blijkbaar was het vertrouwen in pastores zo groot dat men ten onrechte dacht dat zij ook in dit opzicht boven elke verdenking verheven waren. De schaamte onder slachtoffers en de loyaliteit ten opzichte van de daders waren in brede kring zo sterk dat deze zaken niet aan het licht kwamen. Ook wreekt zich hier dat op seksualiteit in orthodoxe kringen te lang een taboe heeft gerust. De laatste tijd durven slachtoffers, gesteund door vertrouwenspersonen, naar buiten te treden. Het grote aantal klachten over seksueel misbruik in pastorale relaties is schokkend. In een aantal gevallen is de indruk gewekt dat het in bescherming nemen van de daders, de eigen pastores in dit geval, ten koste is gegaan van de solidariteit met de slachtoffers. Daarom moet het volstrekt duidelijk zijn dat de verantwoordelijkheid voor ontsporingen altijd ligt bij de pastor.

Van Dam en *Eitjes* geven de volgende definitie van seksueel misbruik: “Onder seksueel misbruik verstaan wij misbruik van macht en vertrouwen door een pastor ten opzichte van een gemeentelid of parochiaan in de vorm van seksuele handelingen of toespelingen op en uitnodigingen tot seksueel contact, meestal onder druk van geheimhouding. Anders gezegd: Wij spreken van seksueel misbruik als een pastor de relatie met een gemeentelid of parochiaan geseksualiseerd heeft. Dat betreft elke relatie die een pastor in zijn of haar beroepsrol met een gemeentelid of parochiaan heeft. Onder seksualiseren verstaan we: a. Het bevorderen of onvoldoende tegengaan dat er een klimaat ontstaat dat uitnodigt tot seksuele fantasieën. b. Het overgaan tot of onvoldoende tegengaan van seksuele handelingen (seksueel taalgebruik; seksueel bedoelde aanraking; seksuele gemeenschap" (1994, 21). Zoiets kan bedoeld of onbedoeld gebeuren. Een gebaar van troost bijvoorbeeld kan bij de pastor of de ander meer oproepen. Kerken hebben een beroepscode voor pastores geformuleerd en een klachtenprocedure voor slachtoffers ingesteld. Er zijn meldpunten waartoe slachtoffers zich kunnen wenden, om in contact te komen met vertrouwenspersonen. Overigens mag de angst voor ongewenste intimiteiten niet ten koste gaan van de behoefte aan gewenste intimiteit binnen de grenzen die aan een pastorale relatie gesteld zijn.

13.22. *De pastorale grondhouding*

In populaire instructieboekjes valt nogal eens de term gesprekstechniek. Deze suggereert dat het voeren van een gesprek berust op het hanteren van regeltjes, kneepjes en foefjes. Dit is een misverstand. De kern van de pastorale relatie is de grondhouding van waaruit een pastor handelt.

De grondhouding in een counselingsrelatie is beschreven door *Carl R.Rogers* (4.1; 6.42). Door auteurs over gespreksvoering, ik noem het werk van Faber en van der Schoot (1962), is deze vertaald naar de pastorale relatie. Deze benadering biedt ruimte en vrijheid, zowel aan de gesprekspartner als aan de pastor. Ook vonden we een correlatie tussen de gespreksrelatie bij Rogers en de geloofsrelatie zoals verwoord door Tillich. Ondanks de hierbij gemaakte kanttekeningen (4.2) lijkt deze benadering mij nog steeds het beste uitgangspunt te bieden voor pastorale gespreksvoering. Drie elementen treden hier op de voorgrond.

Als eerste moet hier genoemd worden het basale element van de *onvoorwaardelijke aanvaarding* (unconditional positive regard) van de gesprekspartner. Onvoorwaardelijk betekent vrij van sympathie en antipathie. De ander is niet gediend met mijn goedkeuring of afkeuring, want daardoor wordt de openheid van de relatie verstoord en ontstaat al gauw een welles-nietesspelletje. De pastor accepteert de ander zoals deze zich aan hem voordoet, zonder voorwaarden vooraf te stellen. De ander mag er zijn. Dat wil uiteraard niet zeggen dat men de indruk moet wekken het met die ander in alles eens te zijn. Wanneer die indruk ontstaat en de pastor zich door de ander voor een hem onwelgevallig karretje gespannen voelt, is het goed enige afstand te nemen: "Dat is uw beleving, persoonlijk beleef ik dat wat anders." Doet men dit niet dan komt men in conflict met het volgende punt, de echtheid.

Als tweede geldt hier namelijk de *congruentie* van de zijde van de pastor, opdat ook de gesprekspartner kan groeien in congruentie. Daarmee wordt bedoeld echtheid, authenticiteit. De pastor doet zich niet anders voor dan hij of zij is. De wijze waarop de pastor zich naar buiten toe uit, komt overeen met hoe hij zich van binnen voelt. Voorwaarde hiervoor is dat men dicht bij de eigen gevoelens en ervaring leeft, een eigen identiteit heeft ontwikkeld en dat men in eigen leven een zekere mate van integratie heeft bereikt (Kruijne, 1977).

Als derde geldt het vermogen tot *empathie*. Dit wil zeggen dat de pastor zich zo kan inleven in het referentiekader van de ander, dat hij gevoelens kan delen en met de ogen van de ander leert kijken alsof het zijn of haar eigen wereld is. Het woordje *alsof* ('die Als-Ob-Qualität', Riess 1973, 130) is hier belangrijk, want daarmee wordt de noodzakelijke distantie bewaard. Ik ben ik en jij bent jij. Zinnetjes als: 'dat kan ik helemaal meemaken', of 'dat kan ik me voorstellen', doen al gauw afbreuk aan de eigen unieke ervaring van de ander. Het invoelingsvermogen mag nooit ten koste hiervan gaan dat de pastor 'de ander' blijft in deze relatie. Anders gezegd: de pool van de empathie gaat niet ten koste van die van de congruentie.

Zo wordt de grondhouding gekenmerkt door de polariteit van individuatie en participatie (Tillich), van distantie en nabijheid (Rümke), van discretie en receptiviteit (Firet), die tot uitdrukking komt in congruentie en empathie. Dit alles op basis van onvoorwaardelijke aanvaarding. Deze grondhouding past bij wat Rogers noemt een non-directieve vorm van counseling, waardoor de ander geholpen wordt zichzelf te helpen. Want hieraan kan een mens groeien.

Deze houding is met name van belang in die fase waarin een gespreksrelatie wordt opgebouwd. Wanneer er een wederzijds vertrouwen gegroeid is, kan de pastor ook voor meer directieve, confronterende interventies kiezen. Ook in later werk van Rogers treffen we dergelijke elementen aan. Zo kan hij rustig tegen één van zijn cliënten zeggen: 'ik verveel me bij u'. Ook dat is congruent en niet minder empathisch! Verder moet worden opgemerkt dat deze grondhouding het beste past bij mensen, die geleerd hebben op hun eigen gevoelens en ervaringen te reflecteren. Lang niet iedereen kan dat. Ook dat kan met zich meebrengen dat van een pastor meer initiatief wordt verwacht.

Zie voor deze elementen o.a. het bekende handboek van *H.Faber* en *E. van der Schoot* (1962), eveneens *E. van der Schoot* (z.j.), *C.J.M.Halkes* (1977), *M.R.Blom* (1981) en *C.H.Lindijer* (1989). Firet (1968) gebruikt andere termen. Hij spreekt van zuivere receptiviteit, discretie en creativiteit, op basis van zakelijkheid, dat wil zeggen dat men 'ter zake' is. Receptiviteit komt overeen met empathie en discretie met congruentie. Met creativiteit wordt bedoeld dat een relatie die door deze elementen gekenmerkt wordt creatief is, dat ze leidt tot iets nieuws. Men kan dit ook het transcendente moment in de relatie noemen.

13.23. *In aanvulling op C.R.Rogers*

We noemden Rogers ons uitgangspunt. Dat houdt ook in dat hier niet mee kan worden volstaan. Ik sluit me hier aan bij *G.Lang* en *H.T. van der Molen* (1991) die Rogers op bepaalde punten hebben aangevuld met een cognitieve en een sociaal-leertheoretische benadering en geef verder nog een psychoanalytische aanvulling.

13.231 *Een cognitief-psychologische aanvulling*

Eerst een aanvulling vanuit de cognitieve psychologie. Eerder werd erop gewezen dat Rogers benadering te optimistisch is over menselijke groei, omdat een mens nu eenmaal niet zo vrij is als hij wenst. Op het punt van het spreken over gevoelens is hij echter ook te vaag. We wezen hiervoor op de opbloei van de cognitieve psychologie (6.7) en gaven aandacht aan het cognitieve niveau van de pastorale zorg (9.1). “De cognitieve psychologie houdt zich bezig met de wijze waarop de mens informatie opneemt, verwerkt, codeert, bewaart en weer voor gebruik beschikbaar maakt. Dit cognitieve proces van informatieverwerking, zowel informatie van binnen als van buiten, maakt het de mens mogelijk om betekenis toe te kennen aan die informatie” (Lang en Van der Molen, 40). Dit proces is beïnvloedbaar. Bij de bespreking van problemen moet daarom ook gezocht worden naar bijsturing van informatieverwerking. Daarbij passen elementen als uitleg, verheldering en instructie. Dit speelt met name in de pastorale zorg omdat de wijze waarop mensen geloven in belangrijke mate bepaald wordt door een proces van betekenisgeving vanuit een geloofstraditie. Deze kan mensen motiveren maar ook blokkeren. Mensen kunnen dus hun denken en daarmee hun voelen wijzigen en zo meer inzicht in hun eigen functioneren krijgen.

Een helper die cliënt-gericht is, is hiermee nog niet per definitie non-directief. Hij doet ‘iets extra’s’ (42). Want een mens groeit niet vanzelf. Lang en Van der Molen sluiten zich hier aan bij *D.A.Wexler*, die erop wijst dat waarnemen en beleven niet alleen een passief proces is, waaraan de persoon zich moet overgeven, maar ook een actief proces, in die zin dat een mens zelf selecteert, ordent en betekenis geeft. Bij informatieverwerking worden gevoelens door een cognitieve bedding geleid, waarin de gemoedsgesteldheid door structurering op peil gehouden wordt, opdat een mens niet door gevoelens wordt overspoeld. Twee principes spelen hierbij een belangrijke rol: differentiatie en integratie. Het eerste leidt tot nuancering van gevoelens, het laatste brengt tegenstrijdige gevoelens in een ordelijk geheel.

Het begrip gevoelens, in de betekenis van “gemoedsbewegingen, emoties, samengaand met allerlei lichamelijke verschijnselen” (45), vraagt dus om nadere bepaling. Hiervoor is het werk van *N.H.Frijda* (6.71) van grote betekenis. Bij Rogers speelt het toelaten en beleven van de eigen gevoelens een grote rol. Zo lijkt het of gevoelens vanzelf opkomen. Maar deze zijn altijd verbonden met cognities. Ze doen zich voor als gevolg van het verwerken van informatie. Heftige gevoelens komen vooral op wanneer het systeem van informatieverwerking verstoord is. Een centraal element in het optreden van gevoelens is dus de verandering van de structuur van het gedachtepatroon. Dit vraagt aandacht voor het cognitieve referentiekader, waarbinnen de opgeroepen gevoelsstroom kan worden gekanaliseerd. Lang en Van der Molen waarschuwen daarom terecht tegen een geforceerd oproepen van allerlei gevoelens.

13.232. *Een sociaal-leertheoretische aanvulling*

Een tweede aanvulling komt van de sociaal-leertheoretische benadering, waaraan de naam van *A.Bandura* verbonden is. Ook hier volg ik Lang en Van der Molen (49 e.v.). Deze leertheorie geeft een realistischer beeld van menselijke groei en ontwikkeling. Die wordt namelijk in belangrijke mate bepaald door omgevingsfactoren. Bandura ziet een wisselwerking van persoon (P), omgeving (O) en gedrag (G):

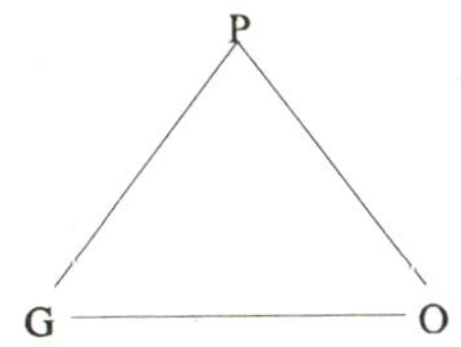

Onder persoon (P) worden alle relevante persoonskenmerken verstaan (biografie, opleiding, religie e.d.). Gedrag (G) ziet op het actuele waarneembare gedrag in verschillende situaties. Met omgeving (O) worden bedoeld situationele invloeden van buiten. Zo zal een leerling met meer graagte studeren in een omgeving die hem daartoe prikkelt. Persoon en gedrag zijn uiteraard nauw verbonden. De ene persoon heeft meer aanleg in een bepaalde richting dan de ander. Het gedrag is in interactie echter ook zelf een bron van invloed op de persoon en de omgeving. Zo weet een kind al jong met welk gedrag het zijn ouders en zijn omgeving beïnvloeden kan. Bij het helpen van iemand moet men zich dus zowel met iemands gedrag, als met iemands eigenschappen als met iemands situatie bezighouden. Overigens moet men met het begrip eigenschappen voorzichtig zijn. "Eigenschappen verwijzen naar aan de persoon toegeschreven patronen van denken en doen die kenmerkend en opvallend zijn, zich voordoen in een breed spectrum van situaties en relatief stabiel zijn in de tijd" (51). Zo kan het bijvoorbeeld zijn dat iemand in de ene situatie vrijgevig, maar in de andere gierig is. Het honoreren van deze drie factoren is dus een correctie op louter psychodynamische theorieën. Om in een gespreksrelatie de ander te begrijpen, is deze benadering van grote waarde.

Hoe leren mensen? Binnen de benadering van Bandura leert een mens vooral via voorbeelden ('modeling'). Door anderen bezig te zien vormt zich een cognitief idee, dat de basis wordt voor eigen gedrag. Voorbeeldgedrag is dus belangrijk. Of iemand tot nieuw gedrag komt wordt verder bepaald door motivatie (prikkels) en het opdoen van ervaring. Verder wordt het doorvoeren van nieuw gedrag mede bepaald door het positieve effect dat het oplevert. Zo komt iemand tot interpretaties met betrekking tot de wijze waarop hij of zij de dingen in het leven het beste kan aanpakken. Vaak gaat het hier om subjectief opgebouwde 'ezelsbruggetjes', die voor de helper niet direct inzichtelijk zijn. Willen mensen doeltreffend functioneren dan zullen ze zich op deze wijze bepaalde handelingspatronen moeten eigen maken. Allerlei situationele factoren zijn hierop van invloed.

Belangrijk voor een helpende relatie is het inzicht dat mensen op deze wijze kunnen komen tot zelfregulering. Zij kunnen zichzelf motiveren bepaalde zaken aan te pakken en wanneer dit lukt zichzelf hiervoor belonen met een goed gevoel. Ook zien we vaak dat mensen zichzelf sancties opleggen om tot bepaalde dingen te komen. Dit proces van zelfbeoordeling kan beïnvloed worden binnen de driehoek van persoon, gedrag en omgeving. De keuze van normen is hierbij belangrijk. Echter, niet altijd zijn normpatronen effectief. Dit is met name het geval bij hoge normen die men zich stelt. Men kan zichzelf een zodanig ideaalbeeld opleggen dat hierdoor elk initiatief bij voorbaat de kop wordt ingedrukt. Daden en idealen moeten dus in een reële verhouding tot elkaar staan. Voor de helper is ook dit een belangrijk aanknopingspunt.

13.233. *Een psychoanalytische aanvulling*

Vervolgens kan ook de psychoanalytische theorie voor belangrijke aanvullingen zorgen. Want ondanks alle goede bedoelingen kan een gespreksrelatie blokkeren. Om dat te begrijpen maken we ter afronding van deze paragraaf gebruik van het psychoanalytische referentiekader dat storingen die optreden vertaalt in termen van overdracht en tegenoverdracht.

Dat we de ander willen aanvaarden zoals deze is, neemt niet weg dat de ene mens ons meer sympathiek is dan de ander. Dat zegt niet alleen iets over die mens maar ook over onszelf. Soms vraag je je af hoe het komt dat die ander je mateloos irriteert dan wel onweerstaanbaar aantrekt. Dat heeft heel vaak te maken met gevoelens en wensen die we koesteren ten opzichte van sleutelfiguren in ons eigen levensverhaal, vader of moeder bijvoorbeeld. Ze kijken over onze schouder mee en oefenen hun invloed uit op het gesprek. Wat ik aan een bepaalde sleutelfiguur beleef draag ik, meestal onbewust, over op een nieuwe relatie. Een bepaald gedrag roept een gevoel van antipathie op en plotseling beseft men dat die ander ons doet denken aan iemand in ons eigen verleden aan wie we een hekel hadden. Ook verliefdheden zijn op deze manier te verklaren, evenals bijvoorbeeld repeterende breuken in steeds weer nieuwe relaties met op elkaar lijkende partners. Deze dingen spelen ook in een pastorale gespreksrelatie.

Wensen en verlangens van de gesprekspartner ten opzichte van de pastor noemen we *overdracht*. In de psychoanalyse is overdracht "het proces waardoor onbewuste verlangens actueel worden in het kader van een bepaalde relatie" (Stroeken 1988, 38). Het is de herhaling van een vroegere beleving die zich nu richt op de verkeerde persoon. Stroeken noemt het een identieke herdruk van een oud boek.

Onder *tegenoverdracht* wordt in dit verband verstaan de reactie van de pastor op de overdracht van de ander (Stroeken, 40). Deze leidt tot verkeerde taxaties van wat er aan de hand is. De ander roept gevoelens op, van ergernis of medelijden, die meer zeggen over mijzelf dan over de ander. Ze hangen samen met mijn eigen verhaal. Ze kunnen bijvoorbeeld inspelen op schuldgevoelens bij de pastor of diens behoefte om te helpen, beter bekend als het hulpverlenerssyndroom (Stroeken, 1982). Via pastorale training en supervisie kan men aan zulke mechanismen ontdekt worden.

Stroeken geeft van overdracht het volgende voorbeeld: "Iemand komt bij u en gaat op zo'n manier tot u praten en blijkt zulke dingen van u te verwachten dat u de indruk krijgt: hij denkt zeker dat ik zijn vader ben. Zo zijn steeds op dezelfde manier herhaalde autoriteitsconflicten vaak te wijten aan conflicten die iemand in zijn jeugd heeft beleefd met een bepaalde autoriteitsfiguur, zeg de vader" (1988, 39). Onverwachte heftige gevoelens van woede of aanhankelijkheid kunnen hier het gevolg van zijn. Iemand voelt zich zo hartgrondig door je in de steek gelaten, dat men beseft dat hier behoeften meespelen die een pastorale relatie ver te boven gaan. Wanneer de situatie wordt verhelderd: 'Ik denk dat je je vader heel erg mist', volgt een noodzakelijk rouwproces. Ook verliefdheden gaan vaak terug op overdracht. Behalve *Harry Stroeken*, *Kleine psychologie van het gesprek* (1988) noem ik als psychoanalytisch boek over gespreksvoering het wat oudere boek van *H.Musaph*, *Het gesprek* (1966).

13.3. *Pastorale diagnostiek*

Het woord diagnostiek is vanouds niet populair in de pastorale zorg, omdat een diagnostische houding gezien wordt als het tegenovergestelde van een empathische houding, waardoor de gesprekspartner wordt geobjectiveerd en op vooroordelen wordt vastgepind. *Halkes* spreekt daarom voorzichtig over het ontwikkelen van een *hypothese*, het woord *diagnose* bewust vermijdend (1977, 20). Het boek van *P.W.Pruyser*, over de pastor als diagnosticus heeft echter veel aarzelingen weggenomen. Om tot een voorlopige diagnose te komen, op basis waarvan een gespreksrelatie kan worden opgebouwd, moet de pastor empathisch in het referentiekader van zijn gesprekspartner binnengaan, om dit van binnenuit te leren begrijpen. Enige diagnostiek kan hierbij behulpzaam zijn (vgl. ook: de Jong van Arkel, 1987; Louw, 1997).

Uitgangspunt voor hermeneutisch pastoraat vormt het eigen levensverhaal van de gesprekspartner, waarin ook het eigen geloofsverhaal doorklinkt. Een pastorale ontmoeting wordt meestal gezocht op die momenten dat dit verhaal hapert of stokt dan wel door een ingrijpende gebeurtenis van buitenaf verstoord wordt. Ik kies voor een benadering die wat de persoon (P) betreft uitgaat van de drie in hoofdstuk 9 onderscheiden niveaus: het cognitieve, het emotionele en het experiëntiele of existentiële niveau, alsmede van de wijze waarop cognities en emoties zich tot elkaar verhouden, mede in relatie tot menselijk gedrag (G) en de eigen omgeving (O) van de gesprekspartner, zoals hiervoor (13.23) besproken. Op deze wijze gaat de pastor op zoek naar het eigene van deze mens en de wijze waarop hij/zij zich als man of vrouw verhoudt in relatie tot God, de ander en zichzelf. Met behulp hiervan schets ik een eenvoudig diagnostisch instrument, dat ik hier in het kort uitwerk.

Pastorale diagnose:

A. *Het cognitieve referentiekader*
Hoe verstaat de gesprekspartner zichzelf in religieuze/gelovige zin? Drukt deze zich uit in termen van een traditioneel/ modern/ kritisch/ postmodern referentiekader? Welk godsbeeld, mensbeeld en wereldbeeld klinkt hier door? Welk vrouw- of manbeeld? Hoe komt dit tot uitdrukking in beleving en gedrag? Welke situationele of contextuele factoren zijn hierop van invloed?

Een belangrijke graadmeter in dit verband is de taal, het woordgebruik. Wat zijn de eigen woorden (zelfstandige naamwoorden, werkwoorden, metaforen) die deze mens bij voorkeur gebruikt om eigen gedachten te verwoorden?

B. *Het emotionele verwerkingsproces*
Welke gevoelens klinken mee? Gaat het om een rijp of onderontwikkeld gevoelsleven, wanneer we dit afzetten tegen de basale polariteiten van: individuatie versus participatie (onafhankelijkheid vs afhankelijkheid) en die van vrijheid vs bepaaldheid? Spreekt hieruit een zekere evenwichtigheid of slaan de gevoelens door in de richting van één bepaalde pool? Hoe gaat iemand in zijn persoonlijk verwerkingsproces met deze gevoelens om?

Welke significante anderen (modellen) kom ik als identificatiefiguren bij deze mens (man of vrouw) tegen? Wat betekenen ze voor hem/haar als mens en gelovige, in positieve dan wel negatieve zin? Wat is de invloed van het gezins- of familieverband?

C. *De existentiële grondstructuur*
Heeft de betrokkene een katholieke dan wel reformatorische of een andere achtergrond? Met welke geloofsbeleving/spiritualiteit voelt deze mens zich verbonden? Wat betekent dit voor iemands eigen proces van zingeving?

Uit welke geestelijke bronnen put hij/zij? Waaruit komt zijn/haar hoop, moed en vertrouwen voort? Welke normen en waarden heeft de betrokkene zich eigen gemaakt?

In hoeverre is religiositeit of geloofsbeleving geïnternaliseerd? Hoe verhoudt de betrokkene zich tot de traditie zoals deze tot uitdrukking komt in verhaal, symbool en ritueel?

D. *De onderlinge verhouding van de niveaus*
Hoe werken deze niveaus op elkaar in? Welke rol speelt de omgeving hierbij? Welke seksespecifieke factoren spelen een rol in dit gesprek? Op welke sterke punten kan de pastor deze mens bevestigen? Op welke zwakke punten kan de gespreksrelatie zich richten?

Het gaat mij om een zo open mogelijke benadering. Het model is dus geen vragenlijst die moet worden afgewerkt, maar eerder een referentiekader dat een pastor zich eigen heeft gemaakt en mede op grond waarvan deze haar of zijn interventies kiest. Na afloop van het gesprek kan de pastor aan de hand hiervan aantekeningen maken om zich een nog beter beeld te vormen van de mens die hij/zij ontmoet heeft en de situatie waarin deze zich bevindt, zonder dat dit tot etikettering leidt. Het gaat er om "in helder inzicht en fijngevoeligheid te leren *onderscheiden* waarop het aankomt" (Fil.1,10), in een concrete situatie. Tot die fijngevoeligheid reken ik naast andere situationele factoren ook het gevoel voor sekseverschillen, met name voor de eigen ontwikkeling en beleving van vrouwen (Bons-Storm, 1986; Belenky e.a., 1986; Van Heijst, 1992) en voor het eigene in het optreden van vrouwen als pastor (Vrouwen als pastor, 1985; Enzer-Probst, 1995).

J.Bouwer (1997) deed onderzoek naar pastorale diagnostiek in de Verenigde Staten. Hij onderscheidt vijf stromingen. Als eerste een *historisch-biografische* oriëntatie, gerelateerd aan het werk van A.T.Boisen en Ch.V.Gerkin (5.521). Vervolgens een *medisch-klinische* oriëntatie, gerelateerd aan de psychiatrie. Bekend is het 'Diagnostic and Statistic Manual of Mental Disorders' (DSM-IV), dat ook de religieuze factoren honoreert. Als derde een *theologische* oriëntatie, zoals voorgestaan door P.W.Pruyser (4.4). Verder een *structureel-ontwikkelings-psychologische benadering*, in relatie tot het werk van o.a. J.W.Fowler. Tenslotte een *holistische* oriëntatie, met name die van G.Fitchet, uitgaande van de coördinaten van het levensverhaal van gesprekspartner. Hierbij wordt aandacht geschonken aan o.a. psycho-sociale, maatschappelijke en culturele factoren, steeds in relatie tot de geestelijke dimensie in het leven van de betrokkene. De benadering die ik hiervoor schetste komt het meest met de laatste oriëntatie overeen. Ook D.J.Louw (1997) besteedt uitvoerig aandacht aan het eigen karakter van een pastorale diagnose. Hij spreekt van een geloofsanalyse, waarin menselijk gedrag verstaan wordt in termen van het christelijk geloofsperspectief, zodat geloofsgroei en -volwassenheid bevorderd kunnen worden (355). In aansluiting bij D.Capps (1984) is hij uitdrukkelijk op zoek naar een theologische diagnose. Godsbeelden spelen hierin een belangrijke rol.

Een ander instrument biedt *N.Ammermann* (1994). Hij gebruikt de cognitieve persoonlijkheidstheorie van *G.A.Kelly* om het referentiekader van de pastorant in kaart te brengen. Mensen hebben constructen in hun hoofd, met behulp waarvan zij anticiperen op gebeurtenissen. Deze constructen worden niet door de psycholoog geformuleerd, maar door het onderzochte individu zelf aangereikt. Ze zijn keuzen die mensen in hun leven maken en de categorieën waarmee zij de werkelijkheid subjectief waarnemen. Op deze wijze construeert ieder mens, in ontmoeting met andere belangrijke mensen in zijn leven, zijn eigen wereld. Kelly heeft ook een techniek ontwikkeld (de Repertory-Grid techniek) met behulp waarvan hij, op grond van wat mensen zelf vertellen, hun constructen in kaart kan brengen. Op deze wijze brengt hij polariteiten in beeld en identificeert hij de plaats die significante anderen binnen iemands referentiekader innemen. Wanneer Ammermann deze benadering toepast op het pastoraat, herneemt hij met behulp van een cognitief-psychologisch instrument de positie van A.T.Boisen, die de mens wilde 'lezen' als 'living human document'. Deze methode maakt het mogelijk om met behulp van empirisch onderzoek de beginsituatie van een pastoraal contact in kaart te brengen. Na een aantal gesprekken kan men nogmaals een analyse maken om te zien welke veranderingen er in het cognitieve referentiekader zijn opgetreden.

13.4. *Aandacht voor gespreksvoering*

Welke eisen worden aan gespreksvoering gesteld? We beperken ons hier tot enkele basisvaardigheden en gaan vervolgens in op het gespreksverloop en op storingen, die kunnen optreden.

13.41. *Basisvaardigheden*

In een cursus micro-counseling van *Allen E.Ivey* (1976) worden als basale vaardigheden genoemd: aandachtgevend gedrag, open uitnodiging tot spreken en minimale aanmoedigingen.

Met aandachtgevend gedrag worden vooral non-verbale elementen bedoeld, zoals oogcontact houden en een gemakkelijke lichaamshouding aannemen. Verder komt het er op aan bedachtzaam naar iemand te luisteren door aan te geven dat men de gesprekspartner volgt. Dit kan met een enkel woord of alleen een hoofdknikje.

Een open uitnodiging tot spreken komt tot uitdrukking in het stellen van open vragen, die onderscheiden moeten worden van gesloten vragen. Bijv.: "Kunt u iets vertellen over uw familie?" (open) in plaats van: "Wat is het beroep van uw vader?" (gesloten). In het eerste geval blijft de ander in de stroom van zijn eigen verhaal en probeert de pastor zich dat in te leven. In het tweede geval probeert deze de ander vragenderwijs in zijn eigen referentiekader in te passen. De ander moet gaan nadenken over de goede antwoorden. Dan stokt het gesprek. Gesloten vragen werken als een ondervraging en wekken bovendien verwachtingen: als de pastor weet wat hij moet weten, zal hij mij het juiste antwoord geven.

Verder kan in eerste instantie volstaan worden met minimale aanmoedigingen tot praten. Hiertoe behoort het bekende 'hm-mm', dat in vele nuances kan worden gearticuleerd en dat zoveel betekent als: ga door, ik volg je. Veel karikaturen van Rogeriaans counselen drijven niet geheel ten onrechte de spot met dit 'hm-mm'. Het mag ook geen patroon worden, alsof men zelf niets in te brengen heeft. Het zal dus met zorg gedoseerd moeten worden (vgl. Benjamin 1973, 121). Zie verder over basisvaardigheden: Lang en Van der Molen, 97 e.v.

13.411. *Luisteren*

Gericht luisteren komt tot uitdrukking in *reflectie op gevoelens* en het *parafraseren van de inhoud* van wat de ander zegt. Een voorbeeld van beide. Wanneer de gesprekspartner zegt, dat hij er maar niet in slaagt een bepaalde keuze te maken in zijn leven, kan de pastor hierop ingaan en zeggen:

- Je voelt je ontmoedigd (reflectie op gevoel), of:
- Het lukt je niet en het heeft ook geen zin het nog eens te proberen (parafraseren van de inhoud).

De eerste interventie leidt tot verdieping van het gesprek. De tweede helpt de richting van het gesprek te bepalen.

Luisteren is zwaar werk, merkt Benjamin (1973, 58) op. Het vraagt onze volle aandacht. Men kan luisteren op alle drie hiervoor genoemde niveaus: dat van het cognitieve referentiekader, de betekenissen die men aan de dingen geeft, dat van de gevoelens die meeklinken en dat van de overtuigingen die eraan ten grondslag liggen. Ook de non-verbale lichaamstaal mag niet onopgemerkt blijven (Fast, 1974). Het pastorale gesprek richt zich echter in intentie op de existentiële dimensie of het domein van de geest. Maar om dit te bereiken kan men de beide andere niveaus niet overslaan. Alle drie niveaus zijn met elkaar vervlochten.

Heel doorleefd schrijft *D.Bonhoeffer* over de dienst van het luisteren: "Der *erste* Dienst, den einer dem andern in der Gemeinschaft schuldet, besteht darin, dass er ihn anhört. Wie die Liebe zu Gott damit begint, dass wir sein Wort hören, so ist es der Anfang der Liebe zum Bruder, dass wir lernen, auf ihn zu hören. Es ist Gottes Liebe zu uns, dass er uns nicht nur sein Wort gibt, sondern uns auch sein Ohr leiht. So ist es sein Werk, das wir an unserem Bruder tun, wenn wir lernen, ihm zuzuhören. Christen, besonders Prediger, meinen so oft, sie müssten immer, wenn sie mit andern Menschen zusammen sind, etwas 'bieten', das sei ihr einziger Dienst. Sie vergessen, dass Zuhören ein grösseren Dienst sein kann als Reden. Viele Menschen suchen ein Ohr, das ihnen zuhört, und sie finden es unter den Christen nicht, weil diese auch dort reden, wo sie hören sollten. Wer aber seinem Bruder nicht mehr zuhören kann, der wird auch bald Gott nicht mehr zuhören, sondern er wird auch vor Gott immer nur reden. (...) Es gibt auch ein zuhören mit halben Ohren, in dem Bewusstsein, doch schon zu wissen, was der Andere zu sagen hat. Es ist das ungeduldige, unaufmerksame Zuhören, das den Bruder verachtet und darauf nur wartet, bis man endlich selbst zu Worte kommt und damit den Andern los wird. Das ist keine Erfüllung unseres Auftrages... (Gemeinsames Leben 1939, 83v.). Zie over de pastoraaltheologie van Bonhoeffer: Bobert-Stützel (1995).

13.412. *Reageren*

Reageren wil zeggen de wissel in een bepaalde stand zetten, waardoor de trein van het gesprek op het ene of het andere spoor terecht komt, maar hopelijk niet op dood spoor. *C.H.Lindijer* (1989, 30) onderscheidt zeven typen reacties, die allemaal hun eigen goed recht hebben. Hij varieert hiermee indelingen van *H.Faber* en *E. van der Schoot* (1962) en *H.J.Clinebell* (1984). Ik volg hier de indeling van Lindijer. Zie verder ook: *Benjamin* (1973), *Halkes* (1977), *Stroeken* (1988), *Lang en Van der Molen* (1991).

Eerste type: *Informatie geven*. Dat kan meteen al nodig zijn aan het begin van een gesprek. Bijvoorbeeld als het initiatief tot een gesprek van de bezoeker uitgaat en de gesprekspartner vraagt: "Wat is eigenlijk de bedoeling van uw bezoek?" De huisbezoeker legt daarop in enkele zinnen uit in welke hoedanigheid hij komt. Dat geeft verheldering. Intussen heeft de bezoeker misschien ook een bepaald gevoel in de vraag horen meeklinken. Dat kan zijn een zekere ergernis omdat het bezoek niet goed uitkomt of een bepaalde afkeer van alles wat met kerk te maken heeft. Hij registreert dit bij zichzelf en kan er wellicht in het vervolg iets mee doen.

Tweede type: *Informatie vragen*. Als iemand over haar of zijn werk vertelt en de bezoeker hier niet van op de hoogte is, kan het handig zijn te vragen: "Wat is precies het werk dat u doet?" Overigens staat vragen niet vrij. Wanneer de ene vraag op de andere volgt, roept dit bij de gesprekspartner het gevoel op dat hem een enquête wordt afgenomen. Ook wezen we al op het verschil tussen open en gesloten vragen. De moeilijkste vragen zijn 'waarom'-vragen: "Waarom hebt u dat gedaan?". De ander krijgt dan het gevoel dat hij ter verantwoording wordt geroepen. Dubbele vragen roepen verwarring op: "Wilt u weer terug naar uw eigen huis, of toch liever naar een bejaardenhuis?" Beter is het eerst de ene mogelijkheid af te wegen en daarna de andere. Vgl. voor de vragende reactie: Benjamin, 73 e.v.

Derde type: *Beoordelen*. Hiermee zal men voorzichtig moeten zijn. Iemand vraagt: "Wat vindt u van mijn reactie?" Antwoord: "Die vind ik heel verstandig." Dat schept afstand. De ander wordt dan al gauw afhankelijk van mijn goed- of afkeuring. Soms is het geven van een oordeel nodig. Belangrijk is dan hoe dit wordt ingekleed. Wanneer u zegt: "Ik begrijp uw goede bedoeling, maar ik zou daar zelf moeite mee hebben", dan schept dat ruimte voor gesprek.

Vierde type: *Interpreteren*. Een jongen van een jaar of achttien vertelt dat het hem moeilijk valt een beslissing te nemen. Een antwoord als: "Dat komt vaker voor bij jongens van jouw leeftijd", neemt déze jongen niet serieus. De bezoeker hult zich zo in het kleed van de deskundige. Dat schept afstand. Beter is het een vragende interpretatie aan te bieden: "Zou het kunnen zijn dat je het er moeilijk mee hebt omdat...?".

Vijfde type: *Meegaan, begrijpen*. Dit is de belangrijkste reactie, omdat de bezoeker er blijk van geeft zich in de situatie van de ander te willen inleven. Iemand zegt: "Het leven valt me elke dag zwaarder" (zucht). Bezoeker: "Het kost u steeds meer moeite en dat benauwt u...". Dit is het principe van het Rogeriaanse counselen. Men reflecteert op wat de ander zegt. Dit wordt ten onrechte wel 'papegaaien' of 'spiegelen' genoemd. Het is namelijk geen klakkeloos herhalen, maar een poging het gevoel dat men bij de ander beluistert vanuit de eigen beleving terug te geven, waardoor de ander zich begrepen voelt. Zo schept men ruimte en kan de ander zich verder uiten. Het vraagt veel oefening om dit 'echt' te kunnen.

Zesde type: *Ondersteunen*. Het verschil tussen echte en valse troost wordt hier al gauw duidelijk. Heel mooi is de reactie van Luther op een jonge collega, die hem vertelde dat hij zo'n moeite met preken had: "Broeder, heb jij dat ook?" (Faber en van der Schoot, 44). Wat meestal geen steun biedt is generaliseren: "Veel ouders van opgroeiende kinderen hebben het daar moeilijk mee." De ander kan zich met zo'n reactie gemakkelijk tekort gedaan voelen, maar voor iemand die echt in het nauw zit kan het ook een opluchting zijn. Dat dubbele zit ook in het bagatelliseren van wat iemand zegt: "U hoeft hier niet zo zwaar aan te tillen." Als regel is dit een kleineren van wat de ander zegt, maar het kan soms helpen de dingen in hun juiste proporties te zien. Vooral met vrome woorden moeten we oppassen: "God wil u kracht geven". Als dit niet echt aansluit bij wat de ander ervaart, kan dit de indruk wekken dat de bezoeker zich er wel erg gemakkelijk van afmaakt. Wat minder kerygmatisch klinkt het al een stuk wederkeriger: "Het zal best moeilijk zijn om uw vertrouwen niet te verliezen, maar ik hoop dat u ook nu iets mag ervaren van Gods nabijheid."

Zevende type: *Adviseren*. "Het lijkt me verstandig wanneer u de dokter hier eens over raadpleegt." Met adviserende reacties zal men als regel voorzichtig moeten zijn. Zoiets kan gauw betuttelend overkomen. Maar soms kan het nodig zijn de ander een duwtje in een bepaalde richting te geven. Het hangt er ook hierbij van af hoe men zoiets zegt: "Misschien klinkt het wat eigenwijs, maar ik zou u toch willen aanraden...". En er dan bij vertellen waarom men dat vindt.

13.42. *Weerstanden en storingen*

Een gesprek is als een springprocessie, merkt *Stroeken* (1988, 34) op: drie passen vooruit, twee achteruit. Het is namelijk niet zo dat iemand gemakkelijk het eigen verhaal vertelt. Eerder loopt men ervan weg. Uit gespreksverslagen blijkt dat met name in het begin van een gesprek de gesprekspartner de pastor 'test': kan ik u dit wel toevertrouwen. Iemand zegt: "Ik zit ergens mee, maar ik weet eigenlijk niet of ik erover wil praten." Wanneer de pastor reageert met: "Waar zit u mee?", zal hij de weerstand eerder versterken. Beter is het de weerstand bespreekbaar te maken: "Misschien kunt u zeggen wat u tegenhoudt, dan zouden we het daar eerst over kunnen hebben."

De psychoanalyse heeft een groot aantal *afweermechanismen* benoemd. Freud heeft ze ontdekt en zijn dochter, *Anna Freud* (1964), heeft ze beschreven. De bekendste zijn ontkenning, projectie, introjectie, onderdrukking, verdringing, isolatie, sublimatie, regressie, uitstel, verschuiving (Musaph, 139v.).

Ontkenning is een vorm van overleven. Men kan zich niet voortdurend bewust zijn van alle pijnlijke situaties die men heeft meegemaakt. Veel wordt ontkend. *Projectie* wil zeggen dat men een eigenschap, die men zelf heeft, aan een ander toedicht. Iemand die depressief is zegt: "De mensen houden niet van mij, ze haten me" (141). *Introjectie* is dat men eigenschappen van de ander aan zichzelf toekent. Hieraan verwant is *identificatie*. Men vereenzelvigt zich met de ander. Dit kan ten koste gaan van het eigen ik. Projectie schept distantie, identificatie heft die ten onrechte op. Overigens hebben de begrippen projectie en identificatie in de psychologie ook een positieve betekenis. Projectie is verbeelding. Identificatiefiguren zijn voorbeeldfiguren aan wie een mens groeit. Geen identiteitsontwikkeling zonder identificatie. *Onderdrukking* en *verdringing* zien op dingen die te pijnlijk zijn om in het bewustzijn toe te laten. *Isolatie* treedt bijvoorbeeld op bij rouwenden. Na het sterven van een geliefde is iemand eerst vaak heel flink. Pas later breekt het verdriet door. *Sublimatie* ziet vooral op een ontwikkeling in het gevoelsleven. Iets wat men als negatief ervaart, richt men op een hoger doel. In gesprekken wordt zoiets meestal niet zichtbaar. *Regressie* is het terugvallen in vroegere, vaak kinderlijke, gedragspatronen. Het is niet alleen achteruitgang. Er kan ook sprake zijn van regressie in dienst van het ego: een stapje achteruit om een sprong vooruit te maken. Het *uitstellen* is dat men iets hevig emotioneels niet meteen toelaat, maar de betekenis ervan pas langzaam laat doordringen. We merken dit vooral in een 'slecht nieuws'-gesprek. Dat een mens ten dode opgeschreven is kan hij meestal niet meteen onder ogen zien. *Verschuiving* is dat een bepaalde emotie, boosheid bijvoorbeeld, zich op de verkeerde richt. Iemand is beledigd door z'n chef, die hij niet durft tegenspreken. Eenmaal thuis richt de opgekropte woede zich bij een klein incident op één van de huisgenoten.

Soms vallen er *stiltes* in een gesprek. Vaak heeft de bezoeker hier het meeste last van. Een langdurig zwijgen is moeilijk uit te houden. Dan ontstaat de neiging zelf meer te gaan praten. *Benjamin* (36) onderscheidt verschillende soorten van stilte. Soms heeft de gesprekspartner de stilte nodig om eigen gedachten en gevoelens te ordenen. Dan moet men de stilte uithouden. Maar als men de spanning voelt oplopen, kan men ook iets zeggen: "Er moet wel veel door u heengaan op zo'n moment." Stilte kan ook wijzen op weerstand of op een communicatiestoornis. Het is dan goed dit bespreekbaar te maken.

De ander kan ook heel *emotioneel* worden. Blijkbaar heeft iets haar of hem diep geraakt. De bezoeker kan hiervan schrikken en de emotie gaan indammen. Als regel is het goed dat er ruimte voor emoties is, voor boosheid en verdriet. De bezoeker hoeft ook eigen emoties niet achter te houden. De ander mag best merken dat men ontroerd is.

Hinderlijk kunnen *persoonlijke voorbeelden* zijn. "Zelf heb ik eens meegemaakt dat...". Maar de situatie van de één is nooit die van de ander. Putten uit eigen ervaring roept als regel weerstand op. Dat wil natuurlijk niet zeggen dat de pastor niets over zichzelf mag vertellen. Men mag ook zelf herkenbaar zijn in het gesprek, maar zonder de ander met verhalen of anecdotes voor de voeten te lopen.

13.43. *Fasen in het gesprek*

Een gesprek kent meestal drie fasen, een inleiding, een verdieping en een afronding. Het initiatief tot een gesprek kan uitgaan van de pastor, maar komt in veel gevallen van de gesprekspartner. Vaak heeft iemand al een hele tijd rondgelopen met een bepaald probleem voor hij of zij de telefoon pakt om een afspraak te maken. Men ziet er tegen op. De sfeer van de gespreksruimte, de aandacht en openheid voor de gesprekspartner, zijn belangrijk om iemand op zijn gemak te stellen. Wanneer de pastor die moeite bespeurd heeft, kan hij die ter sprake brengen: "Het kostte u moeite om een afspraak te maken?" In de eerste fase, zagen we, komt het er vooral op aan zich in de wereld van de ander in te leven.

In de fase van verdieping kan het gesprek een verschillende loop nemen (Lindijer, 42 e.v.). Soms komt het er op aan om met de ander tot *verheldering* te komen. Wat iemand onbewust al wel weet, komt hem nu helderder voor ogen. *Ordening* kan ook heel belangrijk zijn. De ander beleeft zijn situatie als chaotisch, hij ziet er geen weg meer in. Na afloop heeft hij de dingen weer wat op een rijtje, zoals hij zegt. *Confronteren* kan ook een weg zijn, als iemand niet gediend is met begrip maar met tegenspraak. Halkes merkt op: "Men denkt vaak dat confronteren betekent: er hard tegenaan gaan, zodat de counselor dan ook eens zijn agressie kwijt kan! – Maar eerder is het een niet wijken, een standhouden voor de uitwijkpogingen van de cliënt om niet zijn of haar realiteit onder ogen te willen zien. De counselor moet als het ware 'inbreken', directief zijn." (40) Dit is echter een liefdevol de spiegel voorhouden. *Raad geven* via het zoeken van alternatieven, om tot een keuze te komen, kan ook een weg zijn.

We herinneren hier aan de functies van pastoraat: helen, bijstaan, begeleiden, verzoenen. Wat in hoofdstuk 8 hierover gezegd is krijgt nu een praktische toepassing. Wanneer iemand zich kan uitspreken, lucht dit op. Iemand komt weer geestelijk op adem. Dat is helend. Bijstaan is bij de ander zijn in diens verdriet en dat uithouden. *W. ter Horst*, in zijn boek *Over troosten en verdriet*, benoemt de beide polen van de troost als geborgenheid en uitzicht. De weg daartussen is het proces van een meestal langduriger begeleiding. Begeleiden ziet vooral op wat hiervoor genoemd werd verhelderen en raad geven bij het maken van keuzen. Zo'n gesprek heeft vaak het karakter van een gedachtewisseling. Verzoenen ziet met name op verstoorde relaties, bijvoorbeeld in gesprek met een echtpaar waarvan de partners het moeilijk met elkaar gekregen hebben. In zo'n situatie is de pastor allereerst tolk. Mensen die een conflict hebben horen vaak allang niet meer wat de ander zegt. De pastor maakt zich in zo'n situatie tolk van het verzwegene en niet gehoorde. Men kan zich afvragen wat het pastoraal eigene in zulke gesprekken is. Ik verwijs hierbij naar voorafgaande hoofdstukken. De horizon van deze gesprekken is Gods omzien naar mensen. Dat leidt tot de overtuiging dat de uiteindelijke vragen waar een mens voor staat liggen op het vlak van zingeving en dikwijls religieus en levensbeschouwelijk van aard zijn, waarbij in veel gevallen normen en waarden in geding zijn. Deze diepere existentiële dimensie wordt impliciet verondersteld of komt expliciet ter sprake.

Het is als regel goed een gesprek tot maximaal een uur te beperken. Voor een zieke is een half uur vaak al heel lang. Zo'n gesprek kan natuurlijk niet abrupt worden afgebroken. Beter kan de pastor tijdig voorstellen: "Vindt u het goed dat we het gesprek nu afronden?" Het gebeurt nogal eens dat met de finish in zicht of de deurknop in de hand nog heel veel gezegd wordt. Dat kan aanleiding zijn voor een vervolgafspraak. Een gesprek kan ook afgerond worden met de lezing van een woord uit de Schrift of met een gebed, waarin datgene wat hiervoor geopenbaard werd voor Gods aangezicht wordt neergelegd. Het laatste is geen 'must'. Want heel het gesprek speelt zich af *Coram Deo*: Hij hoort.

13.5. *Het groepsgesprek*

Naast veel individueel pastoraat is er in sommige gevallen ook sprake van groepspastoraat, in onderscheid van educatieve groepsactiviteiten. In veel kerkelijke gemeenten heeft het huisbezoek plaats gemaakt voor groothuisbezoek. Een aantal gemeenteleden ontmoet elkaar bij iemand thuis. Zo'n gesprek heeft meestal een thematisch karakter dat vorm krijgt in het uitwisselen van ervaringen. In een gesprek over het gebed delen mensen met elkaar wat het gebed voor ieder van hen persoonlijk betekent. Met name het delen van elkaars verlegenheden kan paradoxaal genoeg bemoedigend zijn. De pastorale rol ligt bij de hele groep en degene die het gesprek leidt ziet erop toe, dat ieder aan bod komt, dat misverstanden worden weggenomen en dat er lijn komt in het gesprek. Na het stellen van een thema begint het gesprek meestal met een rondje waarin ieder de gelegenheid krijgt een eerste reactie te geven. Dat levert aandachtspunten op die in het verdere gesprek verdiept worden. In een afsluitende ronde krijgt ieder nogmaals de gelegenheid voor feedback. De deelnemers horen van elkaar wat ze aan dit gesprek beleefd hebben.

De laatste tijd heeft het verschijnsel van zelfhulpgroepen ook zijn intrede gedaan in het pastoraat. Lotgenoten worden bondgenoten. Veel vrouwenpastoraat heeft het karakter van groepspastoraat. Ook kunnen mensen die in een vergelijkbaar verwerkingsproces zitten bij elkaar gebracht worden. Rouwgroepen zijn hiervan een voorbeeld. Hier heeft namelijk niemand gemakkelijk praten, maar deelt men elkaars verdriet en hoop.

Een voorbeeld van groepspastoraat of onderling pastoraat ontleen ik aan iets wat ik eerder schreef (Andriessen en Heitink 1985, 12v.):

"Het was een miezerige herfstavond en het ging over bidden. In de loop van het seizoen was dit de vierde keer, dat ze als gespreksgroep bij elkaar kwamen. Wat deze groep gemeenteleden verbond was een behoefte aan geloofsvernieuwing, omdat het erfgoed van de traditie hun voor een deel ontvallen was.

Deze keer ging het dus over bidden. De inleiding was hooggestemd: Bidt en u zal gegeven worden... Er werd hoog opgegeven van de kracht van het gebed: Bidden mòet. Elke dag... Je kunt er niet buiten. Dit thema werd door de één na de ander in zoveel toonaarden herhaald, dat een argwanende buitenstaander het gevoel zou kunnen krijgen dat de mensen die aan het woord kwamen niet zozeer de anderen alswel zichzelf hiervan probeerden te overtuigen.

Eén in de kring werd dit op een bepaald moment te gortig. 'Ik kan het allemaal niet meemaken', zei hij. 'Bij zulke verhalen voel ik me steeds meer een buitenstaander. Eerlijk waar, bidden doet me niets. Ik kan het niet meer. Al jaren niet.'

Het was er eigenlijk uit voor hij er erg in had. Hij schrok er zelf van. En hij niet alleen. Zou hij geen spijt krijgen van deze bekentenis? Die vraag ging wel even door hem heen, maar hij gunde zich geen tijd er lang bij stil te staan. Het grote woord was er nu toch uit. Daarom ging hij verder. 'Jullie gebruiken allemaal grote woorden, maar wees nu eens eerlijk. Ervaar je het echt zo, of zitten we elkaar met vrome dooddoeners voor de gek te houden?'

Na deze onverwachte en ook ongelegen reactie werd het een tijdje stil in de kring. Gelukkig maar! De laatste spreker had er als spelbreker flink van langs kunnen krijgen. Hoe durfde hij... De fijne sfeer van deze avond aan flarden te rijten! Maar dat gebeurde niet. Men kende elkaar gelukkig een beetje. Ieder voelde wel aan hoe hoog het die ene zat. De groep beschikte over zoveel draagkracht, dat men elkaar op een moment als dit kon opvangen. Er kwam ruimte om nu eens een keer belijdenis te doen van je on-geloof. Voor de meesten een nieuwe ervaring.

Heel aarzelend kwam er na die stilte een gesprek op gang. Het was uit met de grote woorden, maar het ging wel dieper. Ineens hadden ook anderen de moed hun twijfels te verwoorden en lucht te geven aan hun lang verzwegen biddeloosheid. En de avond eindigde hiermee dat deze nood door één der aanwezigen verwoord werd in een schreeuw naar God. Een gebed dus... 'Nu heb ik voor het eerst weer gebeden', sprak degene die het allemaal had aangericht. 'Dank jullie wel. In m'n eentje was dat niet gelukt. Een bevrijdende ervaring was dit voor mij.' Anderen beaamden het. Men vond elkaar 'rondom de leegte'. Die leegte bleef. En toch ging iedereen naar huis met het gevoel, dat zij of hij meer gevonden had dan alleen zichzelf. God? Wie zal het zeggen...?".

Zo werd een nulpunt opnieuw vertrekpunt. In dit gesprek klinken cognities mee en gevoelens zoals angst en schuld, die teruggaan op de eigen geloofs- en levensgeschiedenis van de betrokkenen, in relatie tot anderen en tenslotte klinken ook sporen door van een diepere existentiële geloofservaring. Zo grijpen ook hier de verschillende dimensies van pastorale zorg in elkaar.

Voor een theoretische beschouwing over het groepspastoraat verwijs ik naar *D.Stollberg* (1972) en *R.Houtsma* (1981). *C.H.Lindijer* (1977) geeft voorbeelden van alle mogelijke groepen die gevormd kunnen worden. Methodisch is hier van belang de themagecentreerde interactie, zoals ontwikkeld door *Ruth C.Cohn* (1979). Een goed groepsgesprek speelt zich binnen een bepaalde context af in de driehoek 'Ik – Wij – Het (thema)', die alle drie tot hun recht moeten komen. *M.Kroeger* (1973) heeft dit uitgewerkt voor het pastoraat.

13.6. *Balans*

Voor pastorale gespreksvoering valt veel te leren van de psychologie van het gesprek. Communiceren luistert nauw. Een hulpmiddel voor het individuele pastoraat biedt de pastorale diagnostiek. Deze staat nog in de kinderschoenen. Het hier ontwikkelde theoretische model vraagt een nadere uitwerking op grond van hiermee opgedane praktijkervaring.

14. Pastorale zorg als ambacht

In het verleden was de opleiding van priesters en predikanten voornamelijk een academische aangelegenheid. Zij was geconcentreerd aan universiteiten en in seminaries. De inhoud van de christelijke traditie werd bestudeerd met behulp van litterair-historische en wijsgerige methoden. Met het oog op de praktijk werden deze aangevuld met kennis van liturgie en prediking. De laatste decennia is deze academische studie, die geworteld is in de geesteswetenschappen, verrijkt met elementen uit de handelingswetenschappen, met name door de inbreng van de empirisch-georiënteerde praktische theologie. Door systematisch-theologen wordt deze handelingswetenschappelijke component soms nog als een 'Fremdkörper' gezien (Pannenberg, 1973). Binnen de geesteswetenschappen vormen stages en trainingen officieel nog altijd een min of meer illegaal element. De vorming voor het pastoraat heeft daarom voor een belangrijk deel een post-academiaal karakter. Door de veranderingen die zich in het pastorale beroep hebben voltrokken is deze vorming echter zeer noodzakelijk geworden.

In dit hoofdstuk komt de ambachtelijkheid van het pastorale beroep aan de orde en het hierop gerichte leerproces. Ik kies voor het woord ambachtelijkheid omdat dit de etymologische samenhang van ambt en ambacht, professie en professionaliteit, zichtbaar maakt. Met het oog op de pastor geef ik aandacht aan de aspecten van persoon, ambt en beroep (14.1), geef ik een overzicht van centrale pastoraalpsychologische thema's (14.2) en ga ik in op de opleiding en vorming van pastores (14.3). Vervolgens komen pastorale trainingen (14.4) en pastorale supervisie (14.5) aan de orde, mede in relatie tot spiritualiteit (14.6). Ik beperk me hier tot het terrein van de pastorale zorg. Voor een bredere oriëntatie op het pastorale beroep verwijs ik naar de pastoraaltheologie als onderdeel van de praktische theologie (Heitink 1993, hoofdstuk 17).

14.1. *Persoon, ambt, beroep*

Het pastor-zijn voltrekt zich in een spanningsvolle relatie van drie componenten, die van ambt, persoon en beroep. Ook hierin tekent een proces van differentiatie zich af, een ontwikkeling die met P. van Rooden (1996, 46) getypeerd kan worden als die 'van geestelijke stand naar beroepsgroep'. Vanaf het midden van de 19de eeuw ontwikkelt het individuele pastoraat zich tot een eigen professionaliteit (1.2). Door het secularisatieproces komen ambt en beroep onder druk te staan, wat ook de persoon van de pastor niet onberoerd laat. Ik maak eerst enkele kanttekeningen bij het ambtelijk, het persoonlijk en het professioneel aspect van het pastorale handelen.

In het voorafgaande hoorden we dat pastorale zorg in en vanuit de kerken gepaard gaat met een ambtelijke of kerkelijke autorisatie of legitimatie. Ook binnen de beroepsvereniging van instellingspastores geldt 'ambtshalve binding' nog steeds als voorwaarde (12.17). Het woord *ambt* komt in de bijbel niet voor. Daar is sprake van dienst (diakonia). Deze dienst behoort principieel tot de charismata, de genadegaven die aan de gemeente geschonken zijn. Ambt en gemeente mogen dus nooit tegen elkaar worden uitgespeeld. Het ambt kent twee momenten: het is *uit* Christus en *door* de gemeente (Ridderbos 1966, 533). Het eerste wordt wel genoemd het 'tegenover' van het ambt, het ambt als Christusrepresentatie (Berkhof 1973, 400). Een ambtsdrager is dienaar en treedt op namens de Heer. Hij of zij wordt echter geroepen door de gemeente en deze gemeentelijke inbedding, in de wederkerigheid van broederschap en zusterschap binnen een geloofsgemeenschap, behoedt hem of haar voor solistisch optreden.

Hier liggen overigens verschillen tussen een reformatorische en een katholieke ambtsopvatting. De eerste is meer gemeentelijk, opkomend uit het priesterschap van alle gelovigen, de tweede meer hiërarchisch, als leiding van bovenaf. De ene is meer didactisch (de predikant als leraar), de andere meer sacramenteel (het gewijde priesterschap). Overigens wijst Schillebeeckx (1979) erop dat het ambt zich niet heeft ontwikkeld vanuit de eucharistie of de liturgie, maar vanuit de apostoliciteit, de noodzaak van de verkondiging, de dienst van de leiding en de opbouw van de gemeente. De mystieke sacralisering van het priesterschap ontstaat pas in de Middeleeuwen.

Ook staat in de grote protestantse kerken het ambt open voor zowel mannen als vrouwen, wat overigens niet wil zeggen dat vrouwen zich ook overal als zodanig geaccepteerd voelen. Een belangrijk pastoraal aspect van het ambt is het *ambtsgeheim*, de plicht tot geheimhouding van wat vertrouwelijk is (Huijser, 1961). Van een aantal pastores is de ambtserkenning in geding, we denken aan vrouwelijke pastores in de katholieke kerk, aan gehuwde priesters en aan homotheologen, met name binnen de gereformeerde kerken (De Vries e.a., 1987). De laatste decennia zoeken ook afgestudeerden van HBO-opleidingen een plaats op de arbeidsmarkt, bij voorkeur in pastorale functies. Zij verkeren in een nadelige positie omdat de ambtsbevoegdheid in de meeste kerkgenootschappen gebonden is aan een academische studie.

Wat de persoon betreft spreken we over de identiteit van de pastor. Bij het begrip *identiteit* kan onderscheid gemaakt worden tussen persoonlijke identiteit (wie ben ik?) en pastorale identiteit (wat kom ik doen?). Beide (vgl. Riess, 1973) zijn echter nauw met elkaar verbonden. In de ontwikkeling van een eigen identiteit als pastor gaat het om integratie van levensgeschiedenis, geloofsontwikkeling en ambtelijk functioneren, gericht op een gerijpt besef van generativiteit (Kruijne, 1977). De *spiritualiteit* van de pastor, tot uitdrukking komend in een doorleefd geloof, maakt wezenlijk deel uit van de pastorale identiteit: wie ben ik als gelovige? Geestelijke begeleiding (Andriessen, 1996), training en supervisie zijn belangrijke elementen om de zo noodzakelijke integratie te bevorderen.

Het pastorale beroep heeft als alle helpende beroepen in de jongste tijd een sterke *professionalisering* (vgl.12.14) doorgemaakt (Schilderman, 1998). Een hoger, maar niet echt geprofessionaliseerd beroep, is in onze maatschappij vogelvrij, aldus reeds enkele decennia geleden de godsdienstsocioloog O. Schreuder (1964, 11). Kenmerken van professionalisering zijn o.a. specialisatie, deskundigheidsbevordering, status en macht. Professionalisering geeft enerzijds aan, dat het om een serieus te nemen beroep gaat, te onderscheiden van vrijwilligerswerk in dezelfde sector. Ook de kerk kan niet zonder professionals, maar hun optreden houdt wel risico's in. Hulpverlenerstaal kan mensen onmondig maken. Relationele deskundigheid schept afstand en heeft de neiging mensen te objectiveren, iets wat ten koste kan gaan van het gemeentelijk karakter van het pastoraat (Achterhuis, 1980; Campbell, 1985). Daarmee worden grenzen aan professionalisering gesteld.

De van pastores gevraagde *competentie* kan men onderscheiden in volmachtscompetentie en bekwaamheidscompetentie (Van de Spijker, 1984). Hier gaat het om het laatste. Van pastores wordt een hermeneutische competentie verwacht (Firet, 1968; Schippers 1989, 114; Van der Ven 1996, 64). In pastoraat speelt deze zich af in een wisselwerking van het verstaan van de Schrift en het verstaan van het eigen levensverhaal van mensen. Hier komt bij een agogische of communicatieve competentie, een vaardigheid op het gebied van tussenmenselijke communicatie, om mensen te helpen hun weg te vinden in uiteenlopende situaties waar het leven hen voor plaatst. Beide zijn op elkaar betrokken. Daarom spreek ik, geheel in de lijn van dit boek, van een *hermeneutisch-communicatieve competentie* als kern van het pastorale handelen. De verschillende aspecten van het pastorale beroep dienen in opleiding en bijscholing ruime aandacht te ontvangen.

Ook een andere benadering dan de hier gekozene werpt licht op het gewenste integratieproces. In plaats van de gevolgde driedeling kan men met *J.J. van Nijen* (1995, 109) professionaliteit verstaan als een gelaagd begrip, waarmee hij bedoelt "dat professionaliteit een arrangement is van elementen die van elkaar onderscheiden moeten worden, maar die niet van elkaar te scheiden zijn. (...) Juist de mate waarin een voorganger er in de praktijk in slaagt de elementen met elkaar te verbinden, bepaalt diens professionaliteit." Hij onderscheidt de volgende vijf dimensies van competentie: individuele dimensie (persoonlijkheid en geschiktheid), academische dimensie (deskundigheid en bekwaamheid), technische dimensie (vaardigheid en geschiktheid), spirituele dimensie (innerlijkheid en betrokkenheid), ecclesiale dimensie (bevoegdheid en verantwoordelijkheid). Vanuit mijn benadering vallen 1 en 4 onder persoon, 5 onder ambt en 2 en 3 onder beroep.

14.2. *Pastoraal-psychologische thema's*

Ter versterking van hun competentie dienen pastores op de hoogte te zijn van belangrijke pastoraal-psychologische inzichten. Eerder (1.33) werd pastorale psychologie een vorm van toegepaste psychologie genoemd. In een hermeneutische opvatting van pastoraat grijpen theologie en psychologie echter voortdurend in elkaar. Zo werd in de voorafgaande delen van dit boek op veel plaatsen een verband gelegd met belangrijke thema's uit de pastorale psychologie, waarbij verwezen werd naar relevante literatuur. Met het oog op de ambachtelijkheid van de pastorale zorg en de vorming van pastores zetten we hier enkele centrale thema's nog eens bij elkaar, met verwijzing naar o.a. de voorafgaande hoofdstukken. Uiteraard gaat het hier om een selectie, die tevens blijk geeft van een subjectieve voorkeur.

Op welke gebieden speelt de *cura specialis*, het individuele pastoraat (1.31), zich af en moeten pastores worden toegerust?

- Allereerst op dat van *de levensloop*, de menselijke ontwikkeling en in samenhang hiermee de geloofsontwikkeling. Vgl. de verschillende psychologische stromingen (hoofdstuk 6). We verwijzen hier naar de ontwikkelingspsychologie, zowel de psychologie van de adolescentie (De Wit en Van der Veer, 1977), als die van de volwassen levensloop (Andriessen, 1974, 1984). Met het oog op het levensverhaal verdient de constructionistische benadering (6.8) aandacht. In de adolescentiefase wordt de basis gelegd voor de eigen identiteit (Erikson, 1958, 1972) en voor zelfstandig geloven (Fowler, 1981).
- Een belangrijk deel van de pastorale zorg speelt zich af rond ziekte (12.241) en *het levenseinde*, vgl. C.H.Lindijer (1989). Voor de begeleiding van stervenden verwijs ik naar H.C.Piper (1979) en J.C.Schreuder (1983). Voor rouwverwerking noem ik het onderzoek van M.H.F. van Uden (1985) en dat van H.J.M.Vossen naar vrijwilligerseducatie en pastoraat aan rouwenden (1985). Een pastorale handreiking biedt A.R.M.Polspoel (1976). Vele pastorale en ethische vragen worden opgeroepen door suïcide (Jörns, 1979; Bach, 1984) en euthanasie (Kuitert, 1981).
- Als derde aandachtsveld noemen we *psychische moeilijkheden*. Allereerst rond crisis- en verliesverwerking. R.R.Ganzevoort (1994) deed onderzoek naar functie en verandering van geloof in een crisis. In 8.53 en 9.2. werd aandacht geschonken aan geloof en geestelijke gezondheid, met name aan gevoelens van angst (Tillich, 1955; Riemann, 1975; Verheule, 1997), schuld (Goetschi 1976; Vergote, 1978; Lindijer, 1979; Strijards, 1997) en twijfel (Rümke, 1985; Pruyser, 1976). Hier liggen raakvlakken van theologie en psychologie. Tenslotte noemen we gevoelens van eenzaamheid, waarbij verwezen kan worden naar onderzoek van J. de Jong-Gierveld (1979, 1980, 1984) en M.H.W.Steemers-van Winkoop (1986).
- Vervolgens noemen we *relationele problematiek*. Vgl. hiervoor ook 8.53. Allereerst hebben we te maken met relationele spanningen in gezins- en familieverband (H.E.Richter, 1971; A.Miller, 1981; E.H.Friedman, 1985; J.Müller, 1996). Veel pastorale zorg heeft betrekking op seksuele relaties. Vgl. F.O. van Gennep (1972), de pastorale handreiking *In liefde trouw zijn* (1983) en S.J.Vellenga (1997). Pastores komen regelmatig in aanraking met echtscheiding (Lindijer, 1982). Homoseksualiteit en homoseksuele relaties stuiten in kerkelijke kring nog vaak op weerstanden. Vgl. P.Pronk (1989) en een uitvoerig studierapport van de Raad van Kerken, *De akseptatie voorbij* (1989). De laatste jaren komt in toenemende mate seksueel misbruik aan het licht. Vgl. A.Imbens en A.Fransen (1985) en het onderzoek in orthodoxe kringen van J.C.Borst (1995).
- Tenslotte noemen we pastorale zorg rond *arbeid en werkloosheid*. Vgl. ook 11.232. Zie over arbeid: H.Achterhuis (1984), R.J.M. van Schrojenstein Lantman (1990) en G.Dekker (1996). Over arbeidsongeschiktheid: E.Verbraak (1990) en A.Stolp en H.Noordegraaf (1991). In een individualiserende samenleving klinkt steeds krachtiger de roep om solidariteit (Zulehner, 1996).

Verder kan hier verwezen worden naar handboeken op het gebied van het pastoraat, bijv. Clinebell (1984), Handboek Pastoraat (Deventer 1982-1987), Zulehner (1989 e.v., met name Bd 3), Becker (1990), Bloth e.a. (1981 e.v.).

14.3. *Opleiding en vorming*

Het is duidelijk dat de beide vorige paragrafen een wissel trekken op de opleiding en nascholing van pastores.

14.31. *Universitaire opleiding*

Pastores ontvangen een universitaire theologische opleiding. Deze zesjarige studie bevat als regel een afrondende beroepsopleiding van één jaar. In onze tijd heeft herbezinning op aard en karakter van de opleiding plaats, in het licht van de eisen die de praktijk aan de opleiding stelt (Van der Ven, 1996). Aan de katholieke opleidingen (Nijmegen, Utrecht, Tilburg), de opleidingen van de Gereformeerde Kerken (Amsterdam VU, Kampen), de Christelijke Gereformeerde Kerken (Apeldoorn) en de Gereformeerde Kerken Vrijgemaakt (Kampen), maakt de beroepsopleiding deel uit van een geïntegreerd theologisch curriculum (simplex ordo). Aan de Rijksfaculteiten met hun duplex ordo is deze opleiding gesitueerd binnen de tweejarige kerkelijke opleiding. Dit geldt voor de Hervormde Kerk (Groningen, Utrecht, Leiden, Amsterdam), de Evangelisch-Lutherse Kerk en de Doopsgezinde Broederschap (Amsterdam), de Remonstrantse Broederschap (Leiden) en de Oud-Katholieke Kerk, de Vrij Evangelische Gemeenten en de Baptisten-Gemeenten (Utrecht). Het beroepsjaar kent elementen van stage en training, afgestemd op de kerkelijke eisen. De SOW-kerken (hervormd, gereformeerd en evangelisch-luthers) hebben in 1996 elkaars opleidingen erkend en willen tot meer integratie en concentratie komen. Ook het Seminarie Hydepark te Driebergen heeft een plaats in de opleiding, maar met name in de nascholing van predikanten.

Wie zich op het gebied van het pastoraat wil specialiseren kiest voor een doctoraal-studie praktische theologie, met als specialisatie poimeniek (pastorale theologie en - psychologie). Deze specialisatie vergt anderhalf jaar. Verschillende universiteiten zijn opleidingen begonnen voor algemene geestelijke verzorging (Groningen, Leiden, Tilburg). Deze opleidingen zijn niet kerkelijk gebonden. Ook de Universiteit voor Humanistiek (Utrecht) beweegt zich op dit gebied. Nascholing wordt gegeven in de tweejarige Pastoraal Psychologische Leergangen (PPL) te Utrecht, het Centrum voor Religieuze Communicatie (Tilburg), de Voortgezette Opleiding in Pastorale Gespreksvoering (RIAGG Zuid Nieuw West, Amsterdam), in diocesane en kerkelijke centra, waaronder het seminarie Hydepark.

14.32. *Klinische Pastorale Vorming*

Voor de ontwikkeling van het pastorale beroep is de opkomst van de Klinische Pastorale Vorming (KPV.) van grote betekenis gebleken (4.32). Deze is afkomstig uit de Verenigde Staten. Tijdens een studiereis in 1960, komt *H.Faber* tot de overtuiging dat 'pastoral counseling' en 'clinical training' ook voor de Nederlandse situatie van betekenis zijn (Faber en Van der Schoot, 1962; Faber, 1993). De katholieke pastoraal-psycholoog *W.J.Berger* (1965), komt na een studiereis tot dezelfde conclusie. Enkele Nederlandse pastores ontvangen in de Verenigde Staten een opleiding tot supervisor. Onder hen is *W.Zijlstra* (4.32), die trainingen gaat verzorgen in Leidschendam en later in het pastoraal centrum van 'Zon en Schild' te Amersfoort. Daarnaast worden trainingscentra geopend in Assen, Heiloo, Vught en in twee Academische Ziekenhuizen, het Radboudziekenhuis te Nijmegen en het VU-Ziekenhuis te Amsterdam. De laatste jaren zijn er enkele nieuwe centra bijgekomen, in Maarssen, Drachten en op Hydepark, terwijl de centra in Assen en Heiloo werden opgeheven.

Sinds 1970 worden de activiteiten gecoördineerd binnen de Raad voor Klinische Pastorale Vorming. Van hieruit wordt pastorale supervisie als werkvorm ontwikkeld (Andriessen, 1975) en start een opleiding voor supervisoren (CSO). De Raad kent ook een commissie voor wetenschappelijk onderzoek (CWO). Sinds de komst van de KPV hebben vele honderden pastores aan een drie maanden-training deelgenomen. Ook worden korte vervolgtrainingen gegeven op het gebied van religieuze pathologie, spiritualiteit en bibliodrama. In advertenties voor pastores in het pastoraat binnen instellingen wordt meestal een KPV-cursus als functie-eis vermeld. Ook in andere landen van Europa, Duitsland met name, kreeg de beweging ingang. Wanneer in 1978 het eerste internationale congres gehouden wordt te Edinburg kan gesproken worden van een wereldbeweging. Het vierde internationale congres vond in 1991 plaats in Nederland (Noordwijkerhout).

14.4. *Pastorale trainingen*

In deze paragraaf wordt dieper ingegaan op het leerproces, de inzichten waarop dit gebaseerd is en de methoden die hierbij passen.

14.41. *Het leerproces*

Het trainingsmodel is door Zijlstra uitvoerig beschreven (Zijlstra, 1969). Werken binnen een trainingsgroep van ongeveer acht pastores wordt verbonden met de pastorale zorg aan een afdeling van patiënten. Van groot belang is het groepsproces, waarin de deelnemers aan elkaar hun eigen communicatieve mogelijkheden en beperkingen ontdekken.

Het theologisch karakter van de training komt hierin tot uitdrukking dat men gaandeweg leert de eigen belevingswereld te verbinden met de grote woorden van de christelijke traditie, waarvan men zich de ervaringsdimensie op nieuwe wijze bewust wordt. Zo kan men de Klinische Pastorale Vorming een weg van theologiebeoefening noemen (Faber, 1983/4; Zijlstra, 1989). Het door Zijlstra ontwikkelde trainingsmodel heeft de toon gezet voor de verdere ontwikkeling van de KPV. De basis voor pastorale supervisie werd gelegd door *H.Andriessen* in zijn dissertatie *Leren aan ervaring en supervisie* (1975).

In het huidige trainingsaanbod is de oorspronkelijke opzet nog steeds herkenbaar. Wel heeft een volgende generatie supervisoren er nieuwe elementen aan toegevoegd. Het ervaringsleren is verder uitgewerkt met behulp van de leerstijltheorie van D.A.Kolb (1984). Men kan alleen dan van ervaringsleren spreken wanneer de eigen bewustwording wordt getransformeerd in kennis. Therapeutische elementen werden aangevuld met spirituele elementen. Het agogische model van opleiding onderging een verdere didactisering. Er wordt meer instructie geboden. Dat heeft te maken met de professionalisering van het beroep, waartoe elk onderdeel van een opleiding naar eindtermen moet worden vertaald, die bepalen of een certificaat al dan niet kan worden toegekend. Dit krijgt temeer nadruk nu de beroepsverenigingen in overleg met zorginstellingen eveneens opleidingseisen stellen. De KPV-training wordt hier als basismodule ingepast in een leerroute die nog andere modulen kent, die op een bepaald beroepsveld zijn toegesneden (Snelder 1996, 228).

14.42. *Leertheoretische inzichten*

Ook leertheoretische inzichten zijn hier van belang. Ik verwijs in dit verband naar een belangrijke bijdrage van *H.J.M.Vossen* (1991). De leertheorie waarop Zijlstra zich oriënteerde was naar zijn mening behavioristisch van aard. Ze gaf geen inzicht in de complexiteit van bewustwording, emotionele verwerking en verschuivingen in attitude. Ook de groepsdynamica bood onvoldoende houvast. Vossen confronteert de KPV met een modern leertheoretisch inzicht. Hij doet dit door het probleem van attitudeverandering, een centraal begrip binnen de KPV (Zijlstra 1969, 115), aan de orde te stellen. Deze verandering wordt gezien als het resultaat van het onderkennen van belemmeringen, die echte communicatie in de weg staan. Vossen sluit zich aan bij de kritiek van Firet (1968) op het attitudebegrip. Deze ziet een discrepantie tussen het psychologische attitudebegrip en de existentiële grondhouding waar de KPV op mikt als ze spreekt van attitudeverandering.

Een attitude moet naar huidig inzicht worden opgevat als "een georganiseerd en min of meer stabiel geheel van opvattingen en affecties ten aanzien van een of ander object of situatie" (179). Een attitudeverandering is dus geen 'existentiële omwenteling'. Ook leidt attitudeverandering niet als vanzelf tot gedragsverandering. Attituden blijken daarop slechts indirect van invloed te zijn. Kortom, een model van attitudeverandering in termen van een existentiële grondhouding is volgens Vossen te simplistisch.

Het zwaartepunt van de KPV ligt naar zijn mening bij het cognitief-emotionele bewustwordingsproces. Dergelijke bewustwordingsprocessen zijn met behulp van de cognitieve psychologie inzichtelijk te maken, zoals Frijda (1988) laat zien. Daarbij staat het cognitief-emotionele referentiekader centraal. Eerder werd gewezen op de betekenis van het gelovig referentiekader binnen het pastoraat (9.1). Cognitief-emotionele verwerkingsprocessen leiden tot hercodering van aanwezige informatie en daarmee tot een reconstructie van het referentiekader.

Van hieruit kan het begrip leren nader worden uitgewerkt. Met behulp van de typologie van Olson onderscheidt Vossen tussen 'learning by muddling' (leren aan ervaring), 'learning by modeling' (leren aan modellen) en 'learning by meddling' (leren door gerichte aandacht en instructie). Alle drie lijnen zijn belangrijk. In het eigen leerproces bouwt de pastor niet alleen op ervaringen, maar ook op een geschiedenis met significante anderen (identificatiemodellen), terwijl instructie eveneens van belang is in de KPV (Zuidgeest, 1987; Van der Ven en Rooijakkers, 1989). Het doel van de KPV kan dan het beste geformuleerd worden als 'herijking van de pastorale identiteit', waarbij de pastorale identiteit gezien kan worden als een verbijzondering van de geloofsidentiteit. Met het oog hierop kunnen cursisten hun eigen leerdoelen ontdekken. Vossen spreekt hier van een religieus-communicatief leerproces. Dit sluit aan bij wat we eerder de hermeneutisch-communicatieve competentie noemden. Leren aan ervaring en leren aan modellen (de supervisor en de medecursisten) en leren via instructie (kennis) en training in vaardigheden (skills) bepalen samen het leerproces. Zo kunnen attituden beïnvloed worden en van daaruit ook de diepere existentiële laag van de persoon. Dit kan leiden tot het inbrengen van nieuwe elementen in het trainingsproces, een ontwikkeling die thans gaande is.

Trainingsgroepen kennen als regel een gemengde samenstelling. Pastores van verschillende confessie, mannen en vrouwen, dragen bij aan elkaars vorming. Vrouwelijke pastores beschikken in een door mannen gedomineerde kerk nog maar over weinig identificatiemodellen, wat enerzijds het leren bemoeilijkt, maar anderzijds ruimte schept voor een eigen originele invulling, zo blijkt uit onderzoek (Vrouwen als pastor, 1985).

14.43. *Trainingsmethoden*

De trainingsmethoden zijn in de literatuur uitvoerig beschreven (zie bijv. Zijlstra, 1969; Becher, 1976; de bundel Ontginningswerk, 1985). De belangrijkste zijn het vrije groepsgesprek, de verbatimanalyse, de preekanalyse, het rollenspel, bibliodrama, levensbeelden. Over enkele iets meer.

De Nederlandse KPV heeft vanaf het begin veel waarde toegekend aan het groepsproces, waarin het dagelijkse *vrije groepsgesprek* en de verwerking daarvan een centrale plaats innemen. Zijlstra (1969) heeft dit uitvoerig beschreven. Hemenway (1996) komt in haar onderzoek tot de conclusie dat dit element in de Verenigde Staten tot nu toe vrijwel ontbroken heeft. Dit hangt samen met de grote invloed van de psychoanalytische en de humanistisch-psychologische tradities binnen de CPE-movement (Clinical Pastoral Education). Daardoor zijn relationele en groepsdynamische elementen tekortgekomen. Zij doet aanbevelingen om deze eenzijdigheid te doorbreken. Het proces in de kleine groep schept een unieke leersituatie doordat "man cannot face the truth about himself as long as he is alone" (222). Juist dit proces stimuleert de creatieve verbeelding, waarbij ze verwijst naar Winnicott (6.22).

Ook de *verbatimanalyse*, ontwikkeld door R.L.Dicks (4.31), is een belangrijk instrument gebleken. Een verbatim is een vanuit het geheugen uitgewerkt schriftelijk verslag dat een zo getrouw mogelijk beeld geeft van het gevoerde gesprek vanuit de beleving van de pastor. Met name het laatste, het referentiekader van de pastor, wordt tijdens de bespreking beïnvloed. De pastor vertelt zijn beleving van het gesprek en de medecursisten geven hun gevoelens en ervaringen weer. Daarop volgt een analyse van de belangrijkste elementen in het gesprek, waardoor de infrastructuur van het communicatiepatroon zichtbaar wordt. Thematieken kunnen aan de hand van literatuur verhelderd worden. Bundels met verbatims en analyses (b.v. Andriessen en Zandbelt, 1972; Piper, 1979; Van der Geest, 1981; Lemke, 1992) vormen een belangrijk instructiemiddel. Een verbatim is een subjectieve weergave, maar juist daardoor als leermiddel bijzonder geschikt. Een objectief beeld van een pastoraal gesprek, met het oog op onderzoek, vereist een uitgetypte bandopname. Deze kan gebruikt worden voor protocolanalyse, zowel langs kwalitatieve als langs kwantitatieve weg (Van der Ven 1993/4).

Bibliodrama heeft zich de afgelopen jaren heel sterk ontwikkeld. *Tine de Jong* (1985) beschrijft de werkwijze. Deze omvat de keuze van het bijbelverhaal, de lezing van het verhaal, het zoeken van de eigen positie binnen het verhaal, het uitspelen van het verhaal, het delen van elkaars beleving, een opnieuw lezen van het verhaal. Er zijn verschillende modellen in omloop (Andriessen e.a., 1995). Dat van De Jong kan men hermeneutisch noemen. De benadering van *Andriessen* e.a. (1985, 1995, 1996) kan men spiritueel noemen. De doelstelling is de samenhang van de wederzijdse beïnvloeding van het concrete leven en het concrete geloven van de deelnemers te bevorderen. Het leven van de gelovige kent een persoonlijk 'geloofsscript' en een persoonlijk 'levensscript' (207). Deze worden met elkaar in verbinding gebracht vanuit een pastoraal perspectief. Dit leidt tot reconstructie van de eigen memoria (de persoonlijke geloofsovertuiging), in het licht van de Schrift. Een andere methode is die van Jan Lap, die meer een therapeutisch karakter heeft en veel weg heeft van psychodrama. Hier wordt altijd gewerkt met 'herinnerde fragmenten'. De protagonist, degene die in een bepaalde sessie centraal staat, brengt een herinnering aan de bijbel in. Deze kan uiteenlopende thema's oproepen (208). De andere deelnemers brengen via associatie de protagonist op ideeën.

Wat *preekanalyses* opleveren kan men lezen in een hierop gebaseerde homiletische studie van *H. van der Geest* (1978). Bij een preekanalyse wordt een preek vanaf de band beluisterd. Daarna geven alle groepsleden in eigen woorden de boodschap weer, die ze uit de preek hebben opgevangen; de positieve en negatieve gevoelens die de preek bij hen opriep en de inhoudelijke opmerkingen die ze willen maken. Op basis van een aantal analyses construeert Van der Geest drie belevingsdimensies. De eerste is de dimensie van vertrouwen en geborgenheid. Dit is een diepe antropologische behoefte die mensen hebben (Erikson). De tweede is de dimensie van druk en bevrijding. Wanneer mensen op dit niveau worden aangesproken, worden ze boven hun dagelijkse moeiten uitgetild. De derde is die van het kennen, de bijdrage aan het cognitieve referentiekader, in de vorm van een nieuw inzicht. Men kan ze ook weergeven met respectievelijk de woorden liefde, hoop en geloof. De drie dimensies grijpen in elkaar. Er is sprake van pastorale prediking als mensen zich op deze verschillende niveaus voelen aangesproken.

14.5. *Pastorale supervisie*

Supervisie kan worden omschreven als een 'leermethode gericht op het functioneren in een bepaalde beroepsrol' (Siegers 1975, 17). Een kenmerk is de directe contactsituatie van supervisor en supervisant. Het is geen zelfstudie maar leren met behulp van een ander. Supervisie veronderstelt het methodisch hanteren van de leersituatie door de supervisor, met als kenmerken van methodisch werken: bewustheid, doelgerichtheid, procesmatigheid en systematiek (18). Naast individuele supervisie zijn vormen van groepssupervisie ontwikkeld (een supervisor met twee of drie supervisanten) en vormen van intervisie, waarbij werkers elkaar superviseren zonder dat één van hen in het bijzonder de supervisorrol vervult. Vormen van supervisie hebben zich ontwikkeld binnen alle helpende beroepen (Andriessen, 1975).

Zo is ook *pastorale* supervisie ontstaan. *Zijlstra* (1969, 218) omschrijft deze als "een unieke methode van opleiden, welke die veranderingen in de persoon van de leerling wil helpen bevorderen, waardoor deze in staat is zelfkennis, informatie en functionele vaardigheden zo te integreren, dat hij er mee werken kan, dat wil zeggen de hem opgelegde taak beter kan vervullen dan voorheen." Andriessen formuleert: "Supervisie is (...) een opleidingsmethode die er op uit is om die persoonlijke veranderingen op te roepen die het mogelijk maken om het verstaan van zichzelf, relevante theorie, essentiële inzichten en aan het beroep eigen kundigheden met elkaar te integreren in het praktisch handelen. De toetssteen voor de vruchtbaarheid van supervisie is gelegen in haar positieve resultaten juist voor het praktisch handelen in specifieke werksituaties" (in: Haan 1985, 195).

P.M.Haan, die met *F.M.J.Siegers* het in Nederland toonaangevende handboek voor supervisie redigeert, ziet overeenkomsten tussen supervisie binnen de KPV en supervisie binnen andere beroepen, al stammen ze uit verschillende tradities. In alle gevallen kan het leerdoel worden omschreven in termen van *integratie* – de integratie van gevoelens, inzichten en acties – met het oog op de beroepsuitoefening en gerelateerd aan de mens als subject met een eigen achtergrond (1985, 195). Maar er zijn ook verschillen. In de pastorale supervisie wordt van een supervisor meer verwacht dan in andere vormen van onderwijssupervisie. Behalve supervisor is hij trainer, docent, pastor en soms zelfs therapeut. Het laatste kan men een grensoverschrijding noemen. Dat kan alleen als de rol van supervisor tijdelijk wordt opgeschort. Als regel is verwijzing echter beter, om rolverwarring en afhankelijkheidspatronen tegen te gaan. Ook is het voor alle duidelijkheid van belang de overige rollen helder te onderscheiden. In verschillende trainingen worden daarom voor instructie andere docenten aangetrokken.

J.W.G.Körver (1996) signaleert het ontbreken van sturende concepten in het pastoraat. Er is een huiver om cognitieve modellen te gebruiken en prioriteiten te stellen. In de beroepsuitoefening is de nadruk komen te liggen op 'zijn', wat geplaatst wordt tegenover 'weten' en 'doen'. Dat geeft het beroep een kwetsbare vaagheid. In supervisie moet daarom meer nadruk komen te liggen op methodisch en reflexief leren werken. Körver spreekt in dit verband van regelgeleid handelen als 'reflectie in actie'. In supervisie dient de relatie van persoon, beroep en werksituatie op micro-, meso- en macro-niveau te worden doordacht. Het microniveau is dat van het pastorale contact (werksituatie), de biografie (persoon) en de pastorale skills (beroep). Pastorale supervisie beperkt zich naar zijn mening teveel tot dit niveau. Maar ook het mesoniveau, de reflectie op het geheel van de beroepsuitoefening in relatie tot kerkelijke binding en de arbeidsorganisatie waarbinnen men werkt en het macroniveau, dat van de sociale, maatschappelijke en culturele context, vragen aandacht. In samenwerking met de Commissie Wetenschappelijk Onderzoek van de Raad voor KPV ontwikkelde hij hiervoor een model dat meer elementen van sturing en denken in eindtermen van opleiding bevat. Naast de agogische weg van ervaringsleren, wordt hierin aandacht geschonken aan elementen van instructie in didactische termen.

De opleidingsroute tot supervisor is geprogrammeerd naast het werken in de praktijk. Tot de toelatingseisen behoort o.a. een drie maanden-training. De opleiding omvat naast cursorische onderdelen, het geven en ontvangen van individuele supervisie en groepssupervisie, literatuurtentamens, een leerprocesnota en een eindwerkstuk.

14.6. *Supervisie en spiritualiteit*

De laatste jaren duikt ook het thema spiritualiteit meer en meer in supervisie op. Een pastor zal het niet alleen als professional, maar ook als gelovige vol moeten houden. Naast een supervisor heeft hij behoefte aan een geestelijk begeleider. Ik verwijs hier naar het werk van *Ernst Lange* (1976), die op onnavolgbare wijze de relatie van geloof en aanvechting in het werk van pastor heeft verwoord.

Hij doet dit door aan te sluiten bij een klassiek thema in de theologie van de reformatie, dat van de God die zwijgt en zich verbergt. Dit zwijgen van God brengt alle religieuze zekerheid in een crisis. Maar deze crisis vormt niet alleen de kern van de aanvechting, zij is tevens de oorsprong van het geloof. Dit is wat Luther ontdekte als het hart van het evangelie: de rechtvaardiging van de goddeloze. Voor een protestant laat, anders dan voor katholieken, het woord geloof zich niet zo gemakkelijk omvormen tot bijvoeglijk naamwoord, aangevend een bepaalde 'gelovige' kwaliteit van iemand of iets (7.61). Het is een zelfstandig naamwoord, dat als Gods vreemde vrijspraak over ons leven, het bereik van onze menselijke mogelijkheden verre te boven gaat. In een wereld, waarin alles tegen God getuigt, getuigt de predikant van Christus, de enige 'der für Gott spricht' (168).

Deze aanvechting is eeuwenlang verdrongen onder een dikke deken van 'christendommelijkheid', onder de vanzelfsprekendheid van het christelijk geloof als de binnen onze cultuur 'gangbare' levensovertuiging en van een kerk als onaantastbaar instituut, maar zij treedt in deze tijd, nu alle oude zekerheden wegvallen, opnieuw met kracht naar voren. Het komt dus meer dan ooit aan op geloof, dat gekenmerkt wordt door de samenhang van 'Widerstand und Ergebung', waarbij in onze tijd een sterker accent dan voorheen mag liggen op de actieve kant van het geloof, de 'Widerstand' tegen al die omstandigheden die de aanvechting versterken. Lange verwijst hier naar Bonhoeffer, door wie hij sterk beïnvloed is. Dit noodzakelijke verzet heeft voor Lange een spirituele en een innovatorische kant. Beide zijn bij hem nauw verbonden. Een spirituele 'Bewältigung' van onze situatie is slechts mogelijk 'in, mit, und unter' een innovatorische benadering van het pastorale beroep. Deze sacramentele omschrijving kwamen we eerder tegen bij Thurneysen (3.1). Anders gezegd: spiritualiteit is niet los verkrijgbaar, maar dient ingebed te zijn in een noodzakelijke professionalisering.

In dit verband keert Lange zich tegen het 'herumdilettieren' van predikanten. Tachtig procent van wat ze dagelijks doen hebben ze niet behoorlijk geleerd en datgene wat ze wel geleerd hebben, de interpretatie van de christelijke overlevering, daar komen ze in hun werk onvoldoende aan toe. En dat terwijl mensen in onze tijd een diepe behoefte hebben aan levensoriëntatie! Veel predikanten raken hierdoor gefrustreerd, maar volgens Lange is dit nog slechts 'malaise', geen 'aanvechting'. Hier komt het primair aan op pastorale competentie en innovatie van het pastorale beroep.

Echter, ervaringen van inefficiëntie en incompetentie kunnen in onze tijd gemakkelijk omslaan in een ervaring van godverlatenheid. Lange noemt in dit geval het 'Sisyphus-gevoel'. Je hebt de hele dag hard gewèrkt, maar wat heb je gedáán? Hij verwijst naar de klacht van een priester in één van romans van Graham Greene: 'Ik heb nog nooit een mens echt kunnen helpen.' Anderen ontwikkelen zich als 'routiniers', die overleven door een grote mate van innerlijke distantie tot hun werk. Weer anderen vluchten in een vergadercultuur.

Aan dit lijden aan incompetentie mag de kerk niet voorbijgaan, meent Lange. Voortgezette post-academiale vorming mag zij niet langer als een 'donum superadditum' behandelen. Nascholing en supervisie kunnen veel verbeteren. Echter: niemand overwint aanvechting door actie, of reformatorisch gezegd: niemand wordt uit werken gerechtvaardigd. Niettemin zijn er in het kerkelijk leven, met name in de plaatselijke gemeente, allerlei aanknopingspunten voor innovatie.

De doorsnee gemeente in de situatie van een volkskerk is geen ruggegraat of voorhoede van de samenleving, dat klinkt veel te parmantig. Velen zijn door uiterlijke omstandigheden of innerlijk onvrij en hunkeren naar bevrijding. Lange spreekt over onze cultuur, in navolging van Freire, als over 'een cultuur van het zwijgen' en typeert de nood van grote groepen mensen als 'Sprachnot' (11.14). Levensverdieping vraagt primair *taal*. Hier ligt een belangrijke hermeneutische opgave. Om deze reden hebben we hiervoor (hoofdstuk 9) gepleit voor een meerdimensionele benadering van het begrip zingeving: zin geven, zin beleven, zin ontvangen.

Innovatie wil zeggen het verwerven van een competentie om deze situatie het hoofd te bieden. Maar 'in, mit und unter' dit innovatorisch perspectief, wordt zo ook het spirituele moment zichtbaar. De 'Sprachnot' van mensen staat niet los van het zwijgen van God. Alleen in solidariteit met de lijdenden opent zich een weg, om de eigenlijke aanvechting – met een woord van Troeltsch: 'Es wackelt alles!' (Lange 1976, 184) – het hoofd te bieden. In het pastoraal handelen gaat het hier ten diepste om geloofwaardigheid en relevantie. Alleen zo kan men proberen te zeggen wat men niet meer kan zeggen. Zo wordt duidelijk dat het in het pastoraal handelen op één ding aankomt, een besef van 'volmacht', niet formeel ambtelijk, maar als 'vertrouwen' dat men Hem dient, die waar is en zich uiteindelijk in onze werkelijkheid als Waarheid bewijzen zal. Dit mandaat ontleent men aan Jezus van Nazareth, die borg stond zonder zich aan te passen aan de status quo.

Hoe houdt een mens dit vol? Haarscherp tekent Lange de ontsnappingsmogelijkheden waarvan pastores zich bedienen. Ze wisselen van thema, onder het mom van pastor gedragen ze zich als therapeut. Of ze gaan kletsen, of ze koesteren hun eigen 'Sprachnot' als een gelovig en bescheiden zwijgen, of ze praten verder alsof er niets gebeurd is. Professionalisering kan hier veel betekenen, maar er is meer nodig, een gemeente als een spirituele gemeenschap, waarin de levenspraxis van Jezus als 'borg' voor anderen zichtbaar wordt.

Deze analyse stelt ons voor de vraag: Hoe kunnen we met behulp van supervisie niet alleen onze professionele verlegenheid overwinnen maar ook de eigenlijke aanvechting van het geloof onder ogen zien? Voor een katholieke pendant van de nadruk op spiritualiteit verwijs ik naar het concept 'Mystagogische Seelsorge' van S.Knobloch en H.Haslinger (2.42; 5.53).

14.7. *Balans*

Hiermee kom ik tot de afronding van het derde deel, 'Praktijk', en van dit boek als geheel. Schrijvend over gespreksvoering, training en supervisie werden nogmaals de hoofdlijnen van hermeneutisch pastoraat zichtbaar. V.E.Gerkin (1984,193) heeft treffend opgemerkt dat een hermeneutisch model van pastorale zorg het midden houdt tussen psychotherapie en geestelijke begeleiding. In dit laatste deel werden beide lijnen zichtbaar. Gespreksvoering en training hebben de invloed ondergaan van psychologie en psychotherapie, maar tevens werd steeds een link gelegd met de spiritualiteit van de christelijke geloofstraditie. Eindigend bij Ernst Lange voelden we nog eenmaal het hart van het kerygmatisch pastoraat kloppen: wat de pastorale zorg beoogt is *niet maakbaar*.

Centraal in dit boek stond 'heel de mens' onder het aspect van diens geestelijk functioneren. De zorg voor de mens maakt deel uit van de zorg van God voor en door ons. In de werkhypothese van pastorale zorg (2.6), waar dit boek op gebaseerd is, is gekozen voor een integratieve benadering van uiteenlopende antropologische en theologische inzichten. Een hermeneutisch model van pastorale zorg nodigt hier als het ware toe uit. Dit schept ook ruimte en vrijheid voor pastores en vrijwilligers in pastoraat om eigen keuzen te maken en een eigen stijl van pastorale zorg te ontwikkelen. Ik hoop dat de bestudering van deze 'Inleiding' in de pastorale theologie en - psychologie hieraan een bijdrage heeft mogen leveren.

Literatuur

Aalders, C., *Spiritualiteit.* Geestelijk leven vroeger en nu. ('s-Gravenhage 1969)

Aalders, C., J.H.Plokker en G.Quispel, *Jung, een mens voor deze tijd.* (Rotterdam 1975)

Abma, J.F., *Ambtenaar of ambtsdrager?*, in: J.F.Abma e.a., Het justitiepastoraat in Nederland. ('s-Gravenhage 1991)

Achelis, E.Chr., *Lehrbuch der Praktischen Theologie* (3 Bde). (Freiburg 1880; Leipzig 1911[3])

Achterhuis, H., *De markt van welzijn en geluk.* (Baarn 1980)

Achterhuis, H., *Arbeid, een eigenaardig medicijn.* (Baarn 1984)

Adams, J.E., *Competent to Counsel.* (Nutley 1970)

Allport, G.W., *Becoming.* Basic Considerations for a Psychology of Personality. (New Haven 1955)

Allwohn, A., *Das heilende Wort.* Zweisprache mit dem ratsuchenden Menschen unserer Zeit. (Göttingen 1958)

Alma, H.A., *Geloven in de leefwereld van jongeren.* (Kampen 1993)

Alma, H.A. en M.H.F. van Uden, *Sundén's Role Theory of Religion and Symbolic Interactionism*, in: Religionsvetenskaplige skrifter, nr. 27. (Lund 1995)

Alma, H.A., *Identiteit door verbondenheid.* Een godsdienstpsychologisch onderzoek naar identificatie en christelijk geloof. (Kampen 1998)

Ammermann, N., *Zur Konstruktion von Seelsorge.* (Frankfurt a.M. 1994)

Andel van, C.P., *De plaats van de verstandelijk gehandicapten in de gemeente: object of subject?*, in: C.P. van Andel e.a. (red.), Praktische theologie. Een bundel opstellen over plaats en praktijk van de christelijke gemeente. ('s-Gravenhage 1980)

Andriessen H. en W.Zandbelt, *Wacht bij het woord.* (Nijmegen 1972)

Andriessen, H.C.I., *Groei en grens in de volwassenheid.* Inleiding in de psychologie van de volwassen levensloop. (Nijmegen 1974[2])

Andriessen, H.C.I., *Leren aan ervaring en supervisie.* (Nijmegen 1975)

Andriessen, H., *Spiegel der werkelijkheid*, gedachten over een eerbiedige levenshouding. (Averbode 1981)

Andriessen, H.C.I., *Volwassenheid in perspectief.* Inleiding tot de psychologie van de volwassen levensloop. (Nijmegen 1984)

Andriessen, H., en G.Heitink, *Het wordt kil in de kerk.* Pastoraal-theologische en -psychologische overwegingen. ('s-Gravenhage 1985)

Andriessen H., N.Derksen en M.Nolet, *Is Hij nu in ons midden of niet?* Ervaringen met bibliodrama. (Kampen 1995)

Andriessen, H., *Bibliodrama, stem en tegenstem.* Ontwikkeling van een model. (Breda 1995)

Andriessen, H., *Oorspronkelijk bestaan.* Geestelijke begeleiding in onze tijd. (Baarn 1996)

Arnold, F.X., H.Schuster en K.Rahner, *Handboek van de pastoraaltheologie.* (Hilversum 1966)

Asmussen, H., *Die Seelsorge.* (München 1935)

Assagioli, R., *Psychosynthese.* (Meppel 1975)

Augustinus, A., *Belijdenissen*. Vertaald en ingeleid door G.Wijdeveld. (Baarn/Amsterdam 1985)

Baart, A. (red.), *Kerken en sociale interventie*. Een introductie. (Amsterdam 1995)
Baas, L.C. en J.H.A.Vermeulen, *Huisbezoek*. (Hilversum z.j.)
Bach, G., *Doe uzelf geen kwaad*. Beschouwingen over suïcidaliteit, depressiviteit en (pastorale) hulpverlening. (Den Haag 1984)
Bach, G.J., *Multidisciplinaire samenwerking in de psychiatrie*, in: J.J.A.Doolaard (red.), Handboek geestelijke verzorging in zorginstellingen, 639-645. (Kampen 1996)
Bakker, J.T., *Pluraliteit als weg*, in: J.Firet, Pluraliteit in de kerk. (Kampen 1977)
Bakker, R., *Wijsgerige antropologie van de twintigste eeuw*. (Assen 1981)
Balke, W. e.a. (red.), *Spiritualiteit*. (Kampen 1993)
Bally, G., *De psychoanalyse van Sigmund Freud*. (Utrecht 1963)
Bandura, A., *Social-learning theory*. (Englewood-Cliffs 1977)
Barth, K., *Die Kirchliche Dogmatik*. (KD) (Zürich 1932 ff.)
Barth, K., *Gesamtausgabe V*, Briefe; Karl Barth - Eduard Thurneysen, Briefwechsel Bd.2, 1921-1930. (Zürich 1974)
Bastian, H.D. e.a., *Taufe, Trauung und Begräbnis*. Didaktischer Leitfaden zum kirchlichen Handeln. (München 1978)
Bavinck, H., *Gereformeerde dogmatiek*. (Kampen 1928-30[4])
Becher, W., *Seelsorgeausbildung*. Theorie - Methoden - Modelle. (Göttingen 1976)
Becker, I. (Hg.), *Handbuch der Seelsorge*. (Berlin 1983,1990[4])
Becker, J.W. en R.Vink, *Secularisatie in Nederland, 1966-1991*, De verandering van opvattingen en enkele gedragingen. (Rijswijk 1994)
Becker, J.W., J. de Hart, J.Mens, *Secularisatie en alternatieve zingeving in Nederland*. (Rijswijk 1997)
Beld van de - van Keulen, F., *Geen weg terug*. Over feminisme in duurzame man-vrouw relaties. (Den Haag 1983)
Belenky, M.F., B.McVicker, N.R.Goldberger, J.M.Tarule, *Women's Ways of Knowing*. The development of self, voice and mind. (New York 1986)
Bellah, R.N., R.Madson, W.M.Sullivan, A.Swidler and S.M.Tipton, *Habits of the Heart*. Individualism and Commitment in American Life. (Berkeley 1985)
Belzen van, J.A., *Psychopathologie en religie*. Ideeën, behandeling en verzorging in de gereformeerde psychiatrie, 1880-1940. (Kampen 1989)
Belzen van, J.A., *Rümke, religie en godsdienstpsychologie*. (Kampen 1991)
Benjamin, A., *Het helpende gesprek*. (Haarlem 1973)
Berg van den, J.H., *Psychologie en geloof*. Een kroniek en een standpunt. (Nijkerk 1958)
Berg van den, J.H., *Psychologie van het ziekbed*. Een hoofdstuk uit de medische psychologie. (Nijkerk 1952, 1967[12])
Berg van den, J.H., *Dieptepsychologie*. (Nijkerk 1972[5])
Berger, P.L., *Het hemels baldakijn*. (Bilthoven 1967)
Berger, P.L., *The heretical Imperative*. Contemporary Possibilities of Religious Affirmation. (New York 1979)
Berger, W.J., *Op weg naar empirische zielzorg*. (Utrecht/Nijmegen 1965)
Bergh van den, W., H.Hoekstra, N.A. de Gaay Fortman, *Olie en wijn in de wonden*. Beschouwingen over het diakonaat. (Harderwijk 1888)
Berkhof, H., *De mens onderweg*. Een christelijke mensbeschouwing. ('s-Gravenhage 1960)
Berkhof, H., *Christelijk geloof*. Een inleiding tot de geloofsleer. (Nijkerk 1973)

Berkhof, H., *Bruggen en bruggehoofden.* (Nijkerk 1981)
Berkouwer, G.C., *De voorzienigheid Gods.* (Kampen 1950)
Berkouwer, G.C., *De algemene openbaring.* (Kampen 1951)
Berkouwer, G.C., *De mens het beeld Gods.* (Kampen 1957)
Berkouwer, G.C. *De zonde* I en II. (Kampen 1958/1960)
Besier, G., *Seelsorge und Klinische Psychologie.* Defizite in Theorie und Praxis der 'Pastoralpsychologie'. (Göttingen 1980)
Beumer, J.J., *Intimiteit & solidariteit*; over het evenwicht tussen dogmatiek, mystiek en ethiek. (Baarn 1993)
Beumer, J.J., *Onrustig zoeken naar God.* De spiritualiteit van Henri Nouwen. (Tielt 1996)
Bianchi, H., *Over escalatie en de-escalatie van geweld.* VU-magazine, december 1977. (Amsterdam 1977)
Biesterveld, P., *Het huisbezoek.* (Kampen 1900)
Biezeveld, K., *Spreken over God als vader.* Hoe kan het anders? Baarn 1996)
Bij de Weg, H., *De betekenis van zin voor het begrijpen van het handelen.* (Kampen 1996)
Blattner, J., B.Glareis, A.Plewa (Hg.), *Handbuch der Psychologie für die Seelsorge.* (Düsseldorf 1992 e.v.)
Bless, H., *Inleiding tot de pastorale psychopathologie.* (Roermond 1959)
Blom, M.B., *Engagement en interventie.* Over pastorale counseling met individuen, paren en gezinnen. ('s-Gravenhage 1981)
Bloth, P.C. e.a., *Handbuch der Praktischen Theologie.* Bd 2-4. (Gütersloh 1981,1983,1987)
Bobert-Stützel, S., *Dietrich Bonhoeffers Pastoral Theologie.* (Gütersloh 1995)
Bobert-Stützel, S., *'Man is broken. God's grace is glue'?*, in: J.Henkys, B.Weyel (Hg.), Einheit und Kontext, Würzburg 1996.
Boer de, Th., *De God van de filosofen en de God van Pascal.* Op het grensgebied van filosofie en theologie. ('s-Gravenhage 1989)
Boesten, T, H.Brussel en A-M.Koot, *Bedrijfspastoraat: actief aan het werk*, in: A.Baart (red.), Kerken en sociale interventie. (Amsterdam 1995)
Boeuff du, C.W. en P.C.Kuiper, *Psychotherapie en zielzorg.* (Utrecht 1950)
Bohren, R., *Predigtlehre.* (München 1971)
Bohren, R., *Dass Gott schön werde*, Praktische Theologie als theologische Ästhetik. (München 1975)
Bohren, R., *Prophetie und Seelsorge.* Eduard Thurneysen. (Neukirchen 1982)
Boisen, A.T., *Out of the Depths.* An autobiographical study of mental disorder and religious experience. (New York 1960)
Bolkestein, M.H., *Zielszorg in het Nieuwe Testament.* (Den Haag 1964)
Bonhoeffer, D., *Gemeinsames Leben.* (München 1964[11])
Bonhoeffer, Th., *'Seelsorge' in Platos Apologie.* in: PTh 78, 285v. (Göttingen 1989)
Bonhoeffer, Th., *Ursprung und Wesen der christlichen Seelsorge.* (München 1985)
Bons-Storm, R., *Kritisch bezig zijn met pastoraat.* Een verkenning van de interdisciplinaire implicaties van de practische theologie. ('s-Gravenhage 1984)
Bons-Storm, R., *De rib, de appel en de pastor.* Feminisme en pastoraat, in: Praktische Theologie; jg.13/3, 346-356 (Zwolle 1986)
Bons-Storm, R., *Hoe gaat het met jou?* Pastoraat als komen tot verstaan. (Kampen 1989)
Bons-Storm, R., *Pastoraat als bondgenootschap.* Aanzet tot vernieuwing van de kerkelijke praktijk vanuit het vrouwenpastoraat. (Kampen 1992)
Boon, L., *Geschiedenis van de psychologie.* (Meppel 1984[2])

Boonstra, C.A., *Bezoekerswerk in een oude stadswijk.* Ouderlingenblad, jg.60/ 704,15-19. (Lochem 1982)
Borg ter, M., *Een uitgewaaierde eeuwigheid.* Het menselijk tekort in de moderne cultuur. (Baarn 1991)
Borg ter, M., *Het geloof der goddelozen.* (Baarn 1996)
Borst, J.C., *Gij zijt die man!* Een onderzoek naar de pastorale zorg voor incestdaders. (Leiden 1995)
Bos, R., *Identificatie-mogelijkheden in preken uit het Oude Testament.* (Kampen 1992)
Bouhuijs K. en K.A.Deurloo, *Dichter bij de profeten.* (Amsterdam 1968)
Bouwer, J., *Pastorale diagnostiek,* in: Geestelijke verzorging, jg.2/4,22-30. (Utrecht 1997)
Bovet, Th., *Lebendige Seelsorge.* (Bern 1954²)
Brandt, Th. *Luthers Seelsorge in seinen Briefen.* (Witten 1962)
Brandt, Th., *Luther als Seelsorger.* (Wuppertal 1973)
Brillenburg Wurth, G., *Christelijke zielszorg in het licht van de moderne psychologie.* (Kampen 1955)
Browning, D.S., *Normen en waarden in het pastoraat.* (Haarlem 1978)
Browning, D.S., *Religious Thought and the Modern Psychologies.* A critical conversation in the theology of culture. (Philadelphia 1987)
Brunner, H., *Menschenbilder in Psychologie und Psychotherapie,* in: I.Baumgartner, Handbuch Pastoral Psychologie. (Regensburg 1990)
Buber, M., *Ich und Du.* (Leipzich 1923)
Bucer, M., *Over de ware zielzorg,* vertaling H.J.Selderhuis. (Straatsburg 1538, Kampen 1991)
Bühler, Ch., *Der menschliche Lebenslauf als psychologisches Problem.* (Göttingen 1959²)
Burms, A., H. de Dijn, *De rationaliteit en haar grenzen.* Kritiek en deconstructie. (Leuven/Assen/Maastricht 1986)
Busch, E., *Karl Barth's Lebenslauf.* (München 1975)

Cabot, R.C. and R.L.Dicks, *The Art of Ministering to the Sick.* (New York 1965²⁵)
Calvijn, J., *Institutie* of onderwijzing in den Christelijken godsdienst I-III (1559). (Ed. A.Sizoo, Delft 1956³)
Campbell, A.V., *Professionalism and Pastoral Care* (Philadelphia 1985)
Capps, D., *Biblical Approaches to Pastoral Counseling.* (Philadelphia 1981)
Capps, D., *Pastoral Care and Hermeneutics.* (Philadelphia 1984)
Capps, D., *Reframing.* A new method in pastoral care. (Minneapolis 1990)
Clebsch, W. en Ch.R.Jaekle, *Pastoral Care in Historical Perspective.* (Englewood Cliffs NJ 1964)
Clinebell, J.J., *Basic Types of Pastoral Counseling.* New resources for ministering to the troubled. (New York 1966)
Clinebell, H.J., *Basic Types of Pastoral Care and Counseling.* (Nashville 1984)
Cohn, R.C., *Van psychoanalyse naar temagecentreerde interaktie.* (Baarn 1979, 1983²)

Dam van, G. en M.Eitjes, *'Een pastor moet je toch kunnen vertrouwen!'* Over seksueel misbruik door pastores. (Zoetermeer 1994)
Dam van, W.C., *Stanger en Buchmann,* twee modellen van strijdbare zielszorg. (Kampen 1977)

Dekker, A., *Homines bonae voluntatis;* das Phenomen der profanen Humanität in Karl Barths kirchlichen Dogmatik. Kampen 1969)

Dekker, G., *De mens en zijn godsdienst.* (Bilthoven 1975)

Dekker, G., *Oude wijn in nieuwe zakken.* Over de christelijke godsdienst in de moderne samenleving. (Baarn 1983)

Dekker, G., *Godsdienst en samenleving.* Inleiding tot de studie van de godsdienstsociologie. (Kampen 1987, 1993[2])

Dekker, G., *Als het getij verloopt...* Opstellen over godsdienst en kerk. (Baarn 1995)

Dekker, G., *Van roeping naar baan.* Arbeid in godsdienstig perspectief. (Baarn 1996)

Dekker, G., J. de Hart en J.Peters, *God in Nederland* 1966-1996. (Amsterdam 1997)

Derksen, K., *Basisbeweging van christenen.* Een manier van bevrijdend geloven. (Baarn 1981)

Deursen van, A.Th., *Bavianen en slijkgeuzen.* Kerk en kerkvolk ten tijde van Maurits en Oldenbarnevelt. (Franeker 1974)

Dewey, J., *Democracy and Education.* (Chicago 1916)

Dingemans, G.D.J., *Manieren van doen.* Inleiding tot de studie van de praktische theologie. (Kampen 1996)

Dinkel, Chr., *Kirche gestalten* - Schleiermachers Theorie des Kirchenregiments. (Berlin 1996)

Donga, H.C., *Ontmoeting.* Een studie over pastoraat en ontmoeting. (Amsterdam 1989)

Doolaard, J.J.A. (red.), *Handboek geestelijke verzorging* in zorginstellingen. (Kampen 1996)

Doornenbal, E., *Zelfontmoeting en vervreemding.* (Deventer 1978)

Drehsen, V., *Wie religionsfähig ist die Volkskirche?* Sozialisationstheoretische Erkundungen neuzeitlicher Christentumspraxis. (Gütersloh 1994)

Drehsen, V. und W.Sparn (Hg.), *Im Schmeltztiegel der Religionen.* Konturen des modernen Synkretismus. (Gütersloh 1996)

Drewermann, E., *Beelden van verlossing.* Toelichtingen op het evangelie van Marcus. ('s-Gravenhage 1990)

Duchatelez, K., *Geschiedenis van de christelijke spiritualiteit.* (Averbode 1995)

Duijker, H.C.J. en A.C.Dudink, *Leerboek der psychologie.* (Groningen 1976)

Dulk den, M., *Heren van de praxis.* Karl Barth en de praktische theologie. (Zoetermeer 1996)

Dullaert, R., *Drugspastoraat: pastor blijf bij je leest*, in: G.Heitink e.a., Pastoraat en geestelijke gezondheid. (Baarn 1996)

Enzer-Probst, B., *Pfarrerin.* Als Frau in einem Männerberuf. (Stuttgart 1995)

Erikson, E.H., *Young man Luther.* A study in psychoanalysis and history. (New York 1958)

Erikson, E.H., *Identiteit, jeugd en crisis.* (Utrecht 1972)

Faber, H. en E. van der Schoot, *Het pastorale gesprek.* (Utrecht 1962)

Faber, H., *De pastor in het moderne ziekenhuis* (Assen 1971)

Faber, H., *Cirkelen om een geheim.* Dieptepsychologie over de godsdienst; godsdienst in het licht van moderne psychoanalytische theorieën. (Meppel 1972)

Faber, H. (red.), *Pastoraat - balans en perspectief*, 2 dln. (Kampen 1983/4)

Faber, H., *Rekenschap van een zoektocht.* Een autobiografie. (Baarn 1993)

Faber, J., *De spiritualiteit van de theoloog.* Een protestants pleidooi. (Kampen 1994)

Fast, J., *De taal van het lichaam.* (Amsterdam 1974[7])

Feiereis, H. en H.J.Thilo, *Basiswissen Psychotherapie.* (Göttingen 1980)
Fentener van Vlissingen, J., *Het pad van de geestelijke begeleiding.* Van praatpaal tot waarborg. (Den Haag 1980)
Fernhout, J.G., *Psychotherapeutische zielszorg.* (Baarn 1950)
Firet, J., *Het agogisch moment in het pastoraal optreden.* (Kampen 1968)
Firet, J. e.a., *Pluraliteit in de kerk.* (Kampen 1977)
Firet, J. en J.Hendriks, *Ik heb geen mens.* De anonieme pastorale relatie. ('s-Gravenhage 1986)
Firet, J., *Spreken als een leerling.* Praktisch-theologische opstellen. (Kampen 1987)
Fordham, F., *An Introduction to Jung's Psychology.* (Auckland 1966)
Fortmann, H., *Oosterse renaissance.* Kritische reflecties op de cultuur van nu. (Bilthoven 1970)
Fortmann, H., *Wat is er met de mens gebeurd?* Over de taak van een vergelijkende cultuurpsychologie. (Bilthoven 1971)
Fortmann, H., *Heel de mens.* Reflecties over menselijke mogelijkheden. (Baarn 1972)
Fortmann, H.M.M., *Als ziende de onzienlijke.* Een cultuurpsychologische studie over de religieuze waarneming en de zogenaamde religieuze projectie I-II. (Hilversum 1974[2])
Fowler, J.W., *Stages of Faith.* The psychology of human development and the quest for meaning. (San Francisco 1981)
Fowler, J.W., *Faith Development and Pastoral Care.* (Philadelphia 1987)
Frankl, V.E., *Der Mensch vor der Frage nach dem Sinn.* (München 1979)
Freud, S., *Inleiding tot de psychoanalyse.* (Amsterdam 1917)
Freud, S. en O.Pfister, *Briefe 1909-1939.* (Frankfurt a.M. 1963)
Freud, S., *Gesammelte werke, Studienausgabe* Bd I-XII (Frankfurt a.M. 1969-1979)
Freud, A., *Das Ich und die Abwehrmechanismen.* (München 1964)
Friedman, E.H., *Generation to Generation.* Family process in church and synagogue. (New York 1985)
Frijda, N.H., *De emoties.* Een overzicht van onderzoek en theorie. (Amsterdam 1988, 1993[2])
Fromm, E., *Escape from freedom.* (New York 1941)
Fromm, E., *The Sane Society.* (London 1956)
Fromm, E., *Marx, Freud en de vrijheid.* (Utrecht 1970)
Fromm, E., *To have or to be?* (London 1978)

Gadamer, H-G., *Wahrheit und Methode.* Grundzügen einer philosophischen Hermeneutiek. (Tübingen 1975[4])
Ganzevoort, R.R., *Een cruciaal moment.* Functie en verandering van geloof in een crisis. (Zoetermeer 1994)
Geest van der, H., *Du hast mich angesprochen.* Die Wirkung von Gottesdienst und Predigt. (Zürich 1978)
Geest van der H., *Unter vier Augen.* Beispiele gelungener Seelsorge. (Zürich 1981)
Gennep vam, F.O., *De brief in het pastoraat.* Een fenomenologische studie als bijdrage aan de praktische theologie. (Baarn 1972)
Gennep van, F.O., *Mensen hebben mensen nodig.* Een studie over seksualiteit en nieuwe moraal. (Baarn 1972)
Gennep van, F.O., *Katholiciteit en pluraliteit.* (Leiden 1980)
Gennep van, F.O., *Na vijftien jaar.* in: G.Heitink e.a. (red.), Ontginningswerk, 180-187. (Kampen 1985)

Gennep van, F.O., *De terugkeer van de verloren Vader*. (Baarn 1989)
Gerkin, V.E., *The living human Document*. Re-visioning pastoral counseling in a hermeneutical mode. (Nashville 1984)
Gerkin, V.E., *Widening the Horizons*. Pastoral responses to a fragmented society. (Philadelphia 1986)
Gerritsen, A.J., *Bibliodrama: heldenverhaal van geloof en ongeloof,* in: J.A. van Belzen en J.M. van der Lans (red.), Rond godsdienst en psychoanalyse. (Kampen z.j.)
Geukema, R., e.a. (red.), *De akseptatie voorbij*. Een nieuwe visie op de voortgaande bezinning over kerk en homoseksualiteit. (Voorburg 1989)
Ginkel van, A., *De ouderling*. Oorsprong en ontwikkeling van het ambt van ouderling en de functie daarvan in de Gereformeerde Kerk der Nederlanden in de 16e en 17e eeuw. (Amsterdam 1975)
Girard, R., *De zondebok*. (Kampen 1986)
Glock, Ch.Y, B.B.Ringer and E.R.Babbie, *To comfort and to challenge*. A dilemma of the contemporary church. (Berkeley 1967)
Goble, F.G., *The Third Force*. The psychology of Abraham Maslow. (New York 1970, 1973[4])
Goetschi, R., *Der Mensch und seine Schuld*. Das Schuldverständnis der Psychotherapie in seiner Bedeutung für Theologie und Seelsorge. (Zürich 1976)
Goffman, E., *Asylums*. (New York 1961)
Graste, J., *Zorg voor de psyche*. Een archeologie van de psychotherapie. (Nijmegen 1997)
Grient van der, A., *Drie geloven op een kussen...*, in: Praktische Theologie, jg.21/2, 150-160. (Zwolle 1994)
Groot de, J., *Registreren is vooruitzien*. Over het belang van registreren voor toekomstige ontwikkelingen in de geestelijke verzorging, in: Praktische Theologie, jg.21/3, 213-229. (Zwolle 1994)
Grözinger, A., *Die Sprache des Menschen*. Ein Handbuch Grundwissen für Theologinnen und Theologen. (München 1991)
Grün, A., *Een veilige schuilplaats*. Meer levensvreugde door rituelen. (Tielt/Kampen 1997)

Haan, P.M., *Pastorale supervisie van buiten getoetst*, in: Ontginningswerk, 194-200. (Kampen 1985)
Haarsma, F., *Morren tegen Mozes*. Pastoraal-theologische beschouwingen over het kerkelijk leven. (Kampen 1981)
Haarsma, F., *De receptie van de Klinische Pastorale Vorming in het rooms-katholieke pastoraat*, in: G.Heitink e.a. (red.), Ontginningswerk. (Kampen 1985)
Haarsma, F., *Pastoraat in de stad van de mens*. (Baarn 1985)
Haarsma F., *Kandelaar en korenmaat*. Pastoraaltheologische studies over kerk en pastoraat. (Kampen 1991)
Habermas, J., *Erkenntnis und Interesse*. (Frankfurt 1968)
Habermas, J., *Theorie des kommunikativen Handelns* I,II. (Frankfurt a.M 1981)
Halkes, C.J.M., *De horizon van het pastorale gesprek*. (Haarlem 1977)
Halkes, C.J.M., *Zoekend naar wat verloren ging*. Enkele aanzetten voor een feministische theologie. (Baarn 1984)
Hall, Ch.E., *Head and Heart*. The Story of the Clinical Pastoral Education Movement. (Decatur, G.A., Journal of Pastoral Care Publications 1992)
Hallewas, C.F.G.E., *Zegen vieren*. Zegening van levensverbintenissen. (Zoetermeer 1996)

Handboek pastoraat: pastorale perspectieven in een veranderende samenleving, red. H.Faber. (Deventer, 1982-1987)

Hardeland, A., *Geschichte der speciellen Seelsorge*, in der vorreformatorischen Kirche und der Kirche der Reformation. (Berlin 1898)

Häring, H., *Ruimte voor het verhaal*. Over taak en heroriëntatie van de theologie, in: A. van Heijst (red.), Het verhaal van God. (Baarn 1997)

Harper, R.A., *De nieuwe psychotherapieën*. (Amsterdam 1976)

Hart van der, O., *Overgang en bestendiging*. Over het ontwerpen en voorschrijven van rituelen in psychotherapie. (Deventer 1978)

Hartensveld F., *Het concept mens in het denken van Abraham Joshua Heschel en de betekenis daarvan voor onderwijs en opleiding*. (Amsterdam 1988)

Hartmann, G., *Lebensdeutung*. Theologie für die Seelsorge. (Göttingen 1993)

Hasselaar, J.M., *'Meegelezen'*, een keuze uit de briefwisseling Barth-Thurneysen uit de jaren 1913-1930. (Utrecht z.j.)

Hattinga Verschure, J.C.M., *Het verschijnsel zorg*. Een schets van het verschijnsel zorg. (Lochem, 1977)

Heering J.P. e.a. (red), *Een wijder perspectief?* Nadere beschouwingen over het boek *Op zoek naar een nieuwe horizon* van dr. W.Zijlstra. (Nijkerk 1993)

Heijst van, A., *Vrouwenbeweging*, in: H.Schaeffer (red.), Handboek Godsdienst in Nederland, 379-391. (Amersfoort 1992)

Heijst van, A., *Verlangen naar de val*. Zelfverlies en autonomie in hermeneutiek en ethiek. (Kampen 1992)

Heijst van, A. (red.), *Het verhaal van God*. Essays over narratieve theologie. (Baarn 1997)

Heitink, G., *Pastoraat als hulpverlening*. Inleiding in de pastorale theologie en -psychologie. (Kampen 1977, 1992[4])

Heitink, G., *Fundamentalisme en pastoraat*, in: Rondom het Woord, jg. 24/2, 61 e.v. (Kampen 1982)

Heitink, G., *De armen hebt gij altijd bij u*, in: G.Heitink e.a., Bewerken en bewaren, 11-24. (Kampen 1982)

Heitink, G., *Voortgaande bezinning rond het pastoraat*, in: H.Faber (red.), Pastoraat, balans en perspectief, 64-78. (Kampen 1983)

Heitink, G., *Motieven voor regelmatig huisbezoek*, in: Praktische Theologie, jg.10/5, 449 e.v., (Zwolle 1983)

Heitink, G., *Gids voor het pastoraat*. (Kampen 1983)

Heitink, G., *Pastoraat en veranderend geloven*, in: J.P.Boendermaker (red.), Doen wat er te doen staat, 55-64. ('s-Gravenhage 1984)

Heitink, G., *Profetie en pastoraat in een plurale kerk*, in: J.A. van der Ven (red.), Toekomst voor de kerk? (Kampen 1985)

Heitink, G., *De theologie van de Klinische Pastorale Vorming*, in: G.Heitink e.a. (red.), Ontginningswerk, bijdragen voor dr W.Zijlstra, 112-119. (Kampen 1985)

Heitink, G., *Pastorale hulpverlening in de lijn van Blumhardt*, in: Pastoraat als hulpverlening in ontwikkeling. Veertig jaar de Hezenberg. (Hattem 1986)

Heitink, G., *De omtrekken van een pastoraal paradigma*, in: F.H.Kuiper e.a. (red.), Zelfstandig geloven, 86-102. (Kampen 1987)

Heitink, G., *Secularisatie en het individuele geloofsleven*, in: G.Dekker en K.U.Gäbler (red.), Secularisatie in theologisch perspectief, 164-173. (Kampen 1988)

Heitink, G., *Om raad verlegen, doch niet radeloos*. Ervaringen van aporie bij de beoefening der praktische theologie. (Kampen 1988)

Heitink, G., en J.Veenhof (red.), *Heil, heling, gezondheid.* (Delft 1990)
Heitink, G., *De spiritualiteit van de Reformatie*, in: S.W.R.Polman (red.), Zoeken wat verborgen is, 56-66. (Kampen 1990)
Heitink, G., *Supervisie en spiritualiteit*, in: N.Derksen en J.Zuiker (red.), Gaandeweg, 33-44. (Kampen 1992)
Heitink, G., *Pastorale zorg*, in: H.Schaeffer (red.), Handboek godsdienst in Nederland, 535-552. (Amersfoort 1992)
Heitink, G., *De theologie van Wybe Zijlstra*, in: J.P.Heering e.a. (red.), Een wijder perspectief? 129-137. (Nijkerk 1993)
Heitink, G., *Praktische theologie*: geschiedenis, theorie, handelingsvelden. (Kampen 1993)
Heitink, G., *Tussen zeggen en zwijgen.* Grondwoorden in het pastorale gesprek. (Kampen 1994)
Heitink, G., *De kerken en het bijzonder pastoraat.* Enkele ecclesiologische overwegingen, in: Praktische theologie, jg.21/2, 201-210. (Zwolle 1994)
Heitink G. en H.J.M.Vossen (red.), *De toekomst van het pastorale beroep.* Praktische Theologie, jg.22/2. (Zwolle 1995)
Heitink, G., *Kerk-zijn in een post-christelijk tijdperk*, in: G.Dekker en H.Noordegraaf (red.), Van meerderheid naar minderheid, 21-37. (Kampen 1995)
Heitink, G., J.Körver, M. van den Berg en R.Dullaert, *Pastoraat en geestelijke gezondheidszorg.* (Baarn 1996)
Heitink, G., *Pastoraat en geestelijke verzorging*, in: A.Baart (red.), Kerken en sociale interventie, 11-22. (Amsterdam 1996)
Heitink, G., *De gevolgen van 1848 voor de predikanten*, in: G.J.Schutte en J.Vree (red.), *Om de toekomst van het protestantse Nederland.* De gevolgen van de grondwetsherziening van 1848 voor kerk, staat en maatschappij. (Zoetermeer 1998)
Hemenway, J.E., *Inside the Circle.* A Historical and Practical Inquiry concerning Process Groups in Clinical Pastoral Education. (Journal of Pastoral Care Publications 1996)
Hendriks, J., *Verschillen tussen christenen*, in: J.Firet, Pluraliteit in de kerk. (Kampen 1977)
Hendriks, J., *Emancipatie.* Relaties tussen minoriteit en dominant. (Alphen a/d Rijn 1981)
Hendriks, J. en S.Stoppels, *Uitspraak, tegenspraak, samenspraak.* Het profetisch spreken van de kerk als pastoraal handelen. (Kampen 1986)
Hendriks, J., *Participatie aan het conciliair proces in een gemeente*, in: Praktische Theologie, jg.16/3, 309-328. (Zwolle 1989)
Hendriks, J., *Een vitale en aantrekkelijke gemeente.* Model en methode van gemeenteopbouw. (Kampen 1990)
Hendriks, J., *Terug naar de kern.* Vernieuwing van de gemeente en de rol van de kerkeraad. (Kampen 1995)
Hendriks, A., *Huisbezoek in het Nederlandse katholieke pastoraat.* Ontstaan, ontwikkeling en mogelijkheden. Praktische Theologie, jg.9/5, 313-325. (Zwolle 1982)
Henkys, J., *Seelsorge und Bruderschaft.* (Stuttgart 1970)
Hermans, H.J.M., *Waardegebieden en hun ontwikkeling.* (Amsterdam 1974)
Hermans, H.J.M., *Persoonlijkheid en waardering* I-III. (Lisse 1981)
Hielema, J.S., *Pastoral or Christian Counseling.* A Confrontation with American Pastoral Theology in particular Seward Hiltner and Jay E.Adams. (Leeuwarden 1975)
Hiltner, S., *Pastoral Counseling.* (New York 1949)
Hiltner, S., *Preface to Pastoral Theology.* (New York 1958)
Hiltner, S., *The Christian Shepherd.* Some aspects of pastoral care. (New York 1959)

Hiltner, S., en L.G.Collston, *The Context of Pastoral Counseling*. A comparative study. (New York 1961)
Hiltner, S., *Theological Dynamics*. (New York 1972)
Hjelle, L.A. en D.J.Ziegler, *Personality Theories*. Basic assumptions, research and applications. (Auckland 1981)
Hoekendijk, L., *Dwarslagen in de christenheid*. (Baarn 1969)
Höfte, B., *Bekering en bevrijding*. De betekenis van de Latijns-amerikaanse theologie van de bevrijding voor een praktisch-theologische basistheorie. (Hilversum 1990)
Holifield, B.E., *A History of Pastoral Care in America*: From Salvation to Self-Realization. (Nashville 1983)
Horst ter, W., *Over troosten en verdriet*. (Kampen z.j.)
Houtepen, A., *God een open vraag*. Theologische perspectieven in een cultuur van agnosme. (Zoetermeer 1997)
Houtsma, R., *De groep als pastorale weg*. Een kritische studie over pastoraal groepscounselen. ('s-Gravenhage 1981)
Howe, L.T., *The Image of God*. A theology for pastoral care and counseling. (Nashville 1995)
Huijser, Ph.J., *Het ambtsgeheim van de zielzorger*. (Kampen 1961)
Huijser, Ph.J., *Biecht en private zondebelijdenis*. Een onderwerp uit de christelijke zielszorg. (Kampen 1980)
Hummel, G., *Theologische Anthropologie und die Wirklichkeit der Psyche*. (Darmstadt 1972)

Iersel van, F., *Religie en vrede*, in: H.Schaeffer (red.), Godsdienst in Nederland. (Amersfoort 1992)
Iersel van, A.H.M., *'Dulce bellum inexpertis'*. Een praktisch-theologische reflectie op zingeving en ethiek in de context van de krijgsmacht. (Tilburg 1995)
Iersel van, A.H.M., *Krijgsmachtpastoraat in een nieuwe context*, in: Praktische Theologie, jg.23/5 (509-527). (Zwolle 1996)
Imbens, A. en A.Fransen, *Godsdienst en incest*. (Amersfoort 1985)
In liefde trouw zijn. Een pastorale handreiking. (Leusden 1983)
Irik, P., *Een dapper zootje ongeregeld*. Kerk zijn met en in de buurt. (Gorinchem 1995)
Ivey, A.E., *Helpen en vormen door microcounseling*. Hulpverlenings- en vormingsmodellen voor individu en groep. (Bloemendaal 1976)

Jaffé, A., *Erinnerungen, Träume, Gedanken*. (Zürich 1962)
Jak, Th., *Armen van geest*. Hoofdstukken uit de geschiedenis van de Nederlandse zwakzinnigenzorg. (Amsterdam 1988)
Jak, Th., *Huizen van barmhartigheid*. Zorg voor zwakzinnigen in Nederland in de tweede helft van de negentiende eeuw met bijzondere aandacht voor 's Heeren Loo. (Ermelo 1993)
Jentsch, W., *Handbuch der Jugendseelsorge* I-III, Geschichte - Theologie - Praxis. (Gütersloh 1965 e.v.)
Jentsch, W., *Schreiben befreit*. Einführung in die Briefseelsorge. (Wuppertal 1981)
Jentsch, W., *Der Seelsorger*. Beraten, Bezeugen, Befreien. (Moers 1982)
Jong de, T., *Werkvorm: bibliodrama*, in: Ontginningswerk, 71-76. (Kampen 1985)
Jong-Gierveld de, J., *Eenzaamheid in perspectief*. (Amsterdam 1979)

Jong-Gierveld de, J., *Het begrip eenzaamheid in theorie en praktijk*. Kanttekeningen bij de wijze van gebruik van het theoretisch begrip eenzaamheid in sociaal-wetenschappelijk onderzoek. (Deventer 1980)

Jong-Gierveld de, J., *Eenzaamheid*. (Deventer 1984)

Jongh van Arkel de, J.T., *A Paradigm for Pastoral Diagnosing*. (Pretoria 1987)

Jongsma-Tieleman, P.E., *Godsdienst als speelruimte voor verbeelding*. Een godsdienstpsychologische studie. (Kampen 1996)

Jonker, H., *Theologische praxis*. Problemen, peilingen en perspectieven bij kenterend getij. (Nijkerk 1983)

Jörns, K.P. *Nicht leben und nicht sterben können*. (Göttingen 1979)

Josuttis, M., *Praxis des Evangeliums zwischen Politik und Religion*. Grundprobleme der praktischen Theologie. (München 1974)

Josuttis, M., *Die Einführung in das Leben*. Pastoraltheologie zwischen Phänomenologie und Spiritualität. (Gütersloh 1996)

Jung, C.G., *Gesammelte Werke*, Studienausgabe I-XX. (Olten 1972)

Jung, C.G., *Psychologische typen*. (Wassenaar 1975[7])

Jüngel, E., *Gott als Geheimnis der Welt*. (Tübingen 1986)

Kahmann, J., *Pastoraat in bijbels licht*, in: H.Manders en H. van de Spijker, Pastoraat met handen en voeten? (Averbode 1981)

Kaptein, R., *Het huisbezoek*. Problematiek en methode in een veranderde gemeente. (Baarn 1975)

Kassel, M., *Biblische Urbilder*. Tiefenpsychologische Auslegung nach C.G.Jung. (München 1980)

Katz, R.L., *De stem uit de stilte*. Pastoraat in het jodendom. (Delft 1988)

Kaufmann, F.X., *Religion und Modernität*. (Tübingen 1989)

Kessel van, R., *Arbeid en pastoraat*. Een meditatieve analyse, in: Praktische Theologie, jg.9,67-79. (Zwolle 1982)

Kessel van, R., *Zes kruiken water*. Enkele theologische bijdragen voor kerkopbouw. (Hilversum 1989)

Kist, A.W., *Antwoord aan de machten*. Het vormingswerk voor volwassenen sociotheologisch bezien. (Alphen a/d Rijn 1971)

Kittel, G., *Theologisches Wörterbuch zum Neuen Testament* (TWNT). (Stuttgart 1933 e.v.)

Klamer, A., *Pastoraat in omroepland*. Praktische Theologie, jg.10/2,144-150. (Zwolle 1983)

Klein Kranenburg, E.S., *Trialoog*. De Derde in het pastorale gesprek. ('s-Gravenhage 1988)

Klein, St., *Theologie und empirische Biographieforschung*. Methodische Zugänge zur Lebens- und Glaubensgeschichte und ihre Bedeutung für eine erfahrungsbezogene Theologie. (Stuttgart 1994)

Klessmann, M., I.Liebau (Hg.), *Leiblichkeit ist das Ende der Werke Gottes*. Körper, Leib, Praktische Theologie. (Göttingen 1997)

Kloot Meijburg van der, H.H., *Een definitie van geestelijke verzorging?*, in: J.J.A.Doolaard (red.), Handboek geestelijke verzorging in zorginstellingen, 141-149. (Kampen 1996)

Kluitman, V.Th.M., *Positie van de geestelijke verzorging*, in: J.J.A.Doolaard (red.), Handboek geestelijke verzorging in zorginstellingen (588-594). (Kampen 1996)

Knippenberg van, M., *Dood en religie*. Een studie naar communicatief zelfonderzoek in het pastoraat. (Kampen 1987)

Knippenberg van, M., *Grenzen*. Werkplaats van pastoraaltheologen. (Kampen 1989)
Knippenberg, M.P.J., *Pastoraat en zingeving*, in: Praktische Theologie, jg.22/3, 365-376. (Zwolle 1995)
Knobloch, S., *Praktische Theologie*. Ein Lehrbuch für Studium und Pastoral. (Freiburg 1996)
Knobloch, S., *Wieviel ist ein Mensch wert?* Einzelseelsorge - Grundlagen und Skizzen. (Regensburg 1993)
Knobloch, S. en H.Haslinger (Hg.), *Mystagogische Seelsorge*. Eine lebensgeschichtlich orientierte Pastoral. (Mainz 1991)
Koetsveld van, C.E., *Schetsen uit de pastorij te Mastland*. (1843, Schoonhoven 1874)
Kohut, H., *The Analysis of the Self*. (New York 1971)
Kolb, D.A., *Experiential Learning*: experience as the source of learning and development. (New Jersey 1984)
Kolfhaus,D.W., *Die Seelsorge Johannes Calvins*. (Neukirchen 1941)
Kolm van der, G.J., *'Eigenlijk geloof ik niets'*. Theologie in de praktijk van fabriek en volkswijk. (Kampen 1991)
Kooi van der, C., *Dankzij of ondanks de dood van Jezus?*, in: Nederlands Theologisch Tijdschrift, jg.51/4, 298-313. (Zoetermeer 1997)
Kooij van, R., *Spelen met vuur*. Een onderzoek naar de relatie tussen de charismatische beweging en de Gereformeerde Kerken in Nederland. (Zoetermeer 1995)
Koole, J.L., *De boodschap der genezing*. (Kampen 1955)
Koole, W., *De troost van televisie*. (Kampen 1993)
Koole, W., *De troost van televisie*, in: A.Baart (red.), Het troostrijk. Cultuur tussen maakbaarheid en eindigheid. (Baarn 1996)
Korte de, G.J.N. *Pastoraat van de verzoening*. Mogelijkheden en grenzen van de theologie van het Woord, met name van Eduard Thurneysen, voor het katholiek pastoraat. (Zoetermeer 1994)
Körver, J., *Van reflectie en actie*. 'Reflectie in actie' als leerdoel voor de pastor, in: Geestelijke Verzorging, jg.1/3, 27-36. (Utrecht 1996)
Kouwer, B.J., *Existentiële psychologie*. Grondslagen van het psychologisch gesprek. (Meppel 1973)
Kraan, K.J., *Opdat u genezing ontvangt*. Handboek voor de dienst der genezing. (Hoornaar 1974[3])
Kraan, K.J., *Genezing en bevrijding* I-III. (Kampen 1983-1986)
Kraan, K.J., *Genezing der herinneringen*. (Kampen z.j.)
Kraan, K.J., *Charismatische zielszorg*. (Den Haag 1986)
Kranenborg, R., *Revitalisering en de kerken*, in: H.M.Kuitert (red.), In stukken en brokken. Godsdienst en levensbeschouwing in een postmoderne tijd. (Baarn 1995)
Kroeger, M., *Themenzentrierte Seelsorge*. (Stutgart 1973)
Kruijne, T., *De pastor en zijn identiteit in het geding*. (Groningen 1977)
Kruijne, T., *Geschiedenis van de Klinische Pastorale Vorming in Nederland*, in: Ontginningswerk, 14-24. (Kampen 1985)
Kübler-Ross, E., *On Death and Dying*. (New York 1969)
Kübler-Ross, E., *Death, the final Stage of Growth*. (Englewood Cliffs 1975)
Kuhnke, U., *Koinonia*. Zur theologischen Rekonstruktion der Identität christlicher Gemeinde. (Düsseldorf 1992)
Kuiper, P.C., *Nieuwe neurosenleer*. (Deventer 1984)
Kuiper, P.C., *Ver heen*. Verslag van een depressie. ('s-Gravenhage 1988)

Kuitert, H.M., *De wereld valt mee*, in: J.H. van Beusekom e.a. (red.), Kerk buiten de kerk (Terzake 4), 55-91. (Utrecht/Baarn 1969)

Kuitert, H.M., *Zonder geloof vaart niemand wel.* Een plaatsbepaling van christendom en kerk. (Baarn 1974)

Kuitert, H.M., *Wat heet geloven?* Struktuur en herkomst van de christelijke geloofsuitspraken. (Baarn 1977)

Kuitert, H.M., *Een gewenste dood.* Euthanasie en zelfbeschikking als moreel en godsdienstig probleem. (Baarn 1981)

Kuitert, H.M., *Alles is politiek maar politiek is niet alles.* Een theologisch perspectief op geloof en politiek. (Baarn 1985)

Kuld, L., *Glaube in Lebensgeschichten.* Ein Beitrag zur theologischen Autobiographieforschung. (Stuttgart 1997)

Kunneman, H., *De waarheidstrechter.* Een communicatietheoretisch perspectief op wetenschap en samenleving. (Meppel 1986)

Kuyper, A., *Encyclopedie der Heilige Godgeleerdheid.* (Kampen 1894, 1908/9^2)

Kuyper, A., *De gemeene gratie* III. (Kampen 1932^3)

Laeyendecker, L., *Kerkelijke vernieuwingsbewegingen in de katholieke kerk*, in: H.Schaeffer (red.), Handboek godsdienst in Nederland, 104-113. (Amersfoort 1992)

Lang, G. en H.T. van der Molen, *Psychologische gespreksvoering.* Een basis voor hulpverlening. (Baarn 1991^5)

Lange, E., *De oekumenische utopie.* Wat beweegt de oekumenische gemeenschap? (Baarn 1974)

Lange, E., *Predigen als Beruf.* (Stuttgart 1976)

Lange, E., *Sprachschule für die Freiheit.* (München 1980)

Lange de, F., *Ieder voor zich?* Individualisering, ethiek en christelijk geloof. (Kampen 1993)

Lans van der, J., *Religieuze ervaring en meditatie.* (Nijmegen 1978)

Lasch, Chr., *The Culture of Narcissism.* American life in an age of diminishing expectations. (New York 1979)

Leene, H., *Kan een fictionele gestalte onze plaats innemen?* Overwegingen bij de uitleg van Jesaja 53, in: GTT jg.93/4, 232-253. (Kampen 1993)

Lemke, H., *Seelsorgerliche Gesprächsführung.* Gespräche über Glauben, Schuld und Leiden. (Stuttgart 1992)

Leudesdorff, R., *Der christliche Skandal,* in: R.Zerfass en N.Greinacher, Einführung in die Praktische Theologie, 185-190. (Gründewald 1976)

Lindijer, C.H. en J.Lindijer-Banning, *Groepsgewijs.* Een boek over groepen in de kerk. ('s-Gravenhage 1977)

Lindijer, C.H., *Schuld en pastoraat.* (Den Haag 1979)

Lindijer, C.H., *De armen en de rijken bij Lucas.* ('s-Gravenhage 1981)

Lindijer, C.H., *Scheiden en begeleiden.* Een boek over pastoraat en scheiding. (Den Haag 1982)

Lindijer, C.H., *Pastor en therapeut.* ('s-Gravenhage 1984)

Lindijer, C.H., *Pastor en therapeut.* Wat kan pastoraat leren van psychotherapie? ('s-Gravenhage 1984)

Lindijer, C.H., *Krijn Strijd als criticus van het moderne pastoraat*, in: Ontginningswerk 143-148. (Kampen 1985)

Lindijer, C.H., *En laat ons weer in vrede leven.* Pastoraal omgaan met vragen van oorlog en vrede. (Den Haag 1987)

Lindijer, C.H., *Gids voor reisgenoten.* Een handboek voor lekepastoraat. ('s-Gravenhage 1989)

Lindijer, C.H., *Leven & dood.* Zaak van het pastoraat. ('s-Gravenhage 1989)

Lindijer, C.H., *Tasten naar schaamte.* (Kampen 1995)

Loenen van, A.L.W., *Zorg voor bewoners en hun sociale omgeving*, in: J.J.A.Doolaard (red.), Handboek geestelijke verzorging in zorginstellingen, 603-612.(Kampen 1996)

Louw, D.J., *Pastoraat in eskatologiese perspektief.* (Kaapstad 1984)

Louw, D.J., *Pastoraat as ontmoeting.* Ontwerp vir 'n basisteorie, antropologie, metode en terapie. (Pretoria 1993)

Louw, D., *Illness as crisis and challenge.* Guidelines for pastoral care. (Doornfontein 1994)

Louw, D.J., *Pastoraat as vertolking en ontmoeting.* Teologiese ontwerp vir 'n basisteorie, antropologie, metode en terapie. (Herziene uitgave, Kaapstad 1997)

Lukken, G., *De onvervangbare weg van de liturgie.* (Hilversum 1984²)

Lukken, G., *Geen leven zonder rituelen.* Antropologische beschouwingen met het oog op de christelijke liturgie (Hilversum 1986²)

Lukoff, D., F.Lu, R.Turner, *Naar een meer gevoelige DSM-IV.* Psychoreligieuze en psychospirituele problematiek, in: The Journal of Nervous and Mental Disease, Vol.190, nr. 11, 1992, 673-682 (vertaling J.H.N.Kerssemakers e.a., Landelijke Werkgroep RIAGG en Religie).

Luther, H., *Religion und Alltag.* Bausteine zu einer Praktischen Theologie des Subjekts. (Stuttgart 1992)

Luttikhuis, B.A.M., *Een grensgeval.* Oorsprong en functie van het territoriale beginsel in het gereformeerde kerkrecht. (Gorinchem 1992)

Lyotard, J.F., *Het postmoderne weten.* (Kampen 1987)

Maslow, A.H., *Religions, Values and Peak-Experiences.* (Ohio State Univ. Press 1964)

Maslow, A.H., *Toward a Psychology of Being.* (New York 1968)

Maslow, A.H., *Motivation and Personality.* (New York 1970²)

Mathies, F., *Leven in de gemeente.* Portretten van bloeiende gemeenten met uitstraling. (Zoetermeer 1996)

Mattijsen, D, *De kerk als vrijplaats wereldwijd.* (Delft 1987)

May, R. e.a., *Existence.* A new Dimension in Psychiatry and Psychology. (New York 1958)

McGrath, A., *Christelijke theologie.* Een introductie. (Kampen 1997)

McNeill, J.T., *A History of the Cure of Souls.* (New York 1965)

Meer van der, F., *Augustinus de zielzorger.* Een studie over de praktijk van een kerkvader. (Utrecht 1957)

Meerburg, M., *Eenheid en identiteit in een plurale kerk*, in: J.M.Vlijm, Geloofsmanieren. Studies over pluraliteit en kerk. (Kampen 1981)

Menken-Bekius, C., *Rituelen in het individuele pastoraat.* Een praktisch-theologisch onderzoek. (Kampen 1998)

Mette, N., *Theorie der Praxis.* Wissenschaftsgeschichtliche und methodologische Untersuchungen zur Theorie-Praxis Problematik innerhalb der praktischen Theologie. (Düsseldorf 1978)

Meulink-Korf, H., *Kontekstuele therapie en kontekstueel pastoraat*, in: Praktische Theologie, jg.18/1, 3-15. (Zwolle 1991)

Miller, A., *Het drama van het begaafde kind.* Een studie over narcisme. (Bussum 1981)
Miskotte, H.H., *Pastor en profeet.* Over de andere kant van pastoraat. (Baarn 1992)
Mitscherlich, A., *Auf dem Weg zur vaterlosen Gesellschaft.* (München 1963)
Molendijk, A.L., *Zwischen Theologie und Soziologie.* Ernst Troeltschs Typen der christlichen Gemeinschaftsbildung: Kirche, Sekte, Mystik. (Gütersloh 1996)
Möller, Chr., *Seelsorgerlich predigen.* Die parakletischen Dimension von Predigt, Seelsorge und Gemeinde. (Göttingen 1984)
Möller, Chr., *Lehre vom Gemeindeaufbau.* (Göttingen 1987 e.v.)
Möller, Chr.(Hg.), *Geschichte der Seelsorge,* in Einzelporträts I-III, (Göttingen 1994-96)
Moltmann, J., *Kerk in het krachtveld van de Geest.* Bouwstenen voor een messiaanse ekklesiologie. (Baarn 1975)
Mooren, J.H.M., *Geestelijke verzorging en psychotherapie.* (Baarn 1989)
Mowrer, O.H., *The Crisis in Psychiatry and Religion.* (Princeton 1961)
Müller, J., *Om tot verhaal te kom.* Pastorale gesinsterapie. (Pretoria 1996)
Munk, R.W., *Joseph B.Soloveitchik's Concept of Jewish Thought.* (Amsterdam 1994)
Musaph, H., *Het gesprek.* (Haarlem 1966, 1972^8)
Muurling, W., *Practische godgeleerdheid* (1851 e.v.). (Groningen 1860^2)

Nauta, R., *Ik geloof het wel.* Godsdienstpsychologische studies over mens en religie. (Assen 1995)
Neidhart, W., *Psychologie des Religionsunterrichts.* (Zürich 1967^2)
Nicol, M., *Gespräch als Seelsorge.* Theologische Fragmente zu einer Kultur des Gesprächs. (Göttingen 1990)
Niebuhr, R, *Wezen en bestemming van de mens,* 2 dln. (1944, Amsterdam 1951-1957)
Nieuwkoop, R, *De drempel over.* Het gebruik van (overgangs)rituelen in het pastoraat. ('s-Gravenhage 1986)
Nijen van, J.J., *Voorganger van professie,* in: Praktische Theologie, jg.25/2, 226-236. (Zwolle 1995)
Nijk, A.J., *De mythe van de zelfontplooiing* en andere wijsgerig-andragologische opstellen. (Amsterdam 1978)
Nipkow, K.E., *Wachstum des Glaubens - Stufen des Glaubens.* Zu James W.Fowlers Konzept der Strukturstufen des Glaubens auf reformatorischem Hintergrund, in: H.M.Müller en D.Rössler, Reformation und Praktische Theologie. (Göttingen 1983)
Nipkow, K.E., *Erwachsenwerden ohne Gott?* Gotteserfahrung im Lebenslauf. (München 1987)
Nitzsch, C.I., *Praktische Theologie,* 3 Bde. (Bonn 1847-1867)
Noordegraaf, H. en K.Tinga, *De Arme Kant van Nederland,* in: A.Baart (red.), Kerken en sociale interventie. Een introductie. (Amsterdam 1995)
Nouwen, H.J, *Reaching out.* The three movements of spiritual life. (New York 1975)
Nouwen, H.J. *The living Remınder.* Service and prayer in memory of Jesus Christ. (New York 1977)

Oates, W.E., *The Christian Pastor.* (Philadelphia 1951)
Oates, W.E., *Protestant Pastoral Counseling.* (Philadelphia 1962)
Oates, W.E., *Pastoral Counseling.* (Philadelphia 1974)
Oden, Th.C., *Kerygma and Counseling.* Toward a covenant ontology for secular psychotherapy. (Philadelphia 1966)
Oden, Th.C., *Pastoral Theology.* Essentials of Ministry. (San Francisco 1983)

Oden, Th.C., *Care of Souls in the Classic Tradition.* (Philadelphia 1984)
Oldendorff, A., *De psychologie van het sociale leven.* (Utrecht 1981[11])
Olthuis, F.H., e.a., *Psychosomatiek*: het groen-boek. (Meppel 1973)
Omme van, A.J., *Van roeping naar beroep*, in: J.F.Abma e.a., Het justitiepastoraat in Nederland. ('s-Gravenhage 1991)
Ontginningswerk. Bijdragen voor dr.Wybe Zijlstra. (Kampen 1985)
Ontwerp-ordinanties behorende bij de ontwerp-kerkorde van de Verenigde Protestantse Kerk in Nederland. (Zoetermeer 1997)
Oosterhout van, T. e.a., *Geestelijke verzorging in voorzieningen voor mensen met een verstandelijke handicap*, in: J.J.A.Doolaard (red.), Handboek geestelijke verzorging in zorginstellingen, 684-751. (Kampen 1996)
Oosterzee, J.J. van, *Praktische theologie.* (Utrecht 1877/8)
Orlemans, J.W.G., *Gedragstherapie*, in: A.P.Cassee e.a. (red.), Psychotherapie in Nederland. (Deventer 1976)

Palmer, R.E., *Hermeneutics.* Interpretation Theory in Schleiermacher, Dilthey, Heidegger and Gadamer. (Evanston 1969)
Pannenberg, W., *Wissenschaftstheorie und Theologie.* (Frankfurt a.M. 1973)
Pannenberg, W., *Was ist der Mensch?* Die Anthropologie der Gegenwart im Lichte der Theologie. (Göttingen 1976[5])
Pannenberg, W., *Anthropologie in theologischer Perspektive.* (Göttingen 1983)
Pargament, K.I., *Of Means and Ends:* Religion and the Search for Significance. (International Journal for the Psychology of Religion 1992, 201-240)
Parmentier, M., *Heil maakt heel*, de bediening tot genezing. (Zoetermeer 1997)
Pater de, W.A., *Het postmoderne nog eens uitgelegd.* NTT, jg.50,3, 177-202. (Zoetermeer 1996)
Pattison, S., *A Critique of Pastoral Care.* (London 1988)
Patton, J., *Pastoral Counseling.* A ministry of the church. (Nashville 1983)
Peters, J., *Individualisering en secularisering in Nederland in de jaren tachtig.* (Nijmegen 1993)
Peursen van, C.A., *Filosofische oriëntatie.* Een inleiding in de wijsgerige problematiek. (Kampen 1958)
Peursen van, C.A., *Lichaam - ziel - geest.* Inleiding tot een fenomenologische antropologie. (Utrecht 1966[3])
Peursen van, C.A., *De Naam die geschiedenis maakt.* Het geheim van de bijbelse godsnamen. (Kampen 1991)
Peursen van, C.A. *Na het postmodernisme.* Van metafysica tot filosofisch surrealisme. (Kampen 1994)
Peursen van, C.A., *'Postmodern': een nieuwe context voor beleid?* Praktische Theologie, jg.23,3, 243-254. (Zwolle 1996)
Pfister, O., *Analytische Seelsorge.* (Göttingen 1927)
Pfister, O., *Das Christentum und die Angst.* (Zürich 1944)
Piper, H-C., *Gesprekken met stervenden.* Een pastorale aanpak. (Kapellen 1979)
Plantier, E.M., *Door de dood omvangen:* Elisabeth Kubler-Ross en het pastoraat. (Kampen 1994)
Plomp, J., *De kerkelijke tucht bij Calvijn.* (Kampen 1969)
Polhuis, A., *Lotgenoten bondgenoten?* Mogelijkheden van coalitievorming in oude stadswijken. Een bijdrage vanuit de kerk. (Zoetermeer 1994)

Polman, A.D.R. *Onze Nederlandse geloofsbelijdenis*, verklaard uit het verleden, geconfronteerd met het heden I-IV. (Franeker z.j.)

Polspoel, A.R.M., *Wenen om het verloren ik.* (Hilversum 1976)

Pomp, R., *Langs de randen van de kerk.* ('s-Gravenhage 1980)

Pronk, P., *Tegennatuurlijk?* Typen van morele argumentatie inzake homosexualiteit. (Amsterdam 1989)

Pruyser, P.W., *Tussen geloof en ongeloof.* Een psychologische studie over de twijfel. (Baarn 1976)

Pruyser, P.W., *De pastor als diagnosticus.* (Haarlem 1978)

Pruyser, P.W., *Geloof en verbeelding.* Esays over levensbeschouwing en geestelijke gezondheid. (Baarn 1992)

Rahner, K., *De kerk in de huidige situatie*, in: F.X.Arnold e.a. (red.), Handboek van de pastoraal-theologie III. (Hilversum 1968)

Rahner, K., *Sacrament van de boete.* in: Sacramentum Mundi II. (Hilversum 1968)

Rau, G., *Pastoraltheologie.* (München 1970)

Rebel, J.J., *Pastoraat in pneumatologisch perspectief.* Een theologische verantwoording vanuit het denken van A.A. van Ruler. (Kampen 1981)

Rebel, J.J., *Ambt en professie* en *Relatie met (kerk)genootschap*, in: J.J.A. Doolaard, Handboek geestelijke verzorging in zorginstellingen (162-167,245-251). (Kampen 1996)

Rhijn van, A., H.Meulink-Korf, *De Context en de Ander.* Nagy herlezen in het spoor van Levinas met het oog op pastoraat. (Zoetermeer 1997)

Richter, H-E., *Patient Familie.* (Reinbek 1970)

Ricoeur, P., *The Rule of Metaphor.* Multidisciplinary studies of the creation of meaning in language. (London 1978)

Ricoeur, P., *Hermeneutics and the Human Sciences.* (New York 1981)

Ricoeur, P., *Time and Narrative* (Volume 1-3). (Chicago/London 1983-1985)

Ricoeur, P., *Tekst en betekenis.* Opstellen over de interpretatie van literatuur. (Baarn 1991)

Ridderbos, H., *Paulus.* Ontwerp van zijn theologie. (Kampen 1966)

Riemann, F., *Grundformen der Angst.* Eine tiefenpsychologische Studie. (München 1975[10])

Riess, R., *Seelsorge*: Orientierung, Analysen, Alternativen. (Göttingen 1973)

Riess, R., *Perspektive der Pastoral-Psychologie.* (Göttingen 1974)

Riess, R., *Sehnsucht nach Leben.* Spannungsfelder, Sinnbilder und Spiritualität der Seelsorge. (Göttingen 1987)

Riess, R., *Abschied von der Schuld?* Zur Anthropologie und Theologie von Schuldbewusstsein, Opfer und Versöhnung. (Stuttgart 1996)

Riphagen-Hamoen, E., *Leefgemeenschappen in Nederland.* Hulpverlening, opvang en bezinning. (Kampen 1995)

Rogers, C.R., *The Therapeutic Relationship*: Recent theory and research, in: F.W.Matson and A. Montagu, The human Dialogue, 246-269. (New York 1967)

Rogers, C.R., *Client-centered Therapy.* Its current practice, implications and theory. (Boston 1951)

Rogers, C.R., *On becoming a person.* A therapist's view of psychotherapy. (Boston 1961)

Rooden van, P., *Religieuze regimes.* Over godsdienst en maatschappij in Nederland, 1570-1990. (Amsterdam 1996)

Rooijakkers W., H.Siemerink en T. de Jong (red.), *Pastoraat in instellingen.* Praktische Theologie, jg.21,2. (Zwolle 1994)

Rössler, D., *Grundriss der Praktischen Theologie.* (Berlin 1986)

Ruler van, A.A., *Reformatorische opmerkingen in de ontmoeting met Rome.* (Hilversum 1965)

Rümke, H.C., *Karakter en aanleg in verband met het ongeloof. Psychologie van de twijfel.* (1939, Kampen 1985)

Rümke, H.C., *Persoonlijkheid en psychotherapie*, in: J. van Belzen en A.Uleyn (red.), Rümke over geestelijke gezondheid en levensbeschouwing. (Baarn 1986)

Scharfenberg, J.C., *Chr.Blumhardt und die kirchliche Seelsorge heute.* (Göttingen 1959)

Scharfenberg, J., *Seelsorge als Gespräch.* (Göttingen 1972)

Scharfenberg, J., *Bewusstwerdung un Heilung bei Johann Christoph Blumhardt*, in: F.Wintzer, Seelsorge, 175-190. (München 1978)

Scharfenberg, J., *Einführung in die Pastoralpsychologie.* (Göttingen 1985)

Schegget ter, G.H., *Partijgangers der armen.* Avantgarde van Gods revolutie. (Baarn 1971)

Schegget ter, G.H., *De andere mogelijkheid.* Bijbelse theologie voor de kritische gemeente. (Baarn 1979)

Schelling, P., *Tegen de stroom in.* Waarom mensen toetreden tot de kerk. (Zoetermeer 1996)

Schelsky, H., *Ist die Dauerreflexion institutionalisierbar?* Zum Thema einer Modernen Religionssoziologie, in: ZEE, jg.1, 153-174.

Schijndel van, H.J.J., *Religie, geloof en disciplina arcani.* Bonhoeffers disciplina arcani en de religie van het geloof. (Kampen 1978)

Schilder, A., *Hulpeloos maar schuldig.* Het verband tussen een gereformeerde paradox en depressie. (Kampen 1987)

Schilderman, J.B.A.M., C.A.M.Visscher, J.A. van der Ven, A.J.A.Felling, *Pastorale bekwaamheid als kerkelijke survival-strategie*, in: G.Heitink en H.J.M.Vossen, *De toekomst van het pastorale beroep*, Praktische Theologie, jg.22,2.(Zwolle 1995)

Schilderman, H., *Pastorale professionalisering.* Een empirisch-theologisch onderzoek onder rooms-katholieke pastores naar de betekenis van de ambtstheologie voor de professionalisering van pastorale arbeid. (Kampen 1998)

Schillebeeckx, E., *Gerechtigheid en liefde.* Genade en bevrijding. (Bloemendaal 1977)

Schillebeeckx, E., *Basis & ambt.* Ambt in dienst van gemeentevorming. (Bloemendaal 1979)

Schillebeeckx, E., *Mensen als verhaal van God.* (Baarn 1989)

Schippers, K.A., *Er zijn voor anderen.* (Kampen 1989)

Schippers, K.A. e.a., *Kerkelijke presentie in een oude stadswijk* . (Kampen 1990)

Schleiermacher, F., *Kurze Darstellung des theologischen Studiums zum Behuf einleitender Vorlesungen* (1811). (Darmstadt 1972)

Schleiermacher, F., *Over de religie.* Redevoeringen tot de ontwikkelden onder haar verachters (red. A.A.Willems). ('s-Gravenhage 1990)

Schleiermacher, F., *Die praktische Theologie*, nach den Grundsätzen der evangelischen Kirche im Zusammenhang dargestellt (Hg. J.Frerichs). (Berlin 1850)

Schmidt-Rost, R., *Seelsorge zwischen Amt und beruf.* Studien zur Entwicklung einer modernen evangelischen Seelsorgelehre seit dem 19.Jahrhundert. (Göttingen 1988)

Schniewind, J., *Geistliche Erneuerung.* (Göttingen 1981)

Scholl, H., *Johannes Calvin*, in: Ch.Möller, Geschichte der Seelsorge in Einzelporträts II, 103-126. (Göttingen 1995)

Schoonenberg, P., *Charismata, talenten waar de Geest mee speelt...*, in: J.A. van der Ven

(red.), Toekomst voor de kerk? 47-58. (Kampen 1985)
Schoonhoven, R. e.a. (red.), *Christelijke counseling volgens Jay.E.Adams.* (Den Haag 1982)
Schoot van der, E., *Hoofdstukken uit de pastorale psychologie.* (Utrecht 1959)
Schoot van der, E., *In gesprek met de ander.* (Nijkerk z.j.)
Schreuder, J.C., *De overwinningsgedachte bij Johann Christoph Blumhardt.* (Kampen 1957)
Schreuder, J.C., *Overwegingen bij een theologie van het pastoraat.* In: Septuagesimo anno. (Kampen 1973)
Schreuder, J.C., *De strenge bittere dood.* Overwegingen over pastoraal omgaan met mensen in de schaduw van ziekte, dood en verdriet. ('s-Gravenhage 1983)
Schreuder, O., *Het professioneel karakter van het geestelijk ambt.* (Nijmegen 1964)
Schroeter, H., *Kirchentag als vor-läufige Kirche.* Der Kirchentag als eine besondere Gestalt des Christseins zwischen Kirche und Welt. (Stuttgart 1993)
Schrojenstein Lantman, R.J.M., *Arbeid ter sprake brengen.* Een pastoraaltheologische verkenning ten dienste van gemeenteopbouw en volwassenenkatechese. (Hilversum 1990)
Schuman, N.A., *Getuigen van tegenspraak.* (Baarn 1981)
Schuman, N.A., *Gelijk om gelijk.* Verslag en balans van een discussie over goddelijke vergelding in het Oude Testament. (Amsterdam 1993)
Schwab, U., *Familienreligiosität.* Religiöse Traditionen im Prozess der Generationen. (Stuttgart 1995)
Schweitzer, F., *Lebensgeschichte und Religion.* Religiöse Entwicklung und Erziehung im Kindes- und Jugendalter. (München 1987)
Seifert, H. and H.J.Clinebell, *Personal growth and social change.* A guide for ministers and laymen as change agents. (Philadelphia 1974[3])
Seitz, M., *Praxis des Glaubens.* Gottesdienst, Seelsorge und Spiritualität. (Göttingen 1978)
Siegers, F.M.J., P.M.Haan en A.M.P.Knoers, *Supervisie,* 1 theorie en begrippen, 2 praktijk en onderzoek. (Alphen a.d. Rijn 1975/6)
Siemerink, J., *Het gebed in de religieuze vorming.* (Kampen 1987)
Simenon, G., *De klokken van Bicêtre.* (Utrecht 1963)
Sloot, J., *Pluraliteit in de kerk*: een sociologische verkenning, in: TvT, jg.23,4, 38 e.v. (Nijmegen 1983)
Smelik, E.L., *De stiefapostel.* De brief van Jakobus. (Nijkerk 1960)
Smet, W., *Ik maak alles nieuw.* Charismatische beweging in de kerk. (Tielt 1973)
Snelder, W.F.M., *De opleiding bezien vanuit de Vereniging van Geestelijk Verzorgers in Zorginstellingen* (VGVZ), in: J.J.A.Doolaard (red.), Handboek geestelijke verzorging in zorginstellingen, 228-231. (Kampen 1996)
Snelder, W.F.M., *De Vereniging van Geestelijk Verzorgers in Zorginstellingen,* in: J.J.A.Doolaard (red.), Handboek geestelijke verzorging in zorginstellingen, 180-186. (Kampen 1996)
Sölle, D., *Politieke theologie.* (Baarn 1972)
Sölle, D., *Kies het leven.* (Baarn 1980)
Sperna Weiland, J., *Romeins schetsboek.* Over de metamorfose van het geloven. (Baarn 1980)
Spijker van de, A.M.J.M.H., *'...en Hij zag deze ene'.* Het principium individuationis als pastoraal-theologische bijdrage, in: Ambt en bediening in meervoud. (Hilversum 1978)
Spijker van de, A.M.J.M.H., *Pastorale competentie.* Mogelijkheden en moeilijkheden van het pastor-zijn. (Heerlen 1984)

Spijker van de, H., *Narzistische Kompetenz - Selbtsliebe - Nächstenliebe.* Sigmund Freuds Herausforderung der Theologie und Pastoral. (Freiburg i.B. 1993)

Spoor, J. (red.), *De kerk in de gevangenis.* (Kampen 1983)

Steegman, P.D.D., J.Visser (red.), *Zin in verhalen.* Over de betekenis van verhalen bij de overdracht van geloof, waarden en normen. (Zoetermeer 1993)

Steemers-van Winkoop, M.W.H., *Eenzaamheid.* Voorrecht voor een enkeling, noodlot van velen. (Maastricht 1986)

Steggink, O. en K.Waaijman, *Spiritualiteit en mystiek.* (Nijmegen 1985)

Steinkamp, H., *Sozialpastoral.* (Freiburg im Breisgau 1991)

Steinlein, D.H., *Luther als Seelsorger.* (Leipzig 1918)

Stoffels, H.C. en G.Dekker, *Geloven van huis uit?* (Kampen 1987)

Stoffels, H.C., *Wandelen in het licht.* Waarden, geloofsovertuigingen en sociale posities van Nederlandse evangelischen. (Kampen 1990)

Stoker, W., *Is vragen naar zin vragen naar God?* Een godsdienstwijsgerige studie over godsdienstige zingeving in haar verhouding tot seculiere zingeving. (Zoetermeer 1993)

Stollberg, D., *Therapeutische Seelsorge.* (München 1969)

Stollberg, D., *Mein Auftrag - deine Freiheit.* (München 1972)

Stollberg, D., *Seelsorge durch die Gruppe.* (Göttingen 1972[2])

Stollberg, D., *Seward Hiltner*, in: Chr.Möller (Hg.), Geschichte der Seelsorge in Einzelporträts, Bd 3, 295-307. (Göttingen 1996)

Stolp A. en H.Noordegraaf (red.), *En wat nou met de arbeidsongeschikten?* (Utrecht 1991)

Stone, H.W., *Crisis Counseling.* An introduction to the theory and praxis of crisis counseling. (Philadelphia 1976)

Stone, H.W., *Theological Context for Pastoral Caregiving.* Word in Deed. (Binghamton 1996)

Stoppels, S., *Gastvrijheid.* Het inloopcentrum als vorm van kerkelijke presentie. (Kampen 1996)

Störig, H.J., *Geschiedenis van de filosofie* I/II. (Utrecht 1985[18])

Strijards, H., *Schuld en pastoraat.* Een poimenische studie over schuld als thema voor het pastorale groepsgesprek. (Kampen 1997)

Strijd, Kr., *Pastoraat - in dienst waarvan?* in: Gestalten van pastoraat. (Amsterdam 1978)

Stroeken, H., *Het hulpverlenerssyndroom*, in: Praktische Theologie, jg.9/1. (Zwolle 1982)

Stroeken, H., *Psychoanalyse, godsdienst en Boisen.* (Kampen 1983)

Stroeken. H., *Freud en zijn patiënten.* (Nijmegen 1985)

Stroeken, H., *Kleine psychologie van het gesprek.* (Amsterdam 1988)

Sundén, H., *Die Religion und die Rollen.* (Berlin 1966)

Suurmond, J.J., *Het spel van Woord en Geest.* Aanzet tot een charismatische theologie. (Baarn 1994)

Suurmond, J.J., *Geestesgaven zijn gewone mensen.* Een praktische handreiking. (Baarn 1995)

Switzer, D.K., *The Minister as Crisiscounselor.* (Nashville 1974)

Tacke, H., *Glaubenshilfe als Lebenshilfe.* Probleme und Chancen heutiger Seelsorge. (Neukirchen 1975)

Tacke, H., *Mit den Müden zur rechten Zeit zu reden.* Beiträge zu einer bibelorientierten Seelsorge. (Neukirchen 1989)

Terruwe, A., *De frustratieneurose.* (Bussum 1972)

Terruwe, A.A.A., *Geef mij je hand...* Over bevestiging, sleutel van menselijk geluk. (Lochem 1973[5])

Teutscher, H.J., R.Louis, R.Mens, *Het leven hangt aan een draad.* Oorgetuigen vertellen over 20 jaar telefonische hulpdienst. (Kampen z.j.)

Thielicke, A., *Lijden aan de kerk.* Een persoonlijk woord. (Wageningen 1965)

Thilo, H.J., *Der ungespaltene Mensch.* Ein Stück Pastoralpsychologie. (Göttingen 1957)

Thilo, H.J., *Beratende Seelsorge.* Tiefenpsychologische Methodik, dargestellt am Kasualgespräch. (Göttingen 1971)

Thornton, E., *Professional Education for Ministry.* A History of CPE. (New York 1970)

Thurneysen, E., *Rechtfertigung und Seelsorge* (1928), in: F.Wintzer (Hg.), *Seelsorge.* Texte zum gewandelten Verständnis der Seelsorge in der Neuzeit. (München 1978)

Thurneysen, E., *Die Lehre von der Seelsorge.* (Zürich 1957[2])

Thurneysen, E., *Seelsorge im Vollzug.* (Zürich 1968)

Tieleman, D., *De dienst van de kerk in de wereld van het hoger onderwijs.* (Amsterdam 1984)

Tieleman, D., *Geloofscrisis als gezichtsbedrog.* Spiritualiteit en pastoraat in een postmoderne cultuur. (Kampen 1995)

Tigchelaar, E.J.C., *Blijvend bewogen.* Christelijke identiteit en huispastoraat in discussie. (Ermelo 1995)

Tillich, P., *The Shaking of the Foundations.* (Harmondsworth 1949)

Tillich, P., *Systematic Theology*, I-III. (London 1951, Combined Volume 1968)

Tillich, P., *The Courage to Be.* (London 1955[2])

Tillich, P., *Auf der Grenze.* (München 1962)

Tobler, S., *Analogia Caritatis.* Kirche als Geschöpf und Abbild der Trinität. (Amersfoort 1994)

Tolsma, F.J., *Inductie, religieuze groepsvorming en godsdienstwaanzin.* (Amsterdam 1945)

Tournier, P., *Radicale therapie.* (Amsterdam 1946)

Tournier, P., *Bijbel en geneeskunde*, (Amsterdam 1953)

Tournier, P., *Ons masker en wij.* (Amsterdam 1956)

Tracy, D., *The Analogical Imagination.* Christian theology and the culture of pluralism. (New York 1981)

Trapman, A., *Op hoop van zegen.* Kerkdiensten of liturgievieringen met verstandelijk gehandicapten; fundamentele aanwijzingen voor de praktijk. (Ermelo 1993)

Trillhaas, W., *Der Dienst der Kirche am Menschen.* (München 1950)

Tussenmuur, de - weggebroken. Over de prediking van de verzoening. ('s-Gravenhage 1967)

Uden van, M.H.F., *Religie in de crisis van de rouw.* (Nijmegen 1985)

Uden van, M.H.F., *Tussen zingeving en zinvinding.* Onderweg in de klinische godsdienstpsychologie. (Tilburg 1996)

Uden van, M., J.Pieper, P.Post. *Oude sporen, nieuwe wegen.* Ontwikkelingen in het bedevaartonderzoek. (Baarn 1995)

Uden van, M.H.F. en J.Z.T.Pieper, *Religie in de geestelijke gezondheidszorg.* (Nijmegen 1996)

Uhsadel, W., *Evangelische Seelsorge.* (Heidelberg 1966)

Uleyn, A., *Wat is pastorale psychologie?*, in: Praktische Theologie, jg.3, 371-381. (Zwolle 1976)

Uleyn, A., *De mozaïsche spiritualiteit van Sigmund Freud*, in: J. van der Lans (red.),

Spiritualiteit. Sociaalwetenschappelijke en theologische beschouwingen. (Baarn 1984)
Uleyn, A., *Zelfbeeld en godsbeeld.* (Baarn 1993)
Ultee, W. en W.Arts, H.Flap, *Sociologie*: vragen, uitspraken, bevindingen. (Groningen 1992)
Urs von Balthasar, H., *Karl Barth.* Darstellung und Deutung seiner Theologie. (Köln 1951)
Urs von Balthasar, H., *Zur Ortsbestimmung christlicher Mystik*, in: W.Beierwaltes, H.Urs von Balthasar, A.M.Maas, Grundfragen der Mystik. (Einsiedeln 1974)

Veenhof, J., *De pastor als medewerker van God.* Zelfstandigheid in pneumatologisch perspectief, in: F.H.Kuiper e.a., Zelfstandig geloven. (Kampen 1987)
Veenhof J. en G.Heitink (red.), *Heil, heling, gezondheid.* (Delft 1990)
Velema, W.H., *Pastoraat met raad en daad.* (Kampen 1994)
Vellenga, S.J., *Religie + Relaties.* Veranderingen in het protestantse ethos in Nederland in de tweede helft van de twintigste eeuw. (Kampen 1997)
Veltkamp, H.J., *Pastoraat als gelijkenis.* (Kampen 1988)
Veltkamp, H., *Troost als houvast.* (Kampen 1996)
Ven van der, J.A. en W.Rooijakkers, *Vernieuwing in de klinische pastorale vorming,* in: Praktische Theologie, jg.16/3, 329-350. (Zwolle 1989)
Ven van der, J.A., *Entwurf einer empirischen Theologie.* (Kampen 1990)
Ven van der, J.A., *De identiteit van pastorale counseling,* in: Praktische Theologie, jg. 18/2, 230-256. (Zwolle 1991)
Ven van der, J.A., *Blijvende beweging in de Acht Mei-Beweging*, in: Praktische Theologie, jg.18/3, 335-349. (Zwolle 1991)
Ven van der, J.A., *Pastorale protocolanalyse I-III*, in: Praktische Theologie, jg.20/5 en 21/1. (Zwolle 1993/4)
Ven van der, J.A., *Ecclesiologie in context.* (Kampen 1993)
Ven van der, J.A. en B.Biemans, *Religie in fragmenten.* Een onderzoek onder studenten. (Kampen 1994)
Ven van der, J., *Education for Reflective Ministry.* (Nijmegen 1996)
Verbraak, E., *Arbeidsongeschikten in beweging.* Een toetssteen voor de theologie van de arbeid van M.D.Chenu en de nieuwe politieke theologie van J.B.Metz. (Hilversum 1990)
Vergote, A., *Godsdienstpsychologie.* (Tielt/Utrecht 1971)
Vergote, A., *Bekentenis en begeerte in de religie.* (Antwerpen 1978)
Verheule, A.F., *Portret van Wybe Zijlstra*, in: Ontginningswerk, 24-29, (Kampen 1985)
Verheule, A.F., *Angst en bevrijding.* Theologisch en psychologisch handboek voor pastorale werkers. (Baarn 1997)
Verhoeven, C., *Het leedwezen.* Beschouwingen over troost en verdriet, leven en dood. (Bilthoven 1971)
Versteeg, J.P., *Oog voor elkaar.* Het gebruik van het woord 'elkaar' in het Nieuwe Testament met betrekking tot de onderlinge verhoudingen binnen de gemeente. (Kampen 1980[2])
Vitz, P., *Psychology as Religion*: Cult of Self-Worship. (Grand Rapids 1977)
Vlijm, J.M.(red), *Geloofsmanieren.* Studies over pluraliteit in de kerk. (Kampen 1981)
Vlijm, J.M.(red), *Buitensporig geloven.* Studie over randkerkelijkheid. (Kampen 1983)
Vossen, H.J.M., *Vrijwilligerseducatie en pastoraat aan rouwenden.* (Kampen 1985)
Vossen, H.J.M., *Klinische Pastorale Vorming als religieus-communicatief leerproces*, in:

Praktische Theologie, jg.18/2, 176-197. (Zwolle 1991)

Vossen, H.J.M., *Justitiepastoraat*: geestelijke verzorging op het kruispunt van aanbod en vraag, Praktische Theologie, jg.20/1,28-41. (Zwolle 1993)

Vries de, H-U. e.a., *Wie ben ik, dat ik dit NIET doen mag?* Ervaringen van homotheologen in de Gereformeerde Kerken. (Kampen 1987)

Vroom, H.M., *Religies en de waarheid.* (Kampen 1988)

Vroom, H.M., *Religie als ziel van cultuur.* Religieus pluralisme als uitdaging. (Zoetermeer 1996)

Vrouwen als pastor: kerk met een ander gezicht. Praktische Theologie, jg.12/4. (Zwolle 1985)

Waaijman, K., *Ziel. Een spiritueel kernbegrip, bezien vanuit de Schrift*, in: B.Voorsluis (red.), Geinspireerd leven. Op zoek naar een bijbels georiënteerde spiritualiteit. (Zoetermeer 1996)

Watzlawick, P., J.Beavin, J.Helmick, D.D.Jackson, *Pragmatics of Human Communication.* (London 1968)

Weima, J., *Autoritaire persoonlijkheid en antipapisme.* (Hilversum 1963)

Weima, J., *Reiken naar oneindigheid.* Inleiding tot de psychologie van de religieuze ervaring. (Baarn 1981)

Well van, J., *Oecumene metterdaad.* De geloofsgemeenschap in de Merenwijk te Leiden. (Kampen 1996)

Werkman, L., *Recht doen aan vrouwen in de kerken.* Een feministische discussie over rechtvaardigheid en zorgzaamheid als bijdrage aan een visie op kerk-zijn. (Kampen 1993)

Weverbergh, R., *Riskant pastoraat.* De metodiek van het opbouwwerk in een hoogbouwwijk. (Bloemendaal 1977)

Weymann, V., *Friedrich Daniel Ernst Schleiermacher*, in: Ch.Möller, Geschichte der Seelsorge Bd 3, Göttingen 1996.

Wiersinga, H., *De verzoening in de theologische diskussie.* (Kampen 1971)

Wiersinga, H., *Verzoening als verandering*, een gegeven voor menselijk handelen. (Baarn 1972)

Wijngaarden, H.R., *Luisteren naar dromen.* (Amsterdam 1985)

Wimmers, H.M., *De vrijplaats,* in: J.J.A.Doolaard, Handboek geestelijke verzorging in zorginstellingen, 168-176. (Kampen 1996)

Wintzer, F. (Hg.), *Seelsorge.* Texte zum gewandelten Verständnis und zur Praxis der Seelsorge in der Neuzeit. (München 1978)

Wissink, J., *De inzet van de theologie.* Een onderzoek naar de motieven en de geldigheid van Karl Barths strijd tegen de natuurlijke theologie. (Amersfoort 1984)

Wit de J. en G. van der Veer, *Psychologie van de adolescentie.* (Nijkerk 1977)

Witte, H., *Pluraliteit van geloofsverwoording als ecclesiologisch probleem.* TvT, jg.23/4. (Nijmegen 1983)

Wulf, H., *Wege zur Seelsorge.* Theorie und Praxis einer offenen Disziplin. (Neukirchen 1970)

Yalom, I.D., *Existential Psychotherapy.* (New York 1980)

Zahrnt, H., *Wachtend op God.* De Duitse protestantse theologie in de twintigste eeuw. (Utrecht 1967)

Zee van der, W.R. e.a., *De arme kant van Nederland.* (Amsterdam1988)
Zezschwitz, G.von, *System der praktischen Theologie.* Paragraphen für academische Vorlesungen. (Leipzig 1876)
Zijderveld, A.C., *De theorie van het symbolisch interactionisme.* (Meppel 1973, 1975[2])
Zijlstra, W., *Klinische pastorale vorming.* Een voorlopige analyse van het leer- en groepsproces van zeven cursussen. (Nijmegen 1969, 1973[2])
Zijlstra, W., *Godsdienst en ekklesiogene neurose,* in: J.H. van de Bank (red.), Ervaren waarheid, 155-166. (Nijkerk 1984)
Zijlstra, W., *Op zoek naar nieuwe horizon.* Handboek voor Klinische Pastorale Vorming. (Nijkerk 1989)
Zijlstra, W., *Een nieuwe wijze van pastorale benadering van patiënten en gemeenteleden,* in: S.W.R.Polman (red.), Zoeken wat verborgen is, 11-26. (Kampen 1990)
Zock, H., *Religie als transitioneel fenomeen*: het belang van D.W.Winnicott voor de godsdienstpsychologie, in: NTT, jg.51,1, 31-48. (Zoetermeer 1997)
Zuidgeest, P., *Levensbeelden.* Markante metaforen in het levensverhaal, aanknopingspunten voor pastorale begeleiding en hulpverlening. (Kampen 1986)
Zuidgeest, P.P.M., *Instructie, een nuttig instrument?*, in: J.Firet e.a. (red.), Een nieuwe eenvoud. Ervaringen in de Klinische Pastorale Vorming. ('s-Gravenhage 1987)
Zulehner, P.M., *Pastoraltheologie*, Band 1-4. (Düsseldorf 1989 e.v.)
Zulehner, P.M., H.Denz, A.Pelinka, E.Talos, *Solidarität.* Option für die Modernisierungsverlierer. (Innsbruck 1996)

Register van namen

Register van zaken